Klaus-Jürgen Scherer
Fritz Vilmar

Ökosozialismus?

Rot-grüne
Bündnispolitik

Mit Beiträgen von:

Hilde Fauland
Joschka Fischer
Ossip K. Flechtheim
Wilfried Höhnen
Reinhard Pfriem
Brigitte Rücker

VERLAG EUROPÄISCHE PERSPEKTIVEN

Klaus-Jürgen Scherer / Fritz Vilmar

Ökosozialismus? Rot-grüne Bündnispolitik

Scherer, Klaus-Jürgen / Vilmar, Fritz
Ökosozialismus? Rot-grüne Bündnispolitik. Berlin 1986: Verlag und Versandbuchhandlung Europäische Perspektiven GmbH, Goltzstr. 13b, 1000 Berlin 30
2., ergänzte Auflage 1986
ISBN 3-89025-025-4

Copyright 1986 Verlag und Versandbuchhandlung Europäische Perspektiven GmbH, Berlin
Umschlaggestaltung: Karl-Heinz Höppner, Berlin
Satz: Sabine Rabbel / Angelika Schulz, Berlin
Druck: Oktoberdruck, Berlin

Alle Rechte, insbesondere das Recht der Vervielfältigung und Verbreitung sowie der Übersetzung vorbehalten

Inhalt

Zur Einführung: Keine Alternative zur rot-grünen Bündnispolitik!   5

Teil I: ÖKOSOZIALISTISCHE BÜNDNISPOLITIK
Entwicklung - Grundsätze - Durchsetzungsprobleme

1. **Der Weg vom traditionellen zum Ökosozialismus**   12
   Ein Gespräch mit Ossip K. Flechtheim
   Statt Etatismus: überstaatliche Vereinigungen – Ein Optimum von Staat und autonomer Selbstorganisation finden – Kein Sozialismus ohne Selbstveränderung – Vom Kommunisten zum Ökosozialisten – Ökosozialismus ist mehr als Arbeiterbewegung

2. **„Ökopax": Von den Neuen Sozialen Bewegungen zur grün-alternativen Politik**   27
   Ein Bewegungsüberblick – Ökologie- und Friedensbewegung: Zwei Seiten einer Medaille – Das Zusammenwachsen der „Ökopax"-Systemkritik – Interpretationen des Ökopax – „Prinzip Leben" – Ende der Neuen Sozialen Bewegungen oder Aufbruch in eine andere Gesellschaft?

3. **Ökosozialismus: Sieben Essentials**   48
   Nur partieller theoretischer Konsens über Ökosozialismus – Die sieben Essentials und ihr Zusammenhang – 1. Grundwerteorientierung – erweitert um das „Prinzip Leben" – 2. Selbstveränderung oder Sozialismus im Alltag – 3. Abbau des Patriarchats – 4. Radikaldemokratische Prinzipien und Strukturen – 5. Eine ökologische Wirtschaftsdemokratie – 6. Nicht Abbau – Umbau des Sozialstaats – 7. Gewaltfreiheit nach innen und außen – Die Zwischenschritte – das große Problem des Ökosozialismus – Kommentierte Literatur

4. **Chancen und Schwierigkeiten rot-grüner Bündnispolitik**   62
   Ende der sozialliberalen Ära – Ende westdeutscher Reformpolitik? – Wahlergebnisse und Wähler der Grünen – Vergleich rot-grüner Programmatik – Zu den Möglichkeiten einer politischen Konsensbildung – Ausstieg aus der Kernenergie – Friedenspolitik – kein unüberbrückbarer Dissens – Selbstüberschätzung und Produktion gegnerischer „Feindbilder" bei SPD und Grünen – Mögliche Formen des rot-grünen Bündnisses

5. **Für einen realpolitischen Fundamentalismus**   83
   Zur Überwindung der gegenwärtigen inneren Spaltung und Handlungsunfähigkeit der grün-alternativen Partei
   Unpolitischer Fundamentalismus: Ursache der grünen Krise – Die Alternative: Ein realpolitischer Fundamentalismus – Die ökosozialistischen Essentials und die beiden Wege zu ihrer Verwirklichung

6. **Statt Fundamentalopposition: grüne Bündnispolitik**   92
   Ein Gespräch mit Joschka Fischer

Teil II: ÖKOSOZIALISTISCHE NEUORIENTIERUNG
Politische Schwerpunkte

1. Ökosozialistische Wirtschaftsdemokratie 104
Die drei traditionellen Grundprinzipien der Wirtschaftsdemokratie – Kontrolle unternehmerischer Macht – Mitbestimmung und Humanisierung der Arbeit – Demokratische Rahmenplanung, Investitionslenkung und Arbeitsmarktpolitik – Ökologische Prinzipien der Wirtschaftsdemokratie – Strategien der Arbeitszeitverkürzung – Entwicklung einer ökologischen Kreislaufwirtschaft – Ökologische Investitionslenkung – Ökologische Lenkung der Produktgestaltung und Werbung – Optimale Dezentralisierung – Dualwirtschaftliche Entwicklung der Ökonomie – Politisches Fazit

2. Ökologische Arbeits- und Lebensmodelle 119
Von Reinhard Pfriem
Einige Schwierigkeiten vorweg – Zur Skizzierung der Problemlage – Der Sozialismus ist kein geeignetes Emanzipationsleitbild mehr – Von der Notwendigkeit anderer Arbeits- und Lebensmodelle – Einige in der Diskussion befindliche Ansätze – Mögliche Wege grüner Wirtschaftspolitik

3. Gewerkschaften contra Ökologie? 140
Von Wilfried Höhnen
Vom „Bündnis zwischen Malochern und Waldläufern" – Programmatische Entwicklungen im DGB – Der Kongreß von Oberhausen – Das DGB-Umweltprogramm – Beschäftigungskrise und Kernkraftkonflikt – Qualitatives Wachstum – Anzeichen von Bewußtseinswandel

4. Selbstveränderung als Wesenselement des Ökosozialismus 153

5. Umbau des Sozialstaats durch Soziale Selbsthilfe 157
Das Selbsthilfe-Prinzip bei den Grünen und in der SPD – Begriffsklärung – Persönliche und gesellschaftliche Bedeutung Sozialer Selbsthilfe – Strategien der Verbreitung Sozialer Selbsthilfe

6. „Feminisierung" der Gesellschaft: Ökosozialismus und Frauenbewegung 167
Von Hilde Fauland
Reproduktion für alle! – Frauen und Wohnraum – Veränderungen in der Sozialbürokratie – Ein anderes Gesundheitswesen – Frauen verändern das Bildungswesen – Frauenkultur – Politik und Frau – Frauen in Parteien

7. Von der nuklearen Selbstmordstrategie der NATO zur strikt-defensiven Verteidigung 184
Ein alternatives Sicherheits- und Abrüstungskonzept
Von Brigitte Rücker
Die NATO-Strategie des begrenzten Atomkrieges – Alternative: „Defensive" Verteidigungskonzepte – Grundzüge einer strikten Defensivverteidigung – Strikte Defensivkonzepte als Form der einseitigen Abrüstung – Die beiden wichtigsten Konzepte: Afheldt und Hannig – Das Konzept kritisch weiterentwickeln!

Literaturverzeichnis 195
Die Autor(inn)en 202

Zur anhaltenden Aktualität ökosozialistischer Theorie und Praxis 203
Nachwort zur 2. Auflage (Juni 1986)

Zur Einführung: Keine Alternative zur rot-grünen Bündnispolitik!

> Es gibt also jenseits allen Streits und jenseits aller oberflächlichen Taktiererei für die Politik der Sozialisten und Ökologen einen fundamentalen Schnittpunkt: das Eintreten für die Selbstbestimmung des arbeitenden Menschen. Der andere Fortschritt hat einen Namen: Ökosozialismus. Er verbindet den Kampf gegen die Ausbeutung des Menschen mit dem Kampf gegen die Ausbeutung der Natur.
>
> Oskar Lafontaine (1)

Alle seit Mitte der siebziger Jahre diagnostizierten Aspekte der sozialökologischen Krise unserer kapitalistischen Industriegesellschaft haben sich unter der konservativ-wirtschaftsliberalen Regierung verschärft. Naturzerstörung, die Gefahr atomarer Apokalypse, der alltägliche Hungertod in der „Dritten" Welt sowie Massenarbeitslosigkeit und neue Armut sind tatsächlich Überlebensfragen geworden, auch wenn die sich auf das „Prinzip Leben" berufenden sozialen Bewegungen keine Hochkonjunktur mehr haben. Ein paar Jahre Wenderegierung reichten aus, um zu beweisen, daß die alte Zauberformel vom stetigen wirtschaftlichen Wachstum keines dieser Zivilisationsprobleme mehr zu lösen vermag. Folgen der Bonner Politik sind u.a. eine „Zweidrittelgesellschaft", die Arbeitslose ausgrenzt und den Sozialstaat abbaut, während die Reichen immer reicher werden; eine internationale Rolle, die sich darauf beschränkt, treuester Erfüllungsgehilfe der USA und des bundesdeutschen Exportkapitals zu sein; ein weiterer Abbau der - ohnehin ge„flick"ten - demokratischen Strukturen; das unkritische Setzen auf die Wunderwirkung neuer Technologien, deren Umwelt-, Sozial- und Demokratieverträglichkeit nicht hinterfragt wird. Auf dem Gebiet der Ökologie ist außer Ankündigungen nichts geschehen. (2) Hieraus folgt: Wenn es tatsächlich fünf Minuten vor zwölf ist, da das Immunsystem der Natur zusammenzubrechen droht, da wie beim Waldsterben in immer mehr Umweltbereichen der „point of no return" erreicht ist, dann ist es bereits drei Minuten vor zwölf, dieser Regierungspolitik eine mehrheitsfähige Alternative entgegenzusetzen.

Um diesen anderen Weg geht es in diesem Band: Sofern bei den Grünen nicht die bloße Verweigerungs- und Aussteigerhaltung wieder überhandnimmt und die demokratischen Sozialisten die neuen Herausforderungen der Ökologie-, Alternativ-, Frauen- und Friedensbewegung aufgreifen, d.h. ihr bisheriges sozialdemokratisches Selbstverständnis ergänzen bzw. revidieren, zeichnen sich Chancen für ein dauerhaftes Bündnis und die Umrisse einer echten inhaltlichen politischen Alternative ab. Deren Zielsetzungen lassen sich unter dem Begriff des „Ökosozialismus" zusammenfassen. Zunächst werden in diesem Buch die Grundsätze des Ökosozialismus dargestellt, wie sie sich aus den Erfahrungen der sozialistischen Arbeiterbewegung jenseits des Kommunismus und des sozialdemokratischen Wohlfahrtsstaates sowie aus den Lernprozessen der Neuen Sozialen Bewegungen entwickelt haben. Sodann finden wir Beiträge zur Strategie des Ökosozialismus, wobei Chancen und Barrieren gemeinsamer Bündnispolitik aus roter und grüner Sicht durchaus unterschiedlich akzentuiert werden. Es ist aber gemeinsame Erkenntnis, daß neue Mehrheiten für den parlamentarisch-demokratischen Reformweg (der durch Bürgerinitiativen, zivilen Ungehorsam und Protestaktionen keineswegs ersetzt werden kann!) erst dadurch in den Bereich des Möglichen rückten, daß die neuen Bewegungen nicht außerparlamentarisch isoliert blieben, sondern die parteipolitische Institutionalisierung und Parlamentarisierung auch derjenigen begann, die kein Zutrauen mehr zur Sozialdemokratie hatten. Im zweiten Teil des Bandes wird die ökosozialistische Neuorientierung auf zentralen Politikfeldern präzisiert. Ökologische Wirtschaftsdemokratie, sozialökologische Lernprozesse der Gewerkschaften, eine solidarische Ethik des „Gemeinsinns", die Entwicklung einer breiten gesellschaftlichen Selbsthilfe, der Abbau patriarchalischer Gesellschaftsstrukturen sowie eine strikt defensive, friedenssichernde Alternative zur selbstmörderischen Nuklearstrategie der NATO - das sind Kernbereiche, in denen das andere Fortschrittsmodell Überzeugungskraft gewinnen muß. Ein umfassendes Literaturverzeichnis rundet den Band ab.

In dieser Einführung soll der aktuelle Stellenwert unseres inhaltlichen Plädoyers für die rot-grüne Neuorientierung beschrieben werden. Wir gehen von folgender Lagebeschreibung aus: Einerseits gewinnt die sozialökologische Krise weiter an Dramatik. Andererseits sind die bisherigen Erfahrungen rot-grüner Kooperation von Hamburg bis Hessen eher ernüchternd. Von einzelnen guten Kooperationsmodellen in Kommunen abgesehen, war das Verhältnis beider Seiten zueinander eher taktisch bestimmt: Die SPD wollte ihre „verlorenen Kinder" zurückholen und setzte im Grunde auf ein Integrationsmodell, wie es Anfang der siebziger Jahre gegenüber der APO funktioniert hatte („Marsch durch die Institutionen"). Die Grünen hingegen konnten sich von ihrer Angst, sozialdemokratisch als Mehrheitsbeschaffer vereinnahmt zu werden, z.T. auch von ihrem altsozialistischen Feindbild gegenüber der Sozialdemokratie nicht freimachen; sie gingen von der Illusion eines stetigen Parteiwachstums aus - bis hin zu Träumen, die Partei der Neuen Sozialen Bewegungen würde die Partei der Arbeiterbewegung als Hoffnungsträger und alternative Fortschrittskraft überhaupt verdrängen. Die Wahlergebnisse 1985 zeigen etwas anderes:
- Es gibt Anzeichen, daß die Grünen trotz weiter voranschreitenden Wertewandels an die Grenzen ihres „automatischen" Wachstums geraten sind: Bei den saarländischen Landtagswahlen erlebten sie erstmals eine katastrophale Niederlage (nur noch 2,5 %), und auch in Berlin blieb die Alternative Liste selbst mit 10,6 % weit hinter den Erwartungen und demoskopischen Voraussagen (14-16 %!) zurück. Auch in der bundesweiten „Sonntagsumfrage", die nach der Wahl-

präferenz fragt, „wenn nächsten Sonntag Bundestagswahlen wären", pendeln die Grünen seit Jahren zwischen 6 und 9 %.
- Die SPD ist dort wieder im Aufwind, wo sie eine wirklich inhaltliche, ökologisch konkrete personelle und strategische Alternative zur neokonservativen Sackgasse anzubieten hat. Die absolute Mehrheit kann jedoch nur in einzelnen Ländern, in Hamburg, Bremen, Nordrhein-Westfalen und im Saarland (Lafontaine erreichte am 10. März 1985 49,2 %!) eine realistische Perspektive sein. Dort, wo die SPD wie in Berlin gegenüber der Ära Schmidt keinen Neuansatz erkennen läßt, verliert sie nach beiden Seiten dramatisch (1985 dort nur noch 32,4 %!): Jugend, kritische Intelligenz und soziale Dienstleistungsberufe an die Grün-Alternativen; pragmatisch-„moderne" Facharbeiter, Angestellte, Techniker und Bürgerliche an CDU/FDP.
- Die meisten roten und grünen Wähler wollen ein rot-grünes Bündnis, wenn dieses inhaltlich fundiert ist und von maßgeblichen Teilen beider Parteien getragen wird. Das zeigen nicht nur Meinungsumfragen; auch der Ablauf der rot-grünen „Beziehungskiste" in Hessen läßt sich kaum anders interpretieren: Im September 1982 brachen die berühmten „hessischen Verhältnisse" aus, denn die mit sicheren 8 % in den Landtag eingezogenen Grünen verweigerten jede Kooperation mit der SPD - zu groß war noch die Kluft angesichts der Auseinandersetzungen um die Frankfurter Startbahn West 1980/81. Bei den vorgezogenen Neuwahlen erhielten die Grünen ein Jahr später den entsprechenden Denkzettel: Sie kamen mit 5,6 % nur noch knapp in den Landtag, während die SPD zulegte. Jetzt gab es zur Zusammenarbeit keine Alternative mehr. Das Modell einer „Toalition" mußte zwar aufgrund des Dissenses im konkreten Umgang mit zwei Nuklearfabriken Ende 1984 vorübergehend eingefroren werden; es hat aber in zweifacher Hinsicht einen Durchbruch gebracht:
1. Die umfangreichen Verhandlungsergebnisse stellen einen konkreten Einstieg in eine ökosozialistische Reformpolitik für fast alle zentralen Politikbereiche - soweit dies auf Länderebene möglich ist - dar. (3) Sie sind das erste von beiden getragene rot-grüne Dokument, das inhaltliche Gemeinsamkeiten entfaltete und einen konkreten Reformschub gegen die Bonner Politik auszulösen vermochte. (4)
2. Auch in den zunächst weitgehend ausgeklammerten grünen Grundsatzfragen wie der Operationalisierung der Absage an die Atomenergie kam ein Annäherungsprozeß in Gang. Bereits im Frühjahr 1984 beschloß der Essener Bundesparteitag der SPD, daß die Nutzung der Kernenergie nur noch für eine Übergangszeit zu verantworten ist. Die südhessische SPD ergriff - auch um die rot-grüne Kooperation zu retten - im März 1985 die Initiative mit einem Vorschlag, den Ausstieg aus der Kernenergie auch in bezug auf die Hanauer Nuklearfabriken in konkrete Schritte umzusetzen. (5)
Diese neue Qualität wurde bei den hessischen Kommunalwahlen am 10. März 1985 von den Wählern honoriert: Sowohl die SPD (+ über 4 %) als auch die Grünen (+ 3-4 %) verbuchten deutliche Zuwächse

und bauten damit die gemeinsame Voraussetzung für stabile ökosozialistische Mehrheiten aus.

Zu erklären ist, warum trotz steigenden Problemdrucks (manche Tagesschau hört sich mit ihren ökologischen Katastrophenmeldungen wie eine grüne Werbesendung an) und trotz wachsenden Problembewußtseins (nur noch die Zynischsten behaupten, „irgendwie" ginge es schon weiter wie bisher) der rot-grüne Einigungsprozeß bisher, von Hessen abgesehen, so wenig vorangekommen ist. Manchmal scheint es, daß beide Seiten aus Angst vor dem fälligen Feindbildabbau, vor der Verantwortung und politischen Macht gleichermaßen aufatmen, wenn sich „hessische Verhältnisse" in diesem unseren Lande nicht wiederholen. Zwar gibt es in beiden Parteien Strömungen, die von einer Kooperation nichts halten und entweder auf eine große Koalition setzen (wie der IG-Chemie[!]-Vorsitzende Hermann Rappe) oder für den Traum vom fundamentalen Ausstieg aus der Industriegesellschaft werben (wie Rudolf Bahro, der ein „neues Benediktinertum" begründen will). Aber das eigentliche Problem sind nicht diese Randfiguren, sondern es besteht darin, daß sie lediglich politische Fehlorientierungen radikalisieren, die trotz intensiver Programm- und Strategiedebatten in den letzten Jahren in beiden Parteien immer noch vorhanden sind. Die kritischen Fragen aus ökosozialistischer Sicht an beide bleiben berechtigt:
- Wie ernst meint die SPD heute ihre programmatische Neuorientierung weg von einer Partei des industriellen Wachstums hin zu einer Partei, die die neuen Lebensfragen konstruktiv mit den klassischen Fragen nach Gleichheit und Demokratie zu einem anderen Fortschrittsmodell verknüpft?
- Wie weit ist der Lernprozeß der Grünen vorangeschritten, den prinzipiellen Unterschied zwischen sozialer Protestbewegung und parlamentarischer Reformpartei zu begreifen (selbst wenn diese den Part des kleinen, radikaleren Partners übernimmt), und wie weit sind sie heute fähig, selbstbewußt auf den Bestand ihrer Identität zu vertrauen trotz der notwendigen Strategie schrittweiser, Kompromisse erfordernder Veränderung?

Die Zwischenbilanz zeigt Bewegung, aber auch, daß der bisherige Wandel noch nicht ausreicht:

Zahlreiche Beschlüsse und Grundsatzpapiere belegen, daß der als Volkspartei schwerfällige Tanker SPD tatsächlich eine Kursänderung begonnen hat (6). Diese Umorientierung ist allerdings immer noch gefährdet, wie etwa die Ersetzung des Zieles einer „ökologischen Kreislaufwirtschaft" (Berliner Parteitag 1979) durch die vagere Formel von der „ökologischen Modernisierung der Industriegesellschaft" zeigt. Immerhin geht das Denken von SPD und Gewerkschaften mittlerweile unbestritten in die Richtung, entscheidende Umweltschutzmaßnahmen mit der Schaffung neuer Arbeitsplätze zu verbinden und beides nicht mehr gegeneinander auszuspielen (7). Aber die SPD muß sich erst noch damit abfinden, daß sie ihre gesellschaftliche Funktion, als linke Volkspartei soziale und politische Bündnisse zwischen traditionellen Arbeitnehmerschichten und neuen kritischen Mittelschichten herzustellen, keineswegs deshalb verliert, weil sie nicht alle radikaldemokratischen und linksökologischen Stimmen zu integrieren vermag.

Die Fraktionen der Grünen blockieren sich in der Frage der Kooperation mit der SPD derzeit gegenseitig. Auch bei ihrem Hamburger Parteitag im Dezember 1984 blieb offen, ob sich das seit der legendären SPD-Reformismusdebatte formulierte Politikverständnis Bernsteins oder das Kautskys durchsetzen wird. Obwohl die Mehrheit der grünen Wähler (übrigens noch deutlicher als die SPD-Wähler) eine konkrete ökosozialistische Bündnispolitik erwartet, besteht die Gefahr, daß dieser innere Streit auch weiterhin den notwendigen innerparteilichen Konsens und damit die Operationalisierung der oft - im guten wie im schlechten Sinne - utopischen grünen Programmatik (8) verhindert und daß die Fundamentalisten auf die erkennbar gewordenen Grenzen ihres automatischen Zuwachses genau falsch, nämlich mit verstärkter Abgrenzung zur SPD reagieren: Eine Partei wie die Berliner Alternative Liste, die (knapp) mehrheitlich von vornherein erklärt, mit dem einzig in Frage kommenden Bündnispartner nicht verhandeln zu wollen, wird künftig nicht nur wie am 10. März 1985 zwei Drittel des prognostizierten Zuwachses einbüßen, sie wird schrumpfen: die Zeit der reinen Sympathiewähler ist vorbei.

Bis zur Bundestagswahl 1987 ist nicht mehr unbegrenzt Zeit. Der Klärungsprozeß beider Parteien muß jetzt beschleunigt werden: Die Grünen müssen in der Frage von Demokratie und Reform den Weg der SPD gehen; die SPD muß in den sozialökologischen Zukunftsfragen noch Wesentliches von grünen Wissenschaftlern, Bewegungen und Politikern hinzulernen. Eine mehrheitsfähige Bündnisperspektive kann sich nur entwickeln, wenn sie fest in der sozialen Basis und in der strategischen Perspektive beider Parteien verankert ist. Die Neuorientierung beider muß fortgesetzt werden: Zum Inhalt eines solchen neuen, ökosozialistischen Reformbündnisses sollen unsere Aufsätze und Gespräche in diesem Band beitragen. Hierbei war uns die klare Struktur der sich aufeinander beziehenden Beiträge sowie das Erscheinen des Bandes vor den für die rot-grüne Kooperation wegweisenden Wahlen und politischen Entscheidungen wichtiger als die Fortentwicklung unserer Texte zu einer geschlossenen Monographie. Diese sind aus einer mehrjährigen wissenschaftlichen Kooperation hervorgegangen, vor allem im Rahmen zweier Projektseminare an der Freien Universität Berlin. Klaus-Jürgen Scherer verfaßte die Abschnitte 2 und 4 des Teils I, Fritz Vilmar die übrigen nicht gezeichneten Abschnitte.

Da es uns in diesem Buch nicht darum ging, aus sozialdemokratischer Sicht grüne Positionen zu besetzen, um die Grünen zu vereinnahmen, haben wir uns nicht nur selbst schwerpunktmäßig auf Fragen demokratisch-sozialistischer Neuorientierung konzentriert, sondern uns auch um die Mitarbeit Grün-Alternativer bemüht. Wir danken ihnen für ihre wertvollen Beiträge: der in der Frauenbewegung aktiven Hilde Fauland, der in der alternativen Friedensarbeit tätigen Brigitte Rücker, den bei den Grünen theoretisch und politisch aktiven Ossip K. Flechtheim, Joschka Fischer und Reinhard Pfriem. Besonderer Dank gebührt

Wilfried Höhnen (Referent beim Vorstand des DGB), dessen Aufsatz dazu beiträgt, Vorurteile zwischen Gewerkschaften und Grünen abzubauen.

Die Skepsis von Fischer und Pfriem in bezug auf den Ökosozialismus als Leitbegriff nehmen wir ernst; wir hoffen aber, daß sie und viele andere Grüne gerade auch bei der Lektüre dieses Bandes erkennen, daß der Sozialismus als leitende Idee nicht aufzugeben ist, weil er sich wesentlich weiter entwickeln läßt, als sie selbst zuzugeben bereit sind. Freilich nicht ohne grünen Stachel. Genau dieses aber ist zugleich auch die Herausforderung dieses Buches an viele Sozialdemokraten, die noch zögern, rot-grüne Bündnispolitik als eine geschichtliche Notwendigkeit anzuerkennen.

Berlin, April 1985

Klaus-Jürgen Scherer
Fritz Vilmar

Anmerkungen

1 Lafontaine 1985, S. 188.
2 Vgl. Schröder/Verheugen (Hg.) 1985.
3 Vereinbarung zwischen SPD und Grünen für die 11. Legislaturperiode, hrsg. von der SPD Hessen, Wiesbaden, Juli 1984.
4 Siehe hierzu die Beiträge von Holger Börner und Karl Kerschgens in: Bickerich (Hg.) 1985.
5 Frankfurter Rundschau vom 12.3.1985, S. 13.
6 Z.B.: Kommission für Umweltfragen ... (Hg.) 1984.
7 Vgl. Wolfgang Roth: Ein praktischer Schritt: „Sondervermögen Arbeit und Umwelt", in: Konieczka/Kunz/Scherer (Hg.) 1984, sowie zum DGB-Papier „Umweltschutz und qualitatives Wachstum": Frankfurter Rundschau vom 7.3.1985, S. 5.
8 Utopisch-Überzogenes wird vor allem auf Landesebene produziert; vgl. etwa das Wahlprogramm der Berliner Alternativen Liste 1985.

TEIL I

ÖKOSOZIALISTISCHE BÜNDNISPOLITIK

Entwicklung - Grundsätze - Durchsetzungsprobleme

1. Der Weg vom traditionellen zum Ökosozialismus

Ein Gespräch mit Ossip K. Flechtheim

Vilmar: Wir sitzen hier zusammen, um mit dir, Ossip Flechtheim, die Entwicklungen zu diskutieren, die im Laufe des 20. Jahrhunderts zu erheblichen Korrekturen und Weiterentwicklungen der sozialistischen Theorie und Praxis geführt haben. Wir glauben, daß in deinem eigenen Leben und in deiner eigenen Theorieentwicklung wesentliche Etappen sichtbar sind, die zeigen, daß diese Theorie und Praxis nur durch ganz erhebliche Korrekturen und Ergänzungen der sozialistischen Grundgedanken weiterleben konnte und kann. Wir wollen dieses Gespräch in zwei Teilen führen, nämlich einmal bei der Gegenwart beginnend die Frage stellen: was bedeutet eigentlich der von dir mitgeprägte Begriff Ökosozialismus, welches sind seine Essentials, und wie bist du selbst auf diese gegenwärtige Position in den letzten zwanzig Jahren gekommen? - und dann in einem zweiten Teil etwas weiter ausholend entlang deiner eigenen politischen Biographie fragen: welches sind, festgemacht an deinem Leben und Denken, die wichtigsten Wandlungen im Sozialismus?

Kommen wir also gleich zum ersten Teil. Ich darf als Herausforderung eine kurze Passage zitieren, die Scherer und ich in dem Aufsatz „Der Demokratische Sozialismus muß ein Ökosozialismus werden" gebracht haben, wo wir einerseits bestimmte alte sozialistische Werte als unaufgebbar darstellen: Demokratisierung aller gesellschaftlichen Bereiche, insbesondere Wirtschaftsdemokratie, Orientierung nicht mehr an einem Geschichtsdeterminismus, sondern an Grundwerten usw. Diese unaufgebbaren Prizipien, so heißt es, müssen andererseits im Sinne eines Ökosozialismus ergänzt werden, nämlich 1. „die Kritik des klassisch-sozialistischen Glaubens an den ‚Wohlstand für alle' mittels tendenziell unbegrenzten (im Sozialismus von den kapitalistischen Fesseln befreiten) Wirtschaftswachstums" durch die Forderung einer „unsere ökologischen Grundlagen erhaltenden Kreislaufwirtschaft" und 2. „die Kritik des klassisch-sozialistischen Glaubens an die wohltätige Kompetenz des zentralen Wohlfahrtsstaates" durch die Forderung nach möglichst weitgehender dezentraler und autonomer Selbstorganisation gesellschaftlicher Bedürfnisbefriedigung und Daseinsvorsorge. Das sind zwei wesentliche Erweiterungen des Demokratischen Sozialismus. Sicherlich reichen sie nicht aus, aber vielleicht könnte man doch von diesen beiden Essentials des Ökosozialismus ausgehen.

Flechtheim: Ich würde zunächst einmal nicht nur von Wohlfahrtsstaat sprechen, sondern auch von Krieg- oder Militärstaat. In Amerika gibt es den Ausdruck „welfare and warfare state", und ich glaube, daß das eine sehr wesentliche Charakterisierung ist. Die modernen Staaten, vor allem die größeren Staaten, haben sich in vielerlei Beziehung immer mehr militarisiert. Das ist ja alles bekannt.

Statt Etatismus: überstaatliche Vereinigungen

Der Rüstungswettlauf ist nicht eine vorübergehende Erscheinung, sondern scheint zum Wesen dieses Staates zu gehören. Es gibt leider auch eine Tradition im Sozialismus, die in diese Richtung zielt. Das sollten Sozialisten ganz offen zugeben. Ich habe vor einiger Zeit in einer Doktorarbeit einige Zitate gelesen, Stellungnahmen von Sozialisten aus dem Jahre 1914. In den „Sozialistischen Monatsheften" und anderen, mehr zum rechten Flügel gehörenden sozialistischen Publikationen wird ganz eindeutig gesagt, der Krieg sei ein großartiges sozialistisches Unternehmen ohne Profit, und das Militär sei eine sozialistische Institution, basierend auf Zusammenarbeit und Massenbrüderschaft. Mir erscheint es heute ungeheuer wichtig, hier sehr deutlich Stellung zu nehmen. So habe ich von Ökosozialismus im Zusammenhang mit Human- und Globalsozialismus gesprochen. Die Frage wäre zu stellen, wie weit überhaupt der überlieferte Staat als Wohlfahrtsstaat wie auch als Militärstaat einfach weiterentwickelt werden kann. Ich selber habe angedeutet, wie man Kompetenzen vom Staat wegverlagern kann, und zwar in doppelter Richtung: Einmal durch Dezentralisierung, zum anderen durch Übertragung von Funktionen auf überstaatliche größere regionale Vereinigungen. Natürlich ist es im Augenblick etwas peinlich, von einer europäischen Gemeinschaft zu sprechen; wir sollten aber doch als Ziel eine überstaatliche regionale Zusammenfassung nach Kontinenten oder anderen historischen Kulturkreisen ernsthaft erwägen. Darüber hinaus ist auch ein globaler Zusammenschluß, wie er ja - leider weitgehend nur formal auf dem Papier - in den Weltorganisationen, angefangen von den Vereinten Nationen bis zur Internationalen Arbeitsorganisation, der UNESCO usw. existiert, für eine sozialistische Entwicklung wichtig. Es ist kein Zufall, daß es auch in fortgeschrittenen Staaten sowohl wie im Osten noch immer nicht einen Durchbruch zum echten Sozialismus gegeben hat - sicherlich aus den verschiedensten Gründen, aber nicht zuletzt auch, weil alle entscheidenden Abläufe im engen Rahmen von Staaten oder polarisierten staatlichen Zusammenschlüssen sich abgespielt haben und abspielen. Mithin hat auch ein neues Element der Konkurrenz, ja auch des Gegeneinander, erneut großes Gewicht gewonnen.

Vilmar: Würdest du zustimmen, daß die alte sozialistische Idee des Internationalismus eine zwar notwendige, aber für die mittelfristige politische Planung zu weitgreifende Idee war? Vielleicht ist der von dir genannte Regionalismus, etwa die Überschreitung der Nation in bezug auf ein geeintes Westeuropa, ein ganz wesentlicher Zwischenschritt, weil der Internationalismus sich als eine zu weitgreifende Idee erwiesen hat.

Flechtheim: Ja und nein. Da man nicht von heute auf morgen die die meisten Sozialisten ursprünglich beherrschende Vorstellung von einer klassenlosen Weltgesellschaft verwirklichen kann, sind bescheidenere Zusammenschlüsse sicherlich wichtig. Andererseits muß man aber auch sehen, daß diese Zusammenschlüsse häufig einen schillernden Charakter haben. So könnten z.B. die Europäer sich zusammenschließen, um ihre Privilegien gegenüber der Dritten Welt zu verteidigen und zu erweitern. Einerseits kann in der Tat die Welt nicht von heute auf morgen vereinheitlicht werden; eine einfache Uniformierung wäre auch gar nicht wünschenswert. Auf der anderen Seite müßten eben immer wieder neue Instrumente, Wege usw. gefunden werden, um sogar über die Regionen hinweg globale Zusammenschlüsse vorzubereiten und zu ermöglichen. Mein Freund John H. Herz in den USA hat einmal gesagt, Nationalisierung sei in mancher Beziehung überholt; was wir brauchten, sei bereits eine Teilinternationalisierung, wobei er an bestimmte Rohstoffe oder ähnliches denke. In der Tat stehen wir hier vor einem ungeheuren Problem, das sicherlich im klassischen Sozialismus weitgehend übersehen worden ist, wie etwa auch die leider wachsende Diskrepanz zwischen den hochindustrialisierten Ländern auf der einen und der Dritten Welt auf der anderen Seite zeigt. Selbst diese Universalisierung muß wiederum, wenn sie nicht zu der von Wolfgang Harich konzipierten neuen Art von Weltdiktatur führen soll, begleitet sein von dem angedeuteten Abbau staatlicher Kompetenzen in Richtung auf Dezentralisierung, auf mehr Autonomie, auf mehr Selbstverwaltung. Das Wort Selbstverwaltung ist vielleicht nicht sehr glücklich. Es geht ja nicht um bürokratische Verwaltung, sondern um Selbstgestaltung in einem sehr viel weitergehenden Sinne. Alles bisher Gesagte bezieht sich vor allem auf den Begriff des Globalsozialismus. Die Frage wäre dann aber auch, wieso der Begriff Ökosozialismus gebraucht wird. Was bedeutet die ökologische Dimension? Warum wird angesichts der vielen Fehlentwicklungen überhaupt noch von Sozialismus gesprochen? Ich bin kein Spezialist für ökologische Fragen, aber man braucht ja nur in die Zeitung zu gucken, um festzustellen, daß entscheidende ökologische Probleme nicht mehr im staatlichen und nationalen Rahmen gelöst werden können. Selbst größere Länder sind hier von ihren Nachbarn und sogar von der Welt als ganzem abhängig geworden. Man braucht daher so etwas wie einen globalen ökologischen Rahmenplan, um die Entwicklung nicht nur in den nächsten Jahren, sondern in den nächsten Jahrzehnten irgendwie in den Griff zu bekommen.

Vilmar: Ich glaube, das ist ein sehr wichtiger Punkt gegenüber manchen, sagen wir mal, nur auf der Staatsflucht, auf der Flucht vor der Megamaschine befindlichen Ökologisten, nämlich zu erkennen, daß beides gleichzeitig entwickelt werden muß: ein höheres Maß an Dezentralisation und gleichzeitig auch an Regionalismus oder Globalisierung, wie du das genannt hast. Man könnte sehr wohl sagen, das ist eigentlich kein additiv danebenstehender Begriff von Globalsozialismus, sondern das globale Element ist - richtig verstanden - eine Kategorie, ein Essential des Ökosozialismus.

Flechtheim: Das könnte man sicher sagen. Die sozialistischen wie kapitalistischen Regierungen reden sich ja unentwegt damit heraus, daß sie sagen: Ja, wir würden zwar gerne, aber angesichts der Weltkonkurrenz geht es eben nicht. Hannemann, geh du voran! In der ökologistischen Debatte wird fast immer nur von Dezentralisierung gesprochen. Es scheint mir aber sehr wichtig, daß man genau beides im Auge hat: wo notwendig, da globale, zumindest regionale Lösungen - auf der anderen Seite, wo immer es geht, Dezentralisierung und Entstaatlichung. Die bloße Entstaatlichung schafft es nicht! Das Element Sozialismus dabei bezieht sich auf diese sozusagen größere Dimension. Damit stellt sich auch die Frage, wieso eigentlich diese Art von ökologisch globaler Position sich doch aus einer sozialistischen Position heraus ergibt. Ich würde sagen, es gibt in der großen sozialistischen Tradition solche Ansatzpunkte. Wir haben ja vorhin schon betont, daß zum Teil etwas überspitzt und naiv die meisten Sozialisten irgendwann von der Einheit der Menschheit, von der internationalen Brüderlichkeit ausgingen. Aber auch andere Strömungen wie etwa die pazifistische, die radikaldemokratische oder christliche sollten hier berücksichtigt werden. Doch wenn man nur einen einzigen Begriff herausgreifen will, scheint mir der des Sozialismus noch am akzeptabelsten. Das bedeutet nicht, daß der Sozialismus makellos dasteht. Allein die Tatsache, daß die schrecklichsten Antisozialisten und Antihumanisten sich Nationalsozialisten genannt haben, ist ja schließlich nicht einfach aus der Welt zu schaffen. Auf der anderen Seite gibt es in der Tat ebenso wie im Christentum oder bei Demokraten, Radikalen, Humanisten usw. doch eine ganz starke Tradition im Sozialismus, die immer wieder die Bedeutung irgendeiner Art von Zusammenschau, Zusammenarbeit, Zusammenleben von Individuum und Gemeinschaft im Sinne von Menschheit oder Weltgemeinschaft betont hat. Es geht dabei auch um Solidarität, was nicht einfach Kooperation heißt. Wenn man gerade auch als Ökologist am globalen Gedanken festhält, verbindet er sich streng sachlogisch mit dem der Gleichheit.

Ich glaube, daß dieser Globalismus tatsächlich nicht einfach ein Organisationsprinzip ist, sondern im ökologischen wie sozialistischen Sinne sinnvoll ist nur unter dem Aspekt der Nichtdominanz. Gerade auch in bezug auf die Dritte Welt, aber natürlich auch zwischen der Ersten und der Zweiten Welt soll der Versuch bestimmter Nationen oder Nationengruppen, andere zu regieren, ausgeschaltet werden, was ja ein ursozialistischer Aspekt der Gleichheit ist. Zu verhindern ist zudem noch die Möglichkeit, daß etwa immer größere Kapitalzusammenballungen entstehen. Ich habe jetzt Zahlen über Exxon gelesen. Das ist heute bereits ein Imperium, dessen Budget größer ist als das der Bundesrepublik und das sicherlich nicht - man kann ihnen das nicht einmal zum Vorwurf machen! - von global-ökologischen Gesichtspunkten, sondern von sehr kurzfristigen und eigensüchtigen Gesichtspunkten beherrscht ist. Von daher wäre auch das Verlangen nach internationaler Solidarität und nach Verzicht auf bestimmte Machtpositionen und Privilegien wichtig.

Ich habe einmal gesagt, es stimmt heute, daß wir alle in einem Boot sitzen, während das früher gar nicht der Fall war. Ich erinnere mich an einen Ausspruch von Arthur Rosenberg, der einmal auf die Frage hin, wieso es denn keine großen Seeschlachten im Ersten oder Zweiten Weltkrieg gegeben hätte, sagte, bei den großen Schiffen sitze der Admiral auf dem Schiff, und wenn das Schiff untergehe, gehe er mit unter. In diesen Kriegen hingegen saß der Generalstab weit hinter der Front, und eine noch so große Niederlage traf ihn nicht persönlich. Das ist heute zum ersten Mal anders. Bei großen Katastrophen würden auch die Mächtigen oder Reichen in einer Art und Weise mitgetroffen werden, wie das in der Vergangenheit nicht der Fall war. Vielleicht ist das ein kleiner Hoffnungsschimmer, daß nun auch in Militärkreisen hier und da heute weiter gedacht wird. Allgemein gesagt, können eben Macht, Kapital und Ballungen ähnlicher Art nicht mehr in der alten Art und Weise maximiert und gesteigert werden; neben allem anderen stellen sie ökologische und sonstige Bedrohungen dar, die nun in irgendeiner Form einer Kontrolle unterworfen werden müssen.

Vilmar: Neben dem globalen Aspekt sollten wir jetzt betonen, was in unserer Kurzformel vom Ökosozialismus auch drinsteckt, nämlich: weg vom Staat hin zur autonomen Selbstorganisation - auch aus dem Grund, den du mit dem Stichwort Humansozialismus bezeichnet hast. Wenn ich das richtig gelesen habe bei dir, hat das sehr viel damit zu tun, daß ein Sozialismus den einzelnen Menschen, und ich würde etwas weiter sagen: auch die einzelnen Gruppen, kleinen Einheiten und autonomen Bestrebungen, nicht glattwalzen darf. Wir haben zur Zeit eine Gewerkschaftsbewegung, die mit einer ungeheuren Selbstherrlichkeit auf eine bestimmte Arbeitsverkürzungsstrategie fixiert ist: hier sei die Alternative 35-Stunden-Woche oder Frührente. Diejenigen, die freiwillig Teilzeitarbeit machen wollen, seien Individualisten, die nur die gewerkschaftliche Strategie stören. Für mich ist dies ein krasses Beispiel eines Etatismus, der überhaupt weitgehend in der Linken verbreitet ist und der sich nicht verträgt mit dem, was in der Ökologiebewegung, in den Neuen Sozialen Bewegungen, in der Alternativszene erkannt worden ist, daß nämlich autonomen, selbstorganisierten Initiativen entscheidende soziale und humane Bedeutung zukommt.

Flechtheim: Ich habe mir einige Gedanken gemacht über das Verhältnis von Humanität und Demokratie. Das ist auch nicht so einfach, wie man es sich manchmal vorstellt. Es gibt alte Demokratien, die mit Minderheiten keineswegs besonders human umgingen. Auf der anderen Seite soll die erste Abschaffung der Todesstrafe in gewissen aufgeklärten absoluten Monarchien und nicht in diesen Demokratien erfolgt sein. Also ist auch in jeder Art von Mehrheitsherrschaft, von staatlicher Demokratie, das Festhalten an bestimmten Grundwerten - man könnte auch sagen Prinzipien - notwendig. So kann einfach über die Todesstrafe nicht plebiszitär entschieden werden, u.a.

auch aus dem Grunde, weil eine Wiedergutmachung nicht möglich ist. Bei anderen Fragen kann man unter Umständen plebiszitäre Experimente wagen; man kann sagen: Versuchen wir einmal, diese Straße so zu bauen; stellt sich später heraus, daß eine andere Bauweise besser ist, können wir das korrigieren. Bei den menschenverletzenden Akten wie der Todesstrafe, Folter usw. ist das undenkbar. Endgültige Tatbestände schafft ebenso der moderne Krieg mit seinen Zerstörungen.

Ein Optimum von Staat und autonomer Selbstorganisation finden

Dagegen sollte man neue Formen auch der Demokratie, im weiteren Sinne aber überhaupt jedes humanen Zusammmenlebens und humaner Vergesellschaftung schaffen. Tönnies hat zwischen engerer Gemeinschaft und weiterer Gesellschaft unterschieden. In diesem interessanten Gegensatz steckt etwas uns sehr Beunruhigendes: Die moderne Tendenz geht in Richtung auf Gesellschaft, das heißt aber auch Anonymität, Masse, immer größere Einheiten bei Abbau unmittelbarer persönlicher Beziehungen. Ich glaube, daß jetzt in den modernen Bewegungen, der ökologischen, der Frauenbewegung, der Studentenbewegung usw. ein Gespür dafür vorhanden ist, daß das nicht auf die Spitze getrieben werden kann. Das Ideal ist nicht länger eine Megalopolis von 30 Millionen Menschen, vielmehr der Versuch, in dem modernen Rahmen der Gesellschaft, der unverzichtbar ist, nun Freiräume zu schaffen dafür, daß kleinere Gruppen ihr eigenes Leben individuell entwickeln können. Es müssen Grenzen gesetzt werden, die aber flexibel sein sollten, so daß unter Umständen auch die große Gesellschaft sagt: Wenn ihr darauf besteht, sind wir auch bereit, gewisse Kosten mitzutragen. Nicht immer ist der effizienteste und billigste Ausweg der beste; unter Umständen muß man sich kleinere Einheiten als eine Art von Luxus leisten. Inzwischen gibt es ja, eine Menge Indizien dafür, daß die Rückkehr zu mehr Kompetenz und Spielraum der kleinen Gruppen sogar effektiver ist: Im Gesundheitswesen, in der Jugendpflege, im Strafvollzug steht eindeutig fest, daß die großen Betonkrankenhäuser, Gefängnisse oder Heime, in die man die sogenannten anfälligen Jugendlichen einweist, überhaupt nichts Positives bewirken, wohl aber wahnsinnig teuer sind. Ein solcher Platz mag sechs-, acht- oder zehntausend DM kosten. Wenn man diese Jugendlichen in eine Wohngemeinschaft integriert, kostet das den Staat und die Gesellschaft vielleicht zwei- oder dreitausend DM. Da stellt sich die Frage nach einem neuen Optimum im Gegensatz zu der alten Vorstellung vom Maximum, das sicherlich falsch ist. Diese Effizienzkriterien unterstützen im Grunde nur das Argument, das eigentlich dahintersteht, daß es nämlich um eine Form kollektiver Humanität geht, wenn den neuen Entfremdungserscheinungen, die sich hinter dem Rücken des klassischen Wohlfahrts- und Sozialstaats wieder durchgesetzt haben, mit solchen kleinen Versuchen begegnet wird. Von unten soll etwas anderes im

Kleinen, nicht individualistisch, sondern in kollektiver Form erreicht werden. Selbst wenn dies vielleicht in mancher Beziehung teurer käme, ist das nicht entscheidend, denn die Kosten eines nur anonymen gesellschaftlichen Systems für die Gesellschaft sind enorm, weil so Neurotiker, Kranke usw. produziert werden. Das Bruttosozialprodukt wächst ja gerade auch in dem Maße, wie zerstört und repariert wird!

Vilmar: Wir hatten ja noch dieses zweite Essential, daß der Ökosozialismus mit dem Aberglauben des klassischen Sozialismus aufräumt, daß die Probleme zu lösen sind auf der Basis des Wohlstandes für alle, durchaus im Sinne von Ludwig Erhard. Das war eine Ideologie. Es gibt ja bei Marx und anderen, auch im ersten Orientierungsrahmen der SPD, Vorstellungen wie: wenn jährlich das Bruttosozialprodukt um 5 % wächst, dann und nur dann können wir die Probleme lösen, weil es dann eben das Armutsproblem und das Problem des Neides, des Verzichts und dergleichen nicht mehr gibt. Wie du das siehst, hast du schon vor Jahren mit dem schönen Ausdruck bewiesen, daß der Sozialismus auch frugal sein müßte. Ich möchte dich direkt noch einmal hierzu fragen; müßte man diesen Gesichtspunkt vielleicht noch weiter ausbauen?

Flechtheim: Ich habe einmal Eppler zitiert, der gesagt hat: Die Zeit, in der jeder eine eigene Villa mit beheiztem Schwimmbad hat, wird nicht kommen. Das macht doch die Grenzen des Wachstums deutlich. Wir können nicht mehr von der Annahme des klassischen Ökonomen ausgehen, daß die Bedürfnisse unbegrenzt sind und unbegrenzt befriedigt werden können und daß das eigentlich das Herrliche und Wunderschöne an der Ökonomie ist. Man könnte hier sogar mehrere Fragezeichen setzen. Ich habe gerade die Erinnerungen eines Rothschild über das Leben der Rothschilds gelesen - ein Leben in unvorstellbarem Luxus. Mir kam das unheimlich vor; ich hatte das Gefühl, daß selbst dieser junge Mann gar nicht so begeistert davon war, daß dort Dutzende und Hunderte von Bediensteten ständig tätig waren, nur um eine Familie in ihrem Schloß zu versorgen. Das mag nun ein extremer Fall sein. Aber selbst die Vorstellung, daß jetzt nicht nur jeder ein Auto haben muß, sondern jedes Jahr oder doch alle zwei oder drei Jahre ein neues, größeres Auto oder vielleicht sogar zwei oder drei für jedes Familienmitglied, ist absurd. Aber selbst das mag schon wieder nicht als ausreichend betrachtet werden - vielleicht muß jeder seinen eigenen Helikopter haben! Man meinte doch mal in der Tat, daß Reisen nach Afrika, Asien usw. etwas für die Mittelschicht wären, die oberen Zehntausend aber demnächst Reisen ins Weltall unternehmen und sich mal den Mond ansehen würden. Das alles ist schon heute absolut unmöglich geworden angesichts der Übervölkerung, der Begrenzung der Ressourcen, der Auswirkungen einer solchen übersteigerten Produktion auf die Umwelt und den Naturhaushalt. Aber man mag sogar fragen, ob denn so etwas überhaupt erstrebenswert ist, ob nicht ein Mensch, der inmitten von Büchern erstickt, damit einen Teil seiner eigenen Selbstbestimmung und Humanität aufgibt und verliert?

Kein Sozialismus ohne Selbstveränderung

Auf der anderen Seite bleibt sicher nach wie vor das alte sozialistische Ziel, Armut, Elend, Hunger usw. zu beseitigen und jedem Menschen ein Minimum an Befriedigung grundlegender Bedürfnisse zu garantieren. Gleichzeitig gilt es jedoch, wegzukommen von bestimmten Vorstellungen einer Massenverschleißgesellschaft, in der es unbedingt erforderlich ist, immer wieder neue Güter zu produzieren. Ich denke da auch an gewisse Erscheinungen der Mode. Muß denn jede Dame oder jeder Herr jedes Jahr ein neues Kleid oder einen neuen Anzug anziehen? Qualität sollte anstelle von Quantität treten, wobei wir vielleicht sogar auf gewisse Dinge wie ständige große Reisen, die gar nicht so schlecht wären, verzichten müssen, weil die ökonomischen Möglichkeiten nun einmal nicht da sind.

Hinzu tritt eine wohl sehr wichtige Umstellung. Die Menschen werden einsehen, daß es gewisse immaterielle Werte gibt, die ebenso wichtig, wenn nicht gar wichtiger sind als die materiellen Werte. Ich habe einmal amerikanischen Studenten gesagt, daß man sämtliche Werke von Shakespeare in einem Band für damals 95 Cents und heute noch wegen der Massenauflage für 9,80 DM bekommen kann. Das ist wohl für den, der sich die entsprechenden kulturellen Voraussetzungen erwerben will, vielleicht wichtiger als manche Gegenstände, die noch so sehr glänzen. Diese Abwendung von gewissen materiellen Werten muß keineswegs nur Hinwendung zu Shakespeare oder Goethe bedeuten. Im Gegenteil, in den alternativen Bewegungen, die ja nicht auf ein paar Freaks, die in bunten Kleidern herumlaufen, begrenzt sind, kündigt sich ein Wertewandel an, der sich auch darin ausdrückt, daß man sagt, wenn wir weniger arbeiten und mehr Freiheit haben, sind wir bereit, weniger Geld zu verdienen - nicht nur, was als bildungsbürgerliches Erbe erscheinen könnte, um Bücher zu lesen, sondern auch um mehr Muße zu haben, mit unseren Partnern zusammenzusein, mehr Zeit für die Liebe, mehr Zeit für die Natur, mehr Zeit, selbst etwas Kreatives zu tun oder auch nur faul zu sein. Schon Paul Lafargue, der Schwiegersohn von Marx, hat eine Schrift „Das Recht auf Faulheit" publiziert, und Anouilh hat einmal gesagt, er stelle sich die Gesellschaft in der Zukunft so vor, daß die Menschen viel spielen würden, daß jeder neben allem anderen auch Schauspieler sein würde. Wenn jemand die Ermordung eines Mitmenschen spielen würde, würde vielleicht sogar mancher auf die wirkliche Tötung verzichten. Zumindest könnte sich so manches spielerisch ausleben, was die Leute heute verdrängen und was sie aggressiver macht. So sind wir uns wohl einig, daß der Sozialismus eben ganz andere Dimensionen erreichen muß als die, daß einfach an die Stelle von Armut Reichtum tritt.

Es wird sich auch nicht ergeben, daß - sei es revolutionär, sei es über Reformen - die industrielle Wirtschaft sozusagen im Selbstlauf zur klassenlosen Gesellschaft wird. Sozialismus müßte dann auch auf einem echten ethischen Konsens beruhen, wenn es nicht zu einem fatalen Verteilungskampf darüber kommen sollte, wer die Autos, den Swimmingpool haben, wer die großen Reisen machen soll. Dann müßte eine Verteilungsdiktatur à la Harich errichtet werden, falls nicht ein Konsens hergestellt würde in bezug auf neue Straßen, größere Autos, größere Geschwindigkeiten, mehr Reisen usw. Ein neuer Menschentyp müßte immer mehr mitreden. Wir sehen schon Ansätze hierfür, etwa Menschen, die sich ein großes Auto leisten könnten, die aber lieber zu Fuß gehen oder Rad fahren. Dies beginnt beim einzelnen in einer kleinen Gruppe. Es muß aber auf die größere Gruppe übergreifen und so zu einer neuen Gesellschaft führen. Was die klassischen Sozialisten immer verachtet haben, etwa das Wort des Pfarrers in der Kirche: Fangt bei euch selber an, gilt doch. Das würde dann auch zu einem sozialistischen Prinzip werden. Es mag nicht das einzige sein - ohne das geht es aber nicht. Ein interessanter Satz findet sich schon bei Rosa Luxemburg, die einmal sagte: Natürlich setzt der Sozialismus voraus, daß der Arbeiter selbstlos arbeiten wird. Das wäre eine Art von neuer Haltung, die nicht mehr darin besteht, immer mehr haben zu wollen, sondern ein homo humanus zu sein, um an Erich Fromms „Haben oder Sein" anzuknüpfen.

Scherer: Damit hast du die Gegenseite zur Systemveränderung, nämlich die Selbstveränderung benannt. Diese wurde von der akademischen Linken, die sich auf Marx und Engels bezog, oft nicht gesehen. Aber ich will fragen, ob das nicht alles bloß Mode ist: Jetzt plötzlich werden Ressourcen knapp, das Wasser ist verschmutzt und die Bäume sterben - und auf einmal gibt es Ökosozialismus. Wir möchten demgegenüber deutlich machen, daß der Sozialismus im 20. Jahrhundert schon eine Reihe von sehr schmerzlichen Revisionen hat durchmachen müssen, daß es einfach unmöglich ist, heute noch bei den Klassikern, heißen sie nun Marx, Engels oder Bebel, Luxemburg oder auch Ebert, stehen zu bleiben. Dieses Jahrhundert hat uns als Sozialisten immer wieder vor die Notwendigkeit gestellt, umzudenken. Deshalb laß uns einen zweiten Gedankengang mit Bezug auf deine politische Biographie diskutieren. Du selbst hast als ein sehr radikaler Sozialist, als Mitglied einer kommunistischen Studenten- und Jugendorganisation dein politisches Leben begonnen und hast von da aus erhebliche Wandlungen deiner Position durchgemacht. Vielleicht könntest du gerade denen, die das alles gar nicht mehr wissen, erzählen, wie es eigentlich zu diesen Wandlungen gekommen ist. Wann hat deine politische Biographie begonnen?

Flechtheim: Sie hat eigentlich begonnen am 1. Mai 1927, als ich als achtzehnjähriger Student im ersten Semester in die Kommunistische Partei Deutschlands eingetreten bin und mit einigen anderen Studenten in Freiburg eine radikal-sozialistische Studentengruppe gründete.

Vom Kommunisten zum Ökosozialisten

Wir - nicht mal hundert Leutchen - sind dann am 1. Mai durch Freiburg demonstriert. Meine Entwicklung stand stark im Zeichen der russischen Revolution. Meine Familie selber stammt zum Teil aus Rußland, und ich war emotional Rußland immer besonders verbunden. Wir waren voller Gläubigkeit: Dort hatte ein radikaler Bruch stattgefunden, war ein neuer Anfang gesetzt worden; hieraus würde die neue sozialistische Gesellschaft erwachsen, die natürlich, das war damals ganz klar, nur als Weltgesellschaft denkbar war. 1924 trat die erste Verfassung der Sowjetunion in Kraft, die Verfassung der Union Sozialistischer Sowjetrepubliken; darin wurde erklärt, daß Rußland nur ein Anfang war und es in dem Maße, wie der Sozialismus sich ausbreiten würde, zu einer Weltunion der Sowjetrepubliken kommen würde. Noch war hier das internationale und globale Element zu spüren. Ich habe nicht nur die großen Hoffnungen und Erwartungen geteilt, die damals bei vielen in Deutschland und anderen Ländern entstanden waren nach der russischen Revolution, dem Sieg der Bolschewiki, dem Beginn des Aufbaus des Sozialismus. Ich hatte auch viele Illusionen. Hierzu nur eine kleine Anekdote: Irgendjemand hatte mir einmal erzählt, das Abitur sei so schwer, da fiele man immer durch. Da sagte ich mir: Na warte mal, du brauchst doch gar keine Angst zu haben, Abitur wirst du doch erst 1927 machen und bis dahin wird die Weltrevolution gesiegt und das Abitur abgeschafft haben. Nun hat die Weltrevolution nicht gesiegt, aber selbst wenn sie gesiegt hätte, hätte sie das Abitur wahrscheinlich nicht abgeschafft. Ich hab's dann aber auch ohne Revolution geschafft.

1931 war ich selber in der Sowjetunion. Das war das dritte Jahr des ersten Fünfjahresplanes, und neben allem sicherlich schon damals sehr Negativem gab es einen beachtlichen Elan, einen gewissen Schwung, der einen hoffen ließ, hier würde etwas konstruktiv Neues entstehen. Ich bin dann bald kritischer geworden, erstens wegen der stalinistischen Entwicklung in der Sowjetunion selber, vor allem aber auch wegen der Wendung der Kommunistischen Internationale und der deutschen Kommunisten von einer relativ maßvollen Politik der Einheitsfront weg zu einer ultralinken Politik des „Sozialfaschismus", des Bruches der Gewerkschaftseinheit usw. Die Bekanntschaft mit Kommilitonen, die diese Entwicklung kritisierten und in Opposition zu dieser Strategie und Taktik standen, war wichtig. So entwickelten sich auch Kontakte zu einer kleinen Gruppe, die später bekannt geworden ist unter dem Namen „Neu Beginnen", die es aber im Ansatz schon vor 1933 gab. Sie ging davon aus, daß man sich nicht, wie das viele andere Kritiker damals taten, von den großen Parteien trennen sollte wie etwa die Trotzkisten von der KPD und später die Sozialistische Arbeiterpartei von der SPD, vielmehr innerhalb der beiden ‘großen Arbeiterparteien arbeiten müßte, um eine Erneuerung herbeizuführen. Wie jene kleineren Gruppen haben auch wir den Nationalsozialismus schon sehr früh ernst genommen. Wir sagten offen, daß 1933 das Proletariat und der Sozialismus eine welthistorische Niederlage erlitten hatten. Die Anhänger von „Neu Beginnen" betrachteten sich zwar als Marxisten, gaben aber zu, daß sich Marx und Engels in einem Punkt doch wohl geirrt hatten: Die Entwicklung gehe nicht eindeutig vom Feudalismus und Kapitalismus zum Sozialismus, sondern es gebe verschiedene Alternativen, Möglichkeiten und Gefahren. Durchaus denkbar sei, daß die Arbeiterbewegung und ihre führenden Parteien versagten und es dann zu einer faschistischen Entwicklung komme, zu Kriegen, ja letzten Endes sogar zum Zusammenbruch der modernen westlichen Kultur. Das wurde schon 1933 in der Broschüre „Neu Beginnen" von Miles formuliert und hat mir damals zu denken gegeben.

Später habe ich mich dann noch intensiver mit geschichtsphilosophischen und soziologischen Gesamtkonzeptionen wie denen von Max Weber, Spengler, Toynbee und anderen zu beschäftigen begonnen. Ich bin von da aus zu der Überzeugung gelangt, daß wenn der Sozialismus überhaupt siegen sollte, das nur das Ergebnis eines sehr komplexen Prozesses sein könnte, in dem die Handlungen der einzelnen ein großes Gewicht haben würden; es würde sehr darauf ankommen, an bestimmten historischen Wendepunkten richtige Entscheidungen zu treffen. Ich hatte die Hoffnung, dieses würde noch geschehen; bestärkt worden bin ich darin durch die Niederlage der Nationalsozialisten sowie durch gewisse neue Ansätze.

Von da an begann eine sehr intensive Auseinandersetzung mit den Grundlagen des Marxismus. Schon 1935 war ich ins Exil gegangen; kürzlich wurde ein Aufsatz von mir von 1937 zitiert, den ich ganz vergessen hatte und der später veröffentlicht worden ist. Darin setze ich mich mit dieser Problematik auseinander: Wie weit kann der Sozialismus auf dem Wege der Reformen durchgesetzt werden, wie bald wird sich die Frage stellen: Müssen wir nicht Gewalt anwenden, müssen wir nicht eine Diktatur errichten angesichts der Größe dieser Probleme?

Vilmar: Hattest du zu der damaligen Zeit schon mit der Kommunistischen Partei gebrochen?

Flechtheim: Endgültig und total gebrochen habe ich mit der Kommunistischen Partei im Jahre 1933; in dem Moment, wo sie als Massenpartei aufhörte zu existieren, verlor sie für mich jedwedes Interesse. Ich habe mich dann später in meinen Schriften sehr prinzipiell mit der Form von Kommunismus auseinandergesetzt, die zum Stalinismus geworden war. Ich kam 1940 nach Atlanta in Georgia an eine Negeruniversität. Der Vorsitzende meines Departments war ein englischer Historiker, der mich darauf hinwies, daß gerade drei dicke Bände eines vollkommen unbekannten Engländers namens Toynbee erschienen waren. Ich stürzte mich auf sie und entdeckte auch hier neue Aspekte, die weit über jede bisherige Kritik des klassischen Marxismus hinausreichten. Dann fing ich auch an, mich mit dem zu beschäftigen, was ich 1943 „Futurologie" genannt habe, eben unter dem Gesichtspunkt der offenen Zukunft, in der verschiedene Möglichkeiten angelegt sind. Infolgedessen gewann die Frage, wieweit die klassische Arbeiterbewegung überhaupt imstande sein werde, auch nur annäherungsweise ihr Ziel zu erreichen, an Gewicht.

Vilmar: Als du wieder zurückkamst nach Berlin, bist du Mitglied der SPD geworden.

Flechtheim: Ich bin Mitglied der SPD geworden, da es die einzige größere linke Partei war, blieb aber sehr kritisch. Es gab damals auch den für die damaligen Verhältnisse radikalen Sozialistischen Deutschen Studentenbund, den SDS, der 1961 in einen Konflikt mit der SPD geriet. Ich habe mich auf die Seite des SDS gestellt und habe 1962 die SPD verlassen.

Scherer: Kann man deine Erfahrungen mit dem Stalinismus und der Sozialdemokratie so zusammenfassen, daß du nach einem dritten Weg, nach einer eigentlich linkssozialistischen Position gesucht hast?

Flechtheim: Ja. Weder bei der Mehrheits-SPD noch bei den orthodoxen Kommunisten sah ich positive Ansätze. So habe ich jene Gruppierungen, die dazwischen standen, vor allem die USPD, positiver bewertet. Es war eine Tragödie, daß sich diese Partei Anfang der zwanziger Jahre zwischen der Sozialdemokratie und der Kommunistischen Internationale hat zerreiben lassen. Ich kann mir vorstellen, daß, hätte es 1933 eine starke USPD gegeben, mindestens dieser mörderische Bruderkampf zwischen SPD und KPD vermieden worden wäre. Vielleicht hätte dann auch der Nationalsozialismus nicht gesiegt. Sicherlich habe ich immer eine gewisse Sympathie für alle möglichen kleineren Gruppen, die zwischen den großen Blöcken standen, gehabt, aber ich blieb doch insofern auch ihnen gegenüber kritisch, als diese kleinen Gruppen oft ihre eigene Art von marxistischem Dogmatismus entwickelt haben, was ich nicht mitgemacht habe.

Vilmar: Aber es gab ja sicherlich prinzipielle Gründe dafür, daß du gesagt hast, die Kommunistische Partei kommt für mich nicht in Frage.

Flechtheim: Die Kommunistische Partei war ja damals dem Leninismus und Stalinismus verfallen, und zwei Jahrzehnte hat der furchtbarste Hochstalinismus geherrscht. Hinzu kam aber, daß ich auch sehr beeindruckt wurde von Strömungen, für die das Schlagwort „gewaltfrei" typisch ist. Martin Luther King, aber auch Harold Laski in England haben über Gewalt und Revolution nachgedacht und betont, daß man neue Verfahrensweisen, neue Methoden entwickeln müsse. Da kommen wir wieder darauf, daß der einzelne sich ganz anders für seine Überzeugungen in seiner Lebensweise einsetzen und auch insofern mit gewissen gewaltsamen und widersprüchlichen Traditionen der alten Arbeiterbewegung brechen muß.

Vilmar: Ich erinnere mich auch sehr gut an einen Aufsatz von dir, der dann viel diskutiert und kritisiert wurde. Er behandelte das Prinzip der Gewaltfreiheit. Du hast dich sehr dezidiert positiv geäußert und hast gesagt, es gibt eben auch einen linken Militarismus, es gibt eine fatale Gewaltverliebtheit innerhalb der Linken mit der Rechtfertigung, das sei schließlich der Durchbruch zur klassenlosen Gesellschaft. Ich glaube, das ist ein ganz wichtiger Markstein gewesen in deiner Entwicklung und auch in der Entwicklung des Sozialismus überhaupt.

Flechtheim: Nach vielen Erfahrungen, die vom Hurra-Patriotismus bis zur revolutionären Gewalt reichen, wurde ich immer skeptischer gegenüber Gewalt in der Politik, ohne damit gleich in das andere Extrem zu verfallen, daß alles nur auf parlamentarischem Wege durch die Parteien, Wahlen und Abstimmungen und vor allem durch professionelle Politiker gehen müßte.

Vilmar: Ja, eben diese Idee der gewaltfreien Aktion, der Überzeugungsarbeit ist ein wichtiges Essential für ökosozialistisches Selbstverständnis, was allerdings nicht bedeutet, daß man sich gleich auf die andere Seite, auf den bloß parlamentarischen Weg im Sinne des legalistischen Reformismus einläßt. Dies führt nun zu einer weiteren Frage, wie weit nämlich der Sozialismus insbesondere durch die neuen sozialen Bewegungen (man könnte vielleicht noch dazusetzen die Bewegung gegen den Atomtod, gegen Notstandsgesetzgebung, die Bürgerrechtsbewegung in Amerika, ja auch die ganze antiautoritäre Bewegung, die Campusbewegung) da etwas hinzulernen mußte, daß es nämlich elementare Bewegungen gar nicht mal nur für eine neue Wirtschaft, sondern für die Verteidigung von Menschenrechten, für Humanität und gegen Unterdrückung gibt. Wenn man die Frauenbewegung dazunimmt, sind diese Bewegungen im Grunde ein unverzichtbares Moment von Sozialismus. Sie tragen das Prinzip der Gewaltfreiheit in sich und sind zum Teil viel elementarer als die Bewegungen des alten klassischen Sozialismus, der sich nur auf Arbeiter stützt. Hier kommt etwas herein, was über diese alten Ideen der Arbeiterbewegung hinausgeht.

Ökosozialismus ist mehr als Arbeiterbewegung

Flechtheim: Ja, ich würde noch betonen, daß ich auch sehr kritisch wurde gegenüber der Auffassung, daß die Arbeiterklasse sozusagen die prädestinierte Klasse ist, um den Sozialismus herbeizuführen. Ich habe darauf hingewiesen, daß ja schon rein quantitativ die Arbeiterklasse nicht mehr zunimmt, weder relativ noch absolut, sondern abnimmt. Das Klassenbewußtsein einer abnehmenden Klasse ist ein anderes als das einer zunehmenden und aufsteigenden Klasse. Zugleich gibt es wohl im Gegensatz zu früher eine breitere Auffächerung der Gesellschaft. Ich will nicht behaupten, und das ist sehr wichtig, daß etwa die alte soziale Frage einfach nicht mehr vorhanden ist. Es gibt sicherlich noch Lohnarbeit und Kapital, Gewerkschaften und Unternehmertum und all das. Aber das ist nur noch eine neben anderen Fragen, ein Komplex neben anderen Komplexen.

Gerade wenn man in Amerika gelebt hat, hat man gelernt, daß leider in vieler Beziehung die amerikanische Arbeiterklasse ähnlich wie früher die Bauernklasse sehr früh konservativ geworden ist und sich sehr stark auf das, was schon Lenin das trade-unionistische Bewußtsein genannt hat, beschränkt. Am extremsten war da die Bergarbeitergewerkschaft, die ungeheuer viel für ihre Mitglieder herausgeholt hat; sobald aber einer arbeitslos wurde, flog er aus der Gewerkschaft hinaus und interessierte sie nicht mehr. Vergessen wir nicht, daß manches auch heute in die Richtung weist, daß innerhalb des breiten Spektrums der Unzufriedenen viele, die nicht zur Arbeiterschaft im engeren Sinne gehören, von den Angestellten, Frauen, jungen Leuten, der technischen Intelligenz angefangen bis in das Großbürgertum hinein, sich sagen: Wir sind z.T. wirtschaftlich immer noch privilegiert, aber die ganz großen Probleme und Gefahren von heute und morgen betreffen und treffen uns eigentlich nicht viel anders als die Industriearbeiter. Von da aus ergibt sich die Möglichkeit, von neuem zu beginnen. Auch hier würde ich fordern: Einerseits durchaus weiter ernsthafte Vertretung der Interessen der Unterprivilegierten, aber auf der anderen Seite im Sinne der Gewaltlosigkeit Bereitschaft zu einem produktiven und offenen Dialog mit allen. Hinzu kommt, daß auch für uns Sozialisten der Gegensatz von Kapital und Arbeit nicht allein zur Herrschaft des Menschen über den Menschen führt. Die Frauenbewegung hat uns gelehrt, daß das Patriarchat noch keineswegs beseitigt ist, wenn man die Kapitalherrschaft beseitigt hat. Das ist das eine. Das zweite ist, daß die Arbeiterbewegung uns gezeigt hat, daß die Prinzipien der oft etwas herablassend so genannten „bürgerlichen Demokratie" eigentlich nicht die Prinzipien des Bourgeois, sondern des Citoyen sind. Hier ist gerade von der marxistischen Seite viel gesündigt worden. Auch das hat wieder viel zu tun mit der Frage der Gewalt als „progressiver" Gewalt. Drittens ist neben der Frage der Gleichheit der Menschen und der Abschaffung von Herrschaft etwas viel Elementareres aufgetaucht, nämlich die Frage des schlichten Überlebens. Das ist sicher kein spezifisch sozialistisches Problem. Aber der Ökosozialismus unterstellt, daß auch das ökologische Überleben des Menschen nur im sozialistischen Rahmen möglich ist, allerdings in einem erweiterten Sinne.

Mit den alten Prinzipien ist das nicht möglich. Der traditionelle Sozialismus treibt fröhlich in den Untergang des Planeten hinein. Für mich ist klar, daß in einem sogenannten liberalen marktwirtschaftlichen System die Lösung der ökologischen Frage wie aber auch der von Krieg und Frieden unmöglich ist. Im Kapitalismus drängen bei noch so viel gutem Willen die kurzfristigen materiellen Interessen aller so stark vor, daß man wahrscheinlich über sehr bescheidene kleine Korrekturen nicht hinauskommt. Angesichts aktueller Debatten ist es wichtig, das sozialistische Element zu betonen. Natürlich ist der Ökosozialismus etwas anderes als der sogenannte „reale Sozialismus" im Osten.

Scherer: Trotz aller Erfahrungen mit dem realen Sozialismus sollte man doch an diesem Begriff Öko**sozialismus** festhalten, und dieses ist auch deshalb sinnvoll, weil sich unter Stichworten wie „ökologischer Humanismus" und „ökolibertär" durch die Hintertür manchmal eine Verbindung von eher konservativen Positionen mit Elementen eines ökologischen Weltbildes ankündigt. Deshalb ist es ganz wichtig, diese beiden Elemente, sozialökologische Erneuerung und Sozialismus, miteinander zu verbinden.

Flechtheim: Ich würde trotz allen ernstzunehmenden Einwänden nicht nur am Begriff des Sozialismus als Human- Global- und Ökosozialismus, sondern auch am Begriff der Linken festhalten, weil doch entscheidende große Fortschritte im Sinne der Französischen Revolution ihr zu verdanken sind, während die Konservativen bestenfalls das immer wieder erst hinterher akzeptiert haben. Linkssein im klassischen Sinne würde bedeuten, daß große Produktionsmittel nicht in die private Hand gehören, sondern öffentlich genutzt und konserviert werden müssen. Hier greift die Marxsche Analyse in dem Sinne, daß die privatwirtschaftliche Ordnung keine Lösung der ökologischen und humanen Probleme bietet. Daß der Realsozialismus auf seine Weise auch ökologische Verschwendung produziert hat, hat ja damit zu tun, daß er immer mehr lediglich hinter dem kapitalistischen Fortschritt hinterherzulaufen sucht. Das enthebt uns nicht der Notwendigkeit zu sagen: Ohne öffentliche Kontrolle dieser wahnsinnig anwachsenden Produktionsmaschine ist die Erde nicht zu retten und auch nicht der Friede. Die Rüstungsinteressen sind eben auch massiv kapitalistische Interessen.

2. „Ökopax": Von den Neuen Sozialen Bewegungen zur grün-alternativen Politik

Hier soll der genetische Unterbau der notwendigen sozialökologischen Erneuerung des Demokratischen Sozialismus dargestellt werden. Denn die Kernaussagen des Ökosozialismus basieren wesentlich auf Erfahrungen und Lernprozessen, die in den vielfältigen Protest- und Widerstandsbewegungen seit der Studentenrevolte Ende der sechziger Jahre gemacht wurden. Die Darstellung einiger solcher Entwicklungslinien zeigt, daß das integrative Konzept des Ökosozialismus nicht (im negativen Sinn des Abgehobenseins von spezifischer Historizität) idealistisch ist. Es handelt sich nicht um ein willkürliches Konstrukt, sondern es geht vielmehr darum, gesellschaftskritische, realutopische und strategische Elemente, die in den sich bewegenden Teilen der Bevölkerung tatsächlich herangewachsen sind, miteinander zu verbinden.

Offensichtlich ist, daß sich das ökosozialistische Paradigma vom sozialliberal-sozialdemokratischen Politikmuster, das Helmut Schmidt so überzeugend vertrat und zu dem es in den siebziger Jahren offensichtlich keine mehrheitsfähige Alternative gab, fundamental unterscheidet. Das „Modell Deutschland" war in der zweiten Hälfte der siebziger Jahre zunehmend an seine Grenzen geraten:
- Hohe ökonomische Wachstumsraten waren zur notwendigen Bedingung von Sozialstaatlichkeit geworden. Wie soziale Gerechtigkeit ohne Wachstum und unter Vermeidung untragbarer Verschuldung der staatlichen Haushalte herstellbar ist, blieb offen.
- Der Staat wurde zum alleinigen reformpolitischen Instrument; er wurde zunehmend zur Regulierung tendenziell aller gesellschaftlichen Probleme herangezogen. Damit aber entstanden (nicht nur der konservativen Demagogie entsprungene) partizipationsfeindliche Apparate. Stichworte wie Zentralisierung, Bürokratisierung, Anonymisierung, Passivierung der Menschen verweisen auf diese teilweise Verstaatlichung des Alltags. Auch die oft überzogene Kritik fließender Übergänge vom totalen Wohlfahrts- und Versorgungsstaat über den Gesellschaftsplanungsstaat bis zum „Überwachungsstaat" besaß einen rationalen Kern.
- Als Illusion erwies sich die (bis Mitte der siebziger Jahre nicht unberechtigte) Hoffnung, mit global-nachfrageorientiertem Keynesianismus und einer exportorientierten volkswirtschaftlichen Modernisierungpolitik die Krisenhaftigkeit der kapitalistischen Ökonomie durch Staatsinterventionen in den Griff zu bekommen.
- Das sozialliberale Modernisierungsverständnis verkam häufig zur bloßen linearen Fortschreibung und allgemeinen Verbreiterung gleichförmiger Bedürfniserfüllung. Die Sensibilität für andere, vom Standard abweichende Bedürfnisse von Minderheiten war ebenso wie das Verständnis des tiefgreifenden Wertewandels unterentwickelt (ein

charakteristisches Beispiel dafür ist die Art, wie der soziale Wohnungsbau angelegt war). Auswirkungen, die die Lebensqualität und die Zwischenmenschlichkeit gefährdeten, wurden lange Zeit kaum wahrgenommen. Heute stellen sich Fragen anders: Etwa, ob die „Demokratisierung" des Automobils angesichts der damit verbundenen Landschaftszerstörung und Luftverpestung einen Fortschritt darstellt, oder ob die „gleicheren" Lernbedingungen und „objektiveren" Ausleseverfahren eigentlich die riesigen Gesamtschulzentren mit ihrer emotionalen Kälte und fehlenden Geborgenheit in jedem Fall rechtfertigen.

Die Reformpolitik der Jahre 1969 bis ungefähr 1973, die mit den Stichworten Bildungsreform, paritätische Mitbestimmung, Vermögensbildung, soziale Sicherheit und Abbau des Ost-West-Gegensatzes charakterisiert werden kann, bildete nicht den Auftakt zu einer Dynamik grundlegender Strukturreformen. Auch weil der SPD eine Strategie langfristiger politischer Mobilisierung fehlte und weil ohne die FDP nichts ging, wurde das Scheitern des sozialliberalen Politikmusters Ende der siebziger Jahre sichtbar:
1. an der Entstehung neuer Randgruppen, insbesondere der Arbeitslosen, aber auch vieler in den Grauzonen am Rande des Arbeitsmarktes unterqualifiziert und unabgesichert „Jobbenden";
2. an der Entstehung der Neuen Sozialen Bewegungen (1), die ein gemeinsames alternatives Politikverständnis gegen die sozialliberale Regierungspolitik, die als Atom-, Beton- und (innerer wie äußerer) Aufrüstungskurs wahrgenommen wurde, herausbildeten.

Auch die Bonner „Wende" seit 1982 kann nicht darüber hinwegtäuschen: Die politische Kultur in der Bundesrepublik hat sich durch das Anwachsen neuer Protestpotentiale bis hin zur Friedensbewegung, durch die Etablierung der Grünen im Parteiensystem sowie durch Lernprozesse der in Bonn nicht mehr regierenden Sozialdemokratie grundlegend gewandelt. Unter dem journalistischen Schlagwort „Ökopax" wurden die in den letzten fünfzehn Jahren von den Neuen Sozialen Bewegungen ausgegangenen Impulse für den Wechsel des politischen Klimas zusammengefaßt: Dem erstarkten Neokonservatismus steht eine vielfältige parlamentarische und außerparlamentarische Oppositionsbewegung gegenüber, in der verschiedene Elemente eines historisch neuen politischen Selbstverständnisses zusammenflossen, das sich traditionellen Klassifizierungen wie „rechts/links", „systemimmanent/systemsprengend" oder „romantisch/realistisch" ein Stück weit entzieht. Einige Zusammenhänge dieses „Ökopax"-Aufbruches, von dem das Konzept des Ökosozialismus maßgeblich beeinflußt wurde, werden im folgenden beschrieben.

Vorschnelle Verurteilungen und historische Pseudoparallelen, wie sie nicht nur von strukturkonservativen Sachzwangverwaltern, sondern auch von „Linken", etwa aus Frankreich, zu hören waren, werden den neuen Herausforderungen der Neuen Sozialen Bewegungen nicht gerecht: „Jede Bewegung enthält in sich ein Stück der deutschen antirationalistischen, antirechtsstaatlichen und antiindividualistischen Tradition, sowie Elemente der die nationale Gemeinschaft suchenden chiliastischen Traditionen, die sich im Gang der deutschen Geschichte immer wieder gezeigt haben" (2). Diese Behauptung, die heutigen zivilisationskritischen und pazifistischen Bewegungen würden die deutsche und damit letztlich die militaristische, obrigkeitsstaatliche und nationalsozialistische Tradition fortsetzen, verkehrt die eingetretenen Wandlungsprozesse in ihr Gegenteil. Derartiges kann höchstens - wie wiederholt aus den Reihen der Koalitionsfraktionen gegen Abgeordnete der Grünen - zur Denunziation unbequemer politischer Konkurrenten in die Welt gesetzt werden. Auch wenn fundamentalistische, irrationale und konservative Erscheinungen am Rande der Bewegungen und bei den Grünen mitberücksichtigt werden (3), so ist doch unbestreitbar, daß diese gerade das Gegenteil des Führerprinzips, nämlich den allseitigen (höchstens hin und wieder utopisch überzogenen) Ausbau der demokratischen Verhältnisse anstreben. Die politische Kultur der Bundesrepublik hat eine „silent revolution" erlebt: Eine relevante Minderheit hat mit den deutschen Traditionen des Kadavergehorsams und des nationalistischen Militarismus endgültig gebrochen - und diese Minderheit wurde bei Schlüsselthemen wie der Ablehnung der computerisierten Volkszählung im Frühjahr 1983 oder dem Nein zur US-Raketenstationierung im Herbst 1983 sogar zu einer deutlichen Mehrheit.

1983/84 waren rund 300-500.000 Menschen in Selbsthilfe- und Basisinitiativen sowie alternativen Projekten engagiert. Zwischen 5 und 10 % der Gesamtbevölkerung und mehr als jeder vierte Jungwähler wählten die grüne Bewegungspartei. Auf rund drei Millionen Menschen aller Schichten und Altersgruppen wurden die Aktiven der Friedensbewegung geschätzt. In den sozialwissenschaftlichen Umfragen hat die Sorge um den Erhalt einer lebenswerten Umwelt mittlerweile sogar das (gleichermaßen drängende) Problem der Arbeitslosigkeit auf den zweiten Platz verwiesen. Nicht zuletzt durch das dramatisch fortschreitende Waldsterben, durch zunehmende Smog-Alarme und durch Skandale um nicht mehr kontrollierbare Giftmüllberge stieg das Umweltbewußtsein derart, daß in den achtziger Jahren kaum noch ein industrielles Großprojekt durchsetzbar ist, ohne daß es zu Demonstrationen, gerichtlichen Auseinandersetzungen und vielfältigem Betroffenenengagement kommt. Jede „etablierte" politische Partei und jede Interessengruppe ist heute gezwungen, sich in der Öffentlichkeit ein umweltfreundliches Image zuzulegen. Auch wenn spektakuläre Großdemonstrationen seltener geworden sind, wächst doch der vielfältige Widerstand gegen die Unterordnung der Natur- und Lebensfragen unter industrielle Profitinteressen und bürokratische Problemverschleppung allerorten weiter. Erfolge der grünen Bewegung wie die erzwungene Schließung des Hamburger Dioxin-Werkes Boehringer oder die vorübergehende Nichtinbetriebnahme der „größten Dreckschleuder der Nation" in Buschhaus unterstützen das neue demokratisch-ökologische Selbstbewußtsein der Bundesdeutschen.

Politische Kultur

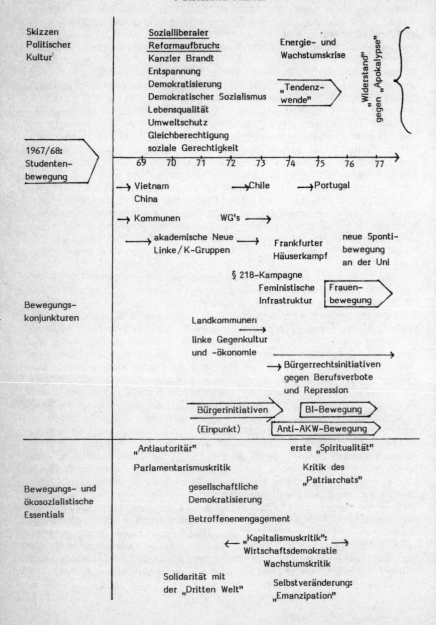

und Neue Soziale Bewegungen

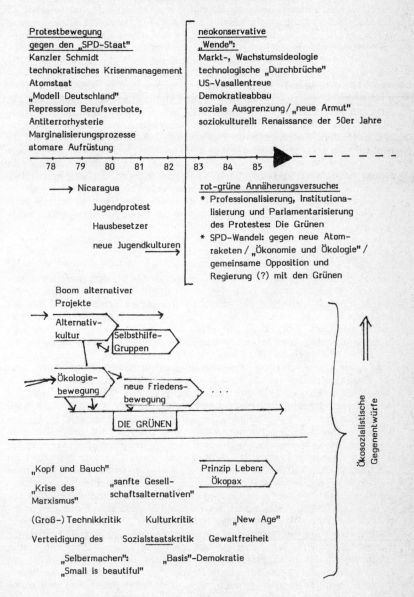

Das Schaubild „Politische Kultur und Neue Soziale Bewegungen" (S. 30 f.) gibt einen Überblick über die sich ändernden Konstellationen der politischen Kultur, die jeweils neuen Bewegungskonjunkturen sowie deren inhaltliche Impulse für ein neues - von uns ökosozialistisch genanntes - emanzipatorisches Selbstverständnis. Wir sehen anhand dieses (notwendig unvollständigen) Überblicks, daß die konkreten Mißstände, Anlässe, Themen und Mobilisierungsschwerpunkte der einzelnen Protestbewegungen wechselten. Gleichzeitig jedoch ist die Tendenz einer Entwicklung von isolierten „single-purpose-movements" hin zu einer umfassenden zivilisationskritischen Gesamtbewegung festzustellen. Die gewonnen Problemthematisierungen und Erfahrungen gingen nach dem Abflauen einer Bewegungskonjunktur nicht verloren; sie bestimmten das Selbstverständnis der nachfolgenden Bewegungen mit oder traten in anderer Form als Essential des Problemhorizonts in einem neuen Aktionszusammenhang wieder hervor. So wie politisches Bewußtsein von Bewegung zu Bewegung weitergegeben wurde, weitete sich das Potential der allgemein zivilisationskritisch Anpolitisierten bis hin zum Friedensherbst 1983 mit jeder Bewegungskonjunktur weiter aus.

Ein Bewegungsüberblick

Die Studentenbewegung Ende der sechziger Jahre war nicht nur der Versuch, verdrängte marxistische Traditionen zu rekonstruieren. In ihrem gegenkulturell motivierten antiautoritären Protest muß sie als Auftakt für vieles gelten, was in den Neuen Sozialen Bewegungen charakteristisch wurde: Es bildeten sich gegengesellschaftliche Subkulturen heraus, eine Infrastruktur linker Projekte entstand, spontane außerparlamentarische Protestformen bereicherten die Demokratie der zuvor sprichwörtlich gewordenen „unpolitischen Deutschen", und der Zusammenhang von Selbst- und Systemveränderung wurde thematisiert. Die sich ab 1969 entwickelnde, zunächst überwiegend mittelständische Bürgerinitiativbewegung orientierte sich am sozialliberalen Reformanspruch des „Demokratie wagen" (Willy Brandt): Über den bloßen Wahlakt hinaus begannen die „Betroffenen" auf die Willensbildungsprozesse, besonders im Bereich der kommunalpolitischen Planung und des Umweltschutzes, Einfluß zu nehmen. Die Bürgerinitiativen wuchsen in der Mitte der siebziger Jahre in zunehmender Konfrontation zur sozialliberalen Koalition, die die Verschlechterung der Umweltqualität nicht aufzuhalten vermochte, zur Ökologiebewegung zusammen. In deren Mittelpunkt stand von 1974 bis zum Ende des Jahrzehnts die Anti-AKW-Bewegung. Die Identität der Ökologiebewegung wurde insbesondere durch die Ablehnung eines nur von kurzfristiger ökonomischer Effizienz bestimmten Verhaltens gegenüber der Natur sowie durch die Infragestellung von Großtechnik geprägt. Gegen die Gleichgültigkeit gegenüber dem Produktionsfaktor Natur wurde ein Denken in ökologischen Kreisläufen und ganzheitlichen Lebenszusammenhängen gesetzt.

Auch die beiden weiteren großen Neuen Sozialen Bewegungen der siebziger Jahre lieferten wesentliche Essentials zu einer (sozial)ökologischen Gesellschaftskritik: Die Alternativbewegung, die vor allem in den Jahren 1977-80 eine breite Fülle von neuen Arbeits-, Lebens- und Kulturzusammenhängen hervorbrachte, versucht in Freiräumen bereits „hier und jetzt" eine solidarische, weder Mensch noch Natur ausbeutende Zivilisation vorwegzunehmen. Das alltägliche Leben in Wohngemeinschaften, in Sozial-, Dienstleistungs- und Produktionsprojekten soll sich gegen die konsumistische Definition der Bedürfnisse richten, soll zerstörte Lebenszusammenhänge von Arbeit und Freizeit, von privat und öffentlich, von Kopf- und Handarbeit sowie von „Kopf und Bauch" (gemeint ist Rationalität und Gefühlswelt) wieder zusammenbringen; schließlich will man, meist unbewußt in der Tradition der Arbeitergenossenschaften vor dem Nationalsozialismus stehend, in Konsum-Coops und Produktionskollektiven Hierarchien, Profitstreben und kapitalistische Konkurrenzmechanismen durch das Prinzip der dezentralen Selbsthilfe und Kooperation ersetzen. 1980/81 fand diese Aneignung „autonomer" Räume im Zusammenhang einer militanten Jugendrevolte in der Hausbesetzerbewegung vor allem in Westberlin einen vorläufigen Höhepunkt. „Last, but not least" wäre die Frauenbewegung zu nennen, die ihre aktionistischen Höhepunkte 1975-78 hatte. Sie kämpft gegen die männliche Dominanz und plädiert für die Ersetzung der herrschaftsorientierten, zweckrationalen und aggressiven Werte der „patriarchalischen" Zivilisation durch feminine, eher sinnliche und zärtlich-körperbejahende Formen des Miteinanders. Wie stark feministische Einflüsse auch in den achtziger Jahren noch auf das sozialökologische Spektrum einwirken, zeigen Beispiele wie die Besetzung der gesamten Fraktionsspitze der Grünen im Bundestag mit Frauen im April 1984.

In der Friedensbewegung, der es 1981-83 in erster Linie darum ging, die Stationierung neuer amerikanischer Atom-Mittelstreckenraketen zu verhindern, wurden die wachstums- und herrschaftskritischen Momente der vorherigen Protestbewegungen um das Prinzip der Gewaltfreiheit ergänzt. In der großen Volksbewegung für den Frieden, deren aktives Handlungspotential bereits 1981 nach Umfragen 9 % der Bevölkerung betrug und die die größten Demonstrationen und spektakulärsten Aktionen der Nachkriegsgeschichte durchführen konnte, ließen sich zunächst linke, christliche und alternativ-sozialökologische Strömungen unterscheiden. Ende 1981 wurde jedoch deutlich, daß sowohl das linke als auch das christlich-pazifistische Milieu nachhaltig durch das sozialökologische Selbstverständnis, wie es von den aus der Frauen- und Ökologiebewegung hervorgewachsenen Friedensinitiativen eingebracht wurde, geprägt worden war. So trat die alternative Friedensstimmung immer wieder seit dem Hamburger Kirchentag vom Juni 1981, auf dem Helmut Schmidt erstmals persönlich mit dem Bekenntnis „Ich habe Angst" konfrontiert wurde, beim Festivalcharakter überfüllter konfessioneller Glaubenstreffen in Erscheinung. Die „Frauen für den Frieden" brachten ihren emanzipatorischen Ansatz, eine sozialpsychologische Kritik am Soldatisch-Männlichen und neue Umgangsformen in die Friedensbewegung ein.

Während noch im Oktober 1979 sich die Veranstalter einer zentralen Anti-AKW-Demonstration in Bonn nicht auf eine gemeinsame Verurteilung atomarer Waffen einigen konnten, änderte sich auch dies im Laufe des Jahres 1981. Jetzt prägten Ökologie- und Anti-AKW-Gruppen, der Bundesverband Bürgerinitiativen Umweltschutz sowie alternative Berufszusammenschlüsse (z.B. „Ärzte gegen den Atomtod") das Selbstverständnis der zivilisationskritischen Friedensbewegung mindestens in vier Dimensionen:

- **Anti-Modernismus:** Ablehnung der konsumistischen und eigentlich sinnentleerten Wachstums- und Wegwerfgesellschaft; die linke Kapitalismuskritik wird durch die Infragestellung des Lebensstils der Mehrheitskultur sowie durch die Kritik am „industrialistischen Paradigma", das mit immer mehr Gütern technisch-wissenschaftlich alle gesellschaftlichen Probleme lösen will (4), ergänzt.
- **Anti-Nuklearismus:** prinzipielle Gegnerschaft gegen militärische und „friedliche" Kernenergie.
- **Pazifismus:** grundsätzliche, ethisch oder religiös begründete Ablehnung des Krieges sowie die Selbstverpflichtung auf prinzipiell gewaltfreies Handeln.
- Die neue **Friedenskultur:** In ihr wird das Bekenntnis zu Emotionen und zum Handeln aus „Betroffenheit" mit dem Versuch verbunden, untereinander exemplarisch gewaltfreie, demokratische, egalitäre und solidarische Umgangsformen zu praktizieren. - Charakteristisch offenbarte sich diese neue Friedenskultur etwa bei der Blockade des Pershing-Stationierungsortes Mutlangen, an dem unter Beteiligung zahlreicher Prominenter der Auftakt der Friedensaktivitäten im Herbst 1983 stattfand. Dort wurden alle Entscheidungsprozesse dezentral in überschaubaren „Bezugsgruppen" durchgeführt. Diese Basiseinheiten waren gleichzeitig emotionale Lebensgemeinschaften, was durch das Zusammenleben und gemeinsame Rituale - Singen, Menschenketten, Schweigeminuten - unterstrichen wurde. Mehrheitsentscheide und repräsentative Delegation von Entscheidungen wurden zugunsten des Konsensprinzips zurückgedrängt. In den debattierenden Kleingruppen hatte in entscheidenden Fragen jeder einzelne ein Vetorecht, mit dem er maßvoll umzugehen lernte. Der zentrale „Sprecherrat" galt lediglich als ausführendes Organ der direktdemokratisch entstandenen Meinungsbildung; zudem rotierten seine Mitglieder permanent. - Für die sozialökologisch geprägte Friedensbewegung war dieses Zusammenkommen von Experimenten erweiterter Demokratie und gewaltfreier - aber Legalitätsgrenzen überschreitender - politischer Aktionen mit den Hoffnung und Kraft gebenden subjektiven Gemeinschaftserlebnissen 1983/84 charakteristisch.

Ökologie- und Friedensbewegung: Zwei Seiten einer Medaille

Auf die Frage danach, warum sich die Friedensbewegung ab 1980/81 so lawinenartig ausdehnen konnte, reicht der Verweis auf den NATO-Doppelbeschluß, auf die allgemeine Vertrauenskrise der sozialliberalen Koalition oder auf die Verschärfung der internationalen Ost-West-Konfrontation (Afghanistan, Reagan usw.) nicht aus. Der in den siebziger Jahren erfolgte sozialökologische Politisierungsprozeß muß zur Erklärung hinzukommen. Er bot ein Fundament für die Herausbildung der neuen Friedensbewegung: „Eine für diese [Öko-]Fragen sensibilisierte Öffentlichkeit konnte den neuen militärischen Bedrohungstyp schnell aufnehmen, verarbeiten und zu politischer Aktivität übergehen" (5).

Die Gemeinsamkeiten der Ökologie- und der Friedensbewegung sind vielfältig. Die wichtigsten Verbindungslinien, die zu einer gegenseitigen Durchdringung führten, wollen wir hier zusammenfassen:
- Es liegt auf der Hand, daß sich die soziale Herkunft der Neuen Sozialen Bewegungen nicht mehr direkt aus einer klassenspezifischen Interessenlage ableiten läßt. Sowohl die Ökologie- als auch die Friedensbewegung reagiert auf Probleme, die tendenziell alle Bürger gleichermaßen angehen. Drei Faktoren dürften eine Bewegungsbeteiligung in erster Linie fördern: Erstens eine lokale Problembetroffenheit, z.B. durch das Wohnen in der Nähe eines umweltzerstörenden Großprojekts oder eines ABC-Waffendepots; zweitens die grundsätzliche Sensibilität für die neuen Problemlagen (Ökologie, Frieden, Nord-Süd-Konflikt, Lebensstilfragen); drittens bleibt es eine Bedingung, daß konkrete Interessenlagen des einzelnen den Bewegungszielen nicht entgegenstehen dürfen, wie dies z.B. bei in der Energiewirtschaft oder in der Rüstungsindustrie Beschäftigten der Fall ist. Allerdings setzte sich indirekt durch die soziologisch unterschiedlich verteilte „postmaterielle Orientierung" (6) doch wieder eine relative sozialstrukturelle Homogenität der Bewegungen durch: Es sind die Angehörigen der Nachkriegsgenerationen der „neuen Mittelschichten", die in Dienstleistungsberufen beschäftigt sind oder sich noch in der - vielfältig verlängerten - Ausbildung befinden, die in den Neuen Sozialen Bewegungen überrepräsentiert sind. (Vielleicht sollte man eher von „neuen Arbeitnehmerschichten" sprechen, da deren Abhängigkeit von einem Beschäftigungsverhältnis oder sozialstaatlichen Transferleistungen bestehen bleibt - allerdings entspringen diese Schichten soziokulturell eher einer „nachindustriellen Gesellschaft" (7) als dem Traditionszusammenhang des Arbeitermilieus klassischer „Schornsteinindustrien".)
- Der zentrale gemeinsame politische Ansatz von Ökologie- und Friedensbewegung besteht in der Verteidigung des eigenen, offensichtlich der Bedrohung ausgesetzten Lebensraumes. Die in der Regel eher schleichende und abstrakte Bedrohung wird durch großindustrielle Projekte und die Raketenstationierung „vor der eigenen Haustür" sinnlich wahrnehmbar. Damit tritt der Widerstand gegen

die quasi vorprogrammierte Zerstörung der eigenen Städte und Landschaften in beiden Bewegungen mit dem gleichen tiefen Glauben an die moralisch-ethische oder sogar religiöse Berechtigung ihrer Forderungen auf: wenigstens das Recht zu haben, so wie bisher weiterleben und überleben zu dürfen.
- Daß hieraus keine egoistischen Strategien nach dem das Problem lediglich verlagernden „Sankt-Florians-Prinzip" abgeleitet wurden, lag an der Rezeption der Umweltzerstörung und der atomaren Aufrüstung als globaler Menschheitskatastrophe. Die politpsychologische Befindlichkeit ist in der Ökologie- wie in der Friedensbewegung durch die gleiche Mischung von Aufbruch und Apokalypse geprägt: Einerseits wirkten die Erlebnisse kollektiver Stärke mobilisierend (man denke nur an die bis Ende 1983 fast halbjährlichen Größenrekorde der zentralen Bonner Friedensdemonstrationen). Andererseits wirkte das Zulassen größtmöglicher Angstgefühle vom „Super-Gau" (größter angenommener Unfall eines AKW) über die Natur und Menschen zunehmend vergiftende „chemische Bombe" („Seveso ist überall") bis hin zum „Euroshima" (dem konkreten Nuklearkriegsszenario) als Triebkraft beider Bewegungen.
- Die Kritik an den Folgen unkontrollierten Wachstums und das Mißtrauen gegenüber Entwicklungen, die angeblich von den Sachzwängen des technischen Fortschritts und der Weltmarktzusammenhänge bestimmt wurden, prägten das Selbstverständnis der Ökologiebewegung nachhaltig. Von dort aus war es nur ein kleiner Schritt hin zu den strukturell gleichgerichteten Argumenten einer Kritik an den Folgen unkontrollierter (Atom-)Rüstung sowie an dem angeblichen Sachzwang des Mithaltens auf der Basis der die Rüstungsspirale vorantreibenden Gleichgewichtsideologie. Die Denkmuster der Ökologen, die zu einer Abkehr vom industrialistischen Fortschrittsglauben führten, erwiesen sich so auch als prädestiniert, die Abwendung vom Irrglauben, der Frieden ließe sich durch immer neue Aufrüstungsschübe sichern, einzuleiten.
- Schließlich ist die gemeinsame Erfahrung des Ausschlusses von der politischen Mitwirkung zu nennen: Die „etablierte" Politik wurde von allen Neuen Sozialen Bewegungen als unglaubwürdig, repressiv und reformunfähig erlebt. Gegen den „Atomfilz" von Energieversorgungsunternehmen, gekauften Experten, Parteienvertretern und Teilen der Gewerkschaften blieben die Einwirkungsmöglichkeiten der betroffenen Bürger - denen bei Genehmigungsverfahren ohnehin nur ein Anhörungsrecht zusteht - äußerst gering. Die „Nach"rüstungsentscheidung wurde auf der NATO-Ebene fernab von aller Bürgermeinung gefällt; abweichende Voten wurden in der Bundesrepublik immer wieder als im Grunde ins kommunistische Lager gehörend ausgegrenzt. Für beide Protestbewegungen erwies sich ein kapitalistisch-industrielles Zentrum, das eng mit staatlichen Bürokratien verflochten ist, als Gegenspieler (schon deshalb stehen die Bewegungen auch in einer Tradition sozialistischer und libertärer Emanzipation): Dies trifft für die Lobby der Atomindustrie wie für den militärisch-indu-

striellen Komplex zu. Diesen herrschenden Superstrukturen wurden in der Ökologie- wie in der Friedensbewegung Forderungen nach direktdemokratischen Volksentscheiden, nach Dezentralisierung von Meinungsbildungsprozessen sowie nach realer Partizipation der Betroffenen entgegengesetzt.

Das Zusammenwachsen der „Ökopax"-Systemkritik

Neben dieser engen Verwandtschaft der beiden Bewegungskulturen vernetzten sich in den Debatten Anfang der achtziger Jahre die Themen Ökologie und Frieden auch inhaltlich: Es entstand eine gemeinsame Systemkritik, in der der drohende Nuklearkrieg und die zunehmende Naturzerstörung als Folgen desselben Typus gesellschaftlich-politisch-wirtschaftlichen Wachstums begriffen wurden. Einige dieser Verknüpfungen seien hier zusammengefaßt:
- Die sogenannte friedliche Nutzung der Kernenergie und die Produktion von Atomwaffen hängen eng zusammen. Die Gefahren der Atomkraft sind in beiden Fällen - von der Möglichkeit der großen Katastrophe über schleichende Vergiftungen bis hin zu unabsehbaren Belastungen zukünftiger Generationen - nahezu identisch. Zu Recht wurde daher der Kampf gegen die Atomraketen als konsequente Fortführung des Widerstandes gegen die Atomkraftwerke verstanden (8).
- Der militärisch-industrielle Komplex forciert die Forschung und technische Entwicklung des naturzerstörenden Wachstumstypus. Eine ökologische Gleichgewichts- und Kreislaufökonomie würde eine alternative Wissenschaft und angepaßte Technik voraussetzen, bei der die zivilen Produkte keinesfalls nur Abfallergebnisse militärischer Großforschung sein dürfen. Anzustreben ist eine „Produktkonversion" umweltgefährdender und militärischer Güter (9).
- Das Militär verschärft die sozialökologischen Probleme unserer Zivilisation: Es trägt u.a. direkt oder indirekt zur Ressourcenverschwendung und Umweltschädigung bei, es ist für Arbeitslosigkeit ebenso wie für die Unterentwicklung der „Dritten Welt" mitverantwortlich (10).
- Die Gefahr eines atomaren Weltuntergangs ist selbst bei einem relativ begrenzten atomaren Schlagabtausch aufgrund unabsehbarer weltweiter ökologischer Folgen („nuklearer Winter") real. Selbst bei einem konventionellen Krieg in Europa würde es durch die zahlreichen Atomkraftwerke zu katastrophalen nuklearen Verseuchungen kommen. (11)
- Dramatische ökologische und ressourcenpolitische Problemlagen können selbst zu einer Ursache von Rüstungsanstrengung und Krieg werden. (Von dieser Gefahr war nach der ersten sogenannten Erdölkrise am Persischen Golf viel die Rede.)
- Auch in den zivilisatorischen Alternativentwürfen bedingen sich Frieden und Ökologie gegenseitig: Beispielsweise vermindern eine dezentrale und ökologisch angepaßte Energieversorgung sowie eine

weitgehende ökonomische Selbstverwaltung und politische Regionalisierung die Verwundbarkeit einer Gesellschaft entscheidend. „Soziale Verteidigung bedeutet, daß sich die Gesellschaft der Bundesrepublik so organisiert und umorientiert auf Zivilcourage, Widerstand, alternative und dezentrale Strukturen, daß einer aggressiven fremden Macht von vorneherein deutlich wird, daß der Versuch der Besetzung und Beherrschung ihr mehr Schwierigkeiten und Belastung als Machtzuwachs und Gewinn bringen würde" (12).

Durch die Verschmelzung der sozialökologischen Protestpotentiale in der friedenspolitischen Diskussion sowie durch den parteipolitischen Zwang der sich konsolidierenden Partei „Die Grünen" zur programmatischen Ideologisierung bildeten sich 1980-82 die Umrisse des Ökopax-Weltbildes heraus. Nach eigenem Selbstverständnis ergänzt es das konservativ-liberal-sozialdemokratische Parteienspektrum um eine neue politische Grundströmung. Petra Kelly faßte diese „Prinzipien unseres Handelns" wie folgt zusammen: „Die Menschheit insgesamt muß drei existenzbedrohende Fehlentwicklungen abwenden: 1. Sie muß die Rüstung, gleich ob Auf- oder Nachrüstung stoppen und sofort abrüsten lernen. 2. Sie muß Frieden mit der Natur schließen, ihre Lebensansprüche im Rahmen der ökologischen Bedingungen abstecken. 3. Sie muß den inflationären Hungertod durch eine massive Umverteilung der Nahrungsmittelströme stoppen" (13).

Diese Ökopax-Position hebt nach ihrem eigenen Selbstverständnis den Sozialismus gleichermaßen auf, wie dieser es im letzten Jahrhundert mit dem Liberalismus getan hat: Einerseits werden zentrale uneingelöste Forderungen nach sozialer Gerechtigkeit, Demokratisierung und Aufhebung von Entfremdung von der Arbeiterbewegung aufgenommen; andererseits wird jedoch die Arbeiterbewegung angesichts ihrer „Verstaatlichung", angesichts ihrer überholten proletarischen Transformationsvorstellungen und angesichts ihrer Fixierung auf Wachstum und technischen Fortschritt fundamental kritisiert. Die neuen Weltprobleme werden als dramatisch und alle anderen Widersprüche in den Hintergrund drängend dargestellt: „Weil es ... kein bißchen Krebs, kein bißchen Sterben und kein bißchen Tod geben kann, sind wir in den Lebens- und Überlebensfragen kompromißlos. Was wir gegenwärtig erleben, ist ja nichts Geringeres als ein öffentlicher Streit über Leben und Tod dieser Gesellschaft" (14). In Abgrenzung zu der Grundwertetrias anderer Parteien (bei der SPD: Freiheit, Gerechtigkeit, Solidarität) fixierten die Grünen daher vier andere Grundsätze ihrer Politik in der Präambel ihres Bundesprogramms von 1980: ökologisch, sozial, basisdemokratisch und gewaltfrei. Im Mittelpunkt der Ökopax-Strategie der Gesellschaftsreform stehen damit statt bloßer (Gegen-)Machtpolitik die Selbstveränderung und der zivile Ungehorsam. Zwar bleiben die Möglichkeiten und Ziele parlamentarischer Politik umstritten (das Postulat der Basisdemokratie läßt sich ebenso als Ergänzung wie als Ersetzung des Parlamentarismus interpretieren); jedoch herrsch Übereinstimmung im Hinblick auf den Kerngedanken der Gesellschaftsveränderung durch gewaltfreien Widerstand, wie er z.B.

von Gandhi oder Thoreau (15) formuliert wurde: In der Aktionsmethode muß bereits das Ziel und im Ziel die Aktionsmethode enthalten sein.

Interpretationen des Ökopax - „Prinzip Leben"

Die Herausbildung des Ökopax-Weltbildes läßt sich im Rahmen der Entwicklung der politischen Kultur im letzten Jahrzehnt kontrovers interpretieren:
- Es stellt die sozialökologische Weiterentwicklung des demokratisch-sozialistischen Reformaufbruchs der sozialliberalen Koalition nach 1969 dar: von der traditionellen Reformpolitik zu einem praktischen Reformismus von unten; von der „Demokratisierung aller Lebensbereiche" zur „Basisdemokratie"; von „Lebensqualität" zum „Prinzip Leben"; von der Entspannungspolitik zum Grundsatz der Gewaltfreiheit und zu Übergangsforderungen defensiver Verteidigungskonzepte; von der Wirtschaftsdemokratie zum „sinnvoll arbeiten, solidarisch leben" (so 1983 das Sindelfinger Wirtschaftsprogramm der Grünen, das davon sprach, „den Menschen statt das Geld" in den Mittelpunkt des Wirtschaftens zu stellen). Obwohl sich angesichts neuer gesellschaftlicher Herausforderungen Akzente verschoben haben, etwa die ganze ökologische Dimension an Bedeutung gewonnen hat, geht dieser Interpretationsansatz davon aus, daß sich gegenüber dem demokratisch-sozialistischen Reformanspruch kein völlig neuer politischer Grundansatz herausgebildet hat. Dies wird auch dadurch unterstrichen, daß die grünen Wähler sich in Umfragen immer wieder als „links von der Sozialdemokratie" einstufen und zu 70-80 % eindeutig in der SPD (der sie vor allem die Abwendung von einer Politik der Strukturreformen für mehr Lebensqualität vorwerfen) den Bündnis- und Koalitionspartner sehen.
- Demgegenüber geht die entgegengesetzte These von einer eindeutigen Zäsur aus. Zwei unterschiedliche Sinnbestimmungen und Rationalitätskriterien von Politik stünden sich beim demokratisch-sozialistischen Politikansatz und bei den Kräften der „Umkehr" (Rudolf Bahro) gegenüber (16): auf der einen Seite das Politikmodell des Bewirkens von Fortschritten, des „Machens" nach dem Motto: Alles, was ist, könnte noch ein bißchen vollkommener werden; auf der anderen Seite die Forderung nach Verzicht auf (vermeintlichen) Fortschritt. Politik wird hier nach einer Metapher von Walter Benjamin als „Griff nach der Notbremse" verstanden. Beim Fortschrittsmodell können leicht Rückschläge verkraftet werden und sind Kompromisse in allen Fragen möglich: Die bessere Gesellschaft bricht dann halt etwas später an. Jetzt allerdings werden bei der Friedenserhaltung und bei der - nach einem Begriff von Erhard Eppler (17) - wertkonservativen Bewahrung der natürlichen Lebensgrundlagen und der Menschenrechte Zugeständnisse zusehends fragwürdiger. Denn Politik vollzieht sich hier im Angesicht einer ablaufenden Zeit - es ist fünf vor zwölf oder, um im Bild zu bleiben: Ab einer gewissen Ge-

schwindigkeit wird der Zug, der dem Abgrund entgegenrast, auch mit der Notbremse nicht mehr zu stoppen sein.

Sicher lassen sich für beide Betrachtungsweisen des Ökopax-Aufbruchs Argumente anführen, so daß beide Interpretationsmuster eine gewisse Plausibilität besitzen. Zu einer Überbetonung **eines** Ansatzes, des Bruchs oder der Kontinuität zum demokratisch-sozialistischen Reformverständnis, kommt es in erster Linie dann, wenn parteipolitisch verengt - sozialdemokratisch integrierend oder grün abgrenzend - argumentiert wird (18).

Aufgrund des politischen Drucks der Neuen Sozialen Bewegungen sowie erst recht aufgrund der teilweisen Parlamentarisierung des Protestes waren die „etablierten" politischen Kräfte bereits früh gezwungen, auf die Ökopax-Herausforderungen zu reagieren. Hierbei lassen sich idealtypisch zwei Umgangsformen unterscheiden, wobei in den letzten zehn Jahren mit dem Anwachsen des Widerstands von unten, mit dem Bewußtseins- und Wertewandel bei einem großen Teil der Bevölkerung sowie mit der objektiven Verschärfung des Problemdrucks eine generelle Tendenz weg von der reinen Ausgrenzung der „grünen Spinner" hin zur - wie auch immer gearteten - integrativen Aufnahme der neuen Politikinhalte festzustellen ist:

1. Die repressive Verdrängung: Hier werden die neuen sozialökologischen und pazifistischen Herausforderungen in ihrer Bedeutung heruntergespielt; die Existenz einer grundlegenden „Krise der Moderne" (Jürgen Habermas) wird geleugnet. Entschieden wehrt sich beispielsweise Kurt Sontheimer gegen den Gedanken einer historischen Zäsur: Für ihn sind ökologische Wissenschafts- und Politikmodelle „nichts als ein Wiederaufguß gängiger Thesen der Weimarer kulturellen Opposition gegen die Aufklärung, gegen den modernen Liberalismus und sein wirtschaftliches Pendant, den Kapitalismus" (19). Wenn das Ökopax-Weltbild so erst einmal in die Tradition des antidemokratischen Denkens der deutschen Geschichte gesetzt wird, läßt sich die heutige Praxis der Neuen Sozialen Bewegungen leicht in die Nähe des Verfassungsfeindlichen rücken. So mußten sich die Grünen wiederholt gegen den Vorwurf struktureller Nähe zur nationalsozialistischen „Bewegung" wehren. Alexander Schwan etwa brachte eine derartige Ausgrenzungsargumentation, die von seiten der (Struktur-)Konservativen in der Regel an der Frage des zivilen Ungehorsams ansetzt, auf den Punkt: „Wenn selbsternannte Eliten unbedingte Wahrheitsansprüche anmelden, wenn bestimmte Bürger und Gruppen sich eigenmächtig in den Status exzeptionellen Betroffenseins erheben, wenn vagabundierende Sachverhalte - mal die Raketenfrage, dann die Atomenergie überhaupt, schließlich die Umweltprobleme generell (vielleicht aber auch einmal die Abtreibung ungeborenen Lebens?) - willkürlich zu Ausnahmetatbeständen erklärt werden, die nicht abstimmungsfähig seien, zerstört das die Demokratie im Kern und damit auch die Möglichkeit friedlich geordneten Zusammenlebens. So sich rechtfertigender „Widerstand" ist antidemokratisch und nicht nur illegal, sondern auch illegitim" (20).

2. Die Integrationsansätze: Zwar waren es die Neuen Sozialen Bewegungen und die grüne Partei, die die neuen politischen Issues, die Sozialdemokratie und Gewerkschaften in der Mitte der siebziger Jahre verdrängt hatten, als erste wieder thematisiert und mit Nachdruck in die öffentliche Diskussion gebracht haben. Mit der erneuten Aufnahme ihrer Fragestellungen durch etablierte Parteien - sei es aus wahltaktischen Gründen oder aus einem ernsthaften Lernprozeß heraus - verloren die Protestbewegungen jedoch in den achtziger Jahren ihr Monopol auf die Ökopax-Themen. Oft schmolzen die Unterschiede zu den traditionellen Parteien auf graduelle Differenzen - wie beim Termin für die Einführung von Katalysatorautos - zusammen. Wenigstens Lippenbekenntnisse zur Dringlichkeit der Lebensfragen sind - spätestens seit Bekanntwerden des Waldsterbens - von allen politischen Kräften zu hören. Beispiele für diese thematische Besetzung von Ökopax sind die konservative Debatte über alternative Selbsthilfe und „Subsidiarität" (21) sowie die sozialdemokratische Programmdiskussion über die Aussöhnung von Ökonomie und Ökologie (22). Es überwiegt allerdings der Eindruck, daß es den Sozialdemokraten als Bonner Oppositionspartei ernsthafter als der CDU/CSU „um eine politisch geeignete thematische Integration neuer Anstöße geht" (23). Die Annäherung an die Friedensbewegung mit einem letztlich klaren „Nein" zum Vollzug der „Nach"rüstung machte dies ebenso wie der Vorschlag des „Sondervermögens Arbeit und Umwelt" der SPD-Bundestagsfraktion deutlich. Die liberalkonservative Regierungskoalition scheint hingegen in Fortsetzung ihrer technologieeuphorischen und unternehmerfreundlichen Politik die Ökopax-Fragen lediglich auf einer symbolischen Ebene zu thematisieren. Exemplarisch mag hierfür die letztlich unverbindliche, propagandistisch wirkungsvolle Aufnahme des Umweltschutzes in Verfassungstexte (wie beim Freistaat Bayern) gelten.

Ende der Neuen Sozialen Bewegungen oder Aufbruch in eine andere Gesellschaft?

Seit 1984 scheinen die zentralen Aktivierungsissues der Neuen Sozialen Bewegungen, der Kampf gegen die Atomenergie und die Ablehnung neuer Atomrüstung, an mobilisierender Kraft verloren zu haben. Damit ist allerdings höchstens die Aufbruchphase der Ökopax-Politisierung zu Ende gegangen. Soziale Bewegungen verlaufen immer in gewissem Sinne zyklisch (24) und können ein derart hohes Mobilisierungsniveau wie im „Friedensherbst 1983" nicht auf Dauer aufrechterhalten. Sicher mischt sich in der Abschwungphase einer Bewegungskonjunktur immer auch Frust darüber ein, daß nicht alle Bewegungsziele erreicht wurden. Aber die - außerdem lediglich vordergründige - Niederlage, daß die Aufstellung neuer US-Atomraketen nicht verhindert werden konnte, darf nicht den Blick dafür verstellen, daß sich das Protestpotential in den Überlebensfragen keineswegs vollständig verlaufen hat: Vielfältige dezentrale Initiativen fördern das weitere Zusammenwachsen von Ökologie- und Friedensbewegung, wobei jetzt der Widerstand gegen weitere Naturzerstörung und Gesundheitsgefährdung wiederum von der Friedensbewegung neue Impulse bekam (charakteristisch war in diesem Sinne etwa die Menschenkette im Wendland im Frühjahr 1984: gegen Atommüllager und Plutoniumfabrik wurde auf eine in der Friedensbewegung „gelernte" Aktionsform des gewaltfreien Widerstandes zurückgegriffen). Bei neuen Anlässen werden sich die sensibilisierten Bürger sicher erneut aktivieren: Besonders die Luftverschmutzung, die nicht nur für das Waldsterben, sondern auch für eine Reihe von menschlichen Krankheiten verantwortlich ist, sowie chemische Gifte und Schwermetalle, die eine direkte Gefährdung für das Leben betroffener Anwohner bedeuten, prägten die jüngste öffentliche Diskussion. Neben den politischen Debatten um das Kraftwerk Buschhaus und den Katalysator machten 1984 Initiativen und Aktionen gegen die jetzt wohl nicht mehr aufzuhaltende Waldvernichtung, gegen die Gorlebener Atommülldeponie und gegen Atemwegerkrankungen besonders bei Kindern von sich reden. Ökologische Problemverschärfungen und partielle Umweltkatastrophen, wie sie das Bodensterben, die Trinkwasserverseuchung, zunehmende Smogsituationen in Ballungszentren und der Einstieg in die Plutoniumwirtschaft markieren, werden dafür sorgen, daß den ökologischen Themen auch weiterhin in der politischen Kultur hervorragende Priorität zufällt. Nicht zuletzt die anhaltenden Wahlerfolge der Grünen (1984: Landtagswahl Baden-Württemberg: 8 %, Europawahl: 8,2 %) sowie die ersten Schritte in Hessen hin zu einer rot-grünen Regierungskooperation auf Landesebene dokumentieren, daß wir vom Grundansatz her sicher erst den Auftakt einer zunehmenden politischen Ökopax-Neuorientierung erlebt haben. Dies kann sowohl eine weitere Lernfähigkeit „etablierter" gesellschaftlicher Kräfte und politischer Institutionen als auch ein weiteres Anwachsen der sich in erster Linie als Verweigerungs- und Widerstandsbewegung verstehenden neuen Formationen bedeuten.

Vor allem durch die im Institutionalisierungsprozeß der Grünen notwendig gewordenen Orientierungsdebatten erleben wir seit 1982/83 eine Phase der politisch-inhaltlichen Präzisierung der Ökopax-Positionen. Dies führte zu einer Ausdifferenzierung, insbesondere auf der „rechts-links-Achse" sowie aufgrund der anstehenden Grundsatzentscheidung über „Verantwortung oder Verweigerung". Heute können vier Hauptströmungen und Fraktionen grün-alternativer Politik innerhalb des Ökopax-Spektrums differenziert werden. Diese organisationssoziologisch nicht immer eindeutig voneinander abgrenzbaren Tendenzen haben wir im folgenden idealtypisch zusammengefaßt, wobei es durchaus noch nicht ausgemacht ist, ob alle diese Strömungen auch weiterhin untereinander kompromißbereit und handlungsfähig bleiben oder ob es nicht zu einer Spaltung von fundamentalistischen Radikalökologen und antireformistischen „Öko-Sozialisten" auf der einen und grünen Radikalreformern, Ökolibertären und demokratischen Ökosozialisten auf der anderen Seite kommen wird:

- Die **Radikalökologen** gehen von einer fundamentalistischen und dichotomischen Zuspitzung der Ökopax-Probleme aus, so daß die Alternative von Leben und Tod, von Apokalypse und ökologischer Rettung zur tagespolitischen Entscheidung wird. (Beispielsweise waren im Herbst 1983 viele davon überzeugt, daß es nach der Raketenstationierung keinen Sommer 1984 mehr geben würde; mich beeindruckten und beunruhigten Frauen, die sich dazu bekannten, für den Ernstfall tödliche Mengen Morphium für ihre Kinder im Kühlschrank bereitgelegt zu haben.) Ein moralischer Rigorismus verbietet Reformpolitik, Kompromisse mit anderen sozialen und politischen Kräften, parlamentarische Veränderungsperspektiven und Übergangsstrategien (25). Das politische Handlungskonzept beschränkt sich im Grunde darauf, die Menschen aufzuklären bzw. durch - eigentlich missionarisches - Beschwören diese zur inneren und aktiven „Umkehr" weg vom industriellen Zeitalter aufzufordern. „Soll der dritte Weltkrieg ausfallen, soll nicht die halbe Menschheit absolut verelenden, soll der endgültige Kollaps der Umwelt abgewendet werden - dann müssen wir uns über die bekannten Gesetze menschlicher Geschichte erheben" (26). Wie dieses eigentlich Unmögliche möglich werden kann, muß vage bleiben: „Verweigerung" und „Obstruktion" werden als politische Mittel genannt, und alle Hoffnung konzentriert sich darauf, daß immer mehr Menschen innerlich und real aus dem Industriesystem aussteigen werden und der ökologische Bewußtseinswandel voranschreitet (27). In der friedenspolitischen Diskussion neigen die Ökopax-Fundamentalisten eher zum sofortigen Austritt aus der NATO, und der Bruch mit der „Blocklogik" (d.h. de facto mit DKP **und** Sozialdemokratie) wurde zum archimedischen Punkt der Friedensbewegung erklärt (28).
- Die **Ökolibertären**, die eigentlich eher Ökoliberale sind, bilden den in den Ökopax-Bewegungen verbliebenen „bürgerlichen" Flügel, nachdem bereits 1980 die rechten Grünen mit dem ehemaligen CDU-Bundestagsabgeordneten Herbert Gruhl an der Spitze in den Bewegungen einflußlos geworden waren. Während bei den Radikalökologen vor allem alternativkulturell geprägte Vertreter der jüngeren Generation anzutreffen sind, scheinen hier im Vergleich zum übrigen grünen Milieu ältere Bürger, Akademiker und Angehörige traditioneller Mittelschichten überrepräsentiert. Die Ökolibertären knüpfen an die republikanischen und freiheitlichen Traditionen eines liberalen „Humanismus" (29) an. Obwohl anarchistische Theorien in ihrem Denken kaum eine Rolle spielen, nennen sie sich „libertär": Der Begriff des Liberalismus ist in der Bundesrepublik durch die Politik der FDP offensichtlich zu diskreditiert. Für eine konstruktive parlamentarische Reformpolitik sucht diese Strömung Bündnispartner bei allen anderen Parteien, wobei sie letztlich als eine Art ökologischer FDP-Nachfolger auch die Kooperation mit christlich-konservativen Parteiströmungen (wie mit einem Späth) nicht ausschließt. Oft abstrahiert die Zielsetzung einer ökologischen, „offenen und freiheitlichen" Gesellschaft von sozialen Interessenlagen und realen Bedürfnissen

der sozial Benachteiligten, und oft ähneln die ökolibertären Argumentationsmuster der bürgerlich-konservativen Polemik gegen Gewerkschaftsmacht, gegen Sozialismusvorstellungen, gegen sozialstaatliche Versorgung und gegen zentrale staatliche Großorganisationen (30). Ein großes Vertrauen in die marktwirtschaftlichen Regelungsmechanismen der Ökonomie, die beim sozialökologischen Umbau der Gesellschaft erst richtig zur Entfaltung kommen sollen, ist hier zu finden (31).

- Die **antireformistischen** „Öko-Sozialisten" benutzen trotz einiger Lernprozesse die Ökopax-Themen und -Bewegungen nach wie vor als Transmissionsriemen für ihre traditionelle Kapitalismuskritik und Sozialismusvorstellung. Aufgrund der Herkunft vieler Aktivisten der grünen Partei aus der universitären „Neuen Linken" der siebziger Jahre (vor allem KB und KPD) ist diese Strömung in Großstädten mit APO-Tradition am deutlichsten überrepräsentiert. Die soziale Emanzipation wird hier nicht von den neuen Überlebensfragen her neu durchdacht; vielmehr dominieren nach wie vor marxistischer Antirevisionismus, die Luxemburgsche Kritik am Reformismus, die Dichotomie von bürgerlichem Staat und Rätesystem sowie die eindimensionale Überbetonung der Eigentumsfrage und des Klassenkampfes (32). Bündnisgespräche mit der Sozialdemokratie sind in erster Linie taktisch motiviert und zielen – am deutlichsten bei der Hamburger GAL – vor allem auf die Entlarvung sozialdemokratischer Immobilität. Die Sprecher dieser Strömung, Ebermann und Trampert, ziehen – nachdem sie zu zeigen versucht haben, daß zwischen CDU- und SPD-Politik kein prinzipieller Unterschied besteht – den Schluß, daß die von den Grünen „formulierten Zielsetzungen mit keiner der dem Privateigentum, dem Sieg in der Weltmarktkonkurrenz und der NATO verpflichteten Parteien erreichbar ist" (33). In der Tradition der antireformistischen Linken formulieren auch sie – wie die Fundamentalisten – einen deutliche Absage an eine rot-grüne Reformpolitik in den Parlamenten: „Und – das ist unsere fundamentalste Überzeugung – es gibt keine wirklich emanzipatorische Politik, die sich über den Staat verwirklichen kann. Die grundsätzliche Alternative lautet: Ist unser Zweck die Erringung der Staatsmacht, so sind wir für eine politische Gestaltung ‚von oben' ... Oder kämpfen wir für die Überwindung der bürgerlichen Staatsapparate mit dem Ziel, die über staatlichen Zwang organisierte Herrschaft schrittweise gründlich zu beseitigen. Halten die Grünen an diesem Weg fest ... dann ist ihr Ziel nicht die Staatsmacht, sondern sie kämpfen für die Entfaltungsmöglichkeiten der Massenbewegungen." (34)
- Die **undogmatischen** „Ökosozialisten" bilden die eigentlichen Befürworter eines rot-grünen Bündnisses. Sie versuchen bei den Grünen – vor allem als „Radikalreformisten" – antiautoritäre Elemente mit realpolitischen Notwendigkeiten zu verbinden. In der Sozialdemokratie sind sie aus undogmatisch linkssozialistischen Positionen heraus entstanden. Der gemeinsame Grundansatz besteht darin, sozialistische und libertäre Demokratie-, Gleichheits- und Freiheitsforderun-

gen für gleichermaßen zentral zu halten wie die Notwendigkeit des (realpolitisch in machbare Schritte zu übersetzenden) „Einstiegs in den Ausstieg": Ausstieg nicht nur aus einer kapitalistisch dominierten Ökonomie, sondern auch aus dem bisherigen Typus des Industriesystems, der Konsum-, Vermarktungs- und Wegwerfzivilisation, der Sicherheitspolitik, des etatistisch-bürokratisch verformten Sozialstaats, der internationalen (Ausbeutungs- und Hegemonie-)Beziehungen etc. Diese Strömung sucht Verbindungen zwischen Radikalität, berechtigter Rebellion, der Experimentierfreudigkeit der Basisbewegungen und einer parlamentarisch realpolitischen Reformstrategie (35). In der friedenspolitischen Debatte wird hier weder der subjektiv-emotionalen Betroffenheit, dem Bekenntnis zur Angst, noch der Suche nach Übergangsstrategien und alternativen Sicherheitskonzepten unter bestehenden weltpolitischen Machtkonstellationen das Existenzrecht abgesprochen.

Im folgenden Beitrag werden die Essentials dieser - hier von Fritz Vilmar und mir mit Nachdruck vertretenen - ökosozialistischen Position zusammengefaßt. Die nachstehende Tabelle gibt einen Überblick darüber, in welchen Zusammenhängen der Neuen Sozialen Bewegungen die Anfänge der jeweiligen Kernaussagen des Ökosozialismus zu finden sind:

ökosozialistische Essentials	Hauptsächliche Bewegungszusammenhänge; in Klammern die ungefähre Entstehungszeit des neuen Impulses
1. Ökopax-erweiterte Grundwerteorientierung	Krise der Neuen Linken (74-77) studentische Spontibewegung (76/77) Ökologie-/Friedensbewegung (79-81) Grüne (80)
2. Selbstveränderung	Wohngemeinschaftsbewegung (70-) New-Age- und Psychobewegungen (70-75/wieder seit 79) Kinderladenbewegung (70-) Alternativ-Ernährungsbewegung (75-) Alternativkultur (78-80)
3. Abschaffung des Patriarchats	Kommunebewegung (69-71) Frauenbewegung (73-76) feministische Projektebewegung (75-78) Schwulen-/Lesbenbewegung (75-77) Männerbewegung (77-80)
4. Radikalisierung des demokratischen Prinzips	Studentenbewegung/APO (67/68) Bürgerinitiativen → Ökologiebewegung → Friedensbewegung (69-83) Alternative Lebens- und Politikformen (76/80) Antirepressionsbewegungen (75-78) Grüne (83) Initiativen gegen Volksbefragung und neue Technologien (83/84)

5. ökologische Wirtschaftsdemokratie	Stadtfluchtbewegungen (70f./78f.)
	Anti-AKW-Bewegung (74-77)
	Ökologiebewegung (75-78)
	Alternativprojekte-Bewegung (78-80)
6. Transformation des Sozialstaats	Dritte-Welt-Initiativen (69-)
	Jugendzentrumsbewegung (69-73)
	Bürgerinitiativen (70-75)
	Instandbesetzerbewegung (80/81)
	Selbsthilfegruppen (74-/81-)
7. gewaltfreie Politik	KDV-Bewegung (69-)
	Ökologiebewegung (76-78)
	Friedensbewegung (81-83)
	Grüne [verallgemeinert als „Prinzip Leben"] (81-83)

Anmerkungen

1 Zentrale Bücher zu den Neuen Sozialen Bewegungen: Brand 1982; Brand/Büsser/Rucht 1983; Guggenberger 1980; Kelly/Leinen 1982; Weinberger 1984.
2 Rovan 1983, S. 181.
3 Zur Auseinandersetzung mit konservativen und „gemeinschaftlich"-rechten Elementen der Neuen Sozialen Bewegungen vgl. Schäfer 1983; Porth 1984.
4 Vgl. Strasser/Traube 1981, S. 57f.
5 H. Müller in Steinweg 1982, S. 183.
6 Vgl. die Zusammenfassung der Debatte um die Inglehartsche These vom Wertewandel: J. Raschke in Aus Politik und Zeitgeschichte B 36/1980.
7 Den Begriff prägte 1973 der Neokonservative Daniel Bell (dt. Ausgabe 1979).
8 Siehe hierzu: Lovins/Hunter-Lovins 1981; Mez in Kelly/Leinen 1982, Strohm 1981; Traube 1984.
9 Siehe hierzu: Strasser in Kelly/Leinen 1982; Strasser/Traube 1981, bes. S. 345ff.; Perdelwitz/Fischer 1984.
10 Siehe hierzu: Bechmann 1983; Kidron/Segal 1981; Brandt 1981.
11 In der deutschen Debatte vielbeachtet: Schell 1982; siehe auch: Krusewitz 1985.
12 Aus dem Saarbrücker Parteiprogramm der Grünen vom 22./23. März 1980 (Manuskript).
13 Kelly 1983, S. 29.
14 Ebenda, S. 204.
15 Besonders letzterer war lange in Vergessenheit geraten: vgl. Thoreau 1967; zu Gandhi: Prell 1983.
16 Vgl. Offe in Kraushaar 1983.
17 Vgl. Eppler 1975, bes. S. 36ff.
18 Charakteristisch für die grüne Überbetonung des Bruches vor allem: Bahro 1984.
19 Sontheimer 1983, S. 201.
20 A. Schwan in Das Parlament 13/1984, S. 2.
21 Vgl. Fink 1983.
22 Vgl. Eppler 1984; Konieczka/Kunz/Scherer 1984.
23 Scheer 1982, S. 163.

24 Vgl. S. Ruß-Mohl in Aus Politik und Zeitgeschichte B 26/1982.
25 Vgl. zur Kritik der radikalökologischen Position: Horx/Sellner/Stephan 1983; Kursbuch 74/1983: Zumutungen an die Grünen.
26 Bahro 1982, S. 91.
27 Siehe hierzu den Beitrag des Frankfurter Fundamentalisten W. Oswalt in Kraushaar 1983.
28 Bahro 1982, bes. S. 46 ff. u. 96 ff.
29 Vgl. Hasenclever/Hasenclever 1982, S. 30 ff.
30 Siehe besonders das am 26.2.1984 verabschiedete Dokument, mit dem sich die „Ökolibertären" zur Fraktionsströmung in der grünen Partei erklärten: „Einigkeit und Grün und Freiheit. Ökolibertäre Grüne. Gründungserklärung" (Manuskript).
31 Die „Ökolibertären" stehen hier im Einklang mit einer neueren Debatte, Marktkräfte stärker für die ökologische Umorientierung zu nutzen. Vgl. Brunowsky/Wicke 1984; Huber 1985.
32 Deutlich ist dies formuliert in der bis 1984 von der Hamburger GAL herausgegebenen Zeitschrift „Moderne Zeiten" (MOZ), bes. MOZ Nr. 1/2 (1984), S. 30 ff. u. 46 ff. Auch Juso-Papiere haben diese Position nicht ganz überwunden; vgl. Amlung u.a. 1984, S. 11 ff.
33 Ebermann/Trampert 1984, S. 275.
34 Ebenda, S. 270.
35 Siehe zu dieser Position: Nenning 1983; Fischer 1984; Strasser 1985.

3. Ökosozialismus: Sieben Essentials

Im folgenden ist zu zeigen, inwiefern eine Theorie des Ökosozialismus zwar die wichtigsten Prinzipien des Demokratischen Sozialismus anerkennt bzw. in sich aufgenommen hat, in einer Reihe von essentiellen Zielvorstellungen jedoch über die bisherigen Positionen des Demokratischen Sozialismus wesentlich hinausgeht oder sie sogar prinzipiell in Frage stellt. Im zweiten Teil dieses Bandes werden einige Aspekte dieser Essentials vertieft: ökologische Wirtschaftsdemokratie (S. 104-118); ökosozialistische Ethik (S. 153-156); Umbau des Sozialstaates durch Selbsthilfe (S. 157-166); Abbau des Patriarchats (S. 167-183); sowie: ein strikt-defensives, gewaltfreies Sicherheitskonzept (S. 184-194).

Nur partieller theoretischer Konsens über Ökosozialismus

Vorab sei jedoch ausdrücklich betont, daß von einer allseits anerkannten, in jeder Hinsicht „konsensfähigen" Theorie des Ökosozialismus gegenwärtig noch keine Rede sein kann. Das Folgende ist lediglich ein erster Versuch, diejenigen Zielvorstellungen systematisch zusammenfassend darzustellen, die sich mit einem relativ hohen Grad an Übereinstimmung in theoretischen Ausarbeitungen „grüner Linker" wie Flechtheim, Galtung, Ebert, Traube, Strasser, Eppler, Gorz, Huber, Nenning und (teilweise) Bahro sowie in den grundsatzprogrammatischen Äußerungen der Grünen finden. (Es wird von Fall zu Fall darüber zu reden sein, wo und inwiefern auch innerhalb dieser grün-roten konzeptionellen, programmatischen Aussagen erhebliche Meinungsverschiedenheiten, ja sogar grundsätzlicher Dissens bestehen.) Wir werden in Quellenhinweisen zu jedem der sieben Essentials auf Literatur- und Programmbelege hinweisen.

Die sieben Essentials und ihr Zusammenhang

Die im folgenden versuchte Systematik der wichtigsten Zielvorstellungen der Ökosozialisten beansprucht nicht, bereits ein abschließendes „System" zu bieten - allerdings aber ist sie das theoretische Fazit unserer vierjährigen praktischen und theoretischen Arbeit in „grün-roten" Zusammenhängen, nicht zuletzt in einem zweijährigen Projektseminar (1981/82), dessen Ergebnisse in dem Sammelband „Projektgruppe: Ein alternatives Sozialismuskonzept. Perspektiven des Ökosozialismus" (Scherer/Vilmar 1984) vorgelegt worden sind. Demnach ergeben sich für uns folgende Wesenszüge eines Ökosozialismus:

1. In Übereinstimmung mit dem Demokratischen Sozialismus: Orientierung an sozialökologisch ausgeweiteten und radikalisierten **Grundwerten** statt an objektiv gegebenen (historisch-materialistisch erkennbaren) gesellschaftlichen Tendenzen;

2. Selbstveränderung als Element sozialistischer Transformation, d.h. die sozialethische, existentielle Umsetzung von ökosozialistischen Grundwerten im persönlichen Leben, mit dem Anspruch, in solidarischen Formen des Zusammenlebens und -arbeitens Elemente einer klassenlosen, ökologisch verantwortlichen Gesellschaft bereits hier und jetzt zu realisieren - nicht zuletzt durch:

3. Abschaffung des Patriarchats, d.h. sämtlicher Herrschaftspositionen der Männer gegenüber den Frauen in allen persönlichen, sozialen, wirtschaftlichen und politischen Bereichen - konstituiert durch eine radikale Veränderung des zwischengeschlechtlichen Verhaltens, d.h. vor allem: des männlichen Chauvinismus;

4. Radikalisierung des demokratischen Prinzips: Entgegen allen Vorstellungen einer „notwendigen" diktatorischen Durchsetzung des Sozialismus in Übereinstimmung mit der demokratisch-sozialistischen Tradition das Bestehen auf dem demokratischen Prinzip der Mehrheitsentscheidung als Basis jeglicher gesellschaftlicher Transformation - damit auch die Anerkennung der parlamentarischen Demokratie und der verfassungsmäßigen Menschen- und Bürgerrechte wie auch die Forderung nach Demokratisierung aller gesellschaftlichen Bereiche - auf dieser Basis aber der Versuch, eine qualitativ höhere Form von Demokratie, von wirklicher „Herrschaft des Volkes" zu realisieren: durch die Prinzipien der Rotation, des imperativen Mandats, des Konsenses statt bloßer Mehrheitsentscheidung, der optimalen basisdemokratischen und direkt-demokratischen (plebiszitären) Entscheidung und der weitestmöglichen Dezentralisierung politischer Entscheidungsstrukturen; dabei vor allem

5. Forderung einer **ökologischen Wirtschaftsdemokratie,** d.h. (in Übereinstimmung mit dem Demokratischen Sozialismus) einer Demokratisierung ökonomischer Macht- und Führungsstrukturen durch demokratische Rahmenplanung, Kontrolle unternehmerischer Macht (einschließlich Sozialisierung ökonomischer Schlüsselpositionen) und gleichberechtigter Mitbestimmung der Arbeitenden, der Konsumenten und der Gesellschaft - ergänzt und qualitativ erweitert durch die Prinzipien einer ökologischen Kreislaufwirtschaft (Recycling-Prinzip), einer Gesetzgebung zur ökologisch verträglichen Produktgestaltung und insgesamt einer Kritik des Industrialismus-Prinzips im Sinne weitestmöglicher Begrenzung (Selektion) des Wachstums, Auflösung industrieller Ballungszentren zugunsten dezentraler Energie- und Warenproduktion etc. sowie Abbau aller strukturell imperialistischen Austauschbeziehungen zur Dritten Welt.

6. Forderung nach einem **Umbau des Sozialstaats,** d.h. (gemäß der Tradition des Demokratischen Sozialismus) nach einer Aufrechterhaltung des Netzes der „sozialen Sicherheit", jedoch - im Gegensatz zur Tradition des Demokratischen Sozialismus - nicht durch immer weiteren Ausbau staatlicher Sozialbürokratien und -einrichtungen, sondern durch dezentrale Organisation und zunehmende Übertragung von Aufgaben der Jugend-, Alten- und Gesundheitspflege, des Bildungs- und Kulturangebots etc. auf autonome gesellschaftliche Träger (freie soziale Selbsthilfegruppen).

7. Forderung nach einer **prinzipiell gewaltfreien Politik** nach außen und innen sowohl was die Gesellschaftsreform betrifft wie vor allem die Sicherheitspolitik: Fähigkeit eines Volkes zur sozialen statt militärischen Verteidigung, Abbau von Feindbildern sowie - als Übergangslösung - Vereinbarung atomwaffenfreier Zonen, strikt defensiver militärischer Verteidigungssysteme und einseitiger, vertrauensbildender Maßnahmen der Rüstungsbegrenzung (freezing).

Wenn wir diese sieben Wesenszüge des Ökosozialismus im folgenden etwas näher zu bestimmen versuchen, so ist dabei jederzeit zu beachten, daß sie nicht isoliert voneinander, im Sinne einer Addition einzelner Forderungen, zu betrachten sind, sondern wesentlich miteinander zusammenhängen, sich ergänzen und aufeinander beziehen. So findet sich beispielsweise der Grundsatz der Selbstveränderung, der unmittelbaren Verwirklichung sozialistischer Lebens- und Arbeitsformen in der Forderung wieder, hier und jetzt patriarchalische Beziehungsstrukturen abzubauen und - etwa im hauswirtschaftlichen und genossenschaftlichen Bereich - hier und jetzt anders zu arbeiten und zu wirtschaften. Und das radikaldemokratische ökosozialistische Prinzip optimaler Machtaufteilung durch weitestmögliche Dezentralisierung und Föderation erscheint sowohl in dem politischen Essential einer radikaldemokratischen Reform der parlamentarischen und staatlichen Strukturen wie auch in den wirtschaftsdemokratischen Essentials im Prinzip optimaler Entflechtung bzw. Dezentralisierung des Industriesystems - wie ebenso in der Zielvorstellung eines Umbaus des Sozialstaats im Sinne möglichst vieler dezentraler autonomer gesellschaftlicher Einrichtungen der Selbsthilfe und Selbstorganisation.

1. Grundwerteorientierung - erweitert um das „Prinzip Leben"

Demokratische Sozialisten und Ökosozialisten sind sich darin einig, daß der Sozialismus nicht als Ergebnis eines objektiven Geschichtsprozesses zu erwarten ist, nicht als Ergebnis einer „wissenschaftlich", historisch-materialistisch erkennbaren Dialektik politisch-ökonomischer Widersprüche und Krisen, die „mit der Notwendigkeit eines Naturgesetzes" (Marx) schließlich zur Diktatur des Proletariats und in die klassenlose Gesellschaft führen muß. Sie sind sich darin einig, daß eine klassenlose Gesellschaft der Gleichen und Freien nur durch einen sehr langen Reformprozeß, durch gemeinsames, an den Grundwerten der Freiheit, Gleichheit und Brüderlichkeit orientiertes Handeln herbeigeführt werden kann. Dabei unterscheidet sich der Ökosozialismus vom traditionellen Reformsozialismus jedoch qualitativ durch die zusätzliche Verpflichtung auf die Grundwerte der Gewaltfreiheit und der ökologischen Verantwortung für unsere natürlichen Lebensgrundlagen, die man in dem schönen und einfachen Begriff „Prinzip Leben" zusammengefaßt hat oder auch in dem komplizierteren, aber deutlichen Begriff „Ökopax". Und diese Hinzufügung des (Über-)Lebensprinzips ist nicht die bloße Anfügung eines zweitrangigen Grundwertes. Sie hat für den Ökosozialismus derart konstitutive Bedeutung, daß man seine

Position, als qualitative Weiterentwicklung der traditionellen Sozialismusposition, so formulieren könnte: Für den Ökosozialismus ist das Ziel eines humanen Überlebens der Menschheit gleichrangig dem Ziel der klassenlosen Gesellschaft. Hierbei werden „Grüne" wie „Rote" lernen müssen, daß diese beiden ökosozialistischen Haupt-Zielsetzungen einander bedingen: Nur der Abbau der Klassengesellschaft mit ihren irrationalen Herrschafts-, Produktions- und Rüstungsprozessen schafft die Bedingungen für ein humanes Überleben der Menschheit - aber auch umgekehrt gilt: Nur wenn die Menschheit vor der ökologischen bzw. nuklearen Selbstvernichtung bewahrt werden kann, bleibt ihr die Chance, eine Gesellschaft der Gleichen und Freien zu errichten.

Dieser neue Grundwert des humanen Überlebens, der „Existenzsicherung" hat drei Dimensionen:
- die alte sozialistische Dimension der Sicherung der abhängig Arbeitenden vor der Willkür und den Krisen einer kapitalistischen Wirtschaftsgesellschaft;
- seit 1945 aber darüber hinaus die Dimension einer Bewahrung der Menschheit vor dem kollektiven Selbstmord in einer atomaren Kriegskatastrophe durch Sicherheits- und Friedenspolitik;
- und mit zunehmender Ökokrise die Dimension der Existenzsicherung menschlichen Lebens auf dieser Erde vor der Zerstörung der ökologischen Lebensgrundlagen.

Es kommt darauf an, das Ausmaß der erst jetzt geschichtlich so herangewachsenen Bedrohung völlig zu erfassen, aufgrund derer Existenzsicherung allererst zum obersten Grundwert von Politik werden konnte. Der konservative Philosoph Hans Jonas hat das geschichtliche Novum dieses sozialethischen Prinzips erstmalig als solches herausgearbeitet: „Existenz der Menschheit heißt einfach: daß Menschen leben; das sie gut leben ist das nächste Gebot. Das nackte ontische Faktum, daß es sie überhaupt gibt, wird für die darin vorher nicht Befragten zum ontologischen Gebot: daß es sie weiter geben soll ... Es bedarf schon sehr besonderer Umstände, z.B. der heutigen, daß dies Urgebot selber mit seinem Elementarinhalt ausdrücklich werden muß." (Jonas 1979, S. 186 f.).

2. Selbstveränderung oder Sozialismus im Alltag

Sämtliche traditionellen Sozialismuskonzepte hegen die Vorstellung, daß eine sozialistische Gesellschaft erst in Zukunft, nach der Machtergreifung der Linken, realisiert werden kann - sei es auf der Basis einer Machtergreifung des revolutionären Proletariats und seiner Partei, sei es auf der Basis einer endlich errungenen soliden linken Parlamentsmehrheit. Der Ökosozialismus weicht von diesen Transformationskonzepten prinzipiell ab: Zwar leugnet auch er nicht, daß entscheidende gesetzgeberische wie faktisch-gesellschaftspolitische Veränderungen nur möglich sind, wenn große Minderheiten (etwa in Form mächtiger sozialer Bewegungen, Bürgerinitiativen, Selbsthilfeorganisationen etc.) oder parlamentarische Mehrheiten für eine ökosozialistische - zumindest aber: für eine grün-rote Politik (also für ein Bündnis der SPD mit den Grünen) gewonnen werden können. Aber ökosozialistische Theorie und Praxis setzt insgesamt weit weniger Erwartungen in die Veränderungskraft dieser großen, „klassischen" Strategien kollektiven, organisierten und repräsentativen Handelns. Sie hält zumindest für ebenso wichtig alles das, was jeder einzelne als Individuum in seinen Geschlechtsbeziehungen, in seiner Familie, in Wohngemeinschaften und Zehntausenden von kleinen aktiven Selbsthilfegruppen - nicht zuletzt: Genossenschaften! - hier und jetzt an klassenlosen, solidarischen, ökologisch verantwortlichen Formen des Zusammenlebens und -arbeitens realisieren kann. Wir brauchen nicht bis zur imaginären Machtergreifung einer siegreichen Partei oder Arbeiterklasse zu warten, um hierarchische und patriarchalische Herrschaft, verschwenderische Konsumgewohnheiten, aggressive Lebensgewohnheiten, auf dem Prinzip von Herrschaft und Knechtschaft beruhende Verhaltensweisen und Strukturen abzubauen. Zumindest ansatzweise können wir schon heute mit der Verwirklichung sozialistischer, d.h. gleichberechtigter, solidarischer, nicht-herrschaftlicher Lebens- und Arbeitsformen beginnen. Nicht zuletzt das dualwirtschaftliche Konzept beinhaltet einen ökonomischen Befreiungsprozeß, aufgrund dessen die Nicht-Besitzenden nicht länger auf jenen fernen Tag vertröstet werden müssen, da „der Kapitalismus" endgültig überwunden ist: die zunehmende freie Zeit und der Wertwandel (der viele veranlaßt, sich auf Kosten maximaler monetärer Vergütung und mit Hilfe freiwilliger Teilzeitarbeit zeit- und teilweise von lohnabhängiger Arbeit zu befreien) schaffen Freiräume - nicht zuletzt, indem wir durch Eigenarbeit und Nachbarschaftshilfe unsere Lebensgrundlagen und -möglichkeiten verbessern.

3. Abbau des Patriarchats

Eine herausragende Teilstrategie dieser Konzeption, sozialistische, d.h. herrschaftsfreie, gleichberechtigte, unentfremdete, solidarische Verhältnisse bereits hier und jetzt schrittweise zu realisieren, ist der konsequente Abbau der Herrschaft der Männer über die Frauen. In der traditionellen Sozialismustheorie fast stets als bloßer „Nebenwiderspruch" oder gar als bloßes Ergebnis ökonomischer Klassenherrschaft betrachtet, hat sich in der feministischen Bewegung, die eine Konstituante des Ökosozialismus ist, die Erkenntnis durchgesetzt, daß die Herrschaft der Männer über die Frauen eine durchaus eigenständige Herrschafts- und Unterdrückungsform darstellt, die sich nicht einfach mit dem Abbau der ökonomischen Klassen-Herrschaftsverhältnisse auflöst. Und gerade diese, die patriarchalische Herrschaft des Menschen über den Menschen, ist gleichzeitig ein herausragendes Exempel für die Möglichkeit, bereits heute mit der Herstellung herrschaftsfreier Lebensbedingungen zu beginnen. Zweifellos verstärkt zwar der Kapitalismus mit seiner Ausnutzung der weiblichen Arbeitskraft („Leichtlohngruppen" etc.) die patriarchalischen Herrschaftsstrukturen; entscheidende ihrer Ausdrucksformen aber existieren völlig unabhängig vom ökonomischen System, in den Geschlechtsbeziehungen, in der Familie, im gesellschaftlichen und politischen Leben. Daher ist hier nach ökosozialistischer Theorie und Praxis ein ganz entscheidender Einstiegspunkt für die Verwirklichung des Prinzips, schon gegenwärtig durch Selbstveränderung, durch Herstellung sozialistischer Prinzipien im alltäglichen Zusammenleben und -arbeiten gleichberechtigte und solidarische Beziehungen zwischen den Menschen herzustellen.

4. Radikaldemokratische Prinzipien und Strukturen

Ökosozialisten sind sich mit demokratischen Sozialisten darin einig, daß die Transformation der Gesellschaft nicht auf der Basis einer wie immer gearteten Diktatur einer revolutionären „Elite" (Kaderherrschaft) sich vollziehen kann, auch wenn diese sich auf die „objektiven Interessen" der großen Mehrheit - also auf eine „Diktatur des Proletariats" - glaubt berufen zu können. Gesellschaftsreform kann nicht anders als auf der Basis einer breiten Mehrheit des Wahlvolkes, d.h. - in einer Massengesellschaft - auf der Basis einer Mehrheit der Volksvertreter, also einer parlamentarischen Demokratie, durchgesetzt werden. Die parlamentarisch-(partei)demokratische Institutionalisierung ökosozialistischer Politik in Gestalt der Partei der Grünen belegt diese prinzipielle Orientierung.

Allerdings versucht ökosozialistische und speziell „grüne" Politik, innerhalb der Institutionen der parlamentarischen Demokratie - nicht zuletzt aber auch jenseits dieser Institutionen! - dem Wesensgehalt der Demokratie, d.h. der „Volks-Herrschaft" weitaus kompromißloser Geltung zu verschaffen:
- durch die Unterstützung von Basisbewegungen (Bürgerinitiativen, Selbsthilfegruppen, direkten politischen Aktionen und Aktivitäten etc.), die angesichts der mangelnden Sensibilität und Bürgernähe der traditionellen verbands- und parteipolitischen Institutionen Druck und Eigeninitiativen „von unten" erzeugen, die Reformbewegungen hervorbringen, welche in einer bloßen „Wahlzettel-Demokratie" nicht realisierbar sind;
- durch optimale Verwirklichung der Prinzipien der Rotation, des imperativen Mandats und des Konsenses, die bewirken sollen, daß nicht auch in einer formal-demokratischen Struktur Partei- und Verbandseliten aufgrund ihres Informations- und organisatorischen Machtvorsprungs sich als politisch herrschende Klasse verfestigen und daß die Volksvertreter gegenüber ihrer Wählerbasis soweit wie möglich rechenschaftspflichtig und weisungsgebunden bleiben und - durch das Ringen um einstimmige Beschlüsse - ein interner Meinungsbildungs- und Entscheidungsprozeß angestrebt wird, der nicht nur den Interessen einer Mehrheit (im Grenzfall 51 gegen 49 Prozent) entspricht, sondern auch die Interessen und Vorstellungen der jeweiligen Minderheiten berücksichtigt, d.h. auf einem optimalen „Konsens" aller beruht;

- durch weitestmögliche Realisierung eines politischen Subsidiaritätsprinzips, das wo immer möglich den dezentralen, untergeordneten, kleineren politischen Einheiten Entscheidungs- und Handlungskompetenz zuweist, die heute zunehmend von den regionalen bzw. nationalen politischen Zentren monopolisiert werden;
- durch Wiedereinführung des Plebiszits (d.h. der direkten Volksabstimmung) in die Verfassung, um dem Bürger die Möglichkeit zu geben, in existentiellen Fragen der politischen Ausrichtung unmittelbar mitentscheiden zu können.

Wie die zum Teil schwerwiegenden Auseinandersetzungen innerhalb der Parteigremien und Fraktionen der „Grünen" wie auch innerhalb der ökosozialistischen und ökoliberalen Theoriediskussion zeigen, sind die Fragen, ob und inwieweit diese Prinzipien der außerparlamentarischen Aktion (bis hin zum gewaltfreien Widerstand!), der Rotation, des Konsenses, des imperativen Mandats, der optimalen Dezentralisierung und direktdemokratischen Entscheidung realisiert werden können, ohne politisch zu scheitern bzw. in pseudo-basisdemokratische Formen zu verfallen, keineswegs zu Ende gedacht. Wir wissen, daß das Prinzip der Basisdemokratie zuschanden werden kann, wenn anstelle der Wähler- oder Mitgliederbasis in „Vollversammlungen" ökosozialistischer Organisationen überwiegend nur kleine Gruppen von ideologisch festgelegten Kadern die Basisentscheidungen manipulieren. Und wir erkennen, daß ein Rotationsprinzip, das in kurzer Zeit - aufgrund zu kurzer Rotationsperioden - zu einer Aufzehrung der vorhandenen qualifizierten Kräfte und zur Inkompetenz einer „grünen", ökosozialistischen Organisation oder Fraktion führen muß, dringend der Reform bedarf.

Diese Kritik bestimmter zu idealistischer und daher illusionärer Konzepte von möglichst unmittelbarer, basisnaher, partizipativer Demokratie kann aber keineswegs darüber hinwegtäuschen, daß die genannten Prinzipien als Zielwerte einer qualitativ höheren Form demokratischer Partizipation, als sie der Parlamentarismus bietet, in der ökosozialistischen Theorie festzuhalten bleiben.

5. Eine ökologische Wirtschaftsdemokratie

In Übereinstimmung mit dem Demokratischen Sozialismus lehnt der Ökosozialismus sowohl das herrschende kapitalistisch-marktwirtschaftliche System wie die altsozialistisch-marxistische Gegenposition einer total vergesellschafteten zentral-geplanten Versorgungswirtschaft ab. Er bekennt sich zu den wirtschaftsdemokratischen Prinzipien einer demokratischen Rahmenplanung, der Kontrolle unternehmerischer Macht (einschließlich der Sozialisierung marktbeherrschender Großkonzerne) sowie der gleichberechtigten Mitbestimmung der Arbeitenden, der Konsumenten und der Volksvertreter in der Wirtschaft.

Aber der Ökosozialismus geht über dieses traditionelle wirtschaftsdemokratische Konzept qualitativ hinaus: Er stellt den gesamten industrialistischen Ansatz der Ökonomie in Frage: die angebliche Neutralität des technischen Fortschritts, das Ideal eines höchstmöglichen Wirtschaftswachstums wie auch die Konzentration/Zentralisation der Produktionsmittel in großen industriellen Ballungszentren (bzw. „Kombinaten"!). Der Ökosozialismus fordert die qualitative Erweiterung bzw. Korrektur der wirtschaftsdemokratischen Prinzipien durch die Prinzipien selektiven Wachstums, einer ökologisch verantwortbaren, nach dem Recycling-Prinzip arbeitenden „Kreislaufwirtschaft", einer umweltgesetzlich normierten, ökologisch verantwortbaren Produktgestaltung sowie einer schrittweisen Auflösung industrieller Ballungszentren zugunsten dezentraler Energie- und Güterproduktion.

Außerdem fordert eine ökosozialistische Theorie der Wirtschaftsdemokratie, außenwirtschaftliche Austauschstrukturen herzustellen, die insbesondere in den ökonomischen Beziehungen zur Dritten Welt die gegenwärtigen strukturell imperialistischen Austauschbedingungen aufheben, jeglichen Rüstungsexport verbieten und den in der Entwicklung befindlichen Ländern die Möglichkeit wirklicher Hilfe zur Selbsthilfe eröffnet.

Im Gegensatz zum Demokratischen Sozialismus (von „realsozialistischen" und anderen pseudo-sozialistischen Konzepten zu schweigen) strebt der Ökosozialismus auch insofern den konsequenten schrittweisen Ausstieg aus dem gegenwärtigen „Industrialismus" an, als er - anstelle einer Arbeitsbeschaffung um jeden Preis - eine konsequente, radikale Arbeitszeitverkürzungspolitik fordert (30-Stunden-Woche, 4-Tage-Woche, Förderung von jeder Art freiwilliger Arbeitszeitverkürzung) und auf diese Weise zu einem dualwirtschaftlichen Konzept kommt, in dem Frauen und Männer immer kürzere Zeiträume ihres Lebens einsetzen müssen, um im „formellen", durch monetäre Vergütung geregelten Sektor der Ökonomie die gesellschaftlich notwendige Arbeit zu leisten - und immer größere, um im „informellen" Sektor ihrer Hauswirtschaft (mit einem breiten genossenschaftlichen Zwischenbereich) in Eigenarbeit für die Sicherung ihrer Existenz und ihres Wohlstands tätig sein können.

6. Nicht Abbau - Umbau des Sozialstaats

Ökosozialisten sind sich mit Demokratischen Sozialisten darin einig, daß die Krise der Staatsfinanzen (angesichts tendenziell stagnierenden ökonomischen Wachstums) nicht durch Abbau des Sozialstaats, d.h. durch Privatisierung sozialer Leistungen gelöst werden darf. Sie wenden sich jedoch gegen die etatistische Tendenz in allen traditionellen Sozialismuskonzepten, mit Hilfe großer staatlicher Bürokratien und zentralisierter, monetarisierter Sozialleistungssysteme eine ebenso umfassende wie entfremdete Sozialversorgung aller Bürger zu erreichen. Stattdessen streben sie eine optimale Dezentralisierung (d.h. vor allem: Kommunalisierung) des sozialen und kulturellen Leistungsangebots sowie die weitestmögliche Übertragung von Aufgaben der sozialen Sicherung, der Bildung und der kulturellen Angebote auf autonome gesellschaftliche Träger an: freie Selbsthilfegruppen und -organisationen, die, durch staatliche Finanzhilfen unterstützt, demokratischen Instanzen rechenschaftspflichtig, bezahlte und ehrenamtliche, freiwillige Arbeit in möglichst autonomer Gestaltung vereinen und damit ein optimales gesellschaftliches Engagement von Bürgern in dezentralen sozialen und kulturellen Strukturen verwirklichen.

7. Gewaltfreiheit nach innen und außen

Während für Praxis und Theorie des traditionellen Sozialismus aller Schattierungen militärische, tötende Gewaltanwendung zumindest gegenüber äußeren „Feinden" als legitimes politisches Mittel unbestritten war und in der revolutionär-sozialistischen Theorie - selbst in dem in seinen Zielsetzungen eigentlich gewaltfreien Anarchismus! - revolutionäre Gewaltanwendung und sogar Terror als notwendige klassenkämpferische „Geburtshelferfunktion" zur Herstellung der klassenlosen Gesellschaft legitimiert wird, tendiert die ökosozialistische Theorie zu einer prinzipiellen Politik der Gewaltfreiheit.

Darin stimmt sie mit der Theorie und Praxis des Demokratischen Sozialismus insofern überein, als beide in der Frage der gesellschaftlichen Umgestaltung sich zum Prinzip einer friedlichen, gewaltfreien Reform auf der Basis von breiten Mehrheitsentscheidungen bekennen und alle Konzepte kadermäßig organisierter gewaltsam-revolutionärer „Systemüberwindung" ablehnen; allerdings geht der Ökosozialismus wesentlich weiter als der Demokratische Sozialismus in der Forderung, daß innergesellschaftliche Umgestaltungsprozesse sogar weitestmöglich auf die „legalen", gleichwohl repressiven „strukturellen" Gewaltformen etatistischer Art, also auf das sogenannte „staatliche Gewaltmonopol" verzichten.

Vor allem aber nimmt die sicherheitspolitische Theorie des Ökosozialismus die Forderungen und Konzepte der Friedensbewegung auf, die am radikalsten mit dem Prinzip „Frieden schaffen ohne Waffen" zusammengefaßt sind: Angesichts der drohenden Selbstzerstörung der Menschheit durch die Entwicklung der A-, B- und C-Waffen stehen Strategien einseitiger „vertrauensbildender" Abrüstungsschritte, der atomwaffenfreien Zonen, des „Freezing" der Rüstungen, vor allem aber die innen- wie außenpolitisch zentrale Alternativstrategie der „Sozialen Verteidigung" im Zentrum ökosozialistischen Sicherheitsdenkens - wobei allerdings in zahlreichen friedens- und sicherheitspolitischen Konzepten der Friedensbewegung, die der ökosozialistischen Theoriebildung zuzurechnen sind, Konzepte der „defensiven Verteidigung" (Afheldt, Hannig, Buro) als notwendige Übergangskonzepte zwischen der atomaren Selbstmordstrategie und einer strikt gewaltfreien Strategie der nurmehr sozialen Verteidigung für notwendig erachtet werden.

Es versteht sich von selbst, daß der Ökosozialismus, der seinem ganzen Wesen nach sich völlig eindeutig von der Theorie und Praxis des osteuropäischen „Realsozialismus" abgrenzt, gleichwohl aufgrund seiner kapitalismuskritischen und friedenspolitischen Haltung den Abbau antikommunistischer Feindbilder und irrationaler Bedrohungsvorstellungen als eine wesentliche Voraussetzung friedensstiftender Politik ansieht.

Die Zwischenschritte - das große Problem des Ökosozialismus

Theorieproduktion wie (partei-)politische Aktivität des Ökosozialismus ist geprägt durch den mehr oder weniger fundamentalen Widerspruch und Widerstand gegenüber den Gesellschafts-, Wirtschafts- und Politikmodellen der etablierten - und nicht zuletzt der sozialdemokratischen - (Partei-)Politik. Es verwundert daher nicht, daß die Essentials, die Wesenszüge ökosozialistischer Programme und Theorien sich zunächst durch einen Rigorismus, eine Radikalität der Zielvorstellungen auszeichnen, die in bewußtem Widerspruch zu den allzu kompromißhaften, angesichts der drohenden atomaren und ökologischen Selbstzerstörung unserer Gesellschaft absolut inadäquat erscheinenden sozialen oder auch sozialreformerischen Vorstellungen stehen. Die radikal-basisdemokratischen Forderungen der politischen Entscheidungsbildung, - die feministischen Forderungen nach einer Abschaffung des Patriarchats, - das Prinzip „Frieden schaffen ohne Waffen", - die Absage an das industrialistische Wachstumsmodell (bis hin zur Bahro'schen Forderung eines totalen „Ausstiegs" aus der industriellen Technik und Produktionsform), - der radikale Zweifel an dem tatsächlichen Wohlfahrtswert der großen zentralistischen Sozialbürokratien wie auch die radikalen ökologisch-ethischen Forderungen nach Selbstveränderung: Dieses in sich logische System gesellschaftlich-politischer Grundforderungen stellt einerseits eine soziale Alternative dar, wie sie sich in dieser Klarheit und Kompromißlosigkeit in der Geschichte selten herauskristallisiert. Andererseits freilich stellen diese radikalen Zielvorstellungen, die in ihrer reinen Gestalt für achtzig bis neunzig Prozent der Bürger als unrealistisch erscheinen, damit nicht „wählbar", nicht „politikfähig" sind, die ökosozialistische Theorie und Praxis vor die mindestens ebenso wichtige, im Detail freilich noch weit schwierigere Aufgabe, „machbar" erscheinende Zwischenschritte zu jenen ökosozialistischen Zielen hin zu entwerfen - Zwischenschritte, die gleichzeitig so weit wie möglich von dem Makel frei sein müssen, die Neuen Sozialen Bewegungen und ihre ökosozialistische Partei in die Sackgassen jener „faulen" sozialdemokratischen Kompromisse mit der herrschenden Wirtschafts- und Gesellschaftsordnung (zurück) zu führen, aus denen sie Mitte der siebziger Jahre gerade aufgebrochen sind. Im 5. Abschnitt über „realpolitischen Fundamentalismus" wird versucht, dieses Problem - und die Möglichkeit - notwendiger Zwischenschritte, die aber auf die ökosozialistischen Essentials hin zielbewußt orientiert bleiben, genauer darzustellen.

Kommentierte Literatur (Rolf Cantzen)

Ebenso, wie die zuvor erläuterten ökosozialistischen Essentials lediglich Zielvorstellungen systematisieren, ohne damit eine „konsensfähige" oder systematische Theorie des Ökosozialismus formulieren zu wollen, stellt die im folgenden kurz kommentierte Literatur keinesfalls **die** theoretische Basis des Ökosozialismus dar. Vielmehr soll auf einige Positionen in Büchern und Aufsätzen aufmerksam gemacht werden, die mehr oder weniger partiell und in mehr oder weniger kritischer Form in die Essentials eingegangen sind und die darüber hinaus diese Essentials im Hinblick auf eine Theorie des Ökosozialismus konkretisieren könnten.

Die Kurzkommentare sind jeweils den sieben Essentials zugeordnet; bibliographische Angaben finden sich am Ende des Bandes.

1. Die Orientierung an ökonomischen, politischen und sozialen, vor allem aber an ökologischen Grundwerten und die kritische Distanz zur ökonomistischen Geschichtsdeutung innerhalb des Marxismus prägen die ökosozialistischen Entwürfe: Strasser/Traube (1981) reflektieren den Marxismus und den „Historischen Materialismus" in bezug auf seine sozio-ökonomischen Entstehungsbedingungen – die industrielle Revolution. Strasser/Traube (1981), Gorz (1980a) brechen mit der Vorstellung des Marxismus und des Liberalismus, daß die fortschreitende materielle Produktivkraftentwicklung gekoppelt sei mit fortschreitender politisch-sozialer Emanzipation. In diesem Sinne begründet auch Gorz (1980a) seinen „Abschied vom Proletariat" und vom traditionellen Sozialismusverständnis mit der Unmöglichkeit einer kollektiven Aneignung der Produktionsmittel durch das Proletariat. Mit Gorz ist auch Illich (1980) der Auffassung, daß die Struktur der kapitalistischen (und real-„sozialistischen") Produktionsmittel dem Ideal einer umfassenden menschlichen Emanzipation entgegenstehe und notwendig Herrschaftsstrukturen stabilisiere. Doch während Illich (1980) in den Ansätzen seiner Konzeptionen einer anderen Gesellschaft uneingeschränkt am Grundwert unentfremdeter Arbeits- und Lebenszusammenhänge festhält, nimmt Gorz (1980a) in seinem Dualwirtschaftskonzept zugunsten der materiellen Sicherung in erheblich eingeschränkter Form entfremdende, d.h. fremdbestimmte und arbeitsteilige Strukturen hin. An konkreten Veränderungsmöglichkeiten und eher pragmatisch orientiert erläutern Strasser/Traube (1981) ökosozialistische Grundwerte.

Zwar setzt die Industrialismuskritik bei Strasser/Traube (1981), bei Gorz (1980b) und bei Amery (1978) an der fortschreitenden Umweltzerstörung an, geht aber insofern über den ökologischen Ansatzpunkt hinaus, als gesellschaftsorganisatorische, ökonomische und soziale Alternativen entworfen werden, um für die ökologische Zielsetzung politische Rahmenbedingungen zu schaffen – so vor allem Amery (1978) – bzw. um im Kontext der ökologischen Zielsetzung eine Neubestimmung oder Ergänzung sozialistischer Positionen vorzunehmen – so vor allem Gorz (1980b) und Scherer/Vilmar (1984).

Der Zusammenhang von Grundwerteorientierung in den ökologisch orientierten Sozialismuskonzepten und einer sowohl ökologisch als auch politisch und sozial begründeten Industrialismuskritik verweist auf die bislang ignorierte „alternative" sozialistische Tradition des libertären Sozialismus und auf Theoretiker wie Landauer (1978) und Buber (1950).

2. Dem vielzitierten „subjektiven Faktor" kommt im Ökosozialismus originäre gesellschaftsverändernde Potenz zu. So wendet sich Bahro (1977) mit der noch an marxistischen Begriffsbildungen orientierten Metapher vom „überschüssigen Bewußtsein" gegen die ökonomistische Reduzierung der „Subjektivität" und des Einzelmenschen. Fromm (1979) erklärt mit seinen Kategorien „Sein" und „Haben" sowohl (subjektive) Bewußtseinshaltungen als auch (objektive) Gesellschaftsstrukturen und weist der Veränderung des individuellen Verhaltens entscheidende Bedeutung für eine sozialistische Tradition zu. Alice Miller (1980) zeigt in kritischem Bezug auf Freud, wie Erwachsene die im Kleinkindalter erlittenen Unterwerfungs- und Erziehungspraktiken an ihren Kindern wiederholen und repressive gesellschaftliche Zustände dadurch stabilisieren, daß die durch Erziehung errichteten Tabus es verhindern, daß Unterdrückung und Herrschaft auch als solche erlebt und empfunden werden können. Eine Veränderung des Elternverhaltens könnte diesen Kreislauf durchbrechen.

Inglehart (1982) belegt anhand langfristig angelegter repräsentativer Befragungen die sich vollziehenden Änderungen der Werthaltungen und des Verhaltens in Richtung auf eine langsame Auflösung von Rollenklischees und verstärkte Partnerschaftlichkeit.

Die Grundwerte-Kommission beim SPD-Parteivorstand (1980) weist ebenfalls mit der politischen Kultur auch dem konkreten Sich-Verhalten erhebliche Bedeutung zu und leitet damit eine längst fällige Korrektur ökonomistischer und etatistischer Theorie- und Praxisansätze ein. Der Veränderung der zwischenmenschlichen Beziehungen, u.a. zwischen Mann und Frau, Erwachsenen und Kindern, im sexuellen Bereich, aber auch am Arbeitsplatz und innerhalb gesellschaftlicher Institutionen widmen hier Sozialdemokraten eine größere theoretische Aufmerksamkeit.

3. Das menschliche Zusammenleben ist keinesfalls „natürlich" oder seit je her patriarchalisch organisiert - das zeigt Borneman (1979) in seiner historischen Studie vor allem an der Festigung des Patriarchats in den griechischen und römischen Gesellschaften durch die Verdrängung matriarchalischer Relikte. Fester (1980) weist kulturübergreifend auf fünf Millionen Jahre nicht-patriarchaler Lebensformen hin und betont, daß nicht zwangsläufig eine Frauenherrschaft der Männerherrschaft vorausgegangen sei, sondern überwiegend gleichberechtigte Beziehungen zwischen den Geschlechtern vorhanden waren.

Sowohl Firestone (1975), einflußreiche Repräsentantin der amerikanischen Frauenbewegung, als auch Schwarzer (1977) streben eine Gesellschaft an, in der Mann und Frau vollkommen gleichberechtigt sind, und geben damit das Ideal der Herrschaftslosigkeit ebensowenig auf wie das des Sozialismus. Doch während Marcuse (1975) den Feminismus auf der Basis seines marxistischen Ansatzes zu integrieren versucht, plädieren Schwarzer (1977) und Firestone (1975) für einen „autonomen" Feminismus und eine „autonome" feministische Theorie, geben dabei allerdings weder das Androgynitätsideal noch die sozialistische Zielsetzung auf. In Marcuses (1975) Zielvorstellung eines „feministischen Sozialismus" werden die „weiblichen Qualitäten" zu allgemeinen Qualitäten und die Dichotomie Mann/Frau zu einem Androgynismus synthetisiert. Die femininen Qualitäten werden zwar als sozial determinierte ausgewiesen, doch Stopczyk (1980) dokumentiert mit der Anthologie „Was Philosophen über Frauen denken", wie gängig derartige Versuche sind, über eine positive Beurteilung weiblicher Schwäche diese nur scheinbar aufzuwerten. Der Blick auf einen (herrschaftsfreien) „androgynen Sozialismus" wird zweifellos erst nach einer radikalen Kritik an allen Erscheinungsformen des Sexismus frei, vor allem an der sexuell-erotischen: Chesler (1979), Schwarzer (1977).

4. Eine zentrale Korrektur traditioneller sozialistischer Positionen erfolgt im Ökosozialismus nicht nur mit dem Abschied vom Proletariat - Gorz (1980a) - und vom Industrialismus, sondern auch mit dem Abschied vom Leviathan. Zellentin (1979) kritisiert die mit dem Naturrechtsdenken einsetzende Legitimation der Notwendigkeit staatlichen Zwangs.

Die Alternativen zum zentralistischen bürokratischen Verwaltungsstaat oder zum „sozialistischen" Einheitsstaat sehen ökosozialistische Autoren in einer Dezentralisierung politischer Entscheidungskompetenzen – Vilmar (1973b), Scherer/Vilmar (1984) –, in der Schaffung erweiterter Partizipationsmöglichkeiten – Vilmar (1973b), Strasser/Traube (1981), Teil II,2 –, in Basisdemokratie – Flechtheim (1980) – sowie in der Organisation kleiner Netze – Korczak (1981) – und Bürgerinitiativen – Bossel (1978). Vor allem Strasser/Traube und Scherer/Vilmar (1984) rekurrieren auf das Subsidiaritätsprinzip, Amery (1978) plädiert für eine Stärkung des Regionalismus und Föderalismus, ebenso der „Integrale Föderalismus" von Roemheld (1977/78) im Hinblick auf eine Neuordnung Europas. Die libertäre Tradition, vor allem ihre Vertreter Landauer (1977) und Kropotkin (1976), bieten Möglichkeiten einer kritischen Neuorientierung, da hier Kommunalismus-, Dezentralisierungs- und Föderalismuskonzepte entworfen worden sind, die demokratische Repräsentation, überregionale Koordination und eine Delegation von Entscheidungen ebensowenig zwangsläufig ausschließen wie gewisse staatliche Organisationsformen; auf letzteres macht Buber (1952) aufmerksam.

5. Strasser/Traube (1981), Teil II,3, verbinden in sehr enger Orientierung am Demokratischen Sozialismus ökologische Notwendigkeiten (Kreislauf- und Recycling-Wirtschaft) mit ökonomischen Notwendigkeiten (Vollbeschäftigung, Befreiung der Arbeit) und stehen mit ihren eher pragmatischen Ansätzen den eher fundamentalistischen von Amery (1978) und Illich (1980) ebenso gegenüber wie dem systemsprengenden Dualwirtschaftskonzept von Gorz (1980a, 1983): Befreiung von der Arbeit durch zentralistische, hoch-arbeitsteilige Großindustrien mit entfremdenden Tätigkeiten. Scherer/Vilmar (1984), Teil I und IV, bleiben ähnlich wie Strasser/Traube (1981) auf Forderungen nach einer Humanisierung der Arbeit und nach einer Demokratisierung von Betriebs- und Unternehmensentscheidungen konzentriert und plädieren für eine Sozialisierung der Kernindustrien, für eine gesellschaftliche Kontrolle unternehmerischer Macht und für eine gesellschaftliche Rahmenplanung, doch treten Plädoyers für eine „Alternativ-Ökonomie", selbstverwaltete Projekte und Vollgenossenschaften (Kibbuzim) hinzu. Mit Huber (1979) wird hier an Konzepten einer „besser balancierten Dualwirtschaft", d.h. an vermehrter Eigenarbeit im „informellen Sektor" zuungunsten von Produktion und Dienstleistungen im „formellen Sektor" angeknüpft. Von großer Aktualität bleibt Schumachers (1980) Modell einer Neuorganisation von dezentralen und damit Partizipation ermöglichenden Unternehmens- und Betriebsstrukturen. Im „Sindelfinger Programm" der Grünen (1983) finden sich nahezu sämtliche oben genannten Forderungen und sind insofern – ungeachtet einiger revolutionär-marxistischer Bekenntnisse – im Sinne eines mit ökologischen Forderungen erweiterten Demokratischen Sozialismus als „ökosozialistisch" zu bezeichnen.

6. In Abgrenzung von der konservativen Kritik am Sozialstaat und der Kritik „linker Antireformisten" kritisiert Strasser (1983) aus der Sicht eines „linken Reformisten" die Entmündigung durch einen Sozialetatismus sowie eine Sozialpolitik, die sich auf eine kompensatorische Funktion beschränkt, statt durch aktive Gesellschaftspolitik (Beschäftigungs-, Bildungs- und Einkommenspolitik) die Ursachen sozialer Härten vorab zu verhindern. Demokratisierung, Entbürokratisierung und die Schaffung von Partizipation ermöglichenden, dezentralen sozialen Institutionen werden von Strasser (1983) und ebenso von Vilmar/Runge (i.E.) gefordert. Doch Vilmar/Runge betonen die ökonomische Notwendigkeit und die emanzipatorischen Chancen eines Umbaus des Sozialstaats durch verstärkte „Soziale Selbsthilfe" und Selbstorganisation, allerdings nicht als Alternative zum Sozialstaat, sondern in Kooperation mit (zu demokratisierenden) sozialstaatlichen

Institutionen. Eine umfangreiche und vielfältige Dokumentation bereits praktizierter Formen Sozialer Selbsthilfe vervollständigt den vorangestellten theoretischen Teil. Strasser/Traube (1981), Teil II, 5, weisen auf die Bedeutung „konkreter Gemeinschaftlichkeit" hin, u.a. Morris/Hess (1980) auf die einer organisierten Nachbarschaftshilfe.

7. In bezug auf die ökologischen und ökonomischen Auswirkungen der sogenannten Verteidigungspolitik werden im Rahmen des Ökosozialismus auch Alternativen zur praktizierten Aufrüstungspolitik diskutiert. In dem von Bechmann (1983) herausgegebenen Buch „Umwelt braucht Frieden" sind die Zusammenhänge von Ökologie und Frieden in einigen Aufsätzen dargelegt. Scherer/Vilmar (1984), Teil VI, entwerfen Perspektiven einer sozialistischen Friedenspolitik „jenseits von ‚Neutralismus' und atomarer Selbstmordstrategie". Afheldt (1983) kritisiert die atomare und konventionelle Aufrüstung der NATO und speziell der Bundesrepublik als nicht-defensiv und entwickelt Elemente einer wirkungsvolleren, finanziell weniger aufwendigen und defensiven Neuorganisation der Verteidigungspolitik. Sehr anschaulich und auf die Aktionen und Diskussionen der Friedensbewegung bezogen werden bei Lange-Feldhahn/Jäger (1983) Informationen über Waffenpotentiale der militärischen Blöcke, die Entwicklung der atomaren Aufrüstung und die Folgen eines Atomkriegs vermittelt. Alternativen zur „Verteidigungs"-politik werden aufgezeigt, u.a. auch die von Ebert (1980) in theoretischer und praktischer Hinsicht wohl erstmalig systematisch dargestellte „Soziale Verteidigung".

4. Chancen und Schwierigkeiten rot-grüner Bündnispolitik

Ende der sozialliberalen Ära – Ende westdeutscher Reformpolitik?

Seit langem sich ankündigend, seit dem Oktober 1982 manifest ist das Verschwinden jener Reformmehrheit, die seit 1969 durch die sozialliberale Koalition hergestellt wurde. Das westdeutsche Parteien- und parlamentarische Herrschaftssystem hat sich darüber hinaus tiefgreifend verändert durch die Entwicklung der grünen, ökologischen Partei und – wo CDU-Leihstimmen ausblieben – durch das Verschwinden der FDP. Die Sozialdemokratie steht damit vor der Aufgabe einer grundlegenden Neuorientierung angesichts einer doppelten Wählerbewegung:
- der Rückwendung von 3 bis 6 % aus dem FDP-Reservoir zur konservativen Politik – einer sich seit Ende der siebziger Jahre vollziehenden Entwicklung, deren Endpunkt Genschers Frontwechsel war und vor der die SPD unter dem Bundeskanzler Helmut Schmidt allzulange die Augen verschlossen hat;
- der Abwendung einer beträchtlichen Minderheit der jungen Generation, der Linken und der ökologisch Sensibilisierten von der SPD als einer „hoffnungslos systemkonformen" Partei und der Zuwendung eines Teils dieser vom etablierten Parteiensystem, insbesondere aber von den Sozialdemokraten Enttäuschten zur Partei der Grünen und Alternativen.

Als Ergebnis haben wir
- das Verschwinden der FDP als Mehrheitsbeschaffer für sozialliberale Reformpolitik; statt dessen (mit oder ohne Rest-FDP) eine CDU/CSU an der Grenze der absoluten Mehrheit;
- eine mögliche Mehrheit links von der CDU nurmehr auf der Basis eines Koalitions- oder Tolerierungsvertrages zwischen SPD und Grünen, sieht man von regionalen Ausnahmen ab, bei denen die bundesweit höchstens um 40 % liegende SPD absolute Mehrheiten schafft.

Aufgrund dieses Zusammenhangs aber wird die Verwirklichung einer rot-grünen Bündnispolitik in absehbarer Zukunft zur Voraussetzung einer ökologischen und sozialen Reformpolitik in der Bundesrepublik – einer Reformpolitik, die in der Lage wäre, der dreifachen Existenzbedrohung eines humanen Menschseins in unserer Gesellschaft (sowie der mörderischen Ausbeutung der Länder der „Dritten Welt") (1) zu begegnen:
- der schleichenden ökologischen Katastrophe, die begonnen hat, unser Wasser, unsere Wälder, unsere Nahrung, unsere natürlichen Ressourcen und damit unsere biologische Substanz zu vernichten,
- der atomaren Selbstvernichtung Europas durch eine zunehmend zur Selbstentzündung tendierende weitere Raketen-Hochrüstung
- und der zunehmend katastrophal wirkenden Herausbildung einer „Zweidrittelgesellschaft" mit Millionen von Arbeitslosen und „neuer Armut".

Rot-grüne Bündnispolitik ist jedoch gleichzeitig auch eine zentrale Frage für die Zukunft der Sozialdemokratie und der Grünen: Für beide gibt es keine politischen Handlungsmöglichkeiten ohne ein Mindestmaß an Konsens und Zusammenarbeit.

Die reale (wahl-)politische Chance ist gegeben. Zu Recht hat Willy Brandt bereits nach der Hessenwahl im September 1982 von der Mehrheit links von der CDU gesprochen, und in Berlin hätte es bereits 1981 eine solche Mehrheit geben können, wären die Berührungsängste zwischen den Sozialliberalen und den Grün-Alternativen nicht größer gewesen als die Erkenntnis ihrer Gemeinsamkeiten. Dasselbe galt für die Mehrheit von SPD und GAL in Hamburg im Juni 1982. Ein rot-grünes Zusammengehen würde, wie wir aus Umfragen wissen, sehr wohl dem Willen der Mehrheit der Wähler von SPD und Grünen entsprechen: Über die Hälfte der SPD-Wähler und über 80 % der Wähler der Grünen sind für eine gemeinsame Regierungspolitik beider Parteien in Bonn. Auf der Landesebene Nordrhein-Westfalens waren es im Herbst 1984 sogar 97 % der Grünen-Sympathisanten und 70 % der SPD-Wähler, die für eine rot-grüne Zusammenarbeit im Landtag plädierten. (2)

Im folgenden werden, um die Chancen und Schwierigkeiten eines rot-grünen Bündnisses einschätzen zu können, zunächst „die Grünen" charakterisiert; dann werden die wichtigsten konvergierenden und divergierenden Programmschwerpunkte von SPD und Grünen und anschließend die Möglichkeit inhaltlicher Konsensbildung eines rot-grünen Bündnisses dargestellt. Weiterhin werden die Barrieren zur Sprache gebracht: die Selbstüberschätzung der SPD und der Grünen und auch die Feindbilder, die sie voneinander entwickelt haben. Im letzten Abschnitt schließlich wird die mögliche Form eines rot-grünen Bündnisses skizziert.

Wahlergebnisse und Wähler der Grünen

Der Parteibildungsprozeß der Grünen, der sich in fünf Phasen zusammenfassen läßt, kann heute gewissermaßen als abgeschlossen gelten. Phase 1: Bildung lokaler Bürgerinitiativen zum Umweltschutz, vor allem gegen Atomenergie ab 1973/75; Phase 2: landesweiter Zusammenschluß als Wählergruppen und Parteien mit gelegentlichen Konkurrenzbildungen seit Ende 1977; Phase 3: erster bundesweiter Zusammenschluß als „Sonstige Politische Vereinigung (SPV) Die Grünen" vor den Europawahlen 1979; Phase 4: Gründung als Bundespartei 1980, weitgehende Abspaltung des wertkonservativen Flügels und erstmalige Teilnahme an Bundestagswahlen im Oktober 1980; Phase 5: „Die Grünen" als Bundestagspartei seit dem 6. März 1983 mit der zunehmenden Spaltung in fundamentalistisch sich verweigernde und öko-radikalreformistische Positionen. (3)

1984/85 liegen die Grünen bundesweit klar über 5 % und bewegten sich bei der berühmten „Sonntagsfrage" („Wenn nächsten Sonntag Bundestagswahlen wären, welche Partei würden Sie dann wählen?") gar bereits einige Male auf zweistellige Wahlergebnisse zu. Sie verfügen mittlerweile über rund 7.000 - 8.000 kommunale Abgeordnetenmandate und besitzen eine durchaus funktionierende Parteiorganisation (wenn sich auch die 25.000 Parteimitglieder im Vergleich zu den 950.000 der SPD, angesichts von über zwei Millionen grüner Wähler und der auf über drei Millionen Aktive geschätzten „Mitglieder" der Neuen Sozialen Bewegungen recht bescheiden ausnehmen). Um die Prognose von Peter Glotz Anfang 1984, die Grünen würden 1987 kaum noch einmal in den Bundestag einziehen, ist es heute merklich stiller geworden. Das gemeinsame Oppositionsschicksal der ersten grünen Mann-/Frauschaft mit der SPD im Bundestag führte nicht - wie oft vorausgesagt - zu raschen Integrations- und institutionellen Anpassungsprozessen wie beim „Marsch durch die Institutionen" Anfang der siebziger Jahre. Von der vollständigen Offenlegung innerparteilicher Kontroversen über die Frauenfraktionsführung (die die „grünen Stars" Fischer, Schily und Kelly entmachtete) bis hin zur tatsächlich vollzogenen Rotation blieben vielfältige widerspenstige Formelemente der Grünen erhalten. Oft erschienen sie gegen die konservative Wende und bei den zahlreichen Regierungsskandalen 1983/84 sogar als die **erste** Oppositionspartei; jedenfalls waren die Grünen in der Nachrüstungsfrage, der Flick-Parteispenden-Affäre, dem Wörner-Kießling-Skandal und der peinlichen Debatte um Buschhaus sowie in den Fragen der Entgiftung des Autos sicher die entschiedenere, weil radikalere Opposition. Dies haben kritische Wähler offensichtlich oft eher honoriert als die ersten Bemühungen, das Steuer des nur langsam in eine andere Richtung Fahrt gewinnenden Tankers SPD herumzureißen.

Andererseits war zu beobachten, daß die ablehnende Haltung eines Teils der Grünen zu einer rot-grünen Bündnispolitik bei den Wahlen im Frühjahr 1985 in Berlin, im Saarland und (auf kommunaler Ebene) in Hessen wesentlich dazu beigetragen haben dürfte, den prognostizierten Aufwärtstrend zu stoppen. So analysierte in diesem Sinne Joscha Schmierer, ein grüner Befürworter rot-grüner Bündnisse:

„Für die Stimmabgabe und den Wahlausgang entscheidend sind nicht weltanschauliche Gesichtspunkte oder politische oder gesellschaftliche Prinzipien, sondern der Wille, eine handlungsfähige Mehrheit zustande zu bringen, die den Laden erstmal zusammenhält und die gerade deshalb, so wird wohl gehofft, der einen oder anderen Krisenerscheinung erfolgreich zu Leibe rücken kann. Geht man davon aus, dann erscheinen die entgegengesetzten Ergebnisse in Berlin und im Saarland gar nicht mehr so entgegengesetzt: In Berlin wurde diesseits der regierenden CDU-FDP-Koalition eine andere Mehrheit gar nicht angestrebt und blieb deshalb auch von vornehinein ausgeschlossen ... Im Saarland ... bot er [Lafontaine] den Grünen ausdrücklich eine Koalition an und sonst nichts und trat mit aller Kraft in den Kampf um die absolute Mehrheit für die SPD ein, als sich die Grünen im Saarland selber ausmanövriert hatten, indem sie das Lafontainesche Koalitionsangebot formell und prinzipiell abgelehnt hatten und einige grüne Essentials als Vorbedingung für die Tolerierung einer SPD-Minderheitsregierung aufgestellt hatten, nach dem Motto, wir wollen alles, uns aber auch auf nichts einlassen ... Börners Kurs, sich bei der Suche nach einer handlungsfähigen Mehrheit auf Verhandlungen und eine von der SPD dominierte Zusammenarbeit mit den Grünen einzulassen, ist im großen und ganzen von den Wählern honoriert worden ... Die Grünen hatten weder ein Wahlziel noch ein ausmachbares Programm für Frankfurt ... Die Wahl der Grünen bis in die Szene hinein [geriet] zum bloßen bekennerischen Routineakt ... So kann man aus der Opposition heraus nicht gewinnen und noch nicht mal seine Stellung im oppositionellen Lager festigen, wenn die SPD immerhin mit einem Hauff antritt ... Sie ist auch nach wie vor parlamentarisch mobilisierungsfähig, wenn sie die richtigen Leute hat" (4).

Die grünen Wahlergebnisse seit 1978 bestätigen den grünen Aufwärtstrend bis 1985 (Kommunalwahlen blieben im folgenden unberücksichtigt); es ist ein durchschnittliches Wachstum in sieben Jahren von 2-4 % auf 6-10 % der Stimmen (vom „Sonderfall" Saarland abgesehen) festzustellen:

Jahr	Wahl	Ergebnis	
1978	Niedersachsen	3,9 %	
	Hamburg	3,5 %	
	Hessen	2,0 %	(insgesamt)
	Bayern	1,8 %	
1979	Schleswig-Holstein	2,4 %	
	Berlin	3,7 %	
	Europa	3,2 %	(bundesweit)
	Bremen	6,5 %	(insgesamt)
1980	Baden-Württemberg	5,3 %	
	Saarland	2,9 %	
	Nordrhein-Westfalen	3,0 %	
	Bundestag	1,5 %	(bundesweit)
1981	Berlin	7,2 %	
1982	Niedersachsen	6,5 %	
	Hamburg (Juni)	7,7 %	
	Hessen	8,0 %	
	Bayern	4,6 %	(5,0 % insgesamt)
	Hamburg (Dezember)	6,8 %	(Neuwahlen)
1983	Bundestag	5,6 %	(bundesweit)
	Schleswig-Holstein	3,6 %	
	Rheinland-Pfalz	4,5 %	
	Bremen	5,4 %	(9,2 % insgesamt)
	Hessen	5,9 %	(Neuwahlen)
1984	Baden-Württemberg	8,0 %	
	Europa	8,2 %	(bundesweit)
1985	Berlin	10,6 %	
	Saarland	2,5 %	

Die Schlußfolgerung aus diesen grünen Wahlerfolgen, die vor allem aus dem Fleisch der SPD geschnitten sind, wurde bereits angesprochen: Selbst da, wo die SPD neuerdings wieder zulegt, ist sie - von ein paar Ausnahmen abgesehen - weit davon entfernt, ohne die Wähler der grünen Partei mehrheitsfähig zu werden. Dazu kommt, daß das sozialliberale Reformbündnis der siebziger Jahre als mehrheitsfähiges Bündnis der Sozialdemokratie mit dem fortschrittlichen Liberalismus, der in der FDP eine Mehrheit besaß (5), nicht mehr wiederherstellbar ist. Die Liberalen insgesamt sind als Koalitionspartner der SPD auf Dauer ausgefallen; der unternehmerfreundliche und auf umweltzerstörendes Wachstum setzende Wirtschaftsliberalismus bestimmt die nurmehr mit Leihstimmen überlebende FDP.

Bei den grünen Wählern handelt es sich zum überwiegenden Teil um 18- bis unter 40jährige. Bei nachwachsenden jugendlichen Jahrgängen verteilten sich die Parteienpräferenzen 1981 wie folgt: SPD 24 %, Grüne 20 %, CDU/CSU 18 %, FDP 6 % und als größte Präferenz: „keine Partei" mit 32 % (6). Bei den Jungwählern rückten die Grünen 1981/82 an die zweite Stelle der Parteipräferenz. Noch 1984 galt die Faustregel einer Parteistimmenverteilung von je einem Drittel für CDU, SPD und Grüne bei den Erstwählern.

Die Grünen sind in einem freilich sehr unkonventionellen Sinn eine neue Klassenpartei, sofern man diesen Begriff angesichts der Breite der sozialen Klientel aller Parteien überhaupt noch benutzen will: Sie stützen sich (vor allem bei ihren Aktivisten) auf die sozialberuflichen Mittelschichten und sprechen in erster Linie alle Nicht-Erwerbstätigen (die ja eine Mehrheit in der Gesellschaft bilden!) an: Schüler, Studenten, Arbeitslose, (Haus-)Frauen, Ausländer, Behinderte, ausgegrenzte Randgruppen, alternativkulturell Lebende etc. Neben „Jugend" ist - ganz wie in der „Postmaterialismus"-These Ingleharts (7) - der Faktor „Bildung" zum zweiten zentralen Merkmal der grünen Wähler geworden: Je höher die formale Schulbildung ist, desto deutlicher sind die Sympathien für die Grünen innerhalb eines Jahrganges. Verschiedene Umfragen zeigen, daß diejenigen, die auf die gesellschaftlichen Zukunftsprobleme am sensibelsten reagieren, auch die größte Bereitschaft zum politischen Engagement zeigen (8). Grüne Wähler besitzen ein außerordentlich hohes politisches Interesse: 67 % der grünen Wähler, aber nur 24-31 % der Wähler anderer Parteien bezeichnen sich selbst als politisch stark interessiert (9). Meinungsforscher faßten den sich Anfang der achtziger Jahre abzeichnenden Trend des politischen Einstellungswandels wie folgt zusammen: „Vor allem Lehrer, Sozialarbeiter sowie die neue unterprivilegierte Schicht arbeitsloser und jobbender Akademiker stellen neben den nach 1955 Geborenen ein 8 bis 10 % der Gesamtbevölkerung umfassendes Potential mit fester sozialer und ökologischer Wertorientierung dar" (10).

Vergleich rot-grüner Programmatik

Aus den Grundsatzprogrammen der Grünen wie der SPD ergibt sich keine prinzipielle Unvereinbarkeit. Die SPD hat sich seit dem Godesberger Programm von 1959 weiterentwickelt und besonders in den letzten Jahren eine Reihe von wachstums- und industrialismuskritischen Programmteilen verabschiedet, die zum Teil - wie etwa die Beschlüsse des Berliner Parteitages 1979 (11) und die Papiere der SPD-Grundwertekommission (12) durchaus auf eine Bewegung hin zu einer ökologischen Gesellschaftspolitik hinweisen. Auch die neuere Debatte um „Godesberg II", ein neues Grundsatzprogramm der SPD, weist in diese Richtung (13). Jedenfalls steht die SPD-Programmatik heute der Einbeziehung grüner Zielsetzungen wie dem schonenden Umgang mit den natürlichen Ressourcen, Dezentralisierung, Zurückdrängung derjenigen industriellen und etatistischen Strukturen, die zerstörerisch wirken, und der Überwindung der Weltteilung in feindliche Blocksysteme keineswegs prinzipiell entgegen. Umgekehrt finden wir im Bundesprogramm der Grünen von 1980 und im Sindelfinger Wirtschaftsprogramm der Grünen von 1983 neben libertären und auf die „Ökopax"-Weltproblematik bezogenen Elementen durchaus einen demokratisch-sozialistischen Grundansatz. Diese Position, die an die Stelle des Industriekapitalismus eine demokratischere und humanere Gesellschaft setzen will und auch den staatssozialistischen Weg Osteuropas ablehnt, eröffnet beiden Parteien prinzipiell eine gemeinsame Perspektive. Stellt man die Zielvorstellungen von SPD und Grünen gegenüber, so ergab sich bereits 1983 zur letzten Bundestagswahl neben einigen Differenzen viel an gemeinsamer Substanz (14):

SPD	DIE GRÜNEN
Soziale Marktwirtschaft	**Soziale Marktwirtschaft**
Wir dürfen unsere **Konjunktur** nicht kaputtsparen. Wir treten für **gezieltes Wachstum** ein. Unsere Industrie muß wettbewerbsfähig bleiben. Wir sind uns der zentralen Bedeutung der **privaten Investitionen** für unsere Volkswirtschaft bewußt. Wir erstreben stärkere **steuerliche Begünstigung** von arbeitsplatzschaffenden Investitionen zu Lasten der ausgeschütteten Gewinne. Wir bejahen besonders die unternehmerische Leistung der **Handwerker** und auch der anderen kleinen und mittleren **Selbständigen**. Es geht darum, die **Kapitalgrundlage** kleiner und mittlerer Unternehmen zu stärken. Wir wollen keine **Subventionen** nach dem Gießkannenprinzip. Subventionen in zukunftorientierte und umweltfreundliche Produkte und Produktionsverfahren sind ökonomisch wie ökologisch geboten. Wir fordern die Entwicklung **nationaler Stahlprogramme**. Ziele sind dabei die Wahrung der regionalen und sozialen Struktur in den Stahlrevieren und langfristige Ver-	Es geht im Kern darum, daß die Betroffenen selbst die Entscheidung darüber treffen, was, wie, wo produziert wird. **Eigentum** in privaten Händen darf nicht mehr länger Machtausübung über andere Menschen, Zerstörung der Natur sowie wirtschaftliche und gesellschaftliche Steuerung ermöglichen. Dabei lehnen wir die bekannten Formen der bloßen Verstaatlichung ab, da sie keine basisdemokratische Kontrolle ermöglichen. Dies schließt die **Ablehnung der totalen Enteignung** ein. Vielmehr sind neue Formen freier, nicht-staatlicher, sondern selbstverwalteter Verfügung zu entwickeln. Eigentum an Produkten und Gegenständen, die der eigenen Lebensgestaltung dienen, ist für jeden Menschen zu ermöglichen. Die Produktions- und Vertriebskonzerne sind soweit wie möglich in überschaubare Bereiche zu **entflechten**. Die betroffenen Produzenten und Konsumenten erhalten die politischen Befugnisse, um die wirtschaftlichen Aktivitäten der Unternehmungen zu

SPD	DIE GRÜNEN
sorgung stahlverarbeitender Industrie. Wir unterstützen jede Initiative zur **Vermögensbildung** der Arbeitnehmer, die zu einer echten Beteiligung der Arbeitnehmer am Produktivvermögen führt. Das **soziale Mietrecht** muß gerade in einer Zeit schwacher Bautätigkeit unangetastet bestehen bleiben. Die von der Rechtskoalition betriebene Wohnungspolitik auf dem Rücken der Mieter gefährdet den sozialen Frieden, ohne zur Steigerung des Wohnungsbaus beizutragen. Deshalb werden wir die **Änderungen rückgängig machen.** Sozialstaat Die **Gesamtversorgungsrente** mit Anrechnung des **Kindererziehungsjahres** und Fortschreibung der Rente nach Mindesteinkommen ist sozial gerecht. Wir halten langfristig an dem Ziel fest. Wir brauchen eine Reform des **Gesundheitswesens**. Sie muß die Übermacht der Ärzte und der Pharmaindustrie abbauen. Arzneimittelmißbrauch und Überbetonung der technischen Medizin müssen auch abgebaut werden. Wir werden den Abbau der **Schülerausbildungsförderung** rückgängig machen und bei der **Studentenförderung** vom Volldarlehen abgehen. Und mit uns wird es auch keine Verschlechterung des **Jugendarbeitsschutzes** geben. Arbeitslosigkeit Es ist wirtschaftlich vernünftig und sozial gerechter, wenn der Staat **Kredite** aufnimmt, um Arbeitslosen Arbeit zu verschaffen, als wenn er es tut, um Arbeitslosenunterstützung zu finanzieren. Neben dem Beschäftigungseffekt ist **Arbeitszeitverkürzung** auch Humanisierung des Arbeitslebens. Die Forderung nach tarifpolitischer Kürzung der Wochenarbeitszeit auf die **35-Stunden-Woche** und der Lebensar-	kontrollieren und sie sozialen Verpflichtungen und ökologischen Erfordernissen anzupassen. Der extremen **Export-/Importorientierung** unseres Wirtschaftssystems setzen wir langfristig eine Umorientierung auf die eigene Bedarfsproduktion entgegen. Der Kapitalexport auf internationale Kapitalmärkte und der internationale Ausbau der Produktionsanlagen durch die Unternehmen sind durch gesetzliche Regelungen zu unterbinden. Sozialstaat Zur kurzfristigen Behebung der dringendsten sozialen Probleme, zur Ausgleichung der gröbsten Ungerechtigkeit sind folgende Maßnahmen notwendig: - Aufhebung der unsozialen Kürzungen im Sozialetat, - keine Karenztage, - Aufhebung des dualen Systems von Arbeitslosengeld und Arbeitslosenhilfe, - **Mindesteinkommen** bei abhängiger Erwerbstätigkeit, Arbeitslosengeld, Übergangsgeld, Sozialrenten und Sozialhilfe (auch für Asylsuchende), welche eine angemessene, menschenwürdige Lebensgestaltung erlauben. - Aufhebung der Umstellung des **BaföG** auf Darlehen. - Erhöhung des **Kindergelds** bei gleichzeitiger Streichung von Kinderfreibeträgen im Steuersystem und Kinderzuschüssen. Kindergeld sollte jedoch einkommensabhängig gezahlt werden. Arbeitslosigkeit Wir unterstützen die Forderung der Gewerkschaften nach der **35-Stunden-Woche**. Dabei ist aber der volle Einkommensausgleich für die Bezieher unterer/mittlerer Einkommen erforderlich. Wir begrüßen: - **Selbsthilfeinitiativen**, weil in ihnen Arbeitslose ihr Selbstbewußtsein erhalten und

SPD	DIE GRÜNEN
beitszeit steht für uns dabei im Vordergrund. Wir wissen, daß eine deutliche Kürzung der Wochenarbeitszeit auch über einen geringeren Lohnanstieg finanziert werden muß. Das Hauptproblem der jungen Generation ist nicht der Ausstieg aus der Gesellschaft, sondern der **Berufseinstieg**. Für viele junge Menschen, die jetzt die Schulen und die Ausbildungsstätten verlassen, brauchen wir Beschäftigung. ### Rechtsstaat Das Recht auf Teilnahme an **öffentlicher Demonstration** hat Verfassungsrang. Eine Aufweichung des gesetzlichen **Datenschutzes** lehnen wir ab. Mit der Gewalt des politisch motivierten **Terrorismus** ist unser Land unter 13 Jahren sozialdemokratischer Führung fertig geworden, ohne dabei Freiheitlichkeit und Rechtsstaatlichkeit aufzugeben. Das allgemeine Rechtsbewußtsein wird empfindlich belastet, wo **Wirtschaftskriminalität** Schäden in Milliardenhöhe, zumeist zu Lasten weniger begüterter und gewandter Bürger verursacht. Wir werden das **Konkursrecht** ändern und dabei die Erhaltung von Arbeitsplätze, die Absicherung der Sozialpläne und den Schutz der kleinen Gläubiger besonders berücksichtigen. ### Gesellschaft und Familie Wir halten am neu geschaffenen **Ehe- und Familienrecht** fest. Eine Aushöhlung der Reform des § 218 würde Frauen erneut in die Gefahr bringen, in die Illegalität zurückgestoßen zu werden, und auch den Schutz des werdenden Lebens verschlechtern, den sie angeblich verbessern will. ### Ausländer Wir treten ein für die **Integration** derjenigen ausländischen Arbeitnehmer und ihrer	gemeinsam Aktivitäten zur Verbesserung ihrer Situation entwickeln können, - Bereitstellung geeigneter Räumlichkeiten dafür durch die Kommunen, - **Arbeitslosenpässe** zur kostenlosen Benutzung von städtischen Einrichtungen und öffentlichen Nahverkehrsmitteln, - staatliche Unterstützung **selbstorganisierter Lehrwerkstätten** arbeitsloser Jugend. ### Rechtsstaat Grüne Politik zielt darauf ab, die Elemente dezentraler und **direkter Demokratie** zu verstärken. Weit entfernt, den Rechtsstaat und seine Gesetzlichkeit aufheben zu wollen, betreiben wir vielmehr die volle Ausnutzung und die Ausweitung des legalen Spielraums für den Widerstand der betroffenen Bevölkerung. **Ziviler Ungehorsam** ist legitim, wo die praktizierte Politik ans Leben und an die Zukunft geht. ### Gesellschaft und Familie Die **Massenmedien** sind weit für die sozialen Bewegungen zu öffnen. Wir sind für die Aufhebung der geschlechtsspezifischen **Arbeitsteilung** und für die Herstellung wirklicher Gleichheit von Frauen und Männern. Damit setzen wir uns auch für grundlegende Umverteilung der Haus- und Erziehungsarbeit ein. ### Ausländer Das Zusammen-Kommen verschiedener Kulturen und Lebensweisen kann prinzipiell zu einer Bereicherung des eigenen Lebens beitragen. Die Möglichkeiten eines solchen Zusammenlebens werden kaum genutzt. Im Gegenteil: die Diskriminierung der Ausländer nimmt immer krassere und auch gewalttätige Formen an. Dies wird durch die staatliche Ausländerpolitik gefördert („weniger Ausländer = weniger Ausländerfeindlich-

SPD	DIE GRÜNEN

SPD

Familien, die auf Dauer in der Bundesrepublik bleiben wollen. Integration kann aber nur gelingen, wenn der Anteil der Ausländer an der deutschen Bevölkerung nicht weiter zunimmt.
Der **Nachzug** von Familienangehörigen muß möglich sein.

Luft und Wasser

Internationale Verträge sind unerläßlich. Wir werden eine **Großfeuerungsanlagenverordnung** und weitere Reduzierung der schädlichen Bestandteile in den **Kfz-Abgasen** durchsetzen. Wir wollen, daß am Ende dieses Jahrzehnts die deutschen Flüsse und Seen sauber sind und die Trinkwasserversorgung gesichert ist. Die Einleitung von Dünnsäure in die Nordsee ist bis spätestens Mitte der 80er Jahre zu verbieten.
Die Fertigstellung des **Rhein-Main-Donau-Kanals** ist nicht zweckmäßig.

Energieversorgung

Grundrichtung: weg vom Öl, bessere Nutzung und Einsparung von Energie.
Erschließung **erneuerbarer Energieträger**, Vorrang der **heimischen Kohle** vor der Kernenergie, begrenzte Nutzung der **Kernenergie** bei gleichzeitigem Bemühen, langfristig auf Kernenergie verzichten zu können.
Keine weiteren Mittel für den **Schnellen Brüter**.

Naturschutz

Klagerecht für anerkannte Naturschutzverbände (**Verbandsklage**).
Regelmäßige Umweltberichte der Kommunen, Länder und des Bundes, um die dramatischen Entwicklungen deutlich werden zu lassen, die in Natur und Umwelt vor sich gehen.

DIE GRÜNEN

keit").
Wir fordern soziale, politische und **rechtliche Gleichstellung** von Ausländern, unabhängig von ihrer Staatsbürgerschaft.

Umwelt

Wenn wir über Reförmchen und Reparaturen nicht hinausgehen, können wir weder Wasser, Wald, Luft und Boden auf die Dauer retten noch uns Menschen vor den körperlichen und seelischen Folgen bewahren.
Davon unabhängig müssen wir hier und jetzt alle Möglichkeiten ergreifen, um Schäden zu beseitigen und weiteren vorzubeugen. Es gilt, in den bestehenden Industriekomplexen und Infrastrukturen zu ändern, was sich ändern läßt, damit sowohl vom Produkt als auch vom Arbeitsprozeß umwelt- und sozialverträglich verfahren wird.
All diese Maßnahmen müssen auf dezentrale und alternative Lösungen hinwirken.
Wir sehen in der Umgestaltung der **Energieversorgung** und der **Wasserversorgung** die wichtigsten Engpässe.
Wir wissen, wir werfen damit die Frage auf, ob nicht die industriellen Ballungsgebiete rasch entflochten werden müßten. Selbstverständlich bleiben wir kompromißlos bei unserer Forderung nach sofortigem Stopp des **Atomprogramms**. Es müssen alle Atomanlagen sofort stillgelegt werden.
Ebenso kompromißlos sind wir gegen Großprojekte wie

- **Startbahn West**,
- **Flughafen Erding**,
- **Rhein-Main-Donau-Kanal**,
- **Hamburger Hafenausbau**,
- neue **Autobahnen**, Straßen,
- **Breitbandverkabelung**.

Stattdessen müssen sofort Maßnahmen gegen
- **Waldsterben**,
- Gewässerverschmutzung,
- Luft- und Bodenvergiftung

ergriffen werden.

SPD	DIE GRÜNEN
Abrüstung	**Abrüstung**

SPD — Abrüstung

Es ist heute nötiger denn je, daß die Bundesrepublik ihre eigenen Interessen wirksam im Bündnis vertritt.
Nein zur Neutronenwaffe.
Einstellung aller **Atomwaffenversuche**.
Produktion und Lagerung von **bakteriologischen und chemischen Kampfstoffen** in der Bundesrepublik werden abgelehnt. Wir werden darauf hinwirken, daß die Giftgasbestände in der Bundesrepublik entfernt werden.
Nur eine angemessene Verlängerung der **Zivildienstzeit** mit Verzicht auf die unwürdige Gewissensprüfung wird dem Grundrecht auf Kriegsdienstverweigerung gerecht.
Bei Verhandlungen in Genf über **eurostrategische Raketen** darf es einen Automatismus der Stationierung nicht geben. Unser Ziel bleibt ein **atomwaffenfreies Europa**.
Verringerung der Truppenstärken in Mitteleuropa (KAE).

Waffenexport

Es bleibt bei unserer restriktiven Haltung zu Rüstungsexporten.

Internationale Zusammenarbeit

Respektierung der Unabhängigkeit und Selbständigkeit der DDR.
Die **EG** kann und muß eine wichtige Rolle auch für den äußeren Frieden spielen.
Mit ihrer Entwicklungs- und Handelspolitik ist die EG ein beachtlicher Partner im **Nord-Süd-Dialog**, dessen Bedeutung im weltweiten Konflikt zwischen Arm und Reich wächst.

DIE GRÜNEN — Abrüstung

Ökologische Außenpolitik ist gewaltfreie Politik. Daher ist Teilnahme an Krieg für die Grünen undenkbar. Wir stützen uns vor allem auf die Friedensbewegung in der ganzen Welt, denn der Frieden geht von unten los. 3 Grundsätze zeigen uns die Richtung einer aktiven europäischen Friedenspolitik:
- **Blockunabhängigkeit,**
- **Abrüstung,**
- **Neutralität.**

Als erste notwendige Schritte schlagen wir vor:
- keine Produktion und Stationierung von NATO-**Mittelstreckenraketen** und Abschaffung der Warschauer-Pakt-Mittelstreckenraketen
- **waffenfreie Zone** in Ost- und Westeuropa
- Verbot der Produktion und Lagerung atomarer, chemischer und biologischer Waffen
- weltweite Abrüstungsschritte, **Verbot des Waffenhandels**
- gemeinsame europäische Friedensordnung.

Internationale Zusammenarbeit

Abgesehen von den ökologischen Erfordernissen im eigenen Land verlangen auch die Interessen der Ausgebeuteten, Elenden und Verhungernden in der **Dritten Welt** unseren Rückzug aus der herrschenden internationalen Arbeitsteilung.
Nur die **Verminderung der wirtschaftlichen Beziehungen** zu diesen Ländern (d.h. zu den dortigen „Eliten", in deren Interesse die Exportproduktion erfolgt) kann den Raum freihalten, in dem die Menschen dort wenigstens ihre Grundbedürfnisse befriedigen können.

Zu den Möglichkeiten einer politischen Konsensbildung

Analysiert man die Divergenzen und Konvergenzen der sozialdemokratischen und der grünen Zielvorstellungen und zieht man insbesondere die auf dem Hagener Parteitag der Grünen im November 1982 formulierten „unverhandelbaren Überlebensforderungen" in Betracht, so gibt es trotz der auf der Hamburger Bundesversammlung im Dezember 1984 deutlich gewordenen inneren Zerrissenheit der Grünen über eine Kooperation mit der SPD m.E. keinen Bereich, in dem nicht eine beiderseits akzeptable Annäherung erreicht werden könnte. Freilich gibt es sehr verschiedene Grade möglicher Annäherung:

- Es gibt eine breite Palette von ökologischen Forderungen der Grünen, die die SPD in kritischer Revision ihrer schwerwiegenden ökologischen und friedenspolitischen Fehl- bzw. Nichtentscheidungen akzeptieren muß (zumal sie eigentlich auch den Interessen der SPD-Wählerschaft sowie Beschlüssen der Partei entsprechen).
- Es gibt einige wenige grüne Maximalforderungen, die nur durch Stufenpläne konsensfähig gemacht werden können, indem - wie beim Ausstieg aus der Kernenergie - die Sozialdemokratie von ihr als realisierbar und verantwortbar erachtete verbindliche Teilschritte zusagt.
- Es gibt das wegen der USA-Dominanz äußerst schwer zu lösende, von der SPD in den siebziger Jahren vernachlässigte Problem der Abschaffung der nuklearen NATO-Strategie der „flexible response". Dies sowie das Problem technologischer Entwicklungen, die den Nuklearkrieg „führbar" machen wollen, ist durch die illusorische grüne Totalforderung des Ausstiegs aus der NATO (15) nicht lösbar und macht daher die zweifellos sehr schwierige Erarbeitung einer beiderseits akzeptablen schrittweisen Denuklearisierungs- und Disengagement-Politik notwendig.

Diese differenzierte Einschätzung wurde von Teilen der Grünen wiederholt bestätigt. So ging etwa aus dem Wahlprogramm der Grünen für den Bundestag 1983 hervor: „Einen SPD-Bundeskanzler Jochen Vogel wollen die Grünen im Bundestag unterstützen, wenn Vogel sich gegen den NATO-Doppelbeschluß und das Atomprogramm einsetzt. Nur auf dieser Grundlage kann es eine weitere Zusammenarbeit in anderen Sachfragen geben." (16) Hier liegen nach wie vor die Konfliktpunkte. Daneben gibt es das breite Spektrum relativ rasch konsensfähiger Forderungen: „Das Sofortprogramm der Grünen gegen Arbeitslosigkeit und Sozialabbau umfaßt in aller Kürze drastische Verkürzung der Arbeitszeit und Investitionen in Umweltschutz und Energieversorgung." (17)

Auch die Erfahrungen des hessischen Tolerierungsversuches 1984 bestätigten diese Unterscheidung: Während die Grünen bei der SPD ohne größeren Widerstand einen neuen Reformschub auslösten (u.a. wurde die Förderung dezentraler Energienutzung, die finanzielle Unterstützung von Alternativbetrieben und Kleinbauern, eine liberale Ausländerpolitik, ein neues Konzept der Abfallwirtschaft und ein Aktionsprogramm für Frauen in den rot-grünen Vereinbarungen beschlossen), geriet die Zusammenarbeit an einem zentralen Punkt grüner Identität in die Krise: Die SPD war zunächst nicht fähig und/oder willig, die Hanauer Nuklearfabriken NUKEM und ALKEM zu schließen, deren Ausbau von den Grünen als „Einstieg in die Plutoniumwirtschaft", in der atomwaffenfähiges Material hergestellt wird, interpretiert wurde. Damit war das grüne Selbstverständnis, in den „Überlebensfragen" der Ablehnung von Kernenergie und Nuklearrüstung nicht zurückzuweichen, im Kern getroffen. Tatsächlich war dieser zentrale Punkt in den Vereinbarungen zwischen SPD und Grünen, die am 4. Juni 1984 unterzeichnet wurden, zunächst vertagt worden. Die entscheidende Passage lautet: „Die Fraktion der Grünen wünscht eine politische Diskussion im Hessischen Landtag über die Frage, ob bei den Hanauer Nuklearfirmen NUKEM/ALKEM möglicherweise radioaktive Materialien hergestellt und exportiert werden, die als waffenfähig anzusehen sind. Die SPD erklärt, daß sie einer solchen Diskussion nicht ausweichen wird, weist aber darauf hin, daß das laufende Genehmigungsverfahren von der Landesregierung in Auftragsverwaltung des Bundes nach geltendem Atomrecht durchgeführt werden muß. Unbeschadet dieser Klarstellung gehen beide Seiten davon aus, daß eine Landtagsdiskussion stattfindet, bevor ‚vollendete Tatsachen' (Genehmigung) geschaffen sind. Eine unzumutbare Verzögerung des Genehmigungsverfahrens soll dabei vermieden werden" (18). Der Prozeß des Aufeinanderzubewegens war in einer derart substantiellen Frage nicht einfach - doch es zeigte sich, daß die SPD auf keinen Fall das vom Wähler bestätigte rot-grüne Bündnis an diesen Atomfabriken scheitern lassen wollte: Schließlich ist die Absage an die Plutoniumwirtschaft geltender SPD-Beschluß; darüber hinaus hat die ermittelnde Staatsanwaltschaft den grünen Verdacht des illegalen Betriebes von ALKEM weitgehend bestätigt (19).

Neben den von der SPD wie in den hessischen Vereinbarungen relativ umstandslos zu akzeptierenden Forderungen, die sich im übrigen oft mit Lernprozessen in der Sozialdemokratie selbst decken, gibt es zwei grundsätzliche Streitfragen, in denen ein Kompromiß lange Zeit völlig ausgeschlossen erschien. Heute allerdings ist auch dort eine Einigung in den Bereich des Möglichen gerückt:

Ausstieg aus der Kernenergie

Der Konsens ist in dieser Frage heute leichter erreichbar, als es noch vor wenigen Jahren den Anschein hatte. Denn einerseits sind die zu einem großen Teil aus der Anti-AKW-Bewegung entstandenen Grünen heute mehrheitlich (von den „Fundamentalos" abgesehen) nicht mehr so naiv zu glauben, man könne von heute auf morgen alle Atomkraftwerke abschalten; die Forderung des Hagener Thesenpapiers vom 12. Dezember 1982 etwa lautet präzis: „Sofortige Einstellung aller Atom**projekte**". Diese Forderung aber wie auch die des schrittweisen Ausstiegs aus der Atomenergie entspricht auf der anderen Seite heute durchaus den Erkenntnissen der Energieforschung und der Sozialdemokraten seit der (Anfang 1983 von der CDU-Regierung aufgelösten) Enquete-Kommission des Deutschen Bundestages. Die Energieforscher konstatierten Ende 1982 eine infolge der ökonomischen Stagnation „gewaltige Überkapazität" in der Energiewirtschaft: „Die verfügbare Leistung der Kraftwerke habe 1981 um etwa 40 Prozent den tatsächlichen Verbrauch überschritten. Selbst wenn man eine Reserve von 20 Prozent für notwendig halte, bleibe immer noch fast so viel übrig, wie alle Atomkraftwerke zusammen erzeugen." (20) Und der Vorsitzende der Energie-Enquete-Kommission, Harald B. Schäfer, erklärte Anfang Januar 1983 aufgrund dieser Daten, inzwischen habe sich nicht nur eine Mehrheit in der SPD-Fraktion gegen den Weiterbau des Schnellen Brüters in Kalkar gewandt, sondern das Wahlprogramm der SPD wende sich auch gegen den Bau neuer Atomkraftwerke, falls der Strombedarf anders zu decken sei: „Von daher gibt es in den nächsten 6-8 Jahren keine Notwendigkeit eines Zubaus" (21). Schon vorher hatte der SPD-Experte indirekt das Gegenkonzept der Grünen bestätigt durch die selbstkritische Feststellung, im Jahre 2000 sei eine sichere Energieversorgung ohne Kernenergie möglich: Es habe sich als wenig vorausschauend erwiesen, daß die Bundesregierung noch 1973 für Nuklearforschung 1,6 Milliarden DM ausgegeben habe, aber keinen Pfennig für die Erforschung anderer Möglichkeiten der Energieerzeugung und -versorgung; 1977 habe das Verhältnis an Fördermitteln 7:1 für die Atomenergie betragen, 1980 noch 3:1. Der Essener Parteitag der SPD setzte 1984 einen vorläufigen Schlußstrich unter die sozialdemokratische Umorientierung: „In Fortentwicklung ihrer Beschlüsse in Hamburg, Berlin und München unterstreicht die SPD, daß die Nutzung der Kernenergie nur für eine Übergangszeit zu verantworten ist". Die Kooperation mit den Grünen könnte auf einer Kompromißlinie gefunden werden, die eine klare zeitliche Begrenzung dieser Übergangszeit, d.h. eine Konkretisierung der in Angriff zu nehmenden Ausstiegsschritte festschreibt.

Friedenspolitik - kein unüberbrückbarer Dissens

Auch hier ist die Konfrontations-Konstellation (die Friedensbewegung von 1981/82 gegen den für den NATO-Doppelbeschluß mitverantwortlichen Bundeskanzler Schmidt) Geschichte. Es müßte angesichts der sehr weit reichenden friedenspolitischen Forderungen der Grünen, die auf die Neutralisierung Deutschlands bzw. Europas, auf die Auflösung der Militärblöcke, zumindest aber auf atomwaffenfreie Zonen zielen, eine schwierige, aber letztlich ebenfalls realisierbare Stufenvereinbarung zwischen SPD und Grünen erarbeitet werden. Hierzu müssen die Grünen auch hier „Ausstiegsfristen", also ein schrittweises Vorgehen anerkennen. Stufen einer solchen Disengagementpolitik könnten sein:
- die Ablehnung weiterer Raketenstationierung („Nachrüstung") in der Bundesrepublik und der (vor allem durch die strategische Verteidi-

gungsinitiative „SDI" der USA forcierten) Militarisierung des Weltraums;
- Ausstieg aus der NATO-Strategie der „flexible response"; schrittweise Umstellung des westdeutschen Verteidigungsbeitrags auf strikt konventionelle Abwehrwaffen;
- Ingangsetzen von Verhandlungen zwischen NATO und Warschauer Pakt über den Abbau aller Nuklearraketenstellungen in Mitteleuropa;
- als Einstieg: Egon Bahrs Konzept einer 150 km breiten atomwaffenfreien Zone zu beiden Seiten der deutsch-deutschen Grenze (22).

Mit Recht verwiesen Peter Brandt und Rolf Ascheberg in ihren Überlegungen „für eine neue Mehrheit" auf die Notwendigkeit, im Fall eines rot-grünen Bündnisses offensiver gegenüber den US-amerikanischen Militärkonzepten („Machbarkeit" eines begrenzten Atomkrieges) die deutschen und europäischen Interessen zu vertreten: „Die SPD wird zur Kenntnis nehmen müssen, daß die Voraussetzungen ihrer bisherigen Außen- und Sicherheitspolitik nicht mehr gegeben sind, daß heute nur im Widerspruch zu den USA Friedenspolitik für die Bundesrepublik möglich ist. Politiker wie Erhard Eppler, Oskar Lafontaine und Günter Gaus haben das bereits offen formuliert. Entgegen den Suggestionen der Atlantiker wird die Linie größerer Unabhängigkeit von den USA in der Außen- und Sicherheitspolitik (deren Bestandteile in der SPD und FDP ja bereits diskutiert werden: atomwaffenfreie Zone in Mitteleuropa, Umrüstung der Bundeswehr auf zweifelsfrei defensive Waffensysteme u.a.) nicht zur Vorherrschaft der Sowjetunion über Westdeutschland und Westeuropa führen ..." (23).

Seitdem sich die SPD auf ihrem Essener Parteitag für die Rücknahme der Stationierung von Pershing II und Cruise Missiles, für eine atomwaffenfreie Zone in Mitteleuropa, für die Entfernung der Giftgasbestände in der Bundesrepublik, für einen Verzicht auf den Ersteinsatz von Atomwaffen, für ein kontrollierbares Einfrieren zunächst des Testens und Stationierens, dann auch der Produktion nuklearer Waffen- und Trägersysteme, für eine Umrüstung im Sinne einer „strukturell nicht angriffsfähigen Bundeswehr" und für zeitlich und regional begrenzte einseitige (!) Abrüstungsschritte ausgesprochen hat, dürften auch hier einer Einigung keine prinzipiellen Barrieren mehr entgegenstehen. Inzwischen braucht eine solche vor allem gegen amerikanische Atomraketenstationierung gerichtete Politik auch nicht länger die „Russenangst" und CDU-Wahl der Wähler zu befürchten. Hier ist Anfang der achtziger Jahre mit der Friedensbewegung ein höchst bedeutsamer Bewußtseinswandel in der Bevölkerung eingetreten: So ergab z.B. eine repräsentative Befragung des Sinus-Instituts im Herbst 1982, die bezeichnenderweise vom Kanzleramt unter Verschluß gehalten wurde, daß sich 61 % (!) der Befragten dafür aussprachen, die Stationierung neuer Mittelstreckenraketen in der BRD zu verschieben (24).

Selbstüberschätzung und Produktion gegnerischer „Feindbilder" bei SPD und Grünen

Analysiert man die im Sinne eines Minimalkonsenses auf einen politischen Nenner gebrachten grünen und sozialdemokratischen Zielsetzungen, so zeigen sich Übereinstimmungen oder Ähnlichkeiten in wesentlichen Fragen und damit durchaus die objektiv-reale Möglichkeit einer rot-grünen Bündnispolitik. Stimmt diese Analyse, so sind im wesentlichen Arroganz, Selbstüberschätzung und ein irrational-negatives Bild des einzigen politisch möglichen Partners sowohl bei Sozialdemokraten als auch bei Grünen/Alternativen die eigentlichen Barrieren, die einer kritischen, aber mehrheitsfähigen politischen Zusammenarbeit entgegenstehen. Um diese Barrieren zu überwinden, müssen sie auf beiden Seiten mit aller Deutlichkeit beim Namen genannt werden.

Die sozialdemokratische Selbstüberschätzung bestand (und besteht bei einigen führenden Genossen noch heute) darin, die Grünen nicht als beachtenswerten Konkurrenten **und** möglichen Bündnispartner anzusprechen, sondern als zu bekämpfende Gegner, die „im Endeffekt den CDU-Staat fördern" und überhaupt „politikunfähig" sind. Dieses falsche Pauschalurteil von Teilen der Sozialdemokratie hat seine Ursache im Unvermögen, die - aus der Meinungs- und Wahlforschung seit mindestens fünf Jahren erkennbare - Abwanderung von zwei mehrheitsbildenden Wählergruppen illusionslos zur Kenntnis zu nehmen. Die SPD muß davon ausgehen, will sie nicht für lange Zeit in die Oppositionsrolle der fünfziger und frühen sechziger Jahre zurückfallen, daß 5-10 % der Aktivbürger von ihr weg zu den Grünen gewandert sind. Sie hat die strategische Alternative zu begreifen, die darin besteht, von der Regierung ausgeschlossen zu bleiben oder gar mit der CDU eine „high-technology"-orientierte große Koalition einzugehen - oder aber die eigenen Lernprozesse (gerade auch der SPD-Arbeitnehmerbasis) fortzusetzen, um mit einer wirklichen Kurskorrektur des Industriesystems zu beginnen. In diesem Zusammenhang ist festzustellen, daß sozialdemokratische Lernunfähigkeit sich durch die Entwicklung eines z.T. aus konservativen Medien übernommenen Feindbildes von den Grünen zu legitimieren versucht: Die Grünen seien

- demokratisch unzuverlässig, da sie das Gewaltmonopol des Staates und die Autonomie der gewählten Repräsentanten (durch das imperative Mandat) in Frage stellten;
- „politikunfähig", da politische Funktionsträger, die (a) an immer neue und zufällige Voten irgendwelcher Basisversammlungen gebunden seien und deren Partei (b) nur zu wenigen - ökologischen - Schwerpunktfragen eine eigene Position erarbeitet hätte und Koalitionsvereinbarungen im übrigen (c) mit irrealen Maximalforderungen a priori zum Scheitern verurteile, keine seriösen Partner im politischen Geschäft sein könnten;
- im Grunde politisch konservativ, da sie mit ihrer Polemik gegen die Industriegesellschaft, das Wirtschaftswachstum und den Wohlfahrtsstaat und mit ihrem Plädoyer für dezentrale, selbstverwaltete Orga-

nisation der Gesellschaft, für Arbeitszeitverkürzung und Eigenarbeit die Grundlagen des Sozialstaats und einer ökonomischen Wachstumspolitik als Voraussetzung des Massenwohlstands in Frage stellten und de facto konservativen Privatisierungstendenzen und dem Sozialstaatsabbau in die Hände arbeiteten;
- ein Sicherheitsrisiko, weil sie mit ihren einseitigen Abrüstungsforderungen die Bundesrepublik sowjetischem Druck auslieferten.

Trotz partieller Berechtigung ist diese Pauschalkritik unhaltbar. Es sind Vorwürfe, die die von den Konservativen betriebene Ausgrenzung aus dem „Konsens der Demokraten" mitmachen und nicht die - allerdings ebenfalls dringend notwendigen - Lernprozesse der Grünen fördern.

Feindbildproduktion und Selbstüberschätzung wie bei der Sozialdemokratie gibt es auch auf seiten der Grünen. Dazu ist zwischen mindestens zwei Arten von grüner „Basis" zu unterscheiden. Erstens existiert die Wählerbasis, die bundesweit zwischen 5 und 10 % der Wähler schwankt. Zweitens existiert eine Aktivistenbasis, die das praktisch-organisatorische Rückgrat der Partei bildet. Sie läßt sich nochmals unterteilen in die Basis sozialer Bewegungen / autonomer Initiativen von unten, in die Basis der Parteimitglieder und in die sich auch bei den Grünen allen Demokratisierungsbestrebungen zum Trotz herausbildenden Meinungsführer. Bei anderen Parteien, z.B. bei der Sozialdemokratie, erweisen sich für die Analyse des Meinungsbildungsprozesses Differenzen zwischen Parteibasis und Politik der Parteispitze als oftmals von zentraler Bedeutung (25). Dies ist bei den Grünen so nicht der Fall: Die innerparteilichen Mechanismen direkter Demokratie wie die Mitgliederoffenheit aller Sitzungen, das imperative Mandat von Abgeordneten, die Rotation aller politischen Ämter, das Verbot der Ämterhäufung und das Minderheitenschutz gewährende Konsensprinzip garantierten bisher (wenn sie auch nicht in reiner Form realisierbar waren), daß zwischen den Forderungen der sozialen Bewegungen, den aktiven und den passiven Parteimitgliedern, der Parteibasis und der Parteispitze kaum grundsätzliche Differenzen entstanden. Ausgehend von dieser Zweiteilung der „Basis" stellt sich der aktuelle Konflikt innerhalb der Grünen zwischen Fundamentalisten und Öko-Reformern eher als Meinungsdifferenz zwischen der Mehrheit der **Wähler**basis und einem großen Teil der **Aktivisten**basis dar (in dieser spielt die Kaderpolitik einiger Dogmatiker bereits wieder eine „altlinke" ungute Rolle).

Zunächst sollen die Auffassungen der grünen Wählerbasis skizziert werden, bevor auf die politischen Aussagen der grünen Aktivistenbasis und Meinungsführer eingegangen wird (26).

1. Die grünen Wähler besitzen nicht mehr nur wie die Bürgerinitiativbewegung in ihrer Anfangsphase ein rein ökologisches „Einpunktbewußtsein". Vielmehr haben sich in den „Ökopax"- und demokratischen Grundsatzfragen Ansätze einer homogenen Gesamtalternative herausgebildet, während bei den SPD-Wählern die Ansichten in fast allen von den Neuen Sozialen Bewegungen aufgeworfenen Fragen zunächst in einem Verhältnis ungefähr 50:50 auseinandergingen (27). Beispielsweise waren bei den grünen Wählern (28) 70 % bereit, in der Friedensbewegung mitzumachen, oder engagierten sich dort bereits. 85 % der Wähler der Grünen billigten die Besetzung leerstehender Häuser durch junge Wohnungssuchende. In der Wählerschaft aller Parteien waren dies lediglich 28 %.

2. Die grünen Wähler zeigen nicht zu allen „etablierten" Parteien gleichermaßen Distanz. Die Sozialdemokratie wird als benachbarte politische Kraft gesehen. So bedauerten im Herbst 1982 nach dem Bonner Regierungswechsel 77 % der grünen Wähler den Sturz der sozialliberalen Koalition. Selbst die Bonner Wahlergebnisse, die bis 1983 nur zwischen den „etablierten" Parteien stattfanden, waren der grünen Wählerbasis also keineswegs gleichgültig. (29)

Die grüne Wählerbasis lehnt die SPD nicht undifferenziert ab. Im Unterschied zur größeren Distanz, die ein Teil der grünen Aktivisten mit Rudolf Bahro (30) betont, haben die grünen Wähler sich nicht völlig von den Grundsätzen der SPD abgewandt. Viele wurden zu Grünen, weil sie davon enttäuscht waren, daß die SPD in der sozialliberalen Regierungspolitik ihre Reformversprechen nicht einhalten konnte. In diesem Sinne gibt es durchaus auch eine Kontinuität von den Hoffnungen einer Politik innerer Reformen Anfang der siebziger Jahre hin zum neuen Ökopax-„Reformprojekt". Für die meisten grünen Wähler ist die SPD stets mehr als lediglich die Partei atomarer Großprojekte und eines die Zerstörung der Lebensgrundlagen nicht aufhaltenden Krisenmanagements gewesen.

3. Eine Dreiviertelmehrheit der grünen Wähler plädiert für eine Kooperation und den Versuch einer Bündnispolitik, ja sogar einer Koalition mit der Sozialdemokratie. Beispielsweise antworteten nach dem Bonner Koalitionswechsel der FDP auf die Frage, ob sich Grüne und SPD um eine Regierungskoalition in Bonn bemühen sollten, die grünen Wähler im Oktober 1982 wie folgt: 88 % (!) wollten die rot-grüne Koalition in Bonn (im Vergleich dazu waren es auch immerhin 56 % der SPD-Wähler, die eine Regierungskoalition mit den Grünen bilden wollten). (31)

4. Die Aktivistenbasis hingegen erliegt oft folgenden Gefahren:
- Zu viele Einzelforderungen der Bürgerinitiativen werden in einem fundamentalistisch vorgetragenen Maximalismus zum „Prinzip Leben" überhöht.
- Sich selbst überschätzend hält man parlamentarische Kooperation für nicht notwendig und beschränkt sich auf das eindimensionale Politikverständnis des - allerdings gewaltfreien - „Widerstands".
- Durch die einseitige Konzentration auf die ökologischen und friedenspolitischen Überlebensfragen werden andere Probleme wie etwa eine andere, die Arbeitslosigkeit bekämpfende Wirtschaftspolitik aus dem Blickfeld verloren.
- Ein Feindbild der SPD als Partei des naturzerstörenden Wachstums („Industrialismus"), der Raketenstationierung und der Repression wird produziert, das mit der sich wandelnden Sozialdemokratie und

ihren Widersprüchen wenig zu tun hat. Ihre Verankerung in rund 40 % der (nicht-besitzbürgerlichen) Bevölkerung wird nicht ernst genommen. Innerparteiliche Wandlungsprozesse im Sinne von „Ökopax" werden als Integrations- und Umarmungsstrategien, als Taktik abgewertet (statt die SPD darauf festzunageln!).

Die ideologischen Fixierungen bei den grünen Aktivisten kommen daher, daß diese entweder durch unpolitische Totalverweigerung à la Rudolf Bahro und Jutta Ditfurth oder durch die politische Kultur der studentisch-akademischen Linken der siebziger Jahre geprägt wurden - letzteres wird besonders bei den sogenannten „Öko-Sozialisten" der Hamburger GAL deutlich. Dabei wurden die beiden hauptsächlich problematischen Orientierungen der „Neuen Linken" mit übernommen. Die bereits vor zehn Jahren kritisierten Desorientierungen, die die Handlungsfähigkeit der Linken einschränkten (32), halten sich bei den Aktivisten deshalb zähleibiger als bei der Wählerbasis, weil viele von ihnen, bevor sie zu den Grünen stießen, in den durch die „Neue Linke" geprägten Organisationen - von den K-Gruppen über die Jusos (33) bis zu den existentialistisch aufgetretenen „Spontis" (34) ihre politische Sozialisation erhielten. Dabei entstand aus linkem Dogmatismus/Antireformismus, antiautoritärem Rigorismus und illusionärem Anti-Industrialismus eine unselige Mischung.

Mögliche Formen des rot-grünen Bündnisses

Es muß davon ausgegangen werden, daß die Berührungsangst der meisten grünen Aktivisten vor dem „etablierten" parlamentarischen Regierungssystem, die Furcht, von ihm „integriert" und „korrumpiert" zu werden, zur Zeit noch derart vorherrschend ist, daß an die Bündnisform der Tolerierung eher als an die einer Regierungskoalition zu denken ist. Entsprechend war bis zum Frühjahr 1985 in allen konkreten Verhandlungsbeschlüssen der Grünen ausschließlich von „Tolerierung einer SPD-Minderheitsregierung" unter den und den Bedingungen die Rede. (Oskar Lafontaines apodiktische Koalitionsforderung an die Grünen Ende 1984 hatte hier sicher auch den taktischen Charakter, die grüne Unentschlossenheit gegenüber einem rot-grünen Bündnis aufzudecken und damit weitere Stimmen für eine absolute Mehrheit ökosozialistischer SPD-Alleinregierung zu sammeln.) Diese Konstruktion parlamentarischer Herrschaft: die Minderheitsregierung, die (meistens) von einer nicht-koalierenden, d.h. nicht direkt und personell an der Regierungsmacht beteiligten Partei mitgetragen, gestützt, „toleriert" wird, ist im Prinzip keineswegs „minderwertig". Es kann durchaus ehrenwerte, demokratietheoretisch ernstzunehmende Gründe für diese Konstruktion geben - meistens der Wille der dergestalt eine Regierung mittragenden Partei, das größere Übel einer Machtübernahme seitens des politischen Gegners zu verhindern und wenigstens einige Forderungen verwirklichen zu können, ohne aber mit der „tolerierten" politischen Partei/Gruppierung genügend Gemeinsamkeit zu finden, um mit in die Regierung zu gehen und damit direkte exekutive Verantwortung zu übernehmen. Es hat diese Konstruktion in mehreren westeuropäischen Ländern gegeben, und sie hat sich mehrfach als durchaus stabil erwiesen - erinnert sei beispielsweise an die Rolle der KPI nach 1976. Auch die westdeutschen Wahlbürger und vor allem die Sozialdemokraten dürften sich guten Gewissens mit einer solchen Regierungskonstellation anfreunden. (Die Berliner SPD-Rechte, die bei einem entsprechenden Wahlergebnis 1985 die Tolerierung eines CDU-Minderheitssenats vorgesehen hatte, hat sich sogar auf eine pervertierte Weise damit befreundet!)

Mittelfristig ist nach guten, „vertrauensbildenden" Bündniserfahrungen allerdings eine stabile Koalition eines berechenbaren „Einstiegs in den Ausstieg" anzustreben, wie dies - verfrüht - Lafontaine für das Saarland vertrat und wie es die Ökolibertären bei den Grünen (35) fordern. Sicher hing das vorläufige Scheitern des hessischen Tolerierungsbündnisses auch damit zusammen, daß die SPD-Führung Angst hatte, ihre Basis würde des permanenten Nachverhandelns überdrüssig werden, aber auch damit, daß die Grünen keinen Einfluß auf die Personen nehmen konnten, die die neue Politik durchsetzen sollten. In diesem Sinne zogen realpolitisch orientierte Grüne auf einer Landesversammlung bei Gießen Ende März 1985 Bilanz: Die Grünen hätten die Erfahrung gemacht, daß die besten Vereinbarungen mit der SPD nichts nützten, wenn sie von der Verwaltung nicht umgesetzt würden (36).

Für eine Koalition (die den Grünen allerdings keinesfalls aufgezwungen werden kann) spricht:
- durch eigene Repräsentanten in der Exekutive (Umweltminister!) könnten die Grünen wesentlich nachhaltiger in bestimmten Bereichen Einfluß nehmen;
- Lernprozesse bei den Grünen, zwischen einer bloßen Protesthaltung und einer mitgestaltenden Regierungspolitik zu unterscheiden, würden so gefördert;
- der SPD würde die Angst genommen, sie müsse - da eine Politik des Umschaltens nicht von heute auf morgen geht - die „Drecksarbeit" verantworten, während die Grünen „die Ernte einfahren".

Gerade für eine Politik rot-grüner Reform braucht man ein starkes, gefestigtes Bündnis. Bei aller verbleibenden Parteienkonkurrenz wird ein hegemonialer Wechsel in der Bundesrepublik nur zu erreichen sein, wenn
a) die Grünen bei 10 % liegen, damit ihnen die Angst vor der 5%-Hürde, die immer wieder irrationale Abgrenzungen hervorruft, genommen wird;
b) die SPD gute Wahlergebnisse oberhalb der 40%-Marke erreicht, d.h. wesentlich Stimmen aus dem rechten Lager herausbricht;
c) nicht nur Randbereiche, sondern gerade Schlüsselressorts der Regierung - Finanzen, Verteidigung, Inneres - von Ökopax-Politikern besetzt werden.

Allerdings wird das gesamte Konzept eines neuen politisch-parlamentarischen Machtfaktors in Gestalt der Grün-Alternativen und seines

Wirksamwerdens durch rot-grüne Regierungsmehrheiten zur Zeit in Frage gestellt durch eine drohende Handlungsunfähigkeit der Grünen: ihre lähmende innere Gespaltenheit in etwa gleich große fundamentaloppositionelle und realpolitische Fraktionen. Deren Überwindung ist daher das Thema des folgenden Gedankengangs.

Anmerkungen

1. Vgl. die immer noch aktuelle Trendanalyse bei Brandt 1981.
2. EMNID-Umfrage im Auftrag des SPIEGEL.
3. Siehe auch Langguth 1984, S. 17.
4. J. Schmierer in Kommune 3/1985, S. 7.
5. Vgl. das wegweisende Dokument des Sozialliberalismus: Flach u.a. 1972.
6. Jugendwerk der Deutschen Shell 1981, S. 16.
7. Siehe Inglehart 1971.
8. Bei der „Jugend 81" (Jugendwerk der Deutschen Shell 1981) korrespondiert pessimistische Zukunftserwartung mit politischem Interesse und gesellschaftlichem Engagement; vgl. auch „Jugend blickt skeptisch in die Zukunft", in: Frankfurter Rundschau vom 28.11.1981.
9. W. Harenberg in Mettke 1982, S. 38.
10. W. Gibowski in seiner Analyse der Frankfurter Kommunalwahl 1981, in: Frankfurter Rundschau vom 27.2.1981.
11. Im Grundsatzbeschluß dieses Parteitages hieß es unter der Überschrift „Ökonomie, Ökologie, Umweltschutz": „Eine neue, nach ökologischen Prinzipien ausgerichtete Wirtschafts- und Regionalpolitik muß die nur an der Gewinnmaximierung ausgerichtete sogenannte ‚freie Marktwirtschaft' ablösen durch eine ökologische Kreislaufwirtschaft, die die natürlichen Umweltgüter als knappe Produktionsfaktoren und nicht als freie, beliebig stark belastbare Güter betrachtet, deren schädliche Auswirkungen der industriellen Produktion als ‚externe Effekte' hingenommen werden."
12. Eppler 1984.
13. Vgl. Papcke/Schuon 1984.
14. Die folgende Zusammenstellung stammt aus der Zeitschrift „Dokument und Analyse", Heft 7/1983.
15. Am entschiedensten von Rudolf Bahro vertreten: Bahro 1982.
16. Die Tageszeitung (taz) vom 13.1.1983.
17. Ebenda.
18. SPD-Landtagsfraktion Hessen (Hg.), Vereinbarung zwischen SPD und Grünen für die 11. Legislaturperiode, Wiesbaden, Juli 1984, S. 41.
19. Vgl. SPIEGEL 12/1985, S. 133 f.
20. Richard Ratka vom Heidelberger Institut für Energie- und Umweltforschung lt. Frankfurter Rundschau vom 13.2.1982.
21. Vgl. Frankfurter Rundschau vom 14.1.1983.
22. Vgl. Bahr im Palme-Bericht 1982, S. 8.
23. Die Tageszeitung (taz) vom 1.10.1982.
24. Frankfurter Rundschau vom 3.1.1983.
25. Dies zumal in der Endphase sozialliberaler Regierungspolitik, als programmatische Diskussionen überhaupt nicht mehr in die Regierungspolitik einflossen.
26. Vgl. auch Scherer/Vilmar 1984, S. 86 ff.

27 Dies bestätigt sich auch bei den jungen SPD-Wählern in der Studie vom Jugendwerk der Deutschen Shell 1981: „In dieser Polarisierung bleiben die Anhänger der SPD ohne klares Profil" (S. 17).
28 Die im folgenden nicht einzeln nachgewiesenen Zahlen nach W. Harenberg in Mettke 1982.
29 SPIEGEL 41/1982, S. 33 f.
30 Den vorläufigen Höhepunkt seiner SPD-Kritik bis 1985 stellte Bahros Rede auf der Hamburger Bundesversammlung der Grünen dar. Eine Textversion wurde veröffentlicht in Bickerich 1985, S. 45 ff.
31 Zahlen nach W. Harenberg in Mettke 1982.
32 Vgl. den Beitrag von F. Vilmar in Flechtheim 1983, S. 303 ff. sowie Heimann 1977.
33 Vgl. Heimann 1975.
34 Vgl. Schütte 1980. Sicher sind die „Spontis" nur bedingt als politische „Organisation" anzusehen. Eher handelte es sich um eine diffuse, jedoch tief prägende politische Strömung an der Hochschule.
35 So Th. Schmid / E. Hoplitschek in Bickerich 1985, S. 75 ff.
36 Die Tageszeitung (taz) vom 25.3.1985, S. 1.

5. Für einen realpolitischen Fundamentalismus
Zur Überwindung der gegenwärtigen inneren Spaltung und Handlungsunfähigkeit der grün-alternativen Partei

Es hat sich inzwischen herumgesprochen, daß die Grün-Alternativen in der BRD und Westberlin angesichts der Wahlergebnisse in Berlin, in Hessen und im Saarland allen Grund haben, von einer Krise ihrer Entwicklung zu sprechen. Joscha Schmierer stellte in der „Kommune" (3/1985, S. 7) nüchtern fest: „Nach den drei jüngsten Wahlen sollten verschiedene Vorurteile aufgegeben werden: Die Grünen können keineswegs, wie oft vermutet, auf Dauer grüne Besenstiele aufstellen und dennoch laufend gewinnen. Auch die grünen Wähler denken weitgehend pragmatisch. Das feste Potential der Grünen ist viel geringer als angenommen, und es hält sich noch nicht einmal automatisch. Die SPD ist historisch nicht am Ende und auch nicht einfach auf dem absteigenden Ast, wie das Saarland und Hessen zeigen." Anstelle der wirklich atemberaubenden Faktenverdrehung im Interesse fundamentalistischer Selbstbeweihräucherung, wie sie Jutta Ditfurth in der Wahlnacht des 10. März 1985 im Fernsehen praktizierte: die Grünen hätten überall dort gute Erfolge erzielt, wo sie sich entschieden von der SPD (-Zusammenarbeit) abgegrenzt hätten, müssen wir das Gegenteil feststellen: Erstens war die Haltung der Grün-Alternativen nirgends durch Entschiedenheit geprägt, sondern durch eine von den Fundamentalisten bewirkte Unentschiedenheit, Halbherzigkeit, Gespaltenheit hinsichtlich der Bündnisfrage. Und zweitens war genau dies der Grund, warum sie nicht erfolgreich waren, ihre Erfolge vielmehr teilweise stark hinter den Prognosen zurückblieben. Im Saarland, wo die SPD selbst eine grün-rote Alternative bot, erlitten sie eine schlimme Niederlage, in Hessen (bei noch relativ klarsten Bündniserwartungen für die Wähler) blieben sie beachtlich unter den SPD-Zuwachsraten, und in Berlin gewannen sie nur mehr durch Neuwähler und auf Kosten der hoffnungslosen Apel-SPD etwas hinzu, verfehlten aber mit 10,6 % nicht weniger als zwei Drittel des prognostizierten Zuwachses (auf ca. 15 %!). Mit Recht schrieb der ökolibertäre Grüne Thomas Schmid in einer herausragend präzisen und abwägenden Wahlanalyse (taz vom 23.3. 1985, S. 7) über die in der Bündnisfrage zutiefst - mit 55 zu 45 Prozent! - gespaltene, daher handlungsunfähige und für sehr viele potentielle neue Wähler selbst im „alternativen" Berlin letztlich nicht mehr wählbare AL: „Ohne Apel wäre sie heute schon unter zehn Prozent, mit einem besseren sozialdemokratischen Spitzenkandidaten wird sie - bleibt sie bei ihrer eingespielten Nichtpolitik - in vier Jahren mit sechs Prozent zufrieden sein können."

In der Tat: Nicht-Politik hat eine Krise in der parteipolitischen Entwicklung der Grün-Alternativen hervorgerufen. Unpolitischer Fundamentalismus, oft noch durch allzu pragmatische „Realpolitiker" in den grünen Reihen provoziert, verurteilt die grün-alternativen Parteien mit Hilfe von Maximalforderungen und anti-sozialdemokratischen

Abgrenzungs-Dogmen zur parlamentarischen Handlungsunfähigkeit („Politikunfähigkeit"), die von den potentiellen Wählern - nach Umfragen immerhin bis zu 20 % der unter 35jährigen! - zunehmend durch Abwendung von der ökologischen Partei beantwortet (werden) wird. Bevor wir auf die Alternative - einen realpolitischen Fundamentalismus oder fundamentalistischen Realismus! - konkreter zu sprechen kommen, muß das Phänomen des „unpolitischen Fundamentalismus" etwas genauer analysiert werden.

Unpolitischer Fundamentalismus: Ursache der grünen Krise

Mit Recht wehren sich viele Grüne gegen das Auseinanderdividieren fundamentaler Prinzipien und realpolitischer Bündnis- und Programmforderungen in der grün-alternativen Politik, weil sie auch ihre „nächsten Schritte" als Schritte verstanden wissen wollen, die zu einem fundamentalen Wandel der Gesellschaftspolitik und damit der sozioökonomischen Lebensformen führen. Unglücklicherweise - möglicherweise lähmend, ja selbstzerstörerisch für die zukünftige Entwicklung der Grünen! - hat sich aber innerhalb der meisten grün-alternativen Parteiorganisationen eine Fraktionierung herausgebildet, die diese Etikettierung der Grünen: hie „Realos" - hie „Fundamentalos", zu rechtfertigen scheint: 40 bis 60 Prozent in den Mitgliederversammlungen versteifen sich derart auf das Festhalten an den maximalen, „fundamentalen" Forderungen des Ausstiegs aus der hochgerüsteten, umweltzerstörenden Industriegesellschaft und fürchten innerhalb einer grün-roten Bündnispolitik durch die SPD derart vom Ziel dieses radikalen Ausstiegs abgedrängt zu werden, daß sie die reine Oppositions- und Protestposition auch innerhalb des parlamentarischen Systems jeder Bündnisstrategie vorziehen.

Diese Haltung ist angesichts des Substanzverlustes der SPD im parlamentarischen Prozeß der vergangenen hundert Jahre - vor allem aber: der vergangenen vierzig Jahre! - nur zu verständlich. Als linker Sozialdemokrat, der dreißig dieser vierzig Jahre gegen diesen Substanzverlust beim - allzu kurzfristigen - Schielen auf den angeblichen Wählerwillen mit sehr geringem Erfolg angekämpft hat, würde ich meine eigene politische Biographie verdrängen, wenn ich diese tiefsitzende Skepsis vieler Grün-Alternativer als Vorurteil abtun würde. **Aber ihre politische Konsequenz aus dieser Skepsis ist falsch.** Denn sie katapultieren sich selbst - und ihre Wähler, wohlgemerkt! - hochgradig aus jeglichen politischen Wirkungsmöglichkeiten hinaus, ja, sie bewirken das Gegenteil des von ihnen so kompromißlos Gewollten: Indem sie Bündnispolitik von vornherein ablehnen und/oder Maximalforderungen aufstellen, die eine Tolerierungsvereinbarung mit der SPD von vornherein unmöglich machen, schließen sie sich selbst als radikalökologischen, kritischen Faktor aus der Politik aus, nehmen dem rational handelnden (d.h. nicht nur auf emotionalen Protest bedachten) Wähler jegliche Perspektive einer Mehrheitsbildung links von der CDU/FDP und bewirken in Zukunft das Versauern der ökologischen

Partei in einem Protestghetto von 3 bis 7 Prozent. Man muß diese Position unnachsichtig als unpolitischen Fundamentalismus abqualifizieren, weil sie sich blind macht für die politischen Handlungsbedingungen einer - notwendigen! - fundamentalökologischen Neuorientierung: die Umsetzung der Realutopie des Ausstiegs aus dem hochgerüsteten, umweltzerstörenden Industrialismus in Gestalt realpolitischer, d.h. mit der SPD in harten Bündnisverhandlungen durchsetzbarer ökosozialistischer Reformforderungen.

Fragt man sich, wieso den Fundamentalos der durch ihre Totalverweigerung vorprogrammierte Marsch ins politische Abseits nicht auch selbst vorab bewußt wird, so muß man - nach gebührender „Würdigung" des abschreckenden Verhaltens der SPD seit vielen Jahren! - im grün-alternativen Spektrum allerdings auch ohne falsche Schonung altlinker wie spontaneistischer Macken über die beiden Formen von Politikunfähigkeit reden, die in den Fundamentalo-Reihen der Grün-Alternativen bestimmend sind. Da sind erstens jene schlimmen altmarxistischen ideologischen Restbestände, die noch immer glauben machen, daß man das Machtpotential der parlamentarischen Demokratie nicht besonders ernst nehmen müsse (festgemacht in dem schwachsinnigen Spiel- und Standbein-Bild) in dem noch immer nicht ausgestorbenen Glauben, „das Eigentliche" werde eines Tages durch irgendwelche Massenbewegungen außerhalb des Parlaments bewirkt. Und zweitens sind da die Leute aus den Bürgerinitiativen und den „Neuen Sozialen Bewegungen", die Politik - oft mit erheblichem Einsatz und Erfolg - durch direkte Aktionen, Proteste, Selbsthilfeinitiativen gemacht haben und weder die Mühsal noch die (Lebens-)Notwendigkeit der „zweiten Ebene": der schwierigen, kompromißvollen Bündnispolitik im parteipolitisch-parlamentarischen Institutionengefüge psychisch wie geistig zu ertragen gelernt haben. Beide Gruppierungen aber müssen es schon allein um ihrer eigenen Glaubwürdigkeit willen lernen, weil sie nämlich um Wählerstimmen geworben haben genau mit diesem Versprechen: die Ökopax-Forderungen in dem parlamentarisch-politischen Machtkampf zum Tragen zu bringen. **Wenn ich mit diesem Anspruch antrete, betrüge ich die Wähler, wenn ich gleichzeitig parteipolitische Entscheidungen treffe** - z.B. durch Aufstellen a priori unerfüllbarer Maximalforderungen oder durch Bündnisverweigerung -, **die die Partei (und damit die Wähler) aus dem politischen Prozeß ausgrenzen.**

Die Alternative: Ein realpolitischer Fundamentalismus

Die Konsequenz aus alledem sollte nun keineswegs sein, fundamentalistische - d.h. radikalökologische, ökosozialistische - Positionen abzulehnen und aufzugeben! Vielmehr kommt es darauf an, an ihnen festzuhalten - aber eben nicht unpolitisch-abstrakt, irreal („Wir wollen alles, und das sofort!"), sondern realpolitisch, d.h. vermittelt und breiteren (Wähler-)Schichten vermittelbar durch die Ausarbeitung und bündnisfähige Vorlage von realisierbaren Schritten in die richtige Richtung: in die des konsequenten Ausstiegs aus dem mörderischen staatszentralistischen Industrie- und Verschwendungssystem. Nur diese sorgfältige politische Vermittlungsarbeit führt hinaus aus der Krise der - inneren wie äußeren - grün-alternativen Entwicklung: die Zielsetzungen der grundlegenden ökosozialistischen Wende nicht zu verraten, sondern im Gegenteil glaubwürdiger werden zu lassen durch realpolitische Aktionsprogramme, die Schritt für Schritt zu ihnen hinführen. Nur so wird sowohl die innere Spaltung in den grünen Parteien konstruktiv aufhebbar (und damit die gegenwärtige Handlungsunfähigkeit der Grün-Alternativen überwindbar!) wie auch der Ausbruch aus dem Wählerghetto der 3 bis 7 Prozent realisierbar. **Weder in Berlin noch in Hessen oder im Saarland ist es den Grünen, trotz beachtlicher programmatischer Arbeit in vielen Details, gelungen, den Mitgliedern und vor allem den Wählern derart ein überschaubares und einsichtiges Set konkreter, aber perspektivischer Forderungen vorzulegen, die allesamt sicher erheblich über die Ökopax-Ansätze der SPD hinausgehen würden, aber nicht a priori inakzeptabel für die SPD wären, vielmehr verhandlungsfähig: ein produktiver Stachel in deren trägem Fleisch, eine für alle erkennbare, reale Basis für Bündnispolitik.** An die Stelle einer abstrakten, daher unpolitischen Verweigerungshaltung gegenüber dem angeblichen oder wirklichen „Sozialdemokratismus" der SPD würde dann eine positive, konkrete Abgrenzung treten, die zugleich eine produktive Herausforderung zur Zusammenarbeit an den „Tanker" darstellt. In diesem Sinn gilt für die Gesamtpolitik der Grün-Alternativen, was Thomas Schmid treffend angesichts jener saargrünen Niederlage analysierte, die ein Warnsignal für alle Grünen sein sollte: „Statt argwöhnisch die Lafontainesche Programmatik daraufhin abzuklopfen, ob sich da wieder einmal die Sozialdemokratie anschicke, uns zu verraten, wäre es sinnvoller gewesen, alles Brauchbare in Lafontaines Konzeption zu begrüßen und es um grüne Essentials zu erweitern. Damit wäre dreierlei erreicht gewesen: Man hätte die Begrenztheit selbst der aufgelockertsten Sozialdemokratie deutlich machen können, man hätte die Notwendigkeit der Grünen unterstrichen und man hätte ein rotgrünes Bündnis als sinnvoll hingestellt ... als ein Bündnis von Partnern mit differenten Konzeptionen. Das rotgrüne Bündnis ... sollte ... ein Bündnis sein, in dem jeder Partner etwas hinzugewinnt, was er alleine nicht hätte ausdrücken können." (taz vom 23.3.1985, S. 7)

Was Schmid hier und in seinem leider allzu langatmig - und zugleich unkonkret! - gebliebenen „Kommune"-Text über den „hilflosen Fundamentalismus" (Hefte 1-3/1985) fordert, aber selbst auch nicht ansatzweise ausführt, soll nun abschließend deutlich gemacht werden: **wie „grüne Essentials" artikuliert werden müßten, die klar machen, welches die festzuhaltenden mittel- und langfristigen Ziele einer radikalen ökosozialistischen Neuorientierung sind und welches die parlamentarischen und außerparlamentarischen Schritte bzw. die Stufenpläne und Prozesse sind, die konsequent zu diesen Zielen hinführen.**

Die ökosozialistischen Essentials und die beiden Wege zu ihrer Verwirklichung

Im 3. Abschnitt haben wir - nicht aus dem hohlen Bauch, sondern aus mehrjährigen Lernprozessen innerhalb der Neuen Sozialen Bewegungen - die wichtigsten der ökosozialistischen Zielsetzungen in sieben Essentials zusammengefaßt:

- das **Prinzip Leben**, d.h. die Sicherung der ökologischen Existenzgrundlagen wird zum obersten politischen Grundwert;
- **Selbstveränderung**, d.h. existentielle Umsetzung der Forderung nach einer solidarischen und ökologischen Gesellschaft im eigenen Lebensbereich;
- **Befreiung der Frau** und damit der gesamten Gesellschaft von den aggressiven patriarchalen Herrschaftsstrukturen - allgemein: Integration statt Ausgrenzung Benachteiligter, Behinderter, Nicht-„Normaler" in unserer Gesellschaft;
- **Basisdemokratische** Radikalisierung demokratischer Strukturen durch imperatives Mandat, Rotation, Plebiszit, optimale Dezentralisierung, Konsensprinzip;
- **ökologische Wirtschaftsdemokratie** im Sinne einer demokratisch kontrollierten ressourcenschonenden Kreislaufwirtschaft mit streng selektivem Wachstum, Abbau industrieller Ballungszentren und Verschwendungsproduktion, optimaler Arbeitszeitverkürzung und Eigenarbeit, solidarischer Kooperation mit der Dritten Welt;
- **Umbau des Sozialstaats** durch optimale „Vergesellschaftung" sozialer und kultureller Aufgaben durch Formen autonomer sozialer Selbsthilfe und Selbstorganisation;
- Entwicklung **gewaltfreier Politik** im Innern (Humanisierung des staatlichen Gewaltmonopols) und in den internationalen Beziehungen wie der Sicherheitspolitik (gewaltfreie Verteidigung).

Denkt man über die Verwirklichung dieser Ziele nach, die in der Tat eine fundamentale Neuorientierung und -gestaltung unserer Gesellschaft - als Überlebensnotwendigkeit! - beinhalten, so zeigt sich, daß keineswegs „realpolitische" Abstriche an diesen fundamentalen Prinzipien zur Realisierung einer rot-grünen Bündnispolitik erforderlich sind, wohl aber die Wiederaneignung der klassischen Doppelstrategie: die Notwendigkeit, beide Beine zu benutzen, das parlamentarische wie das außerparlamentarische - von denen keines ein bloßes „Spielbein" ist! Mit anderen Worten: **Es gilt erstens, die fundamentalistische Skepsis gegenüber dem Parlamentarismus konstruktiv aufzuheben durch die in den ökosozialistischen Essentials angelegte strategische Einsicht, daß wesentliche Schritte der Veränderung vom parlamentarischen Machthebel einer ökosozialen Reformgesetzgebung gar nicht bewirkt, bestenfalls unterstützt werden können, daß sie vielmehr primär durch autonomes politisches Handeln zunehmender kritischer Minderheiten selbst getan werden müssen:** durch ökologischen Wertwandel, Selbstveränderung, Antikonsumismus, durch partnerschaftliche statt patriarchaler Geschlechts- wie auch Generationenbeziehungen, durch soziale Selbsthilfegruppen, zunehmende Eigenarbeit, selbstorganisierte (genossenschaftliche) Betriebe, durch Leben in großzügigen, kooperativen Wohngemeinschaften (statt im Kleinfamilienghetto) - bis hin zu kibbuzförmigem Miteinanderleben und -arbeiten, zu Bürgerinitiativen gegen Kapital-Staatspolitik, zu autonomen gewaltfreien Bewegungen vor allem gegen die atomare Selbstmordrüstung und für die Emanzipation unterdrückter Gruppen. Diese ungeheure und langfristig anwachsende Bedeutung des Selbermachens, das sich durch alle oben genannten Essentials zieht und einige gänzlich prägt, **macht einen der grundlegenden Unterschiede zu allen traditionellen Sozialismuskonzepten aus - und ganz besonders zu dem der (immer noch) hogradig etatistisch und parlamentarisch-legalistisch fixierten Sozialdemokratie.**

Der fundamentale Irrtum der dogmatischen Fundamentalisten - allen voran Bahros - ist es, diese außerparlamentarischen Formen autonomen politischen Handelns als allein angemessene zu verabsolutieren. Man kann großen Respekt haben vor Bahros Entscheidung, mit Gleichgesinnten einen radikalökologischen Kibbuz in der Bundesrepublik aufzubauen - aber man muß es als fatales Abrutschen ins Sektierertum ablehnen, mit solchem selbstorganisierten Ausstieg aus dem Industrialismus sich zugleich aus jener ebenfalls notwendigen Politik zu verabschieden, die auf parlamentarische Mehrheiten, also auf Bündnisse, also Kompromisse angewiesen ist - ja, diese Bündnispolitik ganz altmarxistisch als sozialdemokratischen Reformismus zu diffamieren.

Damit sind wir beim zweiten Bein des ökosozialistischen Veränderungsganges - wir kommen zurück zur rot-grünen Bündnispolitik als unabdingbarer anderer Seite der Doppelstrategie: Ohne parlamentarische Reformpolitik bleiben radikalökologische Selbstveränderung und Selbstorganisation Oasen in einer wachsenden industrialistischen Wüste - wie umgekehrt ohne sich verändernde „Basis" Reformmehrheiten, aber dann auch die schönsten Reformgesetze unrealisierbar bleiben. Und in diesem dialektischen, doppelstrategischen Zusammenhang spielen dann die mehrheits- und bündnisfähigen realpolitischen Zwischenschritte, die perspektivischen Stufenpläne eine konstitutive Rolle. Sie müssen auf die genannten ökosozialistischen Essentials hin orientiert, zielbewußt bleiben, gleichzeitig aber überschaubar - kein radikalökologischer Warenhauskatalog wie die (mit 121 Detailforderungen auf 26 Seiten!) total verunglückte „Kurz(!)fassung" des teilweise ausgezeichneten, aber insgesamt noch chaotischer ausschweifenden 350-Seiten-AL-Programms zur Berliner Wahl 1985.

Nur beispielhaft kann hier - durch bewußte Selektion wichtiger Einzelforderungen - gezeigt werden, was realpolitischer Fundamentalismus in diesem Sinne zu leisten hätte:

1. Im Blick auf das radikalökologische Ziel des Ausstiegs aus dem Natur und Menschheit vernichtenden Verschwendungs-Industrialismus eine Gesetzgebung
- zur konsequenten schrittweisen Befreiung von der Sachzwang-Diktatur des „Weltmarktes": ökologischer Protektionismus im Interesse einer stabilen, d.h. tendenziell autarken europäisch-arabisch-afrika-

nischen Region mit optimalen Handelswegen und nicht-imperialistischen Austauschbedingungen;
- zur radikalen Verminderung der Wegwerf-Produktion und der antiökologischen Produktionsmethoden, damit des Schadstoffausstoßes (insbesondere: des Automobilismus) und des Ressourcenverbrauchs; Aufbau einer **ökologischen Kreislaufwirtschaft** (vgl. S. 114 f.) und ökologischer Massenverkehrssysteme;
- zur radikalen Anpassung des Arbeitsangebots an das sich ständig vermindernde gesellschaftliche Arbeitsvolumen durch Förderung der **Arbeitszeitverkürzung**, sozial abgesicherte freiwillige Teilzeitarbeit und Überstundenverbot;
- zum Stopp sämtlicher AKW-Vorhaben und der frühestmöglichen Stilllegung vorhandener Nuklearkraftwerke bei maximaler Entwicklung von alternativen Energiequellen und -sparmethoden;
- zur konsequenten **Dezentralisierung** von Industrieanlagen, Verkürzung von Transport- und Arbeitswegen, Entwicklung ökologischer Genossenschaftsunternehmen.

2. Im Blick auf das sozialökologische Ziel der Gewaltfreiheit ist
- im sicherheitspolitischen Bereich - statt des kontraproduktiven Slogans „Raus aus der NATO" (der bei 80 % der Wähler nur Angst und Ablehnung erzeugt!) im Einklang mit großen Teilen der Friedensbewegung ein mehrheitsfähiges Konzept der Abkoppelung von der strukturell offensiven, allein an den Interessen der USA orientierten NATO-Rüstungsstruktur des begrenzten europäischen Atomkriegs („flexible response") vorzulegen:
- Stopp der Raketenstationierung, Abbau der Raketendepots in der BRD;
- Einfrieren der Rüstungsausgaben;
- Umbau der Bundeswehrstruktur auf **das Konzept strikt defensiver Verteidigung** (vgl. S. 184ff.); damit impliziert:
- unilateraler dauerhafter Verzicht auf Panzer- und Luftwaffe sowie auf die meisten Einheiten der Kriegsmarine; gleichzeitig auf der vertrauensbildenden Basis einer solchen - inzwischen auch von der SPD geforderten - strukturell nicht angriffsfähigen westdeutschen Verteidigungsstruktur:
- Vorantreiben energischer gesamteuropäischer Verhandlungen zur Schaffung zunehmender atomwaffenfreier und schließlich entmilitarisierter Zonen; gleichzeitig:
- ständige Verstärkung der gesamteuropäischen Kooperation auf allen Gebieten.

Zu der anderen, der innenpolitischen Dimension des Ziels einer gewaltfreien Gesellschaft muß hier eine (aus Raumgründen nur sehr knappe) kompromißlose Kritik an die Adresse der Grün-Alternativen formuliert werden: Ihre fundamentalistische Fraktion, die aufgrund einer für die Ökopax-Bewegung unerträglichen Unklarheit ihres politischen Denkens Formen der „Gegengewalt" gegen „den Staat", „das Schweinesystem" gerechtfertigt sieht oder zumindest „verständlich" findet, macht das von den Grünen bei ihrer Gründung ja ausdrücklich beschworene Gewaltfreiheits-Prinzip unglaubwürdig - oder sie verleugnet es geradezu wie die Berliner AL, die es in ihrem Kurzprogramm (1985, S. 7) einfach wegläßt. Diese nicht zweifelsfreie Haltung zur Gewalt und zum staatlichen Gewaltmonopol, die auch den Protest gegen inhumane staatliche Formen der Gewaltausübung unglaubwürdig macht, erzeugt einen permanenten Verlust an öffentlicher Glaubwürdigkeit und Wählerbasis!

Sehr treffend hat der Bonner FR-Korrespondent Dirk Cornelsen diesen fatalen Mangel an trennscharfen politischen Begriffen und damit auch an Abgrenzungsfähigkeit als „alternativen Opportunismus" analysiert, als einen „Minderheiten-Lobbyismus" der Grünen, „die Toleranz gegenüber allen nur denkbaren radikalen Minderheiten ... Neben dem ‚Wahnwitz' (Otto Schily) der Forderung nach straffreier sexueller Freizügigkeit zwischen Erwachsenen und Kindern zeigte sich diese übertriebene Toleranz auch an ... [dem] gutgemeinten, aber in der Diktion peinlichen und entlarvenden Brief an einsitzende Terroristen, denen zwei der bisherigen Sprecherinnen des Vorstands nicht nur fälschlich bescheinigten, ‚politische' Gefangene zu sein, sondern zudem auch noch artig ‚politische' Diskussionen anboten" (Frankfurter Rundschau vom 1.4.1985). Diese Art von opportunistischer, nerven- und prinzipienschwacher „Toleranz" ging ja noch weiter: Mehrere Parteiorganisationen der Grün-Alternativen - allen voran wieder die der AL in Berlin - ließen sich während der Zeit des RAF-Hungerstreiks widerstandslos von Sympathisanten besetzen und teilweise als RAF-Hilfe-Büros mißbrauchen.

Fazit: In der innenpolitischen Gewaltfrage ist nur ein kompromißloser Fundamentalismus, d.h. demokratische Prinzipientreue glaubwürdig. Links-Opportunismus dagegen führt zurück ins Sektenghetto.

3. Im Blick auf die Ziele sozial-ökologischer Selbstveränderung, dezentraler sozioökonomischer Selbstorganisation und soziokultureller Selbsthilfe auf Kosten der kapitalistischen und wohlfahrtsstaatlichen Megamaschine ist schwerpunktmäßig u.a. zu fordern
- die öffentliche moralische wie materielle Unterstützung jeglichen Sozialengagements von Einzelpersonen und von **Selbsthilfeinitiativen,** insbesondere
- statt der bloßen Kosteneinsparung durch Schließung von (z.T. tatsächlich überflüssigen!) Sozial- und Kultureinrichtungen (Heimen, Krankenhäusern, Schulen, Fachbereichen ...) Umwidmung der freiwerdenden Budgetmittel durch Schaffung großer Budgets zur Förderung von soziokulturellen Selbsthilfegruppen (vgl. S. 157 ff.);
- grundlegende Reform des Genossenschaftsrechts und der Subventionierung von Unternehmensgründungen im Interesse der gezielten Förderung genossenschaftlicher und ökologisch vorbildlicher Unternehmen wegen ihres Vorrangs vor privaten Profitunternehmen.

Was schließlich die radikaldemokratische („basisdemokratische") Utopie der Grün-Alternativen betrifft, so können die teilweise bitteren Erfahrungen, die die Weimarer und die Schweizer Demokratie mit ihren Urabstimmungen, die Jugoslawen mit ihrer Arbeiterselbstverwaltung, fast alle Demokratisierungsmodelle mit ihrer Basisbeteiligung und nicht zuletzt die Grünen mit ihrer Zweijahresrotation, ihrer „Voll"-versammlungs-Demokratie, ihrem imperativen Mandat und ihrem Konsensprinzip gemacht haben, doch **keineswegs zur Rechtfertigung derer dienen, die es auf alle Ewigkeit beim reduzierten Demokratiemodell des Repräsentativsystems belassen, das man mit Recht als Modell „demokratischer Eliteherrschaft" abqualifiziert hat.** Die bitteren Erfahrungen können doch wiederum nur bedeuten, daß realisierbare Zwischenziele und -stufen gefunden werden müssen. So kann doch keine Rede davon sein, daß das Rotationsprinzip - demokratietheoretisch unabdingbar, will man Oligarchien- bzw. Kaderherrschaft nicht verewigen! - „gescheitert" ist, wenn sich der Zweijahresrhythmus als unrealistisch erweist. Es wird sich zeigen, daß ein Vierjahres- oder äußerstenfalls Achtjahresrhythmus dem Rotationsprinzip ebenso Genüge tut und es mit dem Gebot notwendiger Kompetenz und Kontinuität in der Politik zu versöhnen vermag. Ähnliches gilt für das Prinzip der direkten (Vollversammlungs-)Demokratie: Wenn von 4.000 Mitgliedern der Berliner AL (ebenso wie anderswo) nurmehr 10 Prozent erscheinen, so signalisiert dies, daß wichtige Entscheidungen z.B. eines Quorums oder einer brieflichen Möglichkeit des Mitstimmens bedürfen (wie vom „Netzwerk" sehr erfolgreich in der existentiellen Frage eines privilegierten „Frauen-Budgets" praktiziert, nachdem in der Vollversammlung plötzlich massenhaft anwesende Courage-Frauen durchregieren wollten). Das Prinzip der Basisdemokratie ist auf keinen Fall zu opfern. Nur müssen wir sorgfältiger die Schritte überlegen und organisieren, die uns solcher wahrhafteren Demokratie näher bringen.

6. Statt Fundamentalopposition: grüne Bündnispolitik

Ein Gespräch mit Joschka Fischer

Scherer: Lieber Joschka, wir haben dieses Gespräch im Rahmen unseres Bandes zum Ökosozialismus verabredet. Vielleicht beginnen wir damit, daß du zunächst die grüne Partei, die doch aus den Neuen Sozialen Bewegungen hervorgegangen ist, charakterisierst.

Fischer: Ich würde sagen, das Hauptkennzeichen der Grünen ist, daß sie sich eigentlich in ihrer Konstituierungsphase erst einmal quer zum bundesrepublikanischen Parteienspektrum entwickelt haben. Das waren ja nicht nur Linke, es gab durchaus auch Mittelpositionen und im klassischen Sinne, was ihre Traditionen anbetrifft, rechte Positionen: ob dies Gruhl war, Springmann oder Haußleiter. Die beiden ersteren haben die Partei dann verlassen; letzterer ist immer noch in der Partei. Der kam ja von ganz rechts. Dann die Anthroposophen, verschiedene Bürgerinitiativleute, die auch eine sehr bunte Biographie hatten. Aber ich glaube: Hauptkennzeichen all dieser Gruppen, einschließlich der verschiedensten SB-Leute, K-Sekten, KBW, KB und was es da alles noch gab, ist, daß sie eigentlich die alten und die neuen Minderheiten repräsentieren. Interessant bei den Grünen: Dort findet man all das, was in den etablierten Parteien der Bundesrepublik keine Heimat mehr gefunden hat. Schwergewicht sind natürlich eindeutig die Linken und das linke Potential, das aus den Neuen Sozialen Bewegungen und aus der Studentenbewegung kommt und dort entsprechend links sozialisiert wurde; auch ideologisch haben die Grünen viele Versatzstücke aus der Studentenbewegung und den Neuen Sozialen Bewegungen übernommen. Du findest etwa in ihren ganzen Utopievorstellungen die spontaneistisch-anarchistische Vision, die Vorstellung einer Gegengesellschaft, die es konkret zu entwickeln gilt. Dann hast du in der linken Orientierung den Antikapitalismus drin, der zur Zeit in einem sehr abstrakten und traditionellen Sinne immer dominanter wird, schlicht und einfach, weil einem nichts Neues einfällt. So würde ich behaupten, man greift da unter dem Einfluß bestimmter Gruppierungen in der grünen Partei auf diese Sachen zurück. Praktisch sind die eigentlich sehr hilflos, d.h. die Ideologie entspricht eigentlich nicht der Praxis im Stadtparlament, im Landesparlament oder im Bundestag. Und eine weitere Komponente, die eine Rolle spielt, sind die verschiedenen Minderheitskulturen, die bei den Grünen Ausdruck finden. Es kommen über die Friedensbewegung starke christlich-protestantische Elemente dazu. Das ist schon eine sehr bunte Sache, außerdem hat es ein paar sehr zentrale programmatische und auch praktische Entscheidungen gegeben. Eine der wichtigsten war die, daß die Grünen zur Linkspartei geworden sind, was zur Trennung von Gruhl und Springmann geführt hat, und daß diese Partei nicht nur ökologisch und gewaltfrei, sondern auch sozial ist.

Scherer: Wir haben in sieben Grundsätzen versucht, die notwendige Neuorientierung der Linken zusammenzufassen. Ich möchte von dir wissen, inwiefern du und/oder die grüne Partei sich in diesen von uns formulierten ökosozialistischen Grundsätzen wiederfinden können. Zur Erinnerung seien sie stichwortartig noch einmal genannt:

An die Stelle einer objektivistischen Ableitung tritt eine Grundwerteorientierung. Selbstveränderung soll heute ein wesentliches Element jeder sozialistischen Veränderung darstellen. Weiterhin geht es um die Abschaffung des Patriarchats und um eine Öffnung und Radikalisierung des demokratischen Prinzips. Eine ökologische Wirtschaftsdemokratie erweitert die bisherigen sozialistisch-wirtschaftsdemokratischen Vorstellungen u.a. um den Gedanken einer ökologischen Kreislaufwirtschaft. Es geht um den Umbau des Sozialstaats, weg von einer etatistischen Orientierung, hin zu einer stärkeren Einbeziehung von Elementen der Selbstorganisation, Selbsthilfe und kollektiven Eigenarbeit. Das letzte Stichwort lautet: tendenzielle Gewaltfreiheit. Könnten diese sieben Punkte eine Art integrale Plattform darstellen, auf der sich ökologische Sozialdemokraten, die Neuen Sozialen Bewegungen und Partei-Grüne treffen, um damit auch eine qualitativ neue Mehrheitsfähigkeit zu entwickeln?

Fischer: Ich würde sagen, in dieser Abstraktheit spricht eigentlich wenig gegen jeden Punkt für sich genommen. Wenn man allerdings die Intention berücksichtigt, daß das gewissermaßen eine Theoretisierung des Bündnisansatzes sein soll, dann weiß ich nicht, wie weit der trägt. Ich glaube sowohl rational als auch emotional, daß diese ganzen Theorien noch nicht leben. Sie sind noch Versatzstücke oder Rückgriffe auf alte sozialistische Positionen. Ich will dir nur ein Beispiel nennen: die Abschaffung des Patriarchats. Wer könnte da schon dagegen sein? Die Frage ist nur: was kommt dann? Diese ganze Partnerschaftsvision ist schön und gut, die Frage allein bleibt, ob sich dahinter nicht anderes durchsetzt. Wenn man dann sieht, daß es zunehmend zu einer ökonomischen Bewertung der einzelnen Subjekte kommt, und zwar nicht nur der Männer, sondern auch der Frauen, wenn man sieht, daß gewissermaßen das konkrete Leben eine immer geringere Rolle spielt zugunsten entfremdeter vergesellschafteter Systeme und Apparate, dann könnte ich mir eher vorstellen, daß es zu einer Neutralisierung kommt, die Orwellsche oder besser Huxleysche Dimensionen bekommt. Neutralisierung heißt, daß du dann kein Matriarchat und kein Patriarchat hast, sondern nur noch Systemlogiken, denen die Individuen unterworfen sind, daß sie im wesentlichen nur noch Funktionen sind, ob Freizeitfunktionen oder produktive Funktionen. Eine weitere Frage: Natürlich ist eine gewaltfreie Gesellschaft erstrebenswert. Aber ich sage immer: Eine Gesellschaft des ewigen Friedens ist der Friedhof, und eine menschliche Gesellschaft, die mit Aggressionen nicht sozial umzugehen weiß, die Konflikte nicht auch entsprechend zulassen kann, ohne in den großen Krieg umzukippen, die wird nicht umhin kommen, den Menschen so zu transformieren und zu verbilden, daß er letztendlich seinen Subjektcharakter verliert. Und da ist ja immer eine Hilflosigkeit der Grünen, z.B. angesichts der ganzen Strafvollzugsdebatte. Da bleibt man dann letztlich bei der Therapie hängen; Schädel auf, sozusagen den Schädel mit den Psychomitteln aufsägen und den Menschen umgestalten. Das ist ein noch brutalerer Zugriff als die alten Leibesstrafen oder der Freiheitsentzug und Zeitstrafen.

Also ich reiße damit im Grunde genommen nur Fragestellungen an. Generell würde ich sagen, daß es mir so vorkommt, als ob die Linke an einem Endpunkt angekommen ist. Die Probleme sind geblieben, sie stellen sich nur anders und neu. Die alte Klassenproblematik existiert noch nach wie vor, vor allem im internationalen Bereich. Alle anderen klassischen Fragen bis hin zur Ausbeutungsproblematik existieren, nur: die Hoffnung, daß es im Sozialismus besser würde, ist im Kopf nur noch gewaltsam aufrecht zu halten, denn den real existierenden Sozialismus kann man zwar wegdiskutieren, aber man kann ihn in seinen Konsequenzen trotzdem nicht wegbringen! Ich glaube, daß man die Vorstellung, daß die Gesellschaft durch eine Emanzipation der Produzenten besser würde, auch vergessen kann. Denn in dieser Situation extremer Vergesellschaftung muß man sich die Frage stellen, ob es nicht auch andere Zwangsmöglichkeiten gibt, da hat ja Gorz in seinem „Abschied vom Proletariat" ein paar sehr richtige Sachen gesagt. Er hat gesagt, eine Übernahme der Staatsmacht durch die Arbeiterklasse findet nicht statt. Was jeweils in der erfolgreichen Revolution stattgefunden hat, war die Übernahme der Arbeiterklasse durch die Staatsmacht und nicht umgekehrt: Nicht die Arbeiterklasse übernimmt den Staat, sondern der Staat übernimmt die Arbeiterklasse. Das ist mit „Staatskapitalismus" oder „Staatssozialismus" gemeint. Und etwas anderes existiert nicht. Und daher würde ich sagen: die alten Probleme bleiben, aber man muß auch einen neuen theoretischen Zugang finden. Und da frage ich mich, wie sinnvoll es ist, an dieser Vorstellung des Ökosozialismus festzuhalten. Ich bezeichne mich dann lieber als einen undogmatischen Linken und Ökologen. Dann ist das Spektrum größer, aber ich glaube, so diffus ist im Augenblick die theoretische Situation auch für einen Linken und Ökologen. Ich will da noch eine weitere ketzerische Frage stellen: Das große Problem, was die Linken haben, ist das Problem der Mittelschichten und Mittelklassen. Da gab es ja in der Studentenbewegung mal diese qualvolle Diskussion über die wissenschaftliche Intelligenz. Das ist in der Tat ein hochmodernes Problem, nämlich, daß diese Alternative „Kapital und Arbeit" in dieser politischen Relevanz nicht mehr existiert, daß man sieht, wie die Gewerkschaften etwa gegenwärtig tatsächlich in ihrer schwersten Krise seit dem Faschismus sind, und zwar aufgrund technologischer Entwicklungen, wo es dann wirklich an die Substanz der Gewerkschaften in den Metropolen geht, in den USA, in England, in Frankreich und auch hier. Wenn man sieht, was sich etwa in der italienischen Gewerkschaftsbewegung getan hat, dann weiß man, daß die aus ihrer

Krise wesentlich anders herauskommen werden, als sie hineingegangen sind, und es könnte durchaus sein, daß sie hinterher eine Funktion wie die katholische Kirche oder der Bauernverband im Spätkapitalismus haben, zwar noch von Einfluß sind, aber alles in allem ihre dominante gesellschaftsprägende Funktion nicht mehr haben. Und da stellt sich m.E. die Frage, eine Theorie der Mittelschichten zu entwickeln.

Denn wenn du mal nach den USA schaust, da laufen genau die Mittelschichten in Richtung Reagan, in Richtung Zweidrittelgesellschaft. Das Bündnis des Großkapitals mit denen reicht offensichtlich aus, um einen bestimmten Modernisierungsprozeß zu den Bedingungen des Großkapitals durchzusetzen, und die Linke ist an diesem Punkt, man könnte sagen, fast hilflos. Die Grünen aber und die Neuen Sozialen Bewegungen sind andererseits auch ein Ausdruck von einer solchen Mittelschichtbewegung. Das sind Mittelschichtenbewegungen und Jugendbewegungen, im wesentlichen ein hochqualifiziertes Ergebnis der Bildungsreform. Da greift man doch m.E. total daneben, wenn man das in die alten linken Bahnen glaubt lenken zu können.

Scherer: So wird deine Skepsis gegenüber jedem Begriff mit ...-Sozialismus verständlich.

Fischer: Ja, denn für mich ist dieser Begriff sehr stark gebunden an die Industriearbeiterschaft und an ihre gesellschaftliche und historische Dominanz.

Scherer: Allerdings bleibt das Thema Wirtschaftsdemokratie, wenn auch weitergedacht als gewerkschaftliche Mitbestimmungsmodelle, doch auch für dich wohl ein Thema.

Fischer: Sicher, das ist zweifellos richtig, genauso wie sich für mich auch die Frage der gesellschaftlichen Kontrolle ökonomischer Macht stellt. Das ist zweifellos richtig. Doch eine weitere ketzerische Frage: Das Verhältnis von Markt und Staat wird die Linke auch noch einmal ganz neu durchdenken müssen. Die Vorstellung, man müsse die Dinge nur verstaatlichen und es würde alles besser, das halte ich für eine ganz große Illusion.

Scherer: In unseren Essentials war auch das Stichwort „Selbstveränderung" genannt.

Fischer: Also ich glaube, das ist auch so eine Fluchtfloskel. Nichts gegen Selbstveränderung, aber das erinnert mich doch sehr an die Übernahme von Ordensregeln in die Politik. Menschen verändern sich selbst im Laufe ihres Lebens - oft in einem Ausmaß, daß man hinterher dann sehr erstaunt ist, wie sehr das der Fall war. Also wenn ich mir vorstelle, meine Politisierung, mein militanter Aktivismus über zehn Jahre hinweg, das hat für mich schon eine große Veränderung bedeutet. Das war teils bewußt, aber noch viel mehr unbewußt. Wie soll Selbstveränderung z.B. aussehen unter den Bedingungen hoher oder höchster Vergesellschaftung, da denke ich noch ganz marxistisch: Du bist ja das Ensemble gesellschaftlicher Verhältnisse, jedenfalls zum größten Teil bist du irgendwo Produkt gesellschaftlicher Verhältnisse. Und die verändern sich auf dramatische Weise. Wenn du die modernen Technologien nimmst, wenn du die Veränderungen der Sozialstruktur, der Geschlechterbeziehungen nimmst, das Mißverhältnis zu der Natur, das immer synthetischer wird trotz der Ökologen, bei denen selbst die Degeneration von Natur zum technischen und politischen Problem wird, die Erhaltung der Welt, unserer Lebensgrundlagen, ist selbst ein Vergesellschaftungsproblem und nicht mehr ein so seiendes, wie es Marx noch definieren konnte. Das Wasser ist für ihn nicht eine Frage gewesen von dem, was sich im Produktionspreis findet, sondern das ist da oder ist nicht da. Einzig unter den Bedingungen der Grundrente wird im „Kapital" die Natur im wesentlichen diskutiert.

Also frage ich mich: Was heißt Selbstveränderung unter den Bedingungen dieser ganzen neuen Technologien; hängt ihr da nicht einer Illusion nach, während die Kids schon längst an irgendwelchen Computerspielen herumbasteln? Das wird sie in einem weit größeren Ausmaß verändern, oder es wird die traditionellen Berufe nicht mehr geben. Unter der Dynamik des Weltmarktes werden Lebensperspektiven ganz anders werden. Hängt ihr da nicht Illusionen nach, die letztendlich doch sektiererisch sind, meinetwegen vielleicht individuelle Perspektiven für eine Boheme-Elite darstellen? Aber wenn wir hier jetzt als Linke diskutieren, d.h. eine Massenperspektive diskutieren, eine gesellschaftlich hegemoniale Perspektive der abhängig Beschäftigten, da wirst du mit Selbstveränderung nicht weiterkommen. Da verändert wahrscheinlich der Videorecorder in jedem Wohnzimmer mehr. Also ich habe da keine Lösung drauf, ich habe da mehr Fragen als Antworten. Das ist so meine Schwierigkeit.

Scherer: Es war immer auch eine Erfahrung, daß sich im Prozeß der Durchsetzung der Moderne, der allseitigen Verrechtlichung, Verwissenschaftlichung und Ökonomisierung der zwischenmenschlichen Beziehungen auch neue gemeinschaftliche Lebenswelten gegen die jeweils neuen Entfremdungen konstituierten.

Fischer: Das ist richtig, aber wie können diese hegemonial werden? Das ist doch die politische Frage. Klar, so etwas funktioniert, gegen den mainstream und außerhalb des mainstreams, gerade in einer wesentlich liberalen Gesellschaft, allerdings mit enormen Kosten natürlich für Natur und Dritte Welt und auch für die unmittelbar Betroffenen. Klar, es gibt so etwas, wird es geben und hat es gegeben für Minderheiten. Das streite ich nicht ab. Aber jetzt stell' einmal die klassische Frage, die hegemoniale Frage: die Befreiung vom Kapital, die Überwindung von Klassen, eine egalitäre, gewaltfreie Gesellschaft, soweit es geht, ohne daß man das ganze dann letztendlich in einen Psychofriedhof überführt. Ja, das heißt, du mußt eine Massenperspektive entwickeln, wo du die vielen, die jeden Tag zur Arbeit gehen, ob das jetzt im Büro ist oder sonstwo, die Arbeitslosen, die gern zur Arbeit gehen würden und nicht eine Nicht-Existenz suchen, für die mußt du, wenn du da als Ökosozialist denkst, dir etwas überlegen. Und da kommst du nicht weit mit dieser Perspektive.

Scherer: Ich würde vorschlagen, im weiteren Gespräch auf strategische Fragen überzugehen. Wir haben in unserem Band Möglichkeiten, Grenzen und eventuelle Kompromißlinien eines rot-grünen Bündnisses aufzuzeigen versucht. Ich würde jetzt gerne von dir einiges zum Stellenwert eines rot-grünen Bündnisses hören. Ist ein neues hegemoniales linkes Projekt in der Bundesrepublik möglich? Du hast dich ja wiederholt als sogenannter grüner Realpolitiker für eine Zusammenarbeit mit der SPD ausgesprochen.

Fischer: Na gut, es ist für mich ein antagonistisches Bündnis, sofern es zustande kommt. Deswegen, weil ich glaube, daß wir noch in einer Phase sind, in der sich die Grünen noch gegen die SPD durchsetzen müssen. Die SPD ist nicht mehr Regierungspartei. Sie besteht eindeutig aus zwei Parteien. Das zeigen die wahlsoziologischen Untersuchungen. Das eine Drittel, was man als die linke SPD oder den „neuen Mittelstand" bei der SPD bezeichnen könnte, das ist die Zielorientierung der Grünen, ist ein Teil, den wir eigentlich für uns erobern wollen - neben anderen Teilen auch bei der CDU und bei der FDP, etwa den Radikalliberalen, und bei der CDU das kritisch-christliche Potential, das vor allem bei den Jungen vorhanden ist oder aber auch bei neuen Minderheiten, die durch das forcierte Wachstum entstanden sind, so bei den kleinen Bauern. Auch das ist ein wichtiger Punkt, auf den die CDU heute schon sehr allergisch reagiert. Das ist aber, glaube ich, zum größten Teil ein Antagonismus mit der SPD. Und das hindert ja die SPD auch, ein relativ entspanntes Verhältnis zu den Grünen zu bekommen. Dieses ganze „Die Grünen werden nicht überleben" und diese Wiedereingemeindungsdiskussion, das ist natürlich die Angst, daß die Grünen sich weiter aus dem Potential der SPD verstärken. Die Grünen müssen das, sonst haben sie eine geringe Überlebensperspektive. Sie müssen sich oberhalb der 10 Prozent stabilisieren. Daher rührt dieser Antagonismus. Auf der anderen Seite ist klar, daß sowohl von der Programmatik als auch von der Parteistruktur her eine große Koalition bei Existenz der Grünen die SPD wahrscheinlich zerreißen würde. Was von der Programmatik und von der Parteistruktur her ginge, wäre ein Bündnis mit den Grünen. Aber da stellt sich die Frage: 1. Wie weit wäre dies in dieser Gesellschaft hegemonial und wie weit könnte dieses Bündnis tatsächlich Bestand haben? 2., ob die SPD da nicht das Risiko eingehen würde, dann nach rechts doch unter Spaltungsdruck zu geraten. D.h. die SPD ist in keiner sehr beneidenswerten Mittelposition. Bei den Grünen sehe ich die Probleme da so stark nicht. Bei den Grünen gibt es zwar noch ideologische Friktionen darüber, wie weit man überhaupt hegemonial werden will oder halt nicht. Aber ich glaube, auf die Dauer führt da kein Weg dran vorbei.

Wenn man die Gegenposition einmal genau abklopft, dann stellt man doch deren praktische Hilflosigkeit bei der Umsetzung unserer Programmatik, d.h. bei der Machtfrage fest. Und der Erfolg der Partei wird sie in die Richtung drücken, ganz einfach ihre Programmatik umsetzen zu müssen, respektive auch die sich verschärfenden Problematiken, die die Partei aufgreift, etwa im Umweltbereich oder im Friedensbereich. Da könnte ich mir Zuspitzungen vorstellen, wo die Grünen gezwungen werden, durch 1. ihre faktische Stärke, 2. ihre friedenspolitische und ökologische Glaubwürdigkeit, 3. aber auch durch sich dramatisch zuspitzende Situationen in die Verantwortung reinzumüssen, auch wenn man es eigentlich gar nicht will. Das sind so die Frakturen, die ich sehe. Wie weit das eine Zukunft hat in der nächsten Dekade, also wie weit sich das realisieren läßt, da bin ich eher skeptischer geworden.

Scherer: Woran liegt das?

Fischer: Das liegt daran, daß mich die französische Erfahrung sehr nachdenklich gemacht hat, und ich finde es eigentlich schade, daß wir Grüne oder auch linke und ökologische Sozialdemokraten nicht eher einen Diskurs versuchen zu entwickeln über die Erfahrungen von Chile, über die Erfahrungen von Frankreich, aber auch über die Erfahrungen des Eurokommunismus, insbesondere in Italien. Weniger, was die inhaltliche Substanz anbetrifft, sondern vielmehr unter dem Gesichtspunkt, daß wenn man die programmatische Einigung erzielt, man nach der gesellschaftlich hegemonialen politischen Perspektive eines solchen sozialökologischen Bündnisses fragen muß. Gäbe es dann da Möglichkeiten, sich gegen den Weltmarkt, gegen die USA, gegen das Großkapital hier durchzusetzen, gegen die außerparlamentarische Macht der Konservativen und alles das, was da an Sozialstruktur existiert? Geht das oder verfängt man sich da nicht binnen kürzester Zeit und wird zum Exekutor des Systemzwangs? Das ist die eigentlich entscheidende Diskussion, und nur wenn man das gelöst hat, dann wird man verantwortlich gesellschaftliche Hegemonie anstreben können. Ansonsten taumelt man vielleicht in einen Wahlsieg aufgrund konservativer Schwäche, nur was man dann daraus macht, das ist eine ganz andere Frage. Das ist für mich das Deprimierende der französischen Erfahrung. Wenn ich mir anschaue, wie zerschlagen die Linke in den USA ist, wie hilflos gegenüber Reagan, wie hilflos die Linke gegenüber Thatcher war - ihr Wahlsieg war allein die Schwäche der Linken, nach dem Fiasko, was sie angerichtet hat. Wie noch heute in England die Linke nicht in der Lage ist, eine Gegenposition zu formulieren.

Wenn ich sehe, wie hilflos teilweise auch unsere Reaktion auf den konservativen Vormarsch ist, vor allem auch in der Wirtschaftspolitik, wie wenig es dagegen gibt außer dem Traditionellen, was eindeutig aber auch an seine Sozialstaatsgrenzen gekommen ist, wie wenig da zum Beispiel die SPD, beginnend aber auch schon Teile der Grünen bereit sind zu experimentieren und zu sagen, okay, diese

Phase der Opposition müssen wir jetzt voll annehmen, um da wirklich Neues entwickeln zu können, um zu probieren, um rauszukommen, um gesellschaftlich hegemonial werden zu können innerhalb von zehn bis fünfzehn Jahren. Da bin ich, ehrlich gesagt, sehr, sehr skeptisch.

Scherer: Was hältst du aber angesichts deiner Skepsis von unserem Versuch, unter dem Stichwort Ökosozialismus die Gemeinsamkeiten grüner und sozialdemokratischer Programme zusammenzufassen, um zu zeigen, daß beide nicht total weit voneinander entfernt und Kompromißlinien durchaus möglich sind.

Fischer: Glotz ist ja ein kluger Mann. Er fragt zu Recht, wie hat eine neue Sozialpolitik auszusehen unter den Bedingungen struktureller Massenarbeitslosigkeit. Da fällt dann den meisten Leuten auch bei uns nur das Umverteilungsmodell ein, wo die oberen Einkommensschichten zur Ader gelassen werden. Das ist zweifellos eine Perspektive, aber eine Perspektive, die unter den Bedingungen der Reagonomics nicht zieht. Damit bekommst du heute keine 55 Prozent der Stimmen, die du bräuchtest, geschweige denn die entsprechenden Mehrheiten woanders, und es deutet alles darauf hin, selbst wenn du diese Mehrheiten hättest, daß du dann binnen kurzem an den ökonomischen Logiken eigentlich scheitern würdest, d.h. daß dann eine de-facto-Sabotage oder eine entsprechende Wirkung eintritt, die nun einmal die oberen Einkommensschichten begünstigt, die zu Inflation führt, zu Kapitalflucht etc. etc. Und daß du dann an einem Punkt wieder anlangst, wo du schon mal gelandet bist. Das ganze funktionierte einmal unter den Bedingungen, daß etwas zu verteilen war, d.h. bei wachsender Produktivität unter den Bedingungen des Massenkonsums zu Lasten der Natur. Das ist zu Ende. Da kannst du jetzt davon ausgehen, daß das auf der Ebene nicht wieder kommt. Aber etwas qualitativ Neues ist da der Linken weder in der Sozialdemokratie noch bei den Grünen wirklich eingefallen. Das ist ein wahnsinnig schwieriger Punkt.

Ich kann es vielleicht zusammenfassend so sagen: Ich sehe noch keine Alternative zu einem solchen Bündnis für uns. Ich sehe als Alternative eigentlich nur eine große Koalition der Modernisten. Diese halte ich für eine große Gefahr.

Scherer: Peter Glotz formuliert dies in seinem Buch „Die Arbeit der Zuspitzung" ja fast explizit als Perspektive.

Fischer: Ja, das ist so die Linie zwischen Glotz und Späth, man kann auch außenpolitisch sagen zwischen Strauß und Bahr. Das sehe ich, und das wird bei uns Grünen unterschätzt, respektive so mancher wünschte sie sich, um dann die ewige Oppositionsrolle der SPD beerben zu können. Ich will das nicht. Für uns sehe ich eigentlich, wenn wir gesellschaftlich hegemonial werden wollen, langfristig keine andere Perspektive, als solch ein Bündnis anzustreben, aber als ein gesellschaftliches Bündnis, weniger als ein arithmetisches Bündnis. Es muß stehen. Das müssen kräftig entwickelte Füße und Beine sein, auch inhaltlicher Art. Bisher bestanden die Bündnisse fast nur aus Taktik zwischen Sozialdemokratie und Grünen.

Scherer: Geht es im Grunde um den Annäherungsprozeß der „alten" und der Neuen Sozialen Bewegung?

Fischer: Also die erste Voraussetzung dazu wäre, daß der Sozialdemokratie die Wiedereingemeindungsillusionen ausgetrieben werden. Und das wird ihr nur ausgetrieben, wenn wir noch weiter wachsen, und das ist das Rationale an der Hamburger GAL-Position. So lange dieses Wiedereingemeindungsdenken existiert, so lange werden sie sich uns gegenüber nur taktisch verhalten.

Scherer: Kann man nicht doch eine mögliche Konsenslinie zwischen SPD und Grünen mit einigen Stichpunkten inhaltlich benennen?

Fischer: Also ich glaube, daß mit der sozialdemokratischen Linken bis rein ins Zentrum diese Konsenslinien erreichbar sind. Ich könnte sie mir in der Friedensfrage, in der Sicherheitsfrage vorstellen, ich könnte sie mir vorstellen, was die Fragen des ökologischen Umbaus der Industriegesellschaft anbetrifft, wo ich finde, daß die sozialdemokratische Linke und die Gewerkschaften Bedeutung haben können, weil ich mir nicht vorstellen kann, daß das gegen die Gewerkschaften gehen wird. Auf der anderen Seite werden die Gewerkschaften ihre Illusionen, die sie in den siebziger Jahren hatten, begraben müssen. Ich sehe ein Desaster auf die Gewerkschaften zukommen, wenn sie jetzt nicht die Zeichen der Zeit erkennen. Es wird nämlich vor allen Dingen dieser ökologische Umbau stattfinden. Die Frage ist nur, ob er von unten beeinflußt wird oder von oben. D.h. wenn die Gewerkschaften weiterhin meinen, daß die Arbeitsplatzangst von ihnen auch noch angesichts ökologisch fataler Produktionen zu schüren ist, wenn sie meinen, sie könnten weiterhin auf quantitatives Wachstum setzen, das vom Kapital schon längst in eine andere Richtung zu lenken versucht wird, allerdings unter den Bedingungen des Großkapitals, dann werden sie ein zweites böses Erwachen erleben, wie jetzt in der Frage der Arbeitszeitverkürzung. Ich glaube, daß es nicht gegen die Gewerkschaften geht, daß es mit den Gewerkschaften gehen muß, aber daß die Gewerkschaften wirklich gefordert sind auch zum radikalen Umdenken. Ich würde sagen, daß es in der Wirtschaftspolitik und in der Sozialpolitik sehr viele Berührungspunkte zwischen ökologisch-linken sozialdemokratischen Positionen und den Grünen gibt. Es gibt sie in der Gesellschaftspolitik, also in der Frage sozialer Gerechtigkeit und innerer Freiheit, und es gibt sie m.E. auch in vielen Bereichen der Kultur. Es gibt aber auch Unterschiede: Ich glaube, die Grünen sind eine Partei der Minderheiten. Du siehst, auch unser Engagement für die Ausländer ergibt sich daraus. Das ist nicht irgendeine geplante Sache, sondern ergibt sich auch daraus, daß die ausländischen Arbeitnehmer und Arbeitnehmerinnen, sobald die Gewerkschaftsebene verlassen wird, von der SPD eigentlich links liegen gelassen werden. Da kümmert sich die SPD nicht mehr drum. Der Jammer ist groß, daß ihr die Wähler weglaufen, aber im Grunde fehlt ihr das klassische Industrieproletariat, fehlen ihr meinetwegen 1,7 oder 2 Millionen ausländische Wähler, die nicht wahlberechtigt sind. Hier in Frankfurt etwa lebt ein Viertel ausländische Wohnbevölkerung, die kein Wahlrecht hat, aber im Grunde links wählen würde, wenn sie wählen dürfte. Also: Ich sehe eine Vielzahl von Berührungspunkten, insofern finde ich auch diese programmatischen Versuche, sich aneinander anzunähern, sehr wichtig. Ich habe nämlich die Abgrenzungsprobleme, die bei den Grünen viele haben, auch aufgrund schmerzhafter Erfahrungen und von verschwiemelten Revolutionsvorstellungen aus alten K-Gruppen-Tagen, die man heute so offen nicht mehr ausspricht, die man aber immer wieder als Zuchtgeißel wider die Sozialdemokratisierung über den Häuptern grüner Parteitage schweben läßt, die teile ich nicht. Die halte ich für vollkommen unproduktiv. Ich bin davon überzeugt, daß die Grünen ihren eigenen Weg gehen werden, daß wir es aber nicht gegen die alte Reformbewegung schaffen werden, sondern nur die neue und die alte Reformbewegung zusammen. Und das heißt, das Verhältnis von Grünen und SPD programmatisch auszuloten und praktisch zu erproben.

Scherer: Vielleicht sollten wir damit enden, daß ein neues linkes Projekt, das hegemoniefähig ist, auf jeden Fall in sich sehr pluralistisch und heterogen sein muß. Ökosozialistische, undogmatische, marxistische, grüne, feministische und andere Ansätze gehören da wohl zusammen.

Fischer: Auch wenn das jetzt zu weit führen würde: Ich glaube ja, daß der grüne Ansatz produktiver ist als der sozialdemokratische, nämlich der Ansatz der Vereinheitlichung von Minderheiten, ohne ihre Vielfalt zu beschädigen. Das ist eigentlich das kulturell Interessante an dem grünen Parteiprojekt. Das durchzuhalten, da auch Strukturen zu finden, da liegt die Rationalität, die dem ganzen Konsensprinzip innerparteilicher Palaverdemokratie, den weichen Strukturen, der Rotation zugrunde liegt. Das ist jedenfalls unter diesem Gesichtspunkt zu untersuchen, das wäre sehr interessant. Da ist vieles noch unperfekt und wird so nicht bleiben, aber ich verstünde das als Sozialdemokratisierung, wenn man das aufheben würde. Diese Angst habe ich nicht. Deshalb bin ich da relativ entspannt und kann dann auf der Ebene sozusagen, wo man dann Machtpolitik machen muß oder Bündnisse schließen muß, relativ locker damit umgehen, und ich glaube, daß die Grünen da gegenüber der Sozialdemokratie wesentlich mehr im Trend der Geschichte und der gesellschaftlichen Entwicklung liegen. Das meint den Zerfall der großen Klassen, und das deutete ich vorhin mit meinem Mittelklassenhinweis an, in Minderheiten-Subkulturen verschiedenster Art, in soziale Bewegungen, die sehr fragil sind, in Emanzipationsbestrebungen, die gegenläufig sind, all dieses und auch der neue Regionalismus, der wieder auftaucht. Also gewissermaßen eine Entwicklung, die mehr nach innen drückt, weil nach außen expansive Tendenzen nicht mehr wirken können unter den Bedingungen thermonuklearer Blockkonfrontation. Da finde ich, sind die Grünen wesentlich moderner als die SPD, eine Partei vergangenen Typs.

Scherer: Vielleicht ist an der Selbstveränderung jedenfalls für Sozialdemokraten doch etwas dran. Denn Widersprüche auszuhalten, das widerspricht doch oft dem sozialdemokratischen Charakter.

Fischer: Ja, es widerspricht auch der Tradition der Arbeiterbewegung, also die geschlossene Faust ist etwas anderes als die spielerischen Finger, die die Dinge hinkriegen. Dies ist aus der Ausbeutungserfahrung in der Fabrik bestimmt. Ich kenne das selbst. Da bist du als Individuum wirklich der Arsch. Da bist du wirklich nur etwas, wenn alle zusammenhalten. Nur die Veränderung der Arbeitsprozesse geht eben in eine andere Richtung. Dies bietet auch eine Chance, und dies sollten die Gewerkschaften nicht nur als Schlag gegen sich empfinden. Das setzt allerdings voraus, daß die Gewerkschaften und der Gewerkschaftsapparat sich auch kulturell verändern.

Scherer: Ganz zum Schluß: Haben die Neuen Sozialen Bewegungen nicht eigentlich ihren Höhepunkt überschritten, findet nicht ein unaufhaltsamer Institutionalisierungsprozeß dieser Bewegungen statt?

Fischer: Na ja, die Bewegungen kommen immer wieder. Die These ist zur Hälfte richtig, was die Grünen und die Institutionalisierung anbetrifft. Aber ich würde die sozialen Bewegungen tiefer ansetzen. Das ist nicht nur einfach durch die grüne Partei abgetan. Das hängt spezifisch mit Deutschland zusammen. In unserem Land, der Bundesrepublik, gibt es soziale Bewegungen in einer Tradition seit 1967/68. Da gibt es im Bewegungszyklus ein Auf und Ab, und ich sehe dieses Ende auch nach der Friedensbewegung nicht. Man kann auch sagen: Für mich wäre dieser Typ sozialer Bewegung dann am Ende, wenn die Grünen gesellschaftlich hegemonial würden, wenn ein grün-rotes Bündnis, das ja im wesentlichen die Programmatik dieser Neuen Sozialen Bewegung plus die der alten reformistischen Bewegung hätte, regieren würde. Und zwar erfolgreich, dann wäre das ein Punkt. Das würde dann wirklich Veränderungen mit sich bringen. Aber solange das nicht der Fall ist, solange gewissermaßen diese Inhalte gesellschaftlich oppositionell bleiben, nicht dominant werden, solange wird es diese Neuen Sozialen Bewegungen geben. Die werden sich nur immer wieder transformieren. Das ist zweifellos richtig.

TEIL II

ÖKOSOZIALISTISCHE NEUORIENTIERUNG

Politische Schwerpunkte

1. Ökosozialistische Wirtschaftsdemokratie

Vorbemerkung

In den folgenden Beitrag sind Elemente aus den Arbeiten von Fritz Vilmar „Wirtschaftsdemokratie bei begrenztem Wachstum" (in Müller 1980, S. 67 ff.) und „Gemeinsame Aktion zur Arbeitszeitverkürzung" (in Kutsch/Vilmar 1982, S. 28 ff.) eingearbeitet worden. Teile des Textes wurden 1982 und 1983 von Michael Arndt und Holger Rogall erarbeitet (in Scherer/Vilmar 1984, S. 481 ff.). Eine ausführliche wissenschaftliche Darstellung des wirtschaftsdemokratischen Konzepts findet sich in Vilmar/Sattler 1978. Grundlegende Ausführungen zu einer ökosozialistischen Neuorientierung lieferten Johano Strasser und Klaus Traube (1981, 2. Aufl. 1984), insbesondere im 2. Teil (Die Alternative) die Abschnitte 3 (Die Wirtschaftsordnung des Ökosozialismus), 10 (Überlegungen zu einer alternativen Verkehrs- und Energiepolitik) und 12 (Die Zukunft der Arbeit).

* * *

Die seit 1974 anhaltende Wirtschaftskrise hat bereits jetzt zu der höchsten Arbeitslosigkeit seit Bestehen der Bundesrepublik geführt. Nach allen veröffentlichten Prognosen ist ihr Ende nicht abzusehen. Im Gegenteil, nach Untersuchungen des Instituts für Arbeitsmarkt- und Berufsforschung (IAB) muß 1990 mit einer Arbeitslosigkeit von bis zu vier Millionen Menschen gerechnet werden.

Von der Wirtschaftspolitik wurde die katastrophale Entwicklung des Arbeitsmarktes seit 1974 lange unterschätzt. In der Vergangenheit hat nicht nur das Unternehmertum, sondern auch die Arbeiterbewegung kritiklos ihre Hoffnungen auf die größtmöglichen Wachstumsraten gesetzt, sie hat immer den Fortschritt von der möglichst weitgehenden Entfaltung der Produktivkräfte abhängig gemacht, und in der Tat „hat die Technisierung der Arbeit ... die Menschen von einem Großteil mühseliger Plackerei entlastet und die Überwindung der drückendsten Armut in den hochentwickelten Ländern ermöglicht" (Strasser/Traube 1981, S. 42). Verstärkt hat sich diese Entwicklung nach dem Zweiten Weltkrieg fortgesetzt: Die Hoffnungen der Arbeiterbewegung, nach der „Stunde Null" eine Wirtschaftsdemokratie aufbauen zu können, wurden schnell zerschlagen. Da die Umverteilung und Neuorganisierung der Wirtschaft nicht möglich erschien, setzten auch SPD und Gewerkschaften auf ein größtmögliches wirtschaftliches Wachstum, um damit wenigstens materiellen Wohlstand und soziale Absicherung für ihre Anhängerschaft zu erreichen. Tatsächlich gelang es in den „Hyperwachstumsphasen" von 1950 bis 1960 und in den Jahren danach, die Einkommen zu vervielfachen und ein bisher in diesem Umfang unbekanntes Sozialsystem aufzubauen. So schien es für die Arbeiterbewegung nur noch eine Frage der Zeit, bis sich alle Probleme sozialer Ungleichheit von selbst gelöst haben würden. Doch die Hoffnung trog. Die Reputation der staatlichen Wachstumspolitik wurde verspielt. Die

Politiker vergaßen den Zusammenhang zwischen Wachstums- und Gesellschaftspolitik. Sie übersahen, daß ihre Politik der größtmöglichen Wachstumsraten nicht nur Freiräume ermöglichen, sondern auch vernichten kann. Jede zusätzliche Autobahn, jede zusätzliche Startbahn West und jedes zusätzliche Atomkraftwerk bedeutet für einzelne durchaus zukünftige Einkommenseffekte und somit auch Wahlmöglichkeiten. Für die Gesellschaft als Ganzes jedoch werden Entfaltungspotentiale vernichtet, da die natürliche Umwelt zerstört oder durch Anhäufung atomarer Techniken die Entfaltung unseres Lebens selbst bedroht wird.

Aus dieser Entwicklung ergibt sich die zwingende Notwendigkeit einer selektiven Wachstumspolitik, in der im Sinne der hier aufzuzeigenden Grundsätze für eine ökosozialistische Wirtschaftspolitik nach dem gesamtgesellschaftlichen Interesse ausgewählt und entschieden wird, welche materiellen und immateriellen Güter in verstärktem Maße produziert werden sollen und welche Produktionen eingestellt oder eingeschränkt werden müssen.

Solidaritäts- und Innovationsbereitschaft der Bevölkerung und der Wirtschaftspolitik müssen genutzt werden, um parallel mit der Lösung der Arbeitslosenkrise die Strukturen eines neuen und humanen Wirtschafts- und Gesellschaftssystems aufzubauen, in dem alle Menschen Arbeit finden und ein Innovationsschub alternativer Technologien für die Genesung unserer Umwelt und neuer, menschenwürdiger Produktionsstrukturen möglich ist. Eine solche ökosozialistische Gesamtstrategie muß nicht Utopie bleiben, sondern besitzt eine konkrete Realisierungschance, wenn ein Interessenbündnis zwischen der traditionellen Arbeiterbewegung und den ökologisch orientierten linken und linksliberalen Kräften zustande kommt. Die Grundwerte-Kommission beim Vorstand der SPD hat 1982 zu dieser Neuorientierung einen sehr konkreten Beitrag geliefert durch ihre Denkschrift „Die Arbeiterbewegung und der Wandel gesellschaftlichen Bewußtseins und Verhaltens" (in Eppler 1984, S. 101-170). Auf die ökologisch-wirtschaftsdemokratischen Vorschläge dieser Denkschrift wird im folgenden Bezug genommen; Seitenangaben beziehen sich auf den Sammelband: Eppler 1984.

Es muß ein Konzept entwickelt werden, das die klassischen, nach wie vor unverzichtbaren Prinzipien der Wirtschaftsdemokratie - Kontrolle wirtschaftlicher Macht (einschließlich der Vergesellschaftung der marktbeherrschenden Konzerne im Sinne des DGB-Grundsatzprogramms), Mitbestimmung der Arbeitenden auf allen Ebenen, Humanisierung der Arbeit sowie demokratische Rahmenplanung und Investitionslenkung - mit einer grundlegenden ökologischen Neuorientierung der Wirtschaftspolitik verbindet. Diese beruht auf zwei Prinzipien: auf der systematischen Arbeitszeitverkürzung (bei egalitärer Einkommenspolitik) als einzig realistischer Vollbeschäftigungspolitik bei vermindertem bzw. nur noch selektivem Wachstum und auf der Entwicklung einer „ökologischen Kreislaufwirtschaft", die der Leitidee der Umweltverträglichkeit folgt und daher nach den Grundsätzen der Erhaltung bzw. Wiederverwertung (= Kreislauf = Recycling) der Ressourcen, der Dezentralisierung und der gebrauchswertorientierten Produktion von Gütern und Dienstleistungen wirtschaftet. Die Grundwerte-Kommission hat diese beiden zusätzlichen Prinzipien wie folgt zusammengefaßt:

> „Angesichts zunehmender ökologischer Krisen und der Gefahr langfristiger Arbeitslosigkeit kommt es darauf an, eine Wirtschaftsordnung zu fördern, die den beiden Zielen
> - der Vollbeschäftigung und
> - des ökologischen Gleichgewichts
>
> gerecht wird ...
>
> Wir müssen langfristig eine Wirtschaft anstreben, in der nicht mehr an Energie und Ressourcen verausgabt wird, als durch Regeneration und ökologisch verantwortbare Innovation wiederhergestellt werden kann. Zur Wiederherstellung von Vollbeschäftigung ist es zugleich notwendig, sowohl in ökologisch verantwortbarer oder gar nützlicher Form die Nettoinvestitionen nach Möglichkeit auszubauen als auch die Arbeitszeit systematisch zu reduzieren." (S. 139)

Sie hat zugleich deutlich gemacht, daß sich diese erweiterte, ökosozialistische Konzeption der Wirtschaftsdemokratie nicht nur als Alternative zum Kapitalismus, sondern auch zum Staatssozialismus versteht:

> „Die Steigerung der Produktion wird zunehmend mit unverantwortbarem Raubbau an Energie, Ressourcen und Arbeitskraft erkauft. Damit wird die traditionelle Kapitalismuskritik der Arbeiterbewegung nicht beiseitegeschoben, sie wird um eine bislang vernachlässigte Dimension erweitert. Zur Anklage wegen der inhumanen Krisen-, Ausbeutungs- und Entfremdungstendenzen kommt die Anklage wegen der existenzbedrohenden Plünderung unseres Planeten hinzu. Diese Kritik trifft freilich nicht nur die kapitalistischen, sondern ebenso die staatswirtschaftlichen Industriesysteme, die, da die Betroffenen sich kaum wehren können, noch hemmungsloser als die privatwirtschaftlichen Systeme Ressourcen und Umwelt zerstören." (S. 136)

Die drei traditionellen Grundprinzipien der Wirtschaftsdemokratie

Die Kapitalismuskritik der Arbeiterbewegung ist in der Tat keineswegs überholt: Zwei bis drei Millionen Arbeitslose (in Westeuropa: zehn bis zwanzig Millionen) bedeuten, daß das System der kapitalistischen Wirtschaft gescheitert ist. Angesichts dieses Scheiterns der Marktwirtschaft und auch der sozialliberalen Politik bloßer Fortsetzung liberaler Marktwirtschaft mit anderen (nämlich „Globalsteuerungs"-)Mitteln ist es an der Zeit, endlich wieder ernsthaft die wirtschaftsdemokratische Alternative ins Bewußtsein zu bringen, die - wenn auch bereits verwässert - im Godesberger Programm von 1959, wesentlich konkreter im DGB-Grundsatzprogramm formuliert und in den jungsozialistischen Vorschlägen der siebziger Jahre teilweise weiter konkretisiert worden ist. Dieses Konzept habe ich an anderer Stelle im einzelnen dargestellt (vgl. Vilmar/Sattler 1978); ich übernehme hier z.T. meine Kurzfassung aus der „Theoretischen Plattform" der „Hochschulinitiative Demokratischer Sozialismus" (vgl. Die Neue Gesellschaft 7/1975, S. 583-590).

Wirtschaftsdemokratie, das heißt: primär gemeinwohl- statt profitorientierte Gestaltung der Wirtschaft, beinhaltet ein Transformationskonzept des Demokratischen Sozialismus, das die Aufhebung der strukturellen kapitalistischen Instabilitäten, Disfunktionalitäten, Inhumanitäten und Oligarchien nicht verwirklichen zu können glaubt durch einige „totale" revolutionäre Eingriffe (Totalsozialisierung; Totalplanung), sondern durch einen Prozeß begrenzter, differenzierter Umgestaltungen nach dem Prinzip der „mixed economy": Erhaltung (sogar Wiederherstellung!) funktionsfähiger marktwirtschaftlicher Dispositionsspielräume, aber Ergänzung, Veränderung, Ersetzung und gemeinwohlorientierte Steuerung von marktwirtschaftlichen Systemelementen durch
- Kontrolle unternehmerischer Macht (einschließlich möglicher Vergesellschaftung marktbeherrschender und Schlüsselunternehmen),
- Mitbestimmung der abhängig Beschäftigten auf allen Ebenen der Wirtschaft und
- volkswirtschaftliche Rahmenplanung (einschließlich indirekter oder direkter Investitionslenkung und planvoller Arbeitsmarktpolitik).

Dabei ist - ganz abgesehen von der realpolitischen Durchsetzbarkeit - das Problem der „richtigen Mischung" von markt- und plan- bzw. gemeinwirtschaftlichen Elementen innerhalb der demokratisch-sozialistischen Theoriediskussion durchaus offen; sie kann auch prinzipiell der sozioökonomischen Entwicklung und dem darin stattfindenden Erfahtungsprozeß überlassen bleiben.

Unkontrollierte Verfügungsmacht über Produktionsmittel verhindert eine Demokratisierung von Wirtschaft und Gesellschaft. Die objektive Logik der Kapital-Macht-Prozesse und die bewußte Politik kapitalistischer Interessengruppen üben einen reform- und demokratiefeindlichen Einfluß auf die politische Willensbildung und die Staatsorgane aus. Hier liegt der Kern der Klassenstruktur in unserer Gesellschaft. Für den Demokratischen Sozialismus, der davon ausgeht, daß „im demokratischen Staat ... sich jede Macht demokratischer Kontrolle fügen muß" (Godesberger Programm), stellt sich hier also die Aufgabe, die Entscheidungen über das Wie, Was und Wo von Produktion und Absatz demokratischer Kontrolle zu unterwerfen.

Kontrolle unternehmerischer Macht

Zur Kontrolle unternehmerischer Macht ist - insbesondere, wo es sich um marktbeherrschende Unternehmen handelt - nach wie vor das klassische Konzept einer Überführung in Gemeineigentum von den meisten demokratischen Sozialisten in Westeuropa anerkannt (1). Solche Vergesellschaftung sollte durchaus pluralistisch, in verschiedenen denkbaren Organisationsformen, realisiert werden, niemals jedoch als Verstaatlichung, d.h. durch zentralgesteuerte bürokratische Lenkung von Unternehmen. Vergesellschaftung muß sich leiten lassen von dem Grundsatz der Beteiligung aller Betroffenen an Kontrolle und Leitung der Unternehmen. Dies bedeutet, daß die Beteiligung verschiedener gesellschaftlicher Gruppen und staatlicher Instanzen an Kontrolle und Leitung der Unternehmen erforderlich ist. Die verschiedenen Gruppen bringen verschiedene Aspekte, Motive und Interessenlagen in die Verwaltung der Betriebe ein: die Belegschaften und ihre gewerkschaftlichen Vertreter u.a. den Aspekt der humanen Gestaltung der Arbeitsbedingungen, der gerechten Entlohnung und der Arbeitsplatzsicherung; staatliche Instanzen den Aspekt der Berücksichtigung externer Effekte von Produktion und nachfolgendem Konsum sowie der notwendigen Abstimmung mit anderen Wirtschaftstätigkeiten im Rahmen einer gesamtwirtschaftlichen Planung; möglicherweise auch Verbrauchervertreter das Interesse an guten und billigen Gütern und Dienstleistungen. Die Beteiligung so unterschiedlich motivierter Gruppen an Kontrolle und Leitung der Unternehmen macht es auch notwendig, einen neuen betriebswirtschaftlichen Erfolgsmaßstab zu entwickeln, der den Gesichtspunkt der betrieblichen Rentabilität mit dem des sozialen Nutzens verbindet.

Neben der Vergesellschaftung sind - sowohl aus praktisch-politischen wie auch aus wirtschafts- und organisationstheoretischen Gründen - auch andere, weniger direkte Formen der demokratischen Kontrolle wirtschaftlicher Macht anwendbar. So nennt das DGB-Grundsatzprogramm unter anderem: fortlaufende Erhebungen über den Umfang der Konzentrationsbewegungen und ihre Veröffentlichung, die Beseitigung konzentrationsfördernder Rechtsvorschriften (z.B. auch der entsprechenden Steuervorschriften), die Mitbestimmung der Arbeitnehmer und ihrer Gewerkschaften, die Demokratisierung und Neuordnung der Unternehmensverfassung, die Erweiterung der Publizität, die wirkungsvolle Ausgestaltung der Monopol- und Kartellkontrolle, die Mobilisierung des Wettbewerbs u.a. durch öffentliche und gemeinwirtschaftliche Unternehmen sowie den Ausbau des Systems öffentlich gebundener Unternehmen.

Für viele Klein- und Mittelunternehmen kann eine Verschärfung der Gewerbeaufsicht und Ausweitung der Mitbestimmung sinnvoller sein als Formen der Vergesellschaftung. Ergänzt werden müssen diese Maßnahmen durch einen großzügigen Ausbau der gesetzlichen Auflagen zur sozialen Sicherung der Arbeiter und Angestellten in den Betrieben, eine arbeiterfreundliche Novellierung des Arbeitsrechts, wirksame Vorkehrungen gegen Arbeitsunfälle, besondere betriebsärztliche Versorgung usw. Für weite Bereiche bieten sich auch genossenschaftliche Organisationsformen an. Eine dogmatische Festlegung auf ein Organisationsmodell für alle Zweige der Wirtschaft wird abgelehnt.

Mitbestimmung und Humanisierung der Arbeit

Was die Mitbestimmung der Arbeitenden betrifft, so geht es um gleichberechtigte Beteiligung nicht nur bei unternehmerischen (wirtschaftlichen) Entscheidungen, sondern auch bei alltäglichen betrieblichen Entscheidungen, vor allem in personellen Angelegenheiten, in der Arbeits- und Arbeitszeitorganisation und am Arbeitsplatz (unmittelbare Mitbestimmung aller Arbeitnehmer eines Arbeitsbereichs in Arbeitsgruppenbesprechungen während der Arbeitszeit). Außerdem ist die überbetriebliche Mitbestimmung der Arbeitnehmer bei der Rahmenplanung (s.u.) zu fordern. Die SPD (Münchener Parteitag 1982), die Grünen und die Gewerkschaften haben daher die Idee der Wirtschafts- und Sozialräte auf Landes- und Bundesebene wieder aufgegriffen, die drittelparitätisch zu besetzen sind.

Mehr Demokratie in der Wirtschaft bedeutet aber auch unmittelbare Selbstbestimmung der arbeitenden Menschen dort, wo sie die Wahrnehmung übergeordneter Interessen der Gesellschaft nicht gefährdet. Dies gilt vor allem für die Selbstorganisation der Arbeitsprozesse im Rahmen vereinbarter Produktionsziele (teilautonome Arbeitsgruppen). Die unmittelbare Selbstorganisation der Arbeitsgruppe ist ein bedeutsamer Schritt zur Emanzipation des arbeitenden Menschen und ein hervorragendes Feld der Einübung demokratischer und solidarischer Verhaltensweisen.

Mit einer solchen strukturellen Veränderung der Arbeitsorganisation geht die wirtschaftsdemokratische Konzeption über die Mitbestimmung hinaus zu Strategien struktureller Humanisierung der Arbeit. Deren Hauptelemente sind:

1. Schutz am Arbeitsplatz:
   - Ausbau der Sicherheit am Arbeitsplatz,
   - Abbau gesundheitsschädigender Einflüsse,
   - bessere ergonomische Anpassung der Maschinen und technischen Anlagen an die Menschen zum Abbau unnötiger und unzumutbarer Belastungen.
2. Menschenwürdigere Arbeitsorganisation:
   - weitestmögliche Verkürzung der Arbeitszeit,
   - weitestmögliche individuelle bzw. gruppenautonome Arbeitszeitgestaltung durch Mitbestimmung der Lage (Gleitzeit) und der Dauer der Arbeitszeit,
   - Ausdehnung der Erholungszeiten wie Pausen und Urlaub,
   - schrittweise Einschränkung der Nacht- und Schichtarbeit,
   - Abbau der Zerstückelung, Schematisierung und Standardisierung der Arbeitsgänge und des damit verbundenen Verlusts an Arbeitsinhalten, Erweiterung und Bereicherung der Tätigkeiten durch job rotation, job enlargement und job enrichment,
   - Abbau der Trennung von Planung, Durchführung und Kontrolle, Ausweitung des Handlungs- und Entscheidungsspielraums, vor allem durch teilautonome Gruppen,
   - Abbau der betrieblichen Hierarchien.
3. Humanisierung des betrieblichen Einkommenssystems:
   - Abflachung der Einkommenspyramide vor allem durch Festbeträge statt prozentualer Einkommenssteigerungen,
   - Abbau überflüssiger Lohn- und Gehaltsgruppen durch Verminderung der Zahl der Gruppen und Reform der Einstufungskriterien,
   - Einführung fester Mindest-Monats- bzw. Jahreseinkommen für alle Arbeitnehmer,

- Abschaffung der Akkordarbeit und strenge Limitierung möglicher prämierbarer Mehrleistung,
- volle Mitbestimmung der Arbeitsgruppen bzw. des Betriebsrates bei der Einstufung der einzelnen Arbeitnehmer in bestimmte Lohn- und Gehaltsgruppen,
- Abbau diskriminierender Einkommensungleichheit insbesondere bei jungen, weiblichen und ausländischen Arbeitnehmern,
- Garantie der Einkommenshöhe von einem bestimmten Alter an,
- Abbau von Geldäquivalenten für inhumane Arbeitsbedingungen zugunsten systematischer technologischer Humanisierung der Arbeitsbedingungen.

Demokratische Rahmenplanung, Investitionslenkung und Arbeitsmarktpolitik

Mitbestimmung und andere Formen der demokratischen Kontrolle wirtschaftlicher Macht können zu einer Demokratisierung der unternehmerischen Entscheidungsbildung in einem gesamtwirtschaftlich und gesamtgesellschaftlich vernünftigen Sinne nur führen, wenn sie an bestimmte volkswirtschaftliche und gesellschaftliche Orientierungsdaten gebunden sind. Wesenselemente einer stabilen, umweltgerechten, an den Bedürfnissen der Konsumenten und der Gesellschaft orientierten Volks- und Europawirtschaft müssen daher eine volkswirtschaftliche Rahmenplanung, eine Politik indirekter und/oder direkter Investitionslenkung und eine planvolle Arbeitsmarkt- und Arbeitszeitpolitik sein.

Diese volkswirtschaftlichen Steuerungsinstrumente wurden bereits 1963 im DGB-Grundsatzprogramm präzise definiert:

„Der Wirtschaftsprozeß ist durch eine differenzierte Volkswirtschaftliche Gesamtrechnung überschaubar zu machen, so daß die Geld- und Güterströme innerhalb der Wirtschaft und zwischen dem In- und Ausland sichtbar werden und die voraussichtlichen Auswirkungen bestimmter Einkommens- und Ausgabenänderungen beurteilt werden können.

Aus der Volkswirtschaftlichen Gesamtrechnung ist der Rahmenplan in Form eines Nationalbudgets zu entwickeln. Es enthält die Zielsetzung für die Entwicklung der Volkswirtschaft in einem bestimmten Zeitraum. An seiner Vorbereitung ist der Deutsche Gewerkschaftsbund zu beteiligen. Die Richtlinien eines solchen Nationalbudgets sind für die Organe der staatlichen Wirtschaftspolitik verbindlich. Sie geben die notwendigen Orientierungsdaten für die eigenen freien Entscheidungen in den Wirtschaftsbereichen und den Einzelwirtschaften."

Bei der Realisierung der Rahmenplanung (Nationalbudget) spielen die indirekten Beeinflussungsmöglichkeiten der Privatwirtschaft durch öffentliche Finanz-, Steuer-, Regional- und Investitionspolitik (samt „deficit spending") eine wichtige, aber zur wirksamen demokratischen Wirtschaftssteuerung nicht ausreichende Rolle. Daher ist zusätzlich eine Politik der Lenkung der privatwirtschaftlichen Investitionen durch staatliche, u.U. regional und sektoral gezielte Kredit- und Steuerpolitik, durch Veröffentlichung präziser sektoraler Bedarfs- und Nachfragevoraussetzungen und notfalls durch Formen direkter Investitionslenkung erforderlich.

Unter ökosozialistischen Aspekten gewinnt die ökologische Investitionslenkung zur Entwicklung einer Kreislaufwirtschaft mit alternativen Energien, dezentralen, umweltverträglichen Produktionsanlagen, biologischer Landwirtschaft, Förderung des öffentlichen Nahverkehrs und autofreier Stadtbereiche, Rettung der Wasser- und Lufthaushalte, der Landschaft und ihrer Wälder, Flüsse, Biotope etc. eine besondere Bedeutung im Sinne inhaltlicher statt nur quantitativer Wachstumsplanung.

Da außerdem eine Wirtschaftspolitik unter den Bedingungen sich vermindernden Wachstums eine entscheidende wirtschaftspolitische Herausforderung der Zukunft sein wird, ist eine staatliche Politik mittel- und langfristiger Vorausschau des notwendigen Arbeitskräftebedarfs, der notwendigen Weiter- und Andersqualifizierung von Arbeitskräften sowie vor allem der schrittweisen systematischen Verminderung der Arbeitszeit notwendig.

Damit sind wir bei der spezifisch ökologischen Neuorientierung im Rahmen einer Wirtschaftsdemokratiekonzeption.

Ökologische Prinzipien der Wirtschaftsdemokratie

Strategien der Arbeitszeitverkürzung

Eine zukünftige Politik des verminderten bzw. selektiven Wachstums muß einer Strategie konsequenter Arbeitszeitverkürzung Priorität einräumen. Dies ist eine unabdingbare arbeitsmarktpolitische Forderung, die zugleich dem Wunsch der meisten Arbeitenden nach mehr Freizeit entspricht. So entschieden sich 1977 bei einer EG-Meinungsumfrage, vor die Entscheidung gestellt, ob sie lieber mehr Lohn oder mehr Freizeit erhalten wollten, 55 % für mehr Freizeit und nur 35 % der Befragten für mehr Lohn. Die gewünschte Arbeitszeit liegt bei erwerbstätigen Männern bei durchschnittlich 36,9 Stunden in der Woche und bei erwerbstätigen Frauen bei 22,2 Stunden.

Um in der Bundesrepublik zwei bis drei Millionen Arbeitssuchende (wieder) zu beschäftigen, sind fünf Teilstrategien gleichzeitig zu verwirklichen:
- Allgemeine Arbeitszeitverkürzung (30-Stunden-Woche, Urlaubsverlängerung),
- rigorose Beschränkung der Überstunden,
- freiwillige Teilzeitarbeit,
- Senkung der Lebensarbeitszeit (flexible Altersgrenze, stufenweiser Ausstieg aus dem Berufsleben durch Tarifrente),
- aktive Arbeitsmarktpolitik (Förderung von Kurzarbeit, Arbeitsbeschaffungsmaßnahmen, Weiterbildung u.ä.).

Ein auf fünf bis zehn Jahre angelegtes Programm, das diese Teilstrategien der Arbeitszeitverkürzung realisiert, erspart etwa 2,8 - 4,4 Millionen Menschen die Arbeitslosigkeit:

Einführung der 35-Stunden-Woche	schafft ca. 1,2 - 1,5 Mio. neue Arbeitsplätze
Abbau der Überstunden	ca. 0,3 - 0,8 Mio.
Ausweitung der freiwilligen Teilzeitarbeit (incl. Job-Sharing)	ca. 0,5 - 1,0 Mio.
Herabsetzung der Altersgrenze	ca. 0,5 Mio.
Ausbau der Schul- und Weiterbildung	ca. 0,1 - 0,4 Mio.
Ausbau aktiver Arbeitsmarktpolitik durch Ausgleichszahlungen bei Kurzarbeit	ca. 0,2 Mio.
Insgesamt können verschiedene Teilstrategien der Arbeitszeitverkürzung in fünf bis zehn Jahren schaffen oder deren Abbau verhindern.	ca. 2,8 - 4,4 Mio. neue Arbeitsplätze

Schrittweise Verkürzung der Wochenarbeitszeit auf die 30-Stunden-Woche: Die Verkürzung der Wochenarbeitszeit zeitigt die stärksten Arbeitsmarkteffekte - eine Stunde weniger Arbeit schafft rein rechnerisch 500.000-600.000 neue Arbeitsplätze. Nach den Erfahrungen der sechziger Jahre und diversen Untersuchungen werden ca. 50 % dieser rechnerischen Größe durch Produktivitätssteigerungen (Abbau von „Vorhaltekapazitäten" und Intensivierung der Arbeit) sowie Überstunden kompensiert, so daß ein realer Beschäftigungseffekt von 250.000 bis 300.000 Arbeitsplätzen pro gesenkter Arbeitsstunde durchaus realistisch ist. Bei einer raschen Senkung der wöchentlichen Arbeitszeit auf 35 Stunden wäre also ein Beschäftigungseffekt von 1,25-1,5 Millionen realisierbar, eine Größenordnung, mit der kein staatliches Beschäftigungsprogramm mithalten kann. Doch darf die sukzessive Einführung der 35-Stunden-Woche nicht ein Fixpunkt, sondern nur Etappenziel sein. Längerfristig kann nur die Verkürzung der täglichen Arbeitszeit auf sechs Stunden als Strategie gegen steigende Arbeitslosigkeit ein ausreichendes Gegengewicht bilden. Dazu bedarf es der gemeinsamen Anstrengungen der Tarifpartner, aber auch des Staates.

Solidarische Einkommenspolitik: Die Synthese von Stabilisierung der Reallöhne und Arbeitszeitverkürzung zum Zweck der Arbeitsplatzsicherung und -beschaffung muß das Fundament einer neuen Tarifpolitik bilden. Mit Recht fordert die Grundwerte-Kommission der SPD „die Abkehr von einer Tarifpolitik der prozentualen Einkommenssteigerungen, durch die bekanntlich die Kluft zwischen den gut und schlecht Verdienenden immer größer wird. Statt dessen soll eine Tarifpolitik der Sockel- und Fixbeträge betrieben werden, durch die sich allmählich eine (durch keinerlei Leistungsprinzip mehr zu rechtfertigende) Scherenbildung in der Einkommenshierarchie abbaut. Insbesondere in der vor uns liegenden Wirtschaftsentwicklung mit voraussichtlich sehr geringen Wachstumsraten gewinnt eine Einkommenspolitik der festen Sockelbeträge zentrale gesellschaftliche Bedeutung, da die Situation des unteren, an der Armutsgrenze existierenden Drittels der Einkommensbezieher nicht länger durch die Hoffnung auf ständige allgemeine Steigerung der Realeinkommen erträglich gemacht werden kann" (Eppler 1984, S. 134).

Solange die gleichzeitigen Produktivitätssteigerungen (jährlich drei bis fünf Prozent) den „vollen Lohnausgleich" nicht erreichbar machen, ist unbedingt eine egalitäre Einkommenspolitik zur Geltung zu bringen: Anstelle einer prozentualen Einkommenspolitik der Gewerkschaften ist eine Tarifpolitik der Einkommensumverteilung auf Kosten des hochverdienenden Drittels der Einkommensbezieher (die 3.000 DM netto und mehr verdienen) durchzusetzen. Durch eine Politik der Fixbeträge müssen die Gutverdienenden relativ „benachteiligt" werden zugunsten derer, die immer noch (oft weit) unter 2.000 DM verdienen. Wenn z.B. für alle ein Fixbetrag von 200 DM tariflich ausgehandelt wird, so bedeutet dies für Arbeitende, die 2.000 DM verdienen, eine Einkommenssteigerung um 10 % (so daß voller Lohnausgleich auch bei einer Arbeitszeitverkürzung um vier Stunden noch gegeben ist!), während Höherverdienende bestenfalls noch den Inflationsausgleich erhalten. Dies fördert im übrigen auch eine wirtschaftlich sinnvolle Kaufkraftentwicklung auf Kosten der Einkommensgruppen, die durch z.T. hohe Einkommensüberschüsse wesentlich zum Verschwendungskonsum beitragen oder aber Sparquoten erbringen, die volkswirtschaftlich irrational (weil bei langsamerem Wirtschaftswachstum nicht mehr sinnvoll investiv verwendbar) sind.

Begrenzung der Überstunden: Vorrangige Aufgabe des Gesetzgebers muß eine grundlegende Novellierung der Arbeitszeitordnung sein, da die gültige Arbeitszeitordnung von einer 48-Stunden-Woche als Normalarbeitszeit plus einer möglichen Mehrarbeit von 12 Stunden ausgeht. Hierbei verdient die Forderung nach Beschränkung der Überstunden besondere Beachtung angesichts der gesellschaftspolitisch unerträglichen Situation, daß die Gesamtzahl der Überstunden in unserer Wirtschaft, die oft eine starke Überbeanspruchung für die Betroffenen darstellen, einem Arbeitskräftepotential von 0,8 - 1 Million Menschen entspricht, während gleichzeitig über zwei Millionen arbeitslos sind. Überstunden sollten zukünftig ab einer bestimmten Größenordnung nicht nur der Zustimmung des Betriebsrates, sondern auch der des Arbeitsamtes bedürfen und grundsätzlich innerhalb eines Kalenderjahres durch Freischichten bzw. zusätzlichen Urlaub „abzufeiern" sein.

Ausweitung der freiwilligen Teilzeitarbeit: Bereits heute nehmen 15 % der Beschäftigten (über 90 % davon Frauen) einen Teilzeitarbeitsplatz ein (in Schweden gibt es bereits 25 % Teilzeitbeschäftigte). Es besteht aber ein erheblicher unbefriedigter Bedarf an Teilzeitarbeitsplätzen: In Umfragen wird von 50 - 70 % der derzeit vollbeschäftigten Frauen sowie auch von 20 - 30 % der derzeit vollbeschäftigten Männer der Wunsch artikuliert, kürzer zu arbeiten. Daß Teilzeitarbeit derzeit oft schlechter bezahlt, nur im Unternehmerinteresse organisiert und daher vielfältig diskriminiert wird, ist kein Grund, ihre große wirtschaftsdemokratische Bedeutung zu leugnen: Nicht nur können durch maximale Förderung freiwilliger Teilzeitarbeit mindestens 500.000 neue Arbeitsplätze geschaffen werden; das Recht, kürzer zu arbeiten, entspricht auch dem Wertwandel einer großen Minderheit und lockert die totale Abhängigkeit der persönlichen Lebensgestaltung von der fremdbestimmten Arbeitsorganisation. (2)

Tarifrente: Nach den Vorschlägen von Ehrenberg (SPD) und der Gewerkschaft NGG soll in Zukunft die „Tarifrente" eingeführt werden. Älteren Arbeitnehmern (ab 58 Jahren) soll angeboten werden, vorzeitig aus dem Erwerbsleben auszuscheiden. Dabei sollen 68-75 % der bisherigen Bezüge (einschl. Sozialversicherung) weiter gezahlt werden. Finanziert werden soll das Programm zu 50 % als Übergangsgeld von der Bundesanstalt für Arbeit (sofern für die Ausscheidenden neue Arbeitnehmer eingestellt werden) und zu 50 % aus einem Tariffonds (Lohnverzicht).

Da bis zu 80 % der älteren Arbeitenden lieber früher aus dem Arbeitsstreß ausscheiden wollen und dadurch zugleich ca. 500.000 neue Arbeitsplätze geschaffen werden können, ist ein für die große Mehrheit sozial tragbares Konzept der Vorruhestandsregelung eine dringend erforderliche Teilstrategie. Allerdings sollte durch einen stufenweisen Übergang ins Rentenalter dafür gesorgt werden, die älteren Arbeitnehmer nicht dem berüchtigten „Rentenschock" auszuliefern (3).

Insgesamt ist das wirtschaftsdemokratische Prinzip systematischer Anpassung der Arbeitszeit an die gesellschaftlich notwendige Arbeit nur realisierbar durch einen Sozialkontrakt aller betroffenen gesellschaftlichen Interessengruppen mit dem Ziel, durch gemeinsame, koordinierte Aktivität die nachgefragte Arbeit auf alle Arbeitswilligen derart flexibel zu verteilen, daß nahezu alle einen Arbeitsplatz finden können. Die kollektiven Akteure: Gewerkschaften, Regierungen, Unternehmer(verbände) und die Gesamtheit der Arbeitenden müssen zusammenwirken.

Aktive Arbeitsmarktpolitik: Nach den Beispielen Schwedens und Österreichs muß die aktive Arbeitsmarktpolitik der Bundesrepublik drastisch ausgebaut werden. Hier sind vor allem Fort- und Weiterbildungsangebote, eine wesentlich verstärkte Hilfe bei Kurzarbeitergeldern sowie ABM-Programme zu befürworten, da sie gesamtwirtschaftlich weniger soziale Kosten verursachen als die Arbeitslosen. 300.000 bis 400.000 Arbeitsplätze sind - nach den Erfahrungen in Schweden - durch aktive Arbeitsmarktpolitik zu schaffen oder zu erhalten.

Entwicklung einer ökologischen Kreislaufwirtschaft

Das Prinzip einer ökologischen Kreislaufwirtschaft ist erstaunlicherweise in einem außergewöhnlichen Grundsatzantrag auf dem SPD-Parteitag in Berlin 1979 vorgelegt und angenommen worden (vgl. Protokoll S. 56-68). Von der Schmidt'schen SPD ist es dann schnell verdrängt worden; allerdings hat die SPD-Kommission „Ökologie und Umweltschutz" im September 1984 vieles von diesem wegweisenden Grundsatzpapier wieder aufgenommen. Die ökosozialistische Weiterentwicklung des Wirtschaftsdemokratie-Konzepts kann kaum besser dokumentiert werden als durch diesen bereits 1979 angenommenen Antrag Nr. 664 über „Grundlagen für ein ökologisch-ökonomisches Gesamtkonzept":

„Quantitative Steigerungsraten des Bruttosozialprodukts dürfen nicht alleiniger Maßstab für die Leistungsfähigkeit unserer Volkswirtschaft sein. Die Begrenztheit der Rohstoffe, die ökologische Belastung und die Sättigung von Märkten werden künftig quantitatives Wachstum nicht mehr in dem gewohnten Maße zulassen. Die Wirtschaftspolitik muß darauf mit einer Neuorientierung ihrer Zielsetzungen und Instrumente reagieren.

Die Steigerung des Bruttosozialproduktes kann nicht mehr allein Kriterium für Lebensqualität sein; sie trägt angesichts der rohstoffvergeudenden und die Ökosysteme belastenden Wegwerf- und Verschleißproduktion immer weniger zur Lösung gesellschaftspolitischer Probleme bei, im Gegenteil, häufig schafft sie diese Probleme erst. Die Wirtschaft muß daher in den ökologisch vorgegebenen Kreislauf eingebunden werden.

... Langfristig ist durch eine nicht an quantitativen Maßstäben des Wachstums ausgerichtete Raumplanung und Strukturpolitik die wirtschaftliche Umorientierung auf eine ökologische Kreislaufwirtschaft zu erreichen. Nur so können auf Dauer die biologischen, sozialen und wirtschaftlichen Grundlagen für menschliches Leben und Natur erhalten werden. Diese ökologische Kreislaufwirtschaft ... muß die nur an der Gewinnmaximierung ausgerichtete sogenannte ‚freie Marktwirtschaft' ablösen ...".

Hier sollen abschließend nur einige wenige der wirtschaftspolitischen Schlußfolgerungen verdeutlicht werden, die sich aus einer solchen grundlegenden wirtschaftsordnungspolitischen Wende ergeben. (Im zitierten Grundsatzantrag werden, sozusagen flächendeckend, wesentliche Folgerungen nicht nur für die Regionalpolitik, sondern auch für Städtebau und Landschaftsschutz, für das Verkehrs- und Beförderungssystem, für Abfallwirtschaft, Wasserversorgung, Gewässerschutz, Luftreinhaltung und Lärmdämmung zusammengefaßt.)

Ökologische Investitionslenkung

Ökologische Investitionslenkung ist etwas qualitativ anderes als die bisherigen rein quantitativen Investitionslenkungskonzepte. Durch sie können dezentrale arbeitsintensive Produktionen entwickelt werden, die die Lebensqualität verbessern und die Rohstoffabhängigkeit sowie die Umweltbelastungen durch die Wirtschaft in der Bundesrepublik verringern. In diesem Sinne formuliert der zitierte Grundsatzantrag von 1979:

„Im Bereich des Natur- und Umweltschutzes sind Investitionen in folgenden Sektoren erforderlich:
- bei der besseren Energieausnutzung, Wärmedämmung und Solartechnologie,
- bei der Abwassersanierung und der Luftreinhaltung,
- bei der Altbausanierung und Dorf- und Stadtteilerneuerung,
- bei der Humanökologie und dem menschengerechten Freizeitangebot,
- im Naturschutz und in der Landschaftspflege,
- für ökologische Nutzungsformen in der Land- und Fortwirtschaft,

- im Bereich der aktiven und passiven Lärmeindämmung,
- für Recycling von bereits aufgearbeiteten und gebrauchten Rohstoffen.

Diese Investitionen, die für eine Umstrukturierung auf eine ökologische Kreislaufwirtschaft notwendig wären, schaffen mehrere hunderttausend neue Arbeitsplätze. Ein Mehr an Produktion und Konsum bedeutet nicht notwendigerweise ein Mehr an ‚Lebensqualität'. Deshalb müssen die Weichen für eine Produktionsweise gestellt werden, die ökologisch verantwortbar ist. Dies bedeutet z.B.
- dezentrale Möglichkeit der Herstellung von Gütern,
- Ausrichtung der Produktion am realen Bedarf und an Gebrauchsgütern,
- Herstellung dauerhafter und reparaturfähiger Güter,
- Wiederverwendung von Rohstoffen in gebrauchten Gütern,
- sparsamer Einsatz von Energie und Rohstoffen,
- drastische Einschränkung der Produktion von umweltbelastenden und gesundheitsschädigenden Stoffen,
- Aufhebung von unnötiger Arbeitsteilung und Spezialisierung."

Ein oft vernachlässigter Bereich sinnvoller ökologischer Investitionspolitik ist die Land- und Forstwirtschaft. Heute betreiben wir eine Politik der Subventionierung riesiger Butterberge und Weinseen, d.h. auch einer die Natur ausbeutenden und auf Dauer zerstörenden Landwirtschaft, die mit ungeheurer Chemisierung zu Hochleistungen getrieben wird und deren teilweise unverkäufliche Erträge man dann mit Milliardensummen auf Lager legt. Auch die Forstwirtschaft betreibt Landschaftszerstörung. Wir erleben eine enorme Verminderung des landschaftserhaltenden und Erholungswertes des Waldes durch die „Verfichtung", und der „saure Regen" hat dadurch besonders vernichtende Wirkungen.

Die Alternative wäre eine Andersverwendung der „grünen" Milliardenmittel in größtem Stil: in einem großangelegten Programm zur Wiederherstellung einer lebenswerten Natur. Es könnte von denselben Landwirten realisiert werden, die heute auf sinnlose Weise subventioniert werden und die mit Aufgaben der qualifizierten Aufforstung, der Landschaftspflege, des biologischen Anbaus etc. beauftragt werden könnten.

Ökologische Lenkung der Produktgestaltung und Werbung

Ein entscheidender Lenkungsbereich ökologisch orientierter Wirtschaftsdemokratie ist die Regelung und Kontrolle einer ökologisch verantwortbaren Produktgestaltung. Hierzu gehören insbesondere:
- den VDI-Vorschriften für Elektrogeräte entsprechende Vorschriften über die zu gewährleistende Haltbarkeit und energiesparende Benutzbarkeit der wichtigsten Produktgruppen und ihrer Bestandteile;
- das Verbot jeglicher Einweg- und Wegwerfpackungen, wo immer wiederverwendbare Verpackungen eingesetzt werden können;
- das zunehmende Verbot von Produkten, Produktmaterialien und -verpackungen, die
  a) aus knappen Rohmaterialien bestehen, obwohl es andere gäbe

b) während und/oder nach der Nutzung die Umwelt wesentlich mehr schädigen als alternative;
- das Verbot von Werbung, die zum Verschwendungskonsum anreizt, insbesondere zum Konsum von neuen, an sich dauerhaften Gebrauchsgütern aus rein modischen Gründen („psychologischer Verschleiß").

Optimale Dezentralisierung

Die Notwendigkeit, schrittweise die umwelt- und demokratiegefährdenden ökonomischen Konzentrationsprozesse und Ballungszentren abzubauen, hat die Grundwerte-Kommission der SPD überzeugend begründet:

„Unter den beiden Gesichtspunkten, dem der Erhaltung der ökologischen Basis des menschlichen Lebens und dem der Erweiterung der Möglichkeiten, die Industriearbeit sinnvoll zu gestalten, ist eine teilweise Dezentralisierung unserer technisch-ökonomischen Einheiten erforderlich. Dies betrifft den Abbau der regionalen Konzentration von Produktions- und sonstigen Arbeitsstätten derselben Branche, wo die Standortbedingungen eine weitere Streuung zulassen, in bestimmten Fällen auch die Entflechtung industrieller Giganten und die bewußte Förderung kleiner und mittlerer Unternehmen. Maßnahmen dieser Art können den Bedarf an Transporten und die Belastung der Umwelt erheblich verringern, die Anwendung umweltfreundlicher und menschengerechter Technik erleichtern, die Produktion enger mit den Bedürfnissen der Verbraucher verkoppeln, die Verwundbarkeit der Gesellschaft und damit den Aufwand für Sicherheitsmaßnahmen verringern und die Überschaubarkeit der Wirtschaftsprozesse verbessern. Auf diesem Wege werden die Möglichkeiten konkreter Mitbestimmung und Selbstorganisation der Arbeitenden und anderer gesellschaftlicher Gruppen erweitert.

Wo dies ohne ökonomischen Nachteil möglich ist, sollte in Zukunft mit lokal oder regional verfügbaren Ressourcen für lokale oder regionale Abnehmer produziert werden. Auf diese Weise könnten auch Formen der Güterherstellung und Dienstleistung wieder vermehrt zur Geltung kommen, die den Abbau exzessiver Formen der Arbeitszerteilung eher ermöglichen als die großindustrielle. Maßnahmen der Dezentralisierung machen zugleich auch eine Korrektur des technologischen Entwicklungstrends notwendig. Statt immer größere und komplexere Apparaturen zu entwickeln, muß Erfindergeist vor allem auf die Entwicklung und Verbesserung relativ einfacher, energiesparender, leicht und vielseitig von kleinen Gruppen handhabbarer Technik konzentriert werden. Zwar wäre es falsch, dem unreflektierten Streben nach immer größeren Einheiten einen Dogmatismus der Kleinheit entgegenzustellen. Aber ohne eine Reduzierung der Größen können die sozialen und ökologischen Probleme, denen wir uns ausgesetzt sehen, nicht gelöst werden" (Eppler 1984, S. 141).

Dualwirtschaftliche Entwicklung der Ökonomie

Mit zunehmender Arbeitszeitverkürzung wird eine weitere Entwicklung ökosozialistischer Wirtschaftsdemokratie möglich: die schrittweise Befreiung der abhängig Arbeitenden aus der totalen Abhängigkeit von fremdbestimmter Arbeit, die Möglichkeit, durch Eigenarbeit zunehmend zur Erhaltung und sinnvollen Verwirklichung der eigenen

Existenz beizutragen. Mit Recht hebt die Grundwerte-Kommission der SPD diese sogenannte „dualwirtschaftliche" Tendenz und Chance der ökonomischen Selbstverwirklichung hervor: „Wo Arbeitszeitverkürzung ökonomisch nötig wird, nimmt die Bedeutung der Eigenarbeit zu. Eigenarbeit kann die Abhängigkeit von Fremdleistungen vermindern, Reparatur und Wiederverwendung an die Stelle des Wegwerfens setzen. Arbeit für den eigenen Verbrauch und Gebrauch kann Selbstbewußtsein stärken, Arbeit als Nachbarschaftshilfe kann soziale Beziehungen verbessern. Eigenarbeit wirkt auch der Entfremdung der Arbeit entgegen" (Eppler 1984, S. 140).

Politisches Fazit

Zusammenfassend kann man heute feststellen, daß die Sozialdemokratie zwar in vielen Einzelaspekten nicht so detailliert wie die Grünen, insgesamt jedoch mit wünschenswerter Deutlichkeit in verschiedenen ihrer Kommissionen, Parteitagsbeschlüsse und ihr nahestehenden theoretischen Ausarbeitungen die ökologische Neuorientierung der Wirtschaftspolitik im Sinne einer ökosozialistischen Wirtschaftsdemokratie zu vollziehen im Begriff ist. Wenn es richtig ist, daß nur eine solche ökologische Neuorientierung - mit oder ohne rot-grüne Bündnispolitik - der Sozialdemokratie (und dem Demokratischen Sozialismus insgesamt) eine Chance eröffnet, wieder politisch handlungs- und mehrheitsfähig zu werden, so sind in der wirtschaftsdemokratischen Programmatik hierzu wesentliche Voraussetzungen geschaffen worden. Im einzelnen allerdings ist noch Entscheidendes zu tun, und vor allem scheint es noch ein weiter Weg zu sein, bis die pragmatische Mehrheit in der Sozialdemokratie die Notwendigkeit dieser ökosozialistischen Wende mitvollzogen hat. Man kann nur hoffen, daß es dann nicht zu spät ist.

Anmerkungen

1 Die Überführung in Gemeineigentum ist durch die Artikel 14 und 15 unserer Verfassung ausdrücklich vorgesehen und im Godesberger Programm anerkannt, falls andere Mittel der demokratischen Kontrolle wirtschaftlicher Großmacht nicht ausreichen (was angesichts der multinationalen Konzernentwicklung heute kaum mehr zu bestreiten sein dürfte). Im DGB-Grundsatzprogramm wird sie für „marktbeherrschende Unternehmen" ausdrücklich gefordert.

2 Nach Untersuchungen des rheinland-pfälzischen Sozialministeriums sind 92,2 % aller Arbeitsplätze der gewerblichen Wirtschaft „technisch-organisatorisch" teilbar. Hieraus wird ersichtlich, wie groß das ungenutzte Potential von Teilzeitstellen in der Bundesrepublik ist.

3 „In der Brauerei- und Zigarettenindustrie haben Arbeitnehmer ab 55, soweit sie unter den Tarifvertrag fallen, die Chance, auf einem Teilzeitarbeitsplatz zu arbeiten. Ziel dieser Möglichkeit ist es, diesen Arbeitnehmern den allmählichen Übergang ins Rentenalter zu erleichtern. Diese Teilzeitarbeit wird selbstverständlich voll bezahlt, sonst könnte sie sich niemand leisten; Teilzeitarbeit darf nicht zu einer Arbeitszeitverkürzung ohne Lohnausgleich werden." (Nach: Berliner Stimme vom 5.6.1980)

2. Ökologische Arbeits- und Lebensmodelle

Von Reinhard Pfriem

> „Meine persönliche Ansicht ist, daß jede künftige Verbesserung der Welt sich nur auf diese Weise vollziehen kann: dadurch, daß einzelne sich für Qualität entscheiden, und durch nichts anderes. Die Begeisterung für großangelegte Programme sozialer Planung für große Menschenmassen, die die individuelle Qualität unberücksichtigt lassen, könnte meinetwegen ruhig ein wenig gedämpft werden. Die sollte man getrost eine Zeitlang auf Eis legen. Sie haben auch ihre Berechtigung, aber sie müssen auf einer Grundlage der Qualität bei den einzelnen Menschen aufbauen, denen sie gelten."
>
> Robert M. Pirsig,
> Zen und die Kunst ein Motorrad zu warten

Einige Schwierigkeiten vorweg

Ein Band zum „Ökosozialismus", zu rot-grüner Politik - ist das nicht der gefundene Ort, leicht und locker über „Wirtschaftspolitik aus der Sicht der Grünen" zu schreiben, wie der an mich formulierte Auftrag hieß? Ich glaube: nein, d.h. ich halte die Aufgabe eher für sehr kompliziert, denn ich hege die (den Verfechtern von „Ökosozialismus" gegenüber durchaus freundschaftliche) Vermutung, der von ihnen zum neuen Banner gesellschaftlichen Fortschritts erhobene Begriff könnte Probleme und Widersprüche eher zuschütten als aufdecken, und am Ende wäre vielleicht ganz anderen gedient als jenen, die ihn in guter Absicht vertreten.

Dieser Beitrag wird verfaßt nach dem erst einmal gültigen Bruch des hessischen Tolerierungsbündnisses von SPD und Grünen, der viele Befürworter einer raschen „rot-grünen Zusammenarbeit" schockiert hat - aber es sind weniger solche praktischen Erfahrungen als theoretische Skepsis, die mich hier bewegt.

Scherer und Vilmar formulieren in der Einführung dieses Buches: „Sofern bei den Grünen nicht die bloße Verweigerungs- und Aussteigerhaltung wieder überhandnimmt und die demokratischen Sozialisten die neuen Herausforderungen der Ökologie-, Alternativ-, Frauen- und Friedensbewegung aufgreifen, d.h. ihr bisheriges sozialdemokratisches Selbstverständnis ergänzen bzw. revidieren, zeichnen sich Chancen für ein dauerhaftes Bündnis und die Umrisse einer echten inhaltlichen politischen Alternative ab. Deren Zielsetzungen lassen sich unter dem Begriff des ‚Ökosozialismus' zusammenfassen." (1) Bei Johano Strasser und Klaus Traube heißt es im Vorwort ihres Buches „Die Zukunft des Fortschritts": „Die alternativen Entwicklungen, die ökologischen wie auch sozialistischen Leitbildern genügen, haben wir unter dem Begriff ‚Ökosozialismus' zusammengefaßt, den Carl Amery eingeführt hat ... Gewiß wollten wir mit dem Begriff Ökosozialismus nicht die Vorstellung von einer determinierten Zukunft wiederbeleben. Vielmehr wollten wir auch begrifflich deutlich machen, daß ein humaner Fortschritt in Zukunft nur aus einer Verbindung der emanzipatorischen Grundsätze des Sozialismus mit ökologischen Einsichten entstehen kann." (2)

Ich möchte Bedenken gegen solche Definitionsversuche anmelden, und zwar aus zweierlei Gründen: Erstens lassen sie ungeklärt, welche Beziehung der Ökosozialismus zur marxistischen oder auch im weiteren Sinne sozialistischen Theorie eigentlich einnimmt. Inwiefern ergänzt werden kann und wo revidiert werden muß, wäre gerade zu erörtern, und ein sozialdemokratisches (oder demokratisch-sozialistisches) Selbstverständnis hat sicher genügend Veranlassung, sich seiner eigenen theoretischen Gebrochenheiten zu vergewissern. Zweitens neigen solche Definitionsversuche dazu, irgendwie additiv die sozialen Bewegungen („alte" wie „neue") zusammenzufassen und ihnen ohne weitere Überprüfung eine gemeinsame theoretische Richtung unterzuschieben, wobei man sich dann je nach eigenem Gutdünken aussuchen kann, ob man eher die Theorie einer ökologisch aufgepäppelten Arbeiterbewegung oder etwas ganz anderes ins eigene Blickfeld nehmen will. Im Ergebnis führt diese Oberflächlichkeit dazu, überkommene Denk- und Argumentationsmuster fortzuschleppen, deren Hinterfragung dazu dienen könnte, neue Perspektiven zu öffnen.

Wohlgemerkt: Es geht hier nicht darum, vom Standpunkt eines ökologischen oder grünen Fundamentalismus aus ernsthaftes Bemühen in Frage zu stellen, aus sozialdemokratischer bzw. sozialistischer Tradition heraus neue Wege zu finden. Ein solcher Fundamentalismus ist, soweit etwa bei den Grünen vorhanden, politisch und theoretisch bisher mindestens ebenso wenig ausgewiesen wie der Ökosozialismus. Daß aus einer sozialistisch-kommunistischen Entwicklung kommende Grüne ebenfalls als Ökosozialisten bezeichnet werden oder sich auch selbst als solche bezeichnen, scheint mir vielmehr ein weiterer Beleg für eine Situation zu sein, in der es vielleicht (noch?) gar nicht möglich ist, bestehende Verhältnisse mit Begriffen angemessen auf ihren Begriff zu bringen.

Gewissermaßen spiegelbildlich läßt sich eine weitere Schwierigkeit beschreiben, strategische Anmerkungen zur „Wirtschaftspolitik aus der Sicht der Grünen" zu machen: Weniger noch als im praktisch-politischen und parlamentarischen Feld läßt sich theoretisch ein konsistenter Bezugsrahmen grüner Wirtschaftspolitik ausmachen. Das Sindelfinger Wirtschaftsprogramm „Sinnvoll arbeiten - solidarisch leben", das im Januar 1983 verabschiedet wurde, ist nicht nur in dem Sinne ein Übergangsprogramm, daß es verschiedene Strömungen der Grünen durch eine Reihe von Kompromissen zu einigen vermochte (z.B. in der Frage des Einkommensausgleichs bei Arbeitszeitverkürzung); es ist es vor allem mangels theoretischer Konsistenz: Aus ihm lassen sich sowohl modifizierte sozialistische Selbstverständnisse ableiten wie auch ein gegen Kapitalismus und Sozialismus versuchter „Dritter Weg" - wobei innerhalb wie außerhalb des Sindelfinger Programms die grüne Diskussion bislang noch gar keinen theoretischen Bezug auf dazu vorhandene Konzeptionen wie etwa von Ota Šik genommen hat; dies gilt nebenbei auch für meinen eigenen Versuch, vor dem Hintergrund der Sindelfinger Beschlüsse die Richtung grüner Wirtschaftspolitik zu skizzieren (3).

In der seitherigen grünen Diskussion hat sich daran im Grundsatz nichts geändert. Natürlich führen Diskussionsprozesse, die die Erarbeitung z.B. eines Gesetzentwurfs für ein neues Arbeitszeitgesetz (4) oder eines Gesetzentwurfs zur Förderung örtlicher Beschäftigungsinitiativen (5) begleiten, zur weiteren Verständigung und Präzisierung über die Richtung grüner Wirtschaftspolitik. Doch allein die kontroverse Debatte darüber, wie weit die dualwirtschaftliche Konzeption einen theoretischen und strategischen Handlungsrahmen abgeben könnte (6), mag zeigen, daß es **die** grüne Sicht von Wirtschaftspolitik keineswegs gibt.

Auch bei den Grünen beginnen die Unterschiede schon bei der Analyse. Ich möchte daher im folgenden mit einigen Bemerkungen zur Skizzierung der Problemlage beginnen. In Konsequenz meiner obigen Kritik an Oberflächlichkeiten ökosozialistischen Selbstverständnisses werde ich meine Thesen erläutern, daß der Sozialismus heute kein geeignetes Emanzipationsrubrum mehr abgeben kann, um dann deutlich zu machen, daß es nicht nur weiterhin, sondern erst recht notwendig bleibt, zu neuen Arbeits- und Lebensmodellen zu kommen. Für die Umsetzung solcher Orientierungen in Politik sind „Einstiege in den Ausstieg" zu suchen. Dazu werde ich mich mit einigen in der Diskussion befindlichen Ansätzen auseinandersetzen und im Ergebnis dieser Auseinandersetzung mögliche Wege grüner Wirtschaftspolitik beschreiben.

Zur Skizzierung der Problemlage

Wer eine ansehnliche Bibliothek einrichten will, dem würde sicher die Flut von Literatur genügen, die in den vergangenen Jahren zum Phänomen der Krise(n) veröffentlicht wurde. Meiner Ansicht nach hat die Vielzahl dieser Analysen die Möglichkeit, einen sachlich und methodisch gemeinsamen Zugang zu dem zu finden, was sich mit Krise beschreiben läßt, eher widerlegt als wahrscheinlicher gemacht. Zwar hat sich das Bewußtsein von Krise so breit entwickelt, daß sich inzwischen sogar die akademische Betriebswirtschaftslehre damit intensiver befaßt (7), weil Unternehmensentscheidungen weniger denn je isoliert betrachtet werden können; aber daß darüber, worum es bei „Krise" eigentlich geht, die unterschiedlichsten Auffassungen bestehen, zeigt sich schon bei der ersten Auffächerung in ökonomische, soziale und ökologische Krise, und innerhalb solcher Differenzierungsbereiche lassen sich wiederum die verschiedensten Akzentuierungen auftun. Das spricht für die Vermutung, „Krise" sei nicht so sehr ein eindeutig abgrenzbarer Zusammenhang objektiver Erscheinungen, sondern in hohem Maße subjektive Wahrnehmung und Verarbeitung von Störungen; und was als Störungen bzw. Defizite ausgemacht wird, diese Selektion erfolgt bei verschiedenen Gruppen oder Individuen in sehr unterschiedlicher Weise (8). Einzel- wie volkswirtschaftlich läßt sich die ökonomische Krise z.B. als Bereinigungskrise interpretieren, wenn sie nämlich vor allem verbunden wird mit dem, was gemeinhin als eine neue industrielle Revolution bezeichnet wird. Entsprechend findet man in vielen politischen Stellungnahmen der CDU und auch der SPD Formulierungen, daß es gegenwärtig auf eine Anpassung an den Strukturwandel der Wirtschaft ankomme.

Innerhalb des Rahmens der ökonomischen Krise hängen die Einschätzungen über deren Verlauf und Entwicklungsstand wesentlich davon ab, welche Indikatoren für bedeutsam gehalten werden. Diejenigen, die die anhaltende Massenarbeitslosigkeit zu den maßgebenden Indikatoren der ökonomischen Krise rechnen, werden die gegenwärtige Situation negativer einschätzen als andere, die sich auf die Entwicklung von Investitionen, Gewinnen und Bruttosozialproduktwachstum beschränken. Dabei gehen immer normative Vorstellungen ein, was denn normal sei. Ist es denn überhaupt machbar, den Vollbeschäftigungskapitalismus zu restaurieren, oder müssen wir vielmehr aufwachen aus einem „kurzen Traum immerwährender Prosperität" (9)?

Mir scheint die Vielfalt der vorliegenden Krisenliteratur hauptsächlich ein Vorzug zu sein, insofern sie verdeutlicht hat, daß in der Vergangenheit schier selbstverständliche Reaktions- und Handlungsmuster der Wirtschaftspolitik zum Teil nicht mehr für erfolgreich, zum Teil auch für gar nicht mehr wünschenswert gehalten werden.

Die Vorstellung anhaltenden und machbaren Wirtschaftswachstums band in der bundesdeutschen Nachkriegsgeschichte die dann in Fragen der Verteilung streitenden sozialen Kräfte (und politischen Parteien) zusammen; dieser Konsens manifestierte sich besonders deutlich im 1967 verabschiedeten Gesetz zur Förderung von Stabilität und Wachstum, das eine darauf gerichtete sozialdemokratische Regierungspolitik vorbereitete. Heute ist die Wachstumspolitik in doppelter Weise nicht mehr konsensual: Einerseits wird bezweifelt, ob denn die wirtschaftlichen Wachstumsraten überhaupt realisierbar sind, mit denen die Arbeitslosigkeit überwunden werden könnte, andererseits werden die Folgen eines solchen Wachstums, wenn es denn machbar wäre, in Frage gestellt - ob der zunehmende Anteil produktivitätssteigernder Investitionen und besonders der forcierte Einsatz der neuen Technologien nicht noch mehr Arbeitsplätze vernichtet; ob die doch mit der industriellen Expansion zusammenhängenden ökologischen Zerstörungen dann nicht noch größere Ausmaße annehmen würden; ob die Gesellschaft dann insgesamt eine freiere oder sich nicht eher dem „Atomstaat" angleichen würde, dessen Szenario vor einigen Jahren Robert Jungk und früher - und 1984 besonders verbreitet - George Orwell an die Wand malte.

Seitens derjenigen, die insbesondere die ökologischen Folgen des industriekapitalistischen Wachstum kritisch unter die Lupe nehmen, wird auch vor leichtfertigem Setzen auf eine expansive Umweltpolitik gewarnt. Hier bestehe, so wird argumentiert, die Gefahr einer kontraproduktiven Entwicklung des Industriesystems. „Das heißt gesamtwirtschaftlich betrachtet, daß bei fortgesetztem Wirtschaftswachstum zur Sicherung eines gegebenen Emissionsniveaus ohne grundlegende Umstrukturierung von Technologie- und Produktionsstruktur ein ständig wachsender Teil der volkswirtschaftlichen Ressourcen abgezweigt werden muß, der dann für Konsumzwecke nicht mehr zur Verfügung steht." (10)

Besonders weiterführende Gedanken der gegenwärtigen Diskussion sehe ich dort, wo über den gedanklichen Rahmen hinausgegangen wird, daß es um eine ökologische Ergänzung der bisherigen Arbeits- und Wirtschaftsweise gehe. Die Frage nach der „Zukunft der Arbeit" (11) betont den Zusammenhang zwischen Arbeitslosigkeit und den Inhalten und der Qualität von Arbeit. Nach dem praktischen Scheitern des von sozialdemokratischer Regierungspolitik auf den Weg gebrachten Programms zur „Humanisierung der Arbeit" (12) und in einer gewerkschaftspolitischen Situation, in der die Forderung nach erweiterter Mitbestimmung keinerlei Sprengkraft in dieser Richtung zu entwickeln vermag (13), kann es nicht ausreichen, nur nach der Beschaffung von Arbeitsplätzen, egal wie und wozu, zu verlangen. Die Bedingungen, Inhalte und Ergebnisse der modernen industriellen Arbeit stehen inzwischen jedenfalls so weit zur Disposition, daß Hannah Arendts Frage praktisch werden muß: Was tun wir eigentlich, wenn wir tätig sind? (14)

Im Rahmen dieser Fragestellung läßt sich eine beginnende Diskussion über die Abkehr vom Industrialismus interpretieren; sie möchte erörtert wissen, ob die von menschlicher Arbeit aufgetürmte Struktur von Techniken und Produkten sich nicht längst von dem Ziel entfernt hat, der Befriedigung menschlicher Bedürfnisse und einem schonenden Umgang mit der nichtmenschlichen Natur zu dienen. Kein sozialdemokratischer Vorwurf gegen die Grünen wird heftiger vorgetragen als jener, mit der Abkehr vom Industrialismus sollten die materiellen Grundlagen heutiger Lebensqualität beseitigt werden. Über kaum einen Begriff gibt es allerdings in der gegenwärtigen Diskussion mehr Verwirrung. Was macht eigentlich eine Industriegesellschaft aus, und inwiefern ist es vom Standpunkt einer zu entwickelnden Theorie ökologischer Wirtschaftspolitik tatsächlich vernünftig, von der Wünschbarkeit einer Entindustrialisierung bzw. der Abkehr vom Industrialismus zu sprechen?

Technisch gesehen ist Industrie „gewerbliche Produktion mit mechanischen Mitteln, unter Einschluß der maschinellen Veredelung von Rohstoffen und des Bergbaus" (15), also ein Zweig der Volkswirtschaft, der in Abgrenzung von anderen mit Umwandlung und Umformung von Stoffen zu tun hat. Dieser Prozeß ist in jedem Fall material- und energieaufwendig und entropieverstärkend (16) und hinterläßt Rückstände in Form von Abfällen und Schadstoffen.

Gesellschaftlich gesehen sind „Merkmale der Industrie ... Arbeitsteilung und Spezialisierung, Mechanisierung und Rationalisierung der Produktion. Vom Handwerk unterscheidet sich die Industrie durch eine stärkere Trennung von Leitung und Produktion, größere Betriebsstätten und die Möglichkeit, verschiedene Arten der Produktion in einem Unternehmen zu betreiben." (17)

Selbstverständlich geht es hinsichtlich der technischen Seite nicht darum, auf Industrie zu verzichten; die Technikwahl, d.h. die vielfältigen technischen Entscheidungen, die während der letzten zwei Jahrhunderte zur Bewältigung gesellschaftlicher Probleme getroffen wurden, sind freilich nicht angemessen ohne den Bezug auf ökonomische Verwertungsinteressen zu erklären, und für viele Bereiche heutiger technischer Problemlösung läßt sich zeigen, daß weniger Industrie zu größerer ökologischer und/oder sozialer Qualität führen könnte. Als Beispiele seien hier genannt:
- die Energiegewinnung und -verwendung, die durch einen konsequenten Kurs der Energieeinsparung drastisch reduziert werden könnte,
- die chemische Industrie, deren Expansion in wichtigen Teilen (z.B. pharmazeutische Industrie und Pflanzenschutz) Ergebnis einschränkbarer sozialer Probleme bzw. ökologischen Raubbaus ist,
- die neuen Kommunikationstechnologien, deren hinreichende Vermarktung im konsumptiven Bereich selbst gegen schon kräftig auf das Bedürfnis nach käuflichen Waren zurechtgestutzte Konsumentenhaltungen kaum durchgesetzt werden kann, wie die Verkabelung vorführt.

Für die gesellschaftliche Seite des Industrieprinzips erscheint dieses noch weit fragwürdiger, geht es doch vor allem um folgende Prinzipien, wie Arbeit bewältigt wird:
- arbeitsteilige berufliche Spezialisierung, die die betroffenen Menschen zu Vollstreckern von Teilaufgaben reduziert (18),
- extreme Trennung zwischen leitender und ausführender Arbeit als oberster Grundsatz wissenschaftlicher Betriebsführung, wofür nach wie vor der Name Taylor repräsentativ steht (19),
- räumliche, zeitliche und sonstige gesellschaftliche Arbeitsteilungen, die der Tendenz weg von ganzheitlichen Lebensverrichtungen entsprechen, wie die zwischen den Geschlechtern,
- Rationalisierungen, mit denen menschliche Arbeit durch Maschinerie ersetzt wird. (20)

In dem Maße, in dem die Logik der industrialisierten Arbeit keiner Einbettung in soziale Steuerungsmechanismen unterliegt, erweist sie sich als selbstzerstörerisch. Eine mögliche Strategie der Abkehr vom Industrialismus, d.h. seiner Eindämmung im Rahmen des Möglichen, wäre als bloße Defensivstrategie zur Verhinderung der neuen Technologien nicht zu entwickeln: wir stehen nicht am Nullpunkt technisch-industrieller Entwicklung und würden nur den schwerindustriellen Umgang mit der Natur (und der Menschen mit sich selbst) verteidigen, der die letzten mehr als hundert Jahre geprägt hat.

Nicht durch strukturkonservative Verteidigung des gegebenen Zustands, sondern durch eine innovative Strategie könnte der Industrialismus überwunden werden: nach seiner technischen Seite, indem die material- und energieintensiven gesellschaftlichen Problemlösungen minimiert werden, nach seiner gesellschaftlichen Seite durch Rücknahme gesellschaftlicher Arbeitsteilungen zugunsten stärker integrierter Arbeits- und Lebensverrichtungen und den Vorrang für Rationalisierungen, die ökologischen und sozialen Zielen untergeordnet sind.

Die praktischen (und theoretischen) Schwierigkeiten, an der hochgradig arbeitsteiligen industriellen Arbeit Veränderungen vorzunehmen zugunsten der Menschen, die sie auszuführen haben, sind gewiß mit dafür verantwortlich, daß die Diskussion über die Zukunft der Arbeit sich in den letzten Jahren stark auf die Beschäftigung mit der Nichterwerbsarbeit verlagert hat (21). Allerdings gibt es auch andere Gründe, ohne deren Berücksichtigung der erste denunziatorischen Charakter bekäme:
- die Kritik an der anhaltenden Mißachtung der außerhalb von bezahlter abhängiger Arbeit geleisteten gesellschaftlichen Arbeit, obwohl diese nach Schätzungen dieselbe Menge ausmacht; eine Kritik, die vor allem von der Frauenbewegung geübt wird, weil der größte Teil der unbezahlten gesellschaftlichen Arbeit (Haushalt, Kindererziehung usw.) von Frauen ausgeübt wird (22);
- die Vorstellung bzw. Hoffnung, in der Nichterwerbsarbeit könnten Elemente der individuellen Lebensentfaltung und Selbstverwirklichung leichter und umfassender verwirklicht werden als in „normaler" Erwerbsarbeit.

Gerade im Zusammenhang mit dieser stärker lebensweltlichen Orientierung gehört für mich zum Bündel dessen, was unter „Krise" thematisiert werden sollte, die schwindende Überzeugungskraft des überkommenen sozialstaatlichen Politikverständnisses (23), die (noch ganz unentwickelten) Ideen und Ansätzen von Dezentralisation und Basisdemokratie einen Raum gegeben hat, wie man ihn vor fünf bis zehn Jahren wohl nicht für möglich gehalten hätte. Ich komme auf diesen Gesichtspunkt in den beiden nachfolgenden Abschnitten noch zurück.

Insgesamt, damit möchte ich die Skizzierung der Problemlage abschließen, werden (ich behaupte, für einen zunehmenden Teil der Bevölkerung) heute weitergehende Dimensionen der Wahrnehmung gesellschaftlicher Krisenhaftigkeit aufgedeckt, die zu der Erkenntnis verleiten, daß die Krise nicht in der Störung des „Systems" liegt (zu wenig Rentabilität oder Wachstum, Arbeitslosigkeit u.ä.), sondern vielmehr in seinen Funktionsbedingungen (24). Anders: Die echte Krise würde sichtbar, wenn das „System" wieder voll funktionierte.

Der Sozialismus ist kein geeignetes Emanzipationsleitbild mehr

Ob denn die Grünen eine modifiziert sozialistische Gruppierung sind oder was sonst, darüber sind sie sich selbst sicher weder klar noch einig. Bisherige Diskussionen darüber litten fast stets unter dem

Nachteil, daß sie eher vordergründig über politischen Strömungen handelten, weniger darum, ob Sozialismus das gesellschaftliche Emanzipationsziel der Grünen ist (oder was denn sonst).

Ich möchte hier die These vertreten, daß es praktisch und auch theoretisch nicht länger sinnvoll ist, sich auf den Sozialismus zu beziehen.

Mit „praktisch" meine ich, daß die Zeit inzwischen in jedem Fall vorbei ist, sich gegen alle real existierenden Sozialismen in der Antwort auf die Frage, was wir wollen, auf das Gesellschaftsbild eines Sozialismus „an sich" zu beziehen. Es war kein Zufall, daß bei uns in der Studentenbewegung vor fünfzehn Jahren und ihren Nachläufern die Idee des Sozialismus noch einmal so viele politische Energien auf sich ziehen konnte; diese Entwicklung beruhte darauf, daß vielen China eine tatsächliche Alternative zu dem real existierenden Sozialismus sowjetischer Prägung schien. Aufgrund realer Entwicklungen wie unvoreingenommener Wahrnehmungen sind solche Hoffnungen längst vorüber, und alle, die weiterreichend andere als die hiesigen gesellschaftlichen Verhältnisse wollen, sind wieder auf die mühseligere Arbeit zurückgeworfen, solche Möglichkeiten und Perspektiven aus dem konkreten Heute zu entwickeln.

Da die Grünen auf einer auch nur annähernd geleisteten Verarbeitung der vielfältig fraktionierten sozialistischen Politik der siebziger Jahre nicht aufbauen können, halte ich die Aufgabe für immer noch unerledigt, zu klären, inwiefern die wesentlichen Theoreme sozialistischer Konzeptionen noch Geltung in Anspruch nehmen können für eine emanzipatorische Politik unter den heutigen Bedingungen. Damit eine gewisse Klärung erfolgen kann, müssen die Theoreme in der Form genommen werden, in der sie heute erscheinen; ich möchte mich daher an einigen Punkten auf den Beitrag von Michael Arndt und Holger Rogall in dem Band „Ein alternatives Sozialismuskonzept: Perspektiven des Ökosozialismus" (Scherer/Vilmar 1984) beziehen.

Dort heißt es, eine ökosozialistische Konzeption „darf jedoch nicht zu falschen Prioritätensetzungen führen, weder gibt es ein Primat der Ökonomie, noch eines der Ökologie" (25). Der Mensch benötige die materielle Produktion, um zu überleben, auf der anderen Seite verböte sich eine Produktion auf Kosten der Natur. „Somit stellen Ökonomie und Ökologie keinen ideologischen Gegensatz dar, sondern müssen wie die Farben rot und grün als Komplementärfarben betrachtet werden, die einander ergänzen." (26)

Mir scheint diese Argumentation in zweierlei Hinsicht fragwürdig zu sein. Zum einen ist mit der Einheit von Ökonomie und Ökologie bestenfalls überhaupt nichts darüber ausgesagt, wie denn diese Beziehung organisiert werden sollte und was im Konfliktfall (man denke etwa an die Auseinandersetzungen um das Kraftwerk Buschhaus oder die ökologischen Probleme bei Teilen der chemischen Industrie) denn Entscheidungskriterien sein könnten. In der umweltpolitischen Praxis dient die Formel allzuoft dazu, dringende ökologische Zielsetzungen mit dem Verweis auf die wirtschaftliche Vertretbarkeit in den Hintergrund zu rücken. Eine Theorie ökologischer Wirtschaftspolitik muß zunächst einmal aufdecken, in wie hohem Maß das heutige Niveau an Naturzerstörung bedingt ist durch die ökonomische Rationalität, einzel- und gesamtwirtschaftliche Wachstumsraten zu maximieren. Dann kann sie sich mit Strategien, Methoden und Instrumenten eines umweltverträglicheren Wirtschaftens befassen. Aus diesem Vorgehen werden sich komplizierte Abwägungsprozesse ergeben, jedenfalls keine lockeren Versöhnungsparolen. Zweitens muß bei Arndt/Rogall verwundern, wie kurzschlüssig hier Ökonomie mit Befriedigung menschlicher Bedürfnisse gleichgesetzt wird. Man sollte erwarten, gerade von sozialistischer Seite würde diese Gleichsetzung hinterfragt, stand doch an der Wiege modernen sozialistischen Gedankenguts die Kritik daran, daß die besondere gesellschaftliche Organisationsform der Ökonomie - der Kapitalismus - die Bedürfnisse wesentlicher Teile der Bevölkerung in elementarer Weise verletzt.

„Der Mensch wurde unter dem Titel Arbeit und die Natur unter dem Titel Grund und Boden vermarktet" (27); das war der Preis für die Vorstellung, die Marktwirtschaft sei ein selbstregulierender Mechanismus von Angebot und Nachfrage. Menschliche Bedürfnisse und Natur erhielten damit bloße Mittelfunktionen gegenüber ökonomischen Zielen, was die Produktionsfaktorentheorie der Betriebswirtschaftslehre für den betrieblichen Leistungserstellungsprozeß auch getreulich abbildet.

Sozialistische Theorie einschließlich der Marxschen nährte die Illusion, dieses Problem über Enteignung privaten Eigentums an den Produktionsmitteln lösen zu können. Mit dem Heraufkommen des industriellen Kapitalismus war jedoch Wesentlicheres passiert: zum ersten Mal war eine Gesellschaft entstanden, in der sich die Ökonomie von den übrigen gesellschaftlichen Sphären verselbständigte und danach trachtete, sich diese Zug um Zug alle zu unterwerfen. Diese Verwandlung vom Mittel zum Zweck gesellschaftlichen Lebens wurde legitimiert mit der Behauptung, die Maximierung des individuellen Nutzenstrebens führe zum größtmöglichen Wohl aller, wobei dieses Nutzenstreben im beschränkten Sinne ökonomischer Rationalität auf monetäre Größen festgelegt wurde.

Daraus ergab sich ein fundamentales Dilemma sozialistischer Theorie und Praxis. „Welcher Kuchen gebacken wird, steht nicht zur Disposition; es geht nur um die Verteilung der Stücke. Die etablierte Volkswirtschaftslehre handelt von Entstehung, Verwendung und Verteilung des Bruttosozialprodukts und schließt die Behauptung an, die soziale Frage beträfe das letzte." (28) Wie die Gewinnmaximierung für die industriellen Kapitalisten wurde die Lohnmaximierung für die Arbeitnehmer und ihre Gewerkschaften Ziel und Indikator menschlicher Lebensqualität.

Wenn das Paradigma des industrialistischen Wohlfahrtsmodells übernommen wird, ist der Lohn das Äquivalent für Erwerbsarbeit, jenseits der die Frage nach Lebensqualität erst gestellt werden darf. Beschäftigungsmaximierung wurde so zur heiligen Kuh, vor die sich

Sozialisten schützend stellen, wenn jemand sie antasten will. Wer dafür plädiert, die Normen der Arbeitsgesellschaft in Frage zu stellen, mit dem, so meinen offenkundig auch Arndt/Rogall, braucht man sich argumentativ gar nicht weiter auseinanderzusetzen.

So schreiben sie: „Zu den Essentials jedes Sozialismuskonzepts muß die praktische Durchsetzung des Rechts auf Arbeit gehören." (29) Sie wenden sich auch gegen Vorschläge, die sich für ein lebenslanges arbeitsloses Einkommen aussprechen: Arbeit und die damit einhergehende soziale Anerkennung und Kommunikation gehörten ebenso zum selbstverwirklichten Leben wie Feiern, Faulenzen und Lieben. Nun habe ich selbst an anderer Stelle Skepsis vorgetragen gegenüber den hier offenkundig gemeinten Vorschlägen für ein garantiertes Mindesteinkommen, weil das Vorgehen, diese Forderung ins Zentrum wirtschafts- und sozialpolitischer Anstrengungen zu rücken, der Qualität gesellschaftlichen Arbeitens und Lebens keine Bedeutung beimißt und zudem mit Kriterien sozialer Gerechtigkeit nicht ausreichend vereinbart werden kann. (30)

Gleichwohl sind hier mehrere Einwände angebracht. Den Befürwortern des garantierten Mindesteinkommens schwebt keineswegs eine Welt vor, in der die Menschen nur noch auf der faulen Haut liegen und ihnen die gebratenen Tauben in den Mund geflogen kommen. Analytisch liegt zunächst einmal die von Arndt/Rogall gar nicht vermerkte Differenzierung zwischen kapitalistischer Lohnarbeit und Eigenarbeit außerhalb des formellen Erwerbssektors zugrunde. Es ist kein akzeptables Verfahren, in Millionen von Fällen entfremdete und zerstörerische Erwerbsarbeit anthropologisch zu verklären; vielmehr sollten auch Sozialisten sich durch die Massenarbeitslosigkeit nicht den Blick auf die Bedingungen und Inhalte abhängiger Arbeit verstellen lassen.

Worauf Arndt/Rogall überhaupt nicht eingehen, ist das (in dieser Form allerdings zweifelhafte) Argument der Mindesteinkommensbefürworter, den Menschen mehr Raum zur Selbstverwirklichung außerhalb der Erwerbsarbeit zu geben, indem sie den Dingen und Tätigkeiten nachgehen, die ihnen Freude bereiten - obwohl dies in der Frage der Arbeitszeitverkürzung eine klassische sozialistische und gewerkschaftliche Argumentation ist.

Der vorherrschenden sozialistischen Theorie und Praxis ist mit Recht vorgehalten worden, die industriekapitalistische Logik „Leben, um zu arbeiten" übernommen zu haben. Es steht außer Frage, daß für viele Arbeitslose ihre erzwungene Arbeitslosigkeit eine erhebliche psychische Belastung darstellt; für alle ist sie zudem mit materiellen Einbußen verbunden. Freilich beruht die Unfähigkeit vieler Arbeitsloser, mit ihrer erzwungenen Freizeit sinnvoll umgehen zu können, wesentlich auf Zurichtung und Zerrüttung durch den kapitalistischen Arbeitsprozeß, und daher sollte es wenig Anlaß geben, in der Wiedereingliederung die Lösung des Problems zu sehen.

Selbstverständlich ist eine gerechtere Verteilung der gesellschaftlichen Erwerbsarbeit auf alle wünschenswert; von den Grünen ist aus diesem Grunde die gewerkschaftliche Bewegung für die 35-Stunden-Woche aktiv unterstützt und es sind weitere arbeitszeitpolitische Reformvorschläge in dieser Richtung unterbreitet worden. (31) Das hauptsächliche Ergebnis traditioneller sozialdemokratischer „Beschäftigungspolitik" besteht allerdings nicht in der Beseitigung von Arbeitslosigkeit zugunsten eines als kleineres Übel ausgegebenen Erwerbsarbeitsplatzes. Eher spricht vieles dafür, daß die Einlösung der im Stabilitätsgesetz niedergelegten Vollbeschäftigungsverpflichtung des Staates an Bedingungen geknüpft ist, die nur in ausnahmsweisen kapitalistischen Perioden wie der Nachkriegszeit gegeben sind.

Die gewichtigere Folge der sozialdemokratischen Politik des „Arbeit schaffen", wie es auf SPD-Parteitagen regelmäßig heißt, besteht im Verzicht auf Kritik an schädlicher und überflüssiger Arbeit und im Eintreten für erwerbsarbeitsmäßige Organisation solcher gesellschaftlicher Problemlösungen, die unter Gesichtspunkten ökologischer und sozialer Verträglichkeit besser außerhalb der kapitalistischen Marktmechanismen gefunden werden könnten. Entsprechend finden sich auch bei Vilmar mit seinen Forderungen einer ökosozialistischen Wirtschaftsstrategie des selektiven Wachstums (Arbeitszeitverkürzung, ökologisch orientiertes Zukunftsinvestitionsprogramm, ökologische Produktionsgestaltungspolitik, Arbeitsmarktpolitik) keine Vorschläge zur Wirtschaftsschrumpfung und industriellen Abrüstung, sondern nur solche der Expansion. Und entsprechend hat die SPD auf ihrem Wirtschaftsparteitag im Mai 1984 vorgeschlagen, den Rückgang von Arbeitsplätzen in der verarbeitenden Industrie durch neue Dienstleistungsarbeitsplätze zu kompensieren - während die Alternativbewegung dabei ist, außermarktliche Formen sozialer Selbsthilfe zu praktizieren.

So ist die Maximierung von Erwerbsarbeitsplätzen nichts als die „arbeitsorientierte" Kehrseite der einzel- und gesamtwirtschaftlichen Maximierung von Wachstum. In den Merkmalen von Wachstumsgesellschaft und Arbeitsgesellschaft verbinden sich kapitalistische und durch traditionelle gewerkschaftliche Politik artikulierte Arbeitnehmerinteressen. Theorie ökologischer Wirtschaftspolitik muß auch hier nach einem Paradigmenwechsel suchen: Die Sinnfälligkeit von Arbeit und Arbeitsplätzen ergibt sich nicht aus sich selbst heraus, daher ist die Forderung nach dem Recht auf Arbeit direkt falsch, sondern das Erfordernis gesellschaftlicher Arbeit wie jenes konkreter Erwerbsarbeitsplätze bemißt sich an Maßstäben des guten Lebens, über die möglichst demokratisch zu streiten wäre.

Neben der kooperativen Bindung an grundlegende Rationalitäten der industriekapitalistischen Wachstums- und Arbeitsgesellschaft haben wir eine weitere „systemische" Verwandtschaft sozialistischer Konzeptionen mit den Verhältnissen, die überwunden werden sollen, festzustellen: die mangelnde Sensibilität gegenüber dem Phänomen der Macht. Mit einer ganzen Reihe von Brechungen läßt sich das sozialstaatliche Politikverständnis, das vor allem die siebziger Jahre entscheidend geprägt hat, als Ausfluß sozialistischer Machtillusionen und als Ausdruck spezifischer Vorstellungen über gesellschaftliche Transformationsprozesse beschreiben.

Die damit in der Regel auf sozialistischer und gewerkschaftlicher Seite verbundenen politischen Vorschläge sind auch bei Vilmar wiederzufinden. Er fordert die „Ergänzung, Veränderung, Ersetzung und gemeinwohlorientierte Steuerung von marktwirtschaftlichen Systemelementen durch
- Kontrolle unternehmerischer Macht (einschließlich möglicher Vergesellschaftung marktbeherrschender und Schlüsselunternehmen),
- Mitbestimmung der abhängig Beschäftigten auf allen Ebenen der Wirtschaft und
- volkswirtschaftliche Rahmenplanung (einschließlich indirekter oder direkter Investitionslenkung und planvoller Arbeitsmarktpolitik)" (32).

Alle drei Vorschläge laufen auf eine institutionelle Erweiterung der Entscheidungsträgerschaft im Wirtschaftsprozeß hinaus, ohne (a) die Inhalte dieses Wirtschaftsprozesses zu thematisieren und (b) das Problem der Rückbindung von Arbeitnehmereliten an ihre gesellschaftliche Basis aufzuwerfen, obwohl dies doch bei allen bisherigen Versuchen sozialistischer Wirtschaftspraxis als wesentlich zutage getreten ist. Soweit gutwillige Sozialisten immer wieder gemeint haben, mit solchen erweiterten Machtpositionen der Arbeitnehmerseite einer menschlicheren Gesellschaft näher zu kommen, paßt dazu einmal die Feststellung von Habermas: „Mit der Hervorbringung von Lebensformen ist das Medium Macht überfordert." (33)

Mir scheint dahinter noch ein schwererwiegendes Problem verborgen, das den Sozialismus als tragende gesellschaftliche Konzeption heute obsolet werden läßt. Es ist kein Zufall, daß der Marxismus wie auch andere sozialistische Richtungen, die im engeren Sinne dazugehören (34), so etwas wie eine Ethik nicht für erforderlich hielten. Bei allen Differenzierungen war nämlich die grundlegende Auffassung, jenseits des Privateigentums an Produktionsmittel beginne die Herausbildung des neuen Menschen.

Heute liegen genügend Unmenschlichkeiten im Namen des Sozialismus (und auf der Grundlage enteigneten Privateigentums an Produktionsmitteln) hinter uns, um dieses Denkmuster als naiv erscheinen zu lassen. Was Marx betrifft, sind hier sicher Hinweise auf den Aufklärungsoptimismus seiner Zeit angebracht. Für die Fragen nach einer Ästhetik des guten Lebens und der Ethik und Handlungsmoral gesellschaftlicher Individuen, die heute nicht nur als philosophisch-abstrakte, sondern vor allem als konkret-praktische auf Antworten warten, bedarf es theoretischer Anstrengungen jenseits des Sozialismus.

Von der Notwendigkeit anderer Arbeits- und Lebensmodelle

Betrachtet man die den Grünen zunächst von außen aufgezwungene Frontstellung zwischen Fundamentalisten (im Sinne einer Systemopposition, die zur Vermittlung mit den gegenwärtigen Zuständen unfähig ist) und Realisten (im Sinne eher marginaler Veränderung der gegenwärtigen Zustände), die in dieser Form von den Grünen selbst allzu bereitwillig angenommen wird, so könnte man aus der Absage an den Sozialismus vielleicht ein einfaches Plädoyer für pragmatische Realpolitik ableiten.

Die Einsicht in das Scheitern überkommener Sozialismuskonzepte läßt nun keineswegs Anpassung an die bestehenden Verhältnisse als sinnvoll erscheinen. Allerdings ist mit der Absage an die sozialistische Perspektive Allgemeineres verbunden: das Denkmodell, den Kapitalismus als System eingrenzen und durch wenige systemprägende Merkmale oder gar nur eines (Privateigentum an Produktionsmitteln) definieren zu können, ist nicht länger zu halten. Ebensowenig ist die Idee länger plausibel zu verteidigen, ein „ganz anderes" Gesellschaftssystem dem industriellen Kapitalismus gegenüberzustellen. Der Wille zum System ist ein Mangel an Rechtschaffenheit, hat Nietzsche irgendwo einmal geschrieben, und dieser Satz findet hier seine Berechtigung. Die Überwindung des überkommenen gesellschaftstheoretischen Systemdenkens Kapitalismus - Sozialismus ist noch aus einem anderen Grunde überfällig: dem der Produktionsbezogenheit dieser Frontstellung. Das Denken in diesem Gegensatzpaar bewegt sich selbst im Rahmen des Leitbilds der Arbeitsgesellschaft; die Bestimmungsmerkmale der Organisation gesellschaftlicher Erwerbsarbeit dienen als hinreichende systemkennzeichnende Kriterien, und zwar die äußerlichen: Aneignung fremder Arbeit oder Zwang, die eigene Arbeitskraft zu verkaufen. In der immer gegebenen Unbestimmtheit sozialistischer Vergesellschaftungsbegriffe zeigt(e) sich, daß die tatsächlichen Elemente konkreter Lebensweise keinen konstitutiven Bestandteil der Systembeschreibung ausmachen.

Schefold hat mit Bezug auf die historische Schule den Begriff des Wirtschaftsstils wieder in die Diskussion eingeführt: „Die Definition des Wirtschaftsstils unterstellt einen engen Zusammenhang zwischen den Formen des Wirtschaftens (Arbeit, Technologie, institutioneller Rahmen, Wirtschaftsdynamik, Umgang mit der Natur) und Motiven und Werthaltungen der Menschen mit ihren kulturellen Manifestationen. Die ökonomische Theorie stellt den Zusammenhang von Wirtschaft, Gesellschaft und Umwelt dagegen nur formal verkürzt dar." (35)

Nicht wegen der allzu verbreiteten intellektuellen Eitelkeiten, die nach neuen Begriffen fahnden, um sich originär zitierfähig zu machen, sondern aus sachlichen Erwägungen möchte ich vorschlagen, von „Arbeits- und Lebensmodellen" zu sprechen, weil im Rahmen dieser Terminologie präziser hervortritt, daß - wie verselbständigt und naturwissenschaftlich mystifiziert auch immer - der Wirtschaftsstil abgeleitet ist von dem tätigen Umgang der Menschen mit sich und der nichtmenschlichen Natur (Arbeit) und dieser wiederum untrennbar verbunden ist mit den jeweils spezifischen gesellschaftlichen und individuellen Lebensvorstellungen.

Der Vorschlag, von Arbeits- und Lebensmodellen zu sprechen, will absichtsvoll auf eine größere Pluralität hinaus, d.h. zum Beispiel unterschiedlichen Arbeits- und Lebensweisen innerhalb von Ländern, die einheitlich als kapitalistisch oder sozialistisch bezeichnet werden, größere Beachtung schenken, um so auch eher Anknüpfungspunkte in der Realität zu finden für ökologisch und sozial wünschenswerte Optionen gesellschaftlichen Lebens.

Wenn wir uns nun vom gesellschaftstheoretischen Systemdenken verabschieden, kann das keineswegs heißen, daß es keine systemischen Probleme gäbe, deren Lösung weitergehende strukturelle und kulturelle Korrekturen erforderlich machte.

Die Vermarktung von Mensch und Natur, die einzel- wie gesamtwirtschaftlich mögliche Produktionszwecke als Mittel behandelt, läßt sich als Entwicklungsprozeß kennzeichnen, der eingeschränkt und tendenziell rückgängig gemacht werden muß. Das gilt auch für die operationalen Begleitmechanismen Geld und Gewinn.

In der ideologischsten Phase der etablierten Betriebswirtschaftslehre, zur Zeit höchster bundesdeutscher Prosperität, gab es eine Debatte über die Frage, welche Ziele neben dem Gewinnziel für Unternehmen ebenfalls wesentliche Geltung beanspruchen könnten (36). Selbst damals ging der Streit deutlich aus: andere Zielsetzungen werden nicht autonom verfolgt, sondern nur gekoppelt mit der Orientierung auf optimalen (d.h. nicht kurzfristig maximalen) Gewinn. Der Gewinn (arbeitnehmerseitig Lohn und Gehalt) als Leitgröße für Motivation und Leistung stabilisiert die Verselbständigung der Ökonomie gegenüber der Gesellschaft, statt ihrer Eingrenzung beizustehen. Auch ein harter Ordoliberalismus kann immer nur eingrenzend und einschränkend wirken, bleibt also grundsätzlich defensiv und reaktiv und damit von der Option entfernt, die menschlichen Innovationspotentiale direkt auf ökologische und soziale Produktionsziele hinzulenken.

Das Medium Geld hat dieselben nachteiligen Folgen wie die Gewinnorientierung. Seine Qualität, der große Gleichmacher zu sein, schaltet Qualität aus, weswegen am Anfang aller Anstrengungen um ökologische und soziale Indikatoren, d.h. der Suche nach anderen als ökonomischen Effizienzkriterien, das Problem steht, über das Medium Geld hinauszugehen. Die Kritik an der völligen Abschaffung des Geldes hat genau so wie die Kritik an der völligen Abschaffung aller Marktbeziehungen dazu geführt, Denken in dieser Richtung von vornherein der Denunziation oder Lächerlichkeit preiszugeben. Ich plädiere für den intellektuellen Mut, solche Überlegungen trotzdem anzustellen.

Auch aus diesen Gründen sei den schnellen Parolen der Vereinigung von Ökonomie und Ökologie Einhalt geboten. Wenn bisweilen (37) argumentiert wird, ökonomisches Handeln sei der haushälterische Umgang mit menschlichen und natürlichen Ressourcen, so läßt sich ein allgemeiner Geltungsanspruch dieser Definition für die menschlichen Bedürfnisse auch nicht aufrechterhalten. „Denn die Übertragung des ökonomischen Rationalprinzips auf gerade die elementarsten menschlichen Bedürfnisse macht keinen Sinn. Für die große Mehrzahl der Menschen scheint es weder wünschenswert zu sein, den Hunger mit möglichst wenig Lebensmitteln zu stillen, noch möglichst schnell zu sexueller Befriedigung zu gelangen. Daß im Rahmen industriekapitalistischer Kommerzialisierung versucht wird, die Befriedigung von Hunger und Sexualität so zu organisieren, entspringt der Systemlogik, alle menschlichen Beziehungen gewinnträchtig zu machen, keineswegs einem allgemeinen Vernunftprinzip." (38) Von einem allgemeinen Vernunftsprinzip leitet die ökonomische Theorie das ökonomische Rationalprinzip (Outputmaximierung bei gegebenem Input bzw. Inputminimierung für gegebenen Output) jedoch grundsätzlich ab. Das gute Leben der Menschen, ihre Lebenserweiterung gegenüber einem notdürftigen Dasein bringt Eigenschaften der Verausgabung und Verschwendung hervor, deren negative Bewertung viel mit der asketischen Aufstiegsideologie des Industriekapitalismus zu tun hat.

Ein weiteres systemisches Problem (das aber keineswegs auf kapitalistische Verhältnisse im überkommenen Sinn eingeschränkt werden kann) besteht in der Verselbständigung segmentierter Zweckrationalitäten in einer komplexen industriellen Gesellschaft. Freilich gibt es unendlich viele gute Gründe, sich über „den Oggersheimer" lustig zu machen, aber es wäre ein verhängnisvoller Irrtum, allein auf die begrenzten intellektuellen Kapazitäten bestimmter Politiker zurückzuführen, daß der öffentliche Diskurs ständig ideologischer wird. Man sehe sich nur die ideologischen Verkleidungen und Verkrustungen vieler grüner Diskussionen an, um die nach wie vor beliebte Naivität vielleicht doch endlich etwas mehr in Frage zu stellen. Dasselbe gilt übrigens für den Glauben an die Machbarkeit politischer Veränderungen, wenn nur die richtigen Leute dran sind (was immer heißt: „wir"). In komplexen Industriegesellschaften entwickeln sich nicht nur bei ihrer gegenwärtigen Ausgestaltung massive ökonomische und politisch-bürokratische Selbsterhaltungs- und Wachstumszwänge (39); es lohnt, sich mit dem grundsätzlichen Charakter dieser Gefahren auseinanderzusetzen. Eben diese Machbarkeitsgrenzen bei der Steuerung komplexer sozialer Systeme sind es, die nach tiefgreifenden Reformen in Richtung einer Dezentralisation gesellschaftlicher Willens- und Entscheidungsprozesse verlangen. Dafür wiederum sind ernstzunehmende strategische Entwürfe noch kaum vorhanden. Sie müßten sich auf verschiedene Problemlösungsbereiche erstrecken; als besonders kompliziert sei hier nur die Aufgabe einer Umgestaltung (oder relativer Entkopplung) der außenwirtschaftlichen Beziehungen genannt.

Einige in der Diskussion befindliche Ansätze

Manche der gegenwärtigen politischen Vorschläge ließen sich als Kommentar zu meinen Ausführungen so formulieren: warum denn alles gleich so schwarz sehen?

Im Gegenteil scheint die Konstellation von anhaltender Arbeitslosigkeit und Umweltzerstörung geradezu eine Voraussetzung dafür zu bilden, daß alles besser wird. So haben Wicke, technischer Direktor des Umweltbundesamtes, und Brunowsky, Redakteur der „Wirtschaftswoche", ihren Öko-Plan mit dem Untertitel versehen: „Durch Umweltschutz zum neuen Wirtschaftswunder" (40).

Konzepte der ökologischen Marktwirtschaft haben Konjunktur und zeichnen sich durch den Optimismus aus, daß man durch Bepreisung der Naturressourcen (was in der bisherigen Marktwirtschaft quasi „vergessen" wurde) die ökonomische und ökologische Krise bald in den Griff bekomme. Mit marktwirtschaftlichen Instrumenten (mehr Markt statt Paragraphen) sollen Erfindergeist geweckt, Arbeitsplätze durch Umweltschutz geschaffen und damit ein qualitatives Wachstum herbeigeführt werden. (41)

Die Option der ökologischen Marktwirtschaft leidet auch dort, wo sie weniger eindeutig vorgetragen wird als bei Brunowsky/Wicke (42), unter ihrer gesellschaftstheoretischen und -politischen Zurückhaltung: welche strukturellen und kulturellen Mechanismen nämlich dafür verantwortlich sind, daß es zu einer in der ganzen bisherigen Menschengeschichte unbekannten Naturzerstörung gekommen ist, wird nicht thematisiert. Wenn die Umweltzerstörung aber nicht auf das heutige Arbeits- und Lebensmodell zurückgeführt wird, „passieren" zwangsläufig Ausgrenzungen:
- im Verständnis von Umweltpolitik findet eine ökologisch unvertretbare Einschränkung auf die Sanierung von Luft, Wasser und Boden statt („Emissionsborniertheit"),
- was die ökologische Akzeptanz betrifft, werden Vorschläge gemacht, die in mählichen Schritten (man darf die Unternehmen ja nicht zu hart treffen, sonst wird's wieder dirigistisch) Emissionsminderungen anpeilen, und auf diese Weise tiefergreifende ökologische Strukturreformen verhindern („Status-quo-Orientierung").

Wie die marktwirtschaftliche Umweltpolitik kommt auch eine weitere verheißungsvolle Richtung aus den USA zu uns: die Utopie der Informationsgesellschaft als nachindustrieller Gesellschaft. So proklamiert Naisbitt Weltfrieden, Langzeitorientierung, Dezentralisation, Selbsthilfe, partizipatorische Demokratie, Vernetzung und multidimensionales Denken und Handeln als mehr oder minder zwangsläufige Abfallprodukte des weltweiten Siegeszuges der neuen Technologien (43).

So sehr es angezeigt ist, von ökologischer und grüner Seite aus mehr intellektuelle Anstrengung in die Entwicklung ökologischer und sozialer Technikoptionen für die nächsten Jahre und Jahrzehnte zu investieren, so sehr sei doch hier auch Skepsis vorgetragen gegenüber allen Programmen, die es an Mut fehlen lassen, auf die zuhauf vorliegenden skeptischen und kritischen Beiträge argumentativ einzugehen. Zweifellos erlaubt eine Reihe von technischen Substitutionen im Produktionsbereich mit Hilfe der Mikroelektronik ökologische Vorteile, und bei entsprechender Ausgestaltung ergeben sich auch für die soziale Dimension neue Perspektiven (44), aber wie durch Macht verändern sich auch durch neue Techniken keine Arbeits- und Lebensmodelle - und wenn das, was ich oben als die gesellschaftliche Seite des Industrialismus gekennzeichnet habe, nicht korrigiert wird, sind die optimistischen Prognosen von Naisbitt und anderen höchst fragwürdig. Zudem scheint mir der Computer aus ideologischen Gründen in ein falsches Licht gerückt zu werden: Eine Informationsgesellschaft schlechthin als nachindustriell zu bezeichnen, ist auch von der technischen Seite her kaum einleuchtend.

Als nichtsozialistische Alternative zur etablierten Wirtschafts- und Gesellschaftspolitik bietet sich in der Diskussion der dualwirtschaftliche Ansatz an, wobei auch hier gerechterweise vor der Konstruktion eines abgeschlossenen Systems (und dazugehöriger Vertreter) zu warnen ist. Soweit Dualwirtschaft als Begriff eines theoretisch-strategischen Ansatzes dient und nicht nur zur Kennzeichnung der „zwei Gesichter der Arbeit" (45), lassen sich allerdings die Schwerpunktsetzung der gesellschaftlichen Emanzipationsbestrebungen auf das Leben außerhalb der Erwerbsarbeit und in jüngerer Zeit der Vorschlag eines garantierten Mindesteinkommens als gemeinsam festmachen. Die Ökologisierung der Arbeits- und Lebensweise im engeren Sinne spielt bei den dualwirtschaftlichen Ansätzen eigentlich eine untergeordnete Rolle; eher läßt sich die Hoffnung herausfiltern, daß es aufgrund der vorgestellten arbeitsmarktpolitischen und sozialkulturellen Effekte zu einem naturverträglichen Verhalten der Menschen kommen wird. Mit der Option auf ein garantiertes Mindesteinkommen (bei André Gorz heißt es „Sozialeinkommen") ist bei den Dualwirtschaftlern das Plädoyer für die forcierte Entkopplung von Arbeit und Einkommen verbunden.

Abgesehen davon, daß in einiger Hinsicht diese Entkopplung gerade ein Problem der heutigen Gesellschaft darstellt (46), gibt es für das garantierte Mindesteinkommen zwei Möglichkeiten, die beide seine Realisierung wenig wahrscheinlich und/oder wünschenswert erscheinen lassen: Wird es relativ gering ausgelegt (unter 1.000 DM im Monat), so sind für den erwünschten Ausstieg aus der Arbeitsgesellschaft nur marginale Effekte zu erwarten; wird es relativ hoch ausgelegt (z.B. über 1.500 DM), so wird es aus Gründen sozialer Gerechtigkeit erst recht kaum von denen finanziert werden wollen, die es durch ihre fortgesetzte Erwerbsarbeit finanzieren sollen. Und in beiden Fällen besteht das Problem, daß ein Diskurs zur qualitativen Veränderung des Arbeits- und Lebensmodells gerade nicht in Gang kommt. So verwundert es nicht, daß bei Gorz, der sich als einziger dualwirtschaftlicher Vertreter ausführlich über die Entwicklungsperspektiven des Erwerbsarbeitssektors ausläßt, die Utopie hierfür in der Banalisierung der Industriearbeit besteht (47).

Wegen ihrer Fragestellungen sind die dualwirtschaftlichen Analysen gleichwohl ein wichtiger Bestandteil der aktuellen Debatte über mögliche Alternativen zur etablierten Wirtschaftspolitik. Um die Auseinandersetzung mit ihnen produktiver werden zu lassen, wäre zu wünschen, daß sie sich intensiver mit den Problemen der Wirtschaftsordnung, d.h. der gesellschaftlichen Steuerungs- und Koordinationsmechanismen befassen.

Wenn die real existierende Marktwirtschaft wie der real existierende Sozialismus in der Organisation der sozialen (Arbeits-, Geschlechter- usw.) Beziehungen wie in Quantität und Qualität der naturzerstörerischen Wirkungen große Verwandtschaft aufweisen, erscheint es sinnvoll, von einem Dritten Weg jenseits von Kapitalismus und Sozialismus zu sprechen. Ota Šik, der wirtschaftspolitische Reformer des Prager Frühlings von 1968, mit dem der Begriff vor allem in Verbindung gebracht wird, verweist selbst darauf, daß er von Röpke und Rüstow aus den dreißiger Jahren stammt.

Dieser Begriff des Dritten Wegs ist auch in der wirtschaftspolitischen Diskussion der Grünen aufgegriffen worden, allerdings bisher ohne Bezug auf Ota Šik und ohne genauere Ausarbeitung. Dafür ist auch hier nicht der Platz. Ich möchte aber darauf hinweisen, daß mir hinsichtlich der Organisation der gesellschaftlichen Arbeit die Diskussion von Šiks Vorschlägen sehr sinnvoll zu sein scheint, da seine Konzeption der Mitarbeitergesellschaften vor allem von dem Gedanken getragen ist, die unmittelbaren Produzenten selbst zu den Trägern der wirtschaftlichen Entscheidungen und Innovationen zu machen und den Gegensatz von Lohn- und Gewinninteressen unternehmensbezogen zu überwinden. (48) Aus der Sicht einer zu entwickelnden Theorie ökologischer Wirtschaftspolitik ist sicher eine Schwäche von Šiks Programm darin zu sehen, daß der ökologischen Dimension von Arbeit und Wirtschaft keine weitere Bedeutung eingeräumt wird und die an einigen Stellen erwähnten Umweltzerstörungen nicht in den Zusammenhang des industriellen Expansionismus und wünschenswerter Wirtschaftsverstetigungen und -schrumpfungen gestellt werden. Daraus hätte sich in der Konzeption von Ota Šik vermutlich eine stärkere Problematisierung des Gewinnziels ergeben, an dessen leitender Bedeutung für die Unternehmen er festhält, wobei seine Redeweise von Gewinnoptimierung statt -maximierung stark an die eher ideologische Terminologie der neueren deutschen Betriebswirtschaftslehre erinnert (49).

Wenn der Hauptgesichtspunkt von Elementen eines dritten wirtschaftspolitischen Weges darin zu suchen ist, die verselbständigten ökonomischen Ziele wieder einzubinden in (möglichst demokratisch ausgehandelte) ökologische und soziale Zielsetzungen, dann stellt sich instrumentell vor allem die Frage, wie nicht nur staatlicherseits das Gewinnziel beschränkende Normen gesetzt werden, sondern einzelwirtschaftlich andere Erfolgskriterien entwickelt und praktiziert werden können - solche, die die Unternehmenspolitik aus sich selbst heraus verändern.

Mögliche Wege grüner Wirtschaftspolitik

Es war meine Absicht, in diesem Beitrag vorwiegend gesellschaftstheoretische Erwägungen vorzutragen und mich der Konjunktur der schnellen Rezepte zu widersetzen. Trotzdem möchte ich zum Abschluß mögliche Zielpunkte und Handlungsfelder grüner Wirtschaftspolitik zusammenfassen. Voranschicken möchte ich eine Gegenüberstellung von herrschender Ökonomie und ökologischer Alternative, die nebenbei noch einmal deutlich macht, daß die wichtigsten Probleme und ihre Lösungsmöglichkeiten jenseits der Alternative von Kapitalismus und Sozialismus liegen:

Herrschende Ökonomie	Ökologische Alternative
Externalisierung von Kosten und Schäden	Internalisierung von Kosten und Schäden
Kurzfristplanung	Langfristplanung
(weitere) Zerstörung stofflicher Kreisläufe	möglichst geschlossene stoffliche Kreisläufe
Expansionszwang	Niveaustabilität
Standardisierung	Vielfalt
Zentralisation	Dezentralisation
Quantifizierbarkeit und Monetarisierbarkeit	Qualität

Als Anknüpfungspunkte für einen Dritten Weg ökologischer Wirtschaftspolitik sehe ich vor allem:
1. Ökologischer Umbau der gesellschaftlichen Produktion: strukturpolitische Schrumpfung überflüssiger, schädlicher, giftiger Produktionen (z.B. Rüstungsindustrie, Teile der Chemieindustrie und des Schiffbaus, Automobilindustrie), statt dessen Arbeitseinsatz in gesellschaftlichen Defizitbereichen. Das ist nicht nur wegen des selektiven Charakters keine alternative Globalsteuerung, sondern vor allem deshalb, weil voraussetzende Begleitung eines solchen Umbauprozesses der gesellschaftliche Diskurs zur Korrektur des überkommenen Arbeits- und Lebensmodells sein muß. Im Unterschied zu dem, was uns gegenwärtig als Strukturwandel der Wirtschaft angeboten wird, dem wir uns anzupassen hätten wie früher göttlichen Gesetzen, wäre der ökologische Umbau der Wirtschaft eine echte Modernisierung.
2. Ökologische Arbeitspolitik: Belegschaftsinitiativen für betriebliche Produktionsumstellungen sowie Gründung in unserem Sinne innovativer Unternehmen, Alternativprojekte und Selbsthilfeinitiativen von Arbeitslosen.
3. Arbeitsumverteilung: Arbeitszeitverkürzung und Vermehrung der individuellen Zeitsouveränität.
4. Gesellschaftliche Würdigung und Unterstützung der Nichterwerbsarbeit und entsprechender Eigeninitiativen.
5. Menschenwürdige soziale Mindestsicherung.
6. Veränderung der Informations-, Konfliktbehandlungs- und Entscheidungsbasis des Wirtschaftens (ökologische Buchhaltung für Unternehmen, volkswirtschaftliche Informationssysteme jenseits des herrschenden Bruttosozialprodukts, Produktpools und -diskurse, ökologische Unternehmensberatung, partizipatorische Mobilisierung betrieblicher Innovationspotentiale); Förderung von allem, was hilft, die Geld- und Gewinnorientierung zu überwinden. (50)

Anmerkungen

1 In diesem Band, S. 5.
2 Strasser/Traube 1981, S. 10.
3 Pfriem 1983.
4 Bundestagsdrucksache 10/2188 vom 25.10.1984.
5 Manuskript von Christian Schmidt u.a.
6 Siehe dazu Berger 1985.
7 Vgl. Staehle/Stoll 1984.
8 Siehe dazu H. Wiesenthal: „Qualitatives Wachstum" genügt nicht – Zur Begründung einer Strategie sozialer Innovationen. Überarbeitete Fassung des Referats zum 2. Hattinger Forum „Qualitatives Wachstum" – Ein Ausweg aus der Krise? vom 23.-25. November 1984 in der DGB-Bundesschule Hattingen.
9 Lutz 1984.
10 Ch. Leipert in: Verbrauchererziehung und wirtschaftliche Bildung, Münster 1984, H. 3, S. 20.
11 Siehe dazu Berger/Müller/Pfriem 1982 sowie Benseler/Heinze/Klönne 1982.
12 Siehe G. Schmidt zur Humanisierung der Arbeit, in Littek/Rammert/Wachtler 1982.
13 Wohl gerade deshalb, weil sie sich von der Frage nach den Arbeitsinhalten eher abschottet.
14 Arendt 1981.
15 So nach Gabler-Wirtschaftslexikon.
16 Zur Entropie siehe Rifkin 1982.
17 So nach Meyers Taschenlexikon.
18 Zur Möglichkeit gegenläufiger Entwicklungen siehe jetzt Kern/Schumann 1984.
19 Siehe dazu Spitzley 1980.
20 „Rationalisierung" könnte auch z.B. Reduzierung von Energieverausgabung heißen.
21 Siehe Huber 1984 und die dort angegebene Literatur.
22 Dazu C. v. Werlhof in Opielka u.a. 1983, S. 150 ff.
23 Vgl. J. Habermas in Merkur 1/1985, S. 1 ff.
24 Vgl. dazu auch Berger 1985.
25 M. Arndt/H. Rogall in Scherer/Vilmar 1984, S. 482.
26 Ebenda.
27 Polanyi 1978, S. 183.
28 Pfriem 1983, S. 178.
29 Arndt/Rogall in Scherer/Vilmar 1984, S. 483.
30 R. Pfriem in Widersprüche 1/1985, Offenbach.
31 Bundestagsdrucksache 10/2188 vom 25.10.1984.
32 In diesem Band, S. 107.
33 Habermas in Merkur 1/1985, S. 8.
34 Es ist hier nicht der Platz, mich mit dem von Fritz Vilmar diagnostizierten Marxozentrismus der Sozialismustheorien zu beschäftigen.
35 In: Binswanger/Frisch/Nutzinger 1983, S. 92.
36 Siehe dazu Heinen 1965.
37 So bei Eppler 1981, S. 181.
38 R. Pfriem in Schanz 1984, S. 361.
39 Vgl. dazu Jänicke 1981.
40 Brunowsky/Wicke 1984.

41 Siehe dazu R. Pfriem in: Kommune 12/1984, S. 31 ff.
42 Z.B. bei Binswanger/Frisch/Nutzinger 1983.
43 Naisbitt 1984.
44 Kern/Schumann 1984.
45 Huber 1984.
46 Pfriem in: Widersprüche 1/1985.
47 Gorz 1983.
48 Šik 1983.
49 Z.B. Heinen 1965.
50 Siehe dazu Freimann 1984.

3. Gewerkschaften contra Ökologie?

Von Wilfried Höhnen

Vom „Bündnis zwischen Malochern und Waldläufern"

Umweltpolitisches Bewußtsein und Engagement der Gewerkschaften sind wichtige Voraussetzungen ökologisch orientierter Reformpolitik. Gelingt es, die tatsächlichen oder vermeintlichen Gegensätze zwischen Arbeitsplatz- und Umweltinteressen in der Gewerkschaftsbewegung aufzulösen, so verbessern sich auch die Chancen, daß die neuen sozialen Bewegungen und die traditionelle Arbeiterbewegung zueinander finden, erheblich. Hierüber wird in letzter Zeit viel diskutiert und spekuliert - mit unterschiedlichen, teils gegensätzlichen Perspektiven. Die einfachste Formel fand Hans Otto Bäumer, als er von der Notwendigkeit eines „Bündnisses zwischen Malochern und Waldläufern" sprach. (Er trat als Landwirtschaftsminister von Nordrhein-Wesfalen zurück, weil er vor der Aufgabe resignierte, eine Politik im Sinne dieses Anliegens durchsetzen zu können.) Bäumers Bild suggeriert allerdings eine innere Homogenität beider Bewegungen, die nicht der Realität entspricht. Der Typ des „Waldläufers", wenn man sich ihn denn vorstellen kann, repräsentiert sicherlich nur einen Teil des bunten grün-alternativen Spektrums (und wahrscheinlich nicht einmal den größten), und umgekehrt prägt der Typ des „Malochers" nicht mehr so stark die gewerkschaftlichen Strukturen, wie es einmal der Fall war: Der Anteil der Arbeiter am Mitgliederbestand des Deutschen Gewerkschaftsbundes ist innerhalb des Jahrzehnts 1973 bis 1982, rund gerechnet, von 74 % auf 67 % geschrumpft. Peter von Oertzen sieht im typischen Wählerpotential der Grünen „einen radikal jungen, einen stärker von den Produktions- auf die Kommunikationssektoren hin orientierten und einen mit signifikant höherem Bildungsgrad charakterisierten Arbeitnehmertyp" heranwachsen, der „quasi den Arbeitnehmertypus 2020" repräsentiere und der in den nächsten zehn bis fünfzehn Jahren den „klassischen Arbeitnehmertypus" in die Minderheit drängen werde (1). Stehen wir demnach mitten in einem dialektischen Prozeß, aus dem letztlich der neue, mit der Ökologie versöhnte und ihr zugewandte Arbeitnehmer neuen Typs hervorgehen wird? Niemand weiß das heute genau. Auf jeden Fall könnte es sein, daß dieser Prozeß nicht konfliktlos verläuft. Der DGB ist bekanntlich eine Einheitsgewerkschaft, und zwar in dreierlei Hinsicht; als „Bündnis von Arbeitnehmern mit unterschiedlichen Berufen" (ein Betrieb - eine Gewerkschaft), als „Bündnis der Stände" (Arbeiter, Angestellte und Beamte) und schließlich als politisches Bündnis, das Arbeitnehmer „unterschiedlicher Religion, Weltanschauung und parteipolitischer Richtung" umfaßt (2). Diese Struktur macht die Stärke der deutschen Gewerkschaftsbewegung aus, bedingt aber auch als integrierendes und stabilisierendes Moment einen hohen Grad an Konsensfähigkeit und Kompromißbereitschaft bei der gewerkschaftspolitischen Willensbildung. Und bei aller Interessen- und Meinungsvielfalt spielt doch in Mitgliedschaft und Funktionärskörper der klassische Arbeitnehmertypus, von dem Peter von Oertzen spricht und den ich lieber als den traditionalistischen Typus bezeichnen möchte, eine immer noch sehr große und auch in jener Vielfalt vermittelnde Rolle. Wir haben uns ihn idealtypisch als Industriearbeiter (3) vorzustellen, der ein entweder bürgerlichen oder sozialdemokratischen Traditionen entsprechendes positives Verhältnis zum technischen „Fortschritt" hat, seine Interessen in einer disziplinierten, zentralistischen Gewerkschaftsorganisation am besten aufgehoben sieht und gegenüber Akademikern - und besonders linken - ein (manchmal gesundes) Mißtrauen hegt (4). Diese traditionalistische Mentalität verbindet die gewerkschaftliche Basis und die aus ihr hervorgegangene Führung im übrigen viel stärker, als manche Grün-Alternativen glauben, auch wenn auf die „Bosse" gelegentlich kräftig geschimpft wird.

Die Einheitsgewerkschaft hat bei ihrer Aufgabe, auch von Oertzens „Arbeitnehmertypus 2020" und dessen politische Avantgarde zu integrieren, eine große, vielleicht ihre größte Bewährungsprobe zu bestehen. Kann diese Integrationsaufgabe, die vorerst wohl keine soziale Integration schaffen kann, anders aussehen als die der Herstellung eines Bündnisses (so daß Hans Otto Bäumer letztlich gar nicht so falsch liegen würde, auch wenn sein „Waldläufer" eine etwas verschwommene politische Figur bleibt)? Oder anders formuliert: Ist vorerst etwas anderes denkbar als ein gewisser Grundkonsens, ein Kompromiß, an den man nur bescheidene Ansprüche stellen darf, der aber auch notwendig ist, um für den Druck zu sorgen, der zur Durchsetzung ökologisch orientierter Politik gebraucht wird? Und wo ist der strategische Ansatzpunkt für dieses Bündnis? (Hierbei ist natürlich zu berücksichtigen, daß es im bunten grün-alternativen Spektrum fundamentalistische Gruppierungen gibt, die darin nicht einbezogen werden können und dies auch nicht wollen.)

Das traditionalistische Milieu bietet gewiß keine idealen Voraussetzungen für die Entwicklung ökologischer Sensibilität. Unmittelbar und leidvoll erfahrbar sind für den „Malocher" die Belastungen und Gefahren seiner Arbeitsumwelt, von denen wiederum die meisten Grün-Alternativen sich kein Bild machen können. Das sind handfeste Sachen. Dagegen gehört es geradezu zum Wesentlichen vieler Gefährdungen des ökologischen Gleichgewichts, daß sie sich schleichend und kaum sichtbar ausbreiten und daß ihre Wahrnehmung ein hohes Maß an Empfindsamkeit, Beobachtungsgabe und Informiertheit voraussetzt - Eigenschaften, die beim traditionalistischen Typus nicht ausgeprägt sind. Der dramatische Vorgang des Artensterbens etwa bleibt nicht nur ihm meist verborgen, sondern dem Durchschnittsbürger schlechthin, der im Zweifelsfall gerade eine Taube von einer Krähe unterscheiden kann und auch eine kaputte Landschaft noch „schön" findet.

Dennoch ist nicht alles völlig hoffnungslos. Es gibt schließlich auch in der alten Arbeiterbewegung Strukturen und Traditionen, die Anknüpfungspunkte für öko-linke Politik bieten. Diejenigen, die vom Stadtrandmilieu der Arbeitersiedlungsgenossenschaften und Zechenkolonien geprägt wurden, sich in ihrer Jugend der Naturfreundebewegung angeschlossen hatten oder auch nur jene, die ihren Schrebergarten bewirtschaften (und es jetzt hier und da auch einmal ohne „Chemie" versuchen), sind für Ökologisches empfänglich. (Ich weiß beispielsweise von Hoesch-Arbeitern in Dortmund, die sich um den Vogelschutz in Grünzonen des Werksgeländes kümmern.) Es wäre jedoch verfehlt, sich Illusionen zu machen. Das Bündnis, von dem die Rede war, wird letztlich nur fest geknüpft werden können, wenn der traditionalistische Gewerkschafter die Gefahren der Umweltzerstörung aus der Interessenlage des Arbeitnehmers heraus zu begreifen lernt, d.h. erkennt, daß die Bewahrung und Wiederherstellung des ökologischen Gleichgewichts zugleich Arbeitsplätze schafft und sichert, seine Zerstörung aber letztlich auch Arbeitsplätze vernichtet. Programmatisch ist, wie im weiteren zunächst gezeigt werden soll, dafür seit langem schon der Boden bereitet.

Programmatische Entwicklungen im DGB

Der Kongreß von Oberhausen

Man kann mit Fug und Recht behaupten, der DGB habe umweltpolitische und wachstumskritische Fragen bereits offensiv aufgegriffen, lange bevor es die Ökologiebewegung gab (5). Eine Schlüsselrolle spielte dabei der Kongreß „Aufgabe Zukunft - Qualität des Lebens", der als vierte internationale Arbeitstagung der IG Metall vom 11. bis 14. April 1972 in Oberhausen stattfand. Diese Veranstaltung spiegelt wie wohl keine andere die reformpolitische Aufbruchstimmung wider, die damals in der frühen Ära der sozialliberalen Koalition herrschte. Der Kongreß der IG Metall bündelte gleichsam für einige Tage die politischen und gesellschaftlichen Kräfte, die sich in ihrer Kritik an einem rein quantitativ orientierten Wohlstandskonzept einig waren und zu qualitativen Reformen in einem sehr umfassenden Sinne aufriefen, in deren Mittelpunkt die Verwirklichung von mehr „Lebensqualität", im ökonomischen Bereich ein qualitatives Wachstum stehen sollten. Der Schlüsselbegriff der Lebensqualität umfaßte jedoch - jedenfalls im Selbstverständnis der Veranstalter - mehr als das, nämlich auch eine Demokratisierung der Gesellschaft, Kontrolle wirtschaftlicher Macht, Humanisierung der Arbeit - kurzum: Gesellschaftsreform. Ökologische Fragen wurden vom damaligen DGB-Vorsitzenden Heinz Oskar Vetter in diesen Zusammenhang gestellt, als er in seiner Eröffnungsrede sagte: „Für uns ist Umweltschutz ein gesellschaftliches Problem, das ohne die Gretchenfrage nach den Bedingungen privatwirtschaftlicher Praktiken und privater Macht gar nicht gelöst werden kann" (6).

Die starke gewerkschaftliche Resonanz auf reformpolitische Impulse war auch das Ergebnis einer besonders engen Kommunikation zwischen Gewerkschaften, Wissenschaftlern und Intellektuellen. Unter anderem rückten damals viele junge Hochschulabsolventen, die von der Studentenrevolte geprägt waren, als hauptamtliche Funktionäre in die Stäbe und Bildungseinrichtungen des DGB ein. (7) Sie setzten die Tradition der zugleich spannungsreichen wie programmatisch schöpferischen Beziehungen zwischen Basis und Avantgarde in der Arbeiterbewegung fort und fügten ihr ein weiteres Kapitel hinzu. Die Voraussetzungen hierfür waren günstig, da auch die (mehrheitlich aus SPD-Mitgliedern bestehende) aktive Basis und die aus ihr hervorgegangene Funktionärsschicht an die damalige „Wende" reformpolitische Hoffnungen und Erwartungen knüpfte.

Das DGB-Umweltprogramm

Die von Oberhausen ausgehende programmatische Entwicklung kann mit den Stichworten „DGB-Umweltprogramm" und „Qualitatives Wachstum" umschrieben werden. Wenden wir uns zunächst dem Umweltprogramm zu, das 1974 vom DGB-Bundesausschuß beschlossen wurde und 49 Thesen umfaßt (8). Mit der grundsätzlichen Feststellung, „das herrschende Wirtschaftsprinzip des privaten Gewinnstrebens" begünstige „die Entstehung und Vertiefung der Krise unserer Umwelt", greift das Programm den kapitalismuskritischen Ansatz auf, der auch in Oberhausen schon den Tenor der gewerkschaftlichen Kritik bestimmt hatte. (In diesem Punkt unterscheidet sich das Programm grundsätzlich von heutigen öko-linken Positionen, die die ökologische Problematik vornehmlich aus industrialismuskritischen Ansätzen ableiten, sie also nicht auf die kapitalistische Produktionsweise zurückführen.) Von der Grundkonzeption her betrachtet das Programm eine vorausschauende und in eine gesamtwirtschaftliche Investitionslenkung eingebettete Umweltplanung, die Verwirklichung umfassender Mitbestimmungsrechte der Arbeitnehmer und eine „Sicherung der Arbeitsplätze bei umweltpolitisch begründeten oder motivierten Voll- und Teilstillegungen" als zentrale Voraussetzung einer wirksamen Umweltpolitik, an der die Arbeitnehmer partizipieren und mit der sie sich identifizieren können. Verursacher- und Vorsorgeprinzip werden als etwa gleichrangige Grundsätze der Umweltpolitik abgehandelt.

Die Grundgedanken des Umweltprogramms fanden Eingang in das neue DGB-Grundsatzprogramm von 1981, das dem Umweltschutz ein besonderes Kapitel 23 widmet. Sein programmatischer Stellenwert wird durch die Aufnahme der Forderung nach Wiederherstellung und Erhaltung des ökologischen Gleichgewichts in einen Katalog von zehn Postulaten unterstrichen, die nach Kapitel 4 des Grundsatzprogramms die Grundlagen der von den Gewerkschaften angestrebten Wirtschaftsordnung bilden sollen.

Die Grundgedanken des Umweltprogramms und zahlreiche Einzelforderungen haben seither in einer Vielzahl von Anträgen zu den Kongressen des DGB und einzelner Mitgliedsgewerkschaften, in Stellungnahmen sowie in gewerkschaftlichen Aktivitäten in der Arbeitsgemeinschaft für Umweltfragen (Umweltforum) usw. ihren Niederschlag gefunden. Eine Beschreibung und Charakterisierung all dessen muß zwangsläufig im Rahmen typischer Beispiele bleiben. Selbstverständlich spielt der Umweltschutz am Arbeitsplatz eine zentrale Rolle. Der DGB entwickelte einen umfassenden Katalog von Forderungen zur Abwehr von Gesundheitsschäden am Arbeitsplatz durch Lärm und krebserregende Arbeitsstoffe wie Teerdämpfe, Nickelstaub und Asbest, mit denen drei bis vier Millionen Arbeitnehmer in Berührung kommen. Der Einsatz von Asbest soll schrittweise verboten werden. Mit Nachdruck hat sich der DGB auch für eine schärfere Luftreinhaltepolitik, insbesondere in den hoch belasteten Ballungsgebieten, ausgesprochen und die Novelle zur „Technischen Anleitung Luft" als unzulänglich kritisiert. Zum Thema Waldsterben gibt es ebenfalls eine bemerkenswerte Stellungnahme des DGB-Bundesvorstandes, die eine Kritik an den einschlägigen Luftreinhaltebestimmungen - insbesondere der neuen Großfeuerungsanlagenverordnung - mit einem Forderungskatalog von elf Punkten verbindet. U.a. soll die Durchführung der Emissionsschutzbestimmungen beschleunigt und die Einführung einer Schadstoffabgabe geprüft werden. (9)

Alle diese Forderungen sind sehr konkret, und nicht selten ging ihnen ein schwieriger innerorganisatorischer Interessenausgleich voraus - Sachverhalte, die es nicht erlauben, sie als programmatische Lippenbekenntnisse abzutun.

Beschäftigungskrise und Kernkraftkonflikt

Die nunmehr über zehn Jahre währende Wachstums- und Beschäftigungskrise, die Ende 1973 mit der ersten Ölpreiskrise ausbrach, bereitete den reformpolitischen Hoffnungen und Planungen ein jähes Ende. Sie hatte auch maßgeblich zur Folge, daß ein „Programm zur Finanzierung und Durchsetzung gesellschaftlicher Reformen", mit dem der DGB durch seinen 9. Ordentlichen Bundeskongreß im Juni 1972 beauftragt worden war, in Ansätzen steckenblieb. Rückblickend ist zu konstatieren, daß die Reformvorstellungen über qualitatives Wachstum hauptsächlich auf eine Umstrukturierung der Produktion in Richtung einer besseren Versorgung der Gesellschaft mit öffentlichen Gütern abzielten (der damals gängige Slogan vom Gegensatz zwischen „privatem Reichtum und öffentlicher Armut" drückte dies aus), die Möglichkeit krisenhafter Stagnationstendenzen aber kaum reflektierten. So ging z.B. der erste SPD-Langzeitprogramm-Entwurf noch von einer phantastischen realen Zuwachsrate des Bruttosozialprodukts von jahresdurchschnittlich 5 % als ökonomische Basis der angestrebten Reformpolitik bis 1985 aus. (10)

Die Beschäftigungsprobleme ließen die Wachstumskritik der Reformphase in den Hintergrund treten: Wachstum als solches erschien plötzlich wieder erstrebenswert zur Schaffung und Sicherung von Arbeitsplätzen - zumindest im Bewußtsein großer Teile der traditionalistischen Basis. Kritik an den Wachstumskritikern wurde laut. Der Unmut kam offen zum Ausbruch, als sich mit den Bürgerinitiativen gegen die Kernkraft mitten in der Krise eine radikal ökologisch orientierte Basisbewegung formierte. Deren Demonstrationen und Aktivitäten wurden - von den im kerntechnischen Bereich Beschäftigten - nicht nur als unmittelbare Bedrohung von Arbeitsplätzen empfunden, sondern auch als Gefahr für beschäftigungssicherndes Wachstum schlechthin. Dabei spielte übrigens nach meiner Einschätzung die Furcht vor dem Verzicht auf eine für die exportabhängige deutsche Wirtschaft bedeutsame „Spitzentechnologie" eine ebenso große, wenn nicht größere Rolle wie die Furcht vor einer Energieversorgungslücke. Der Konflikt kulminierte in der großen Gegendemonstration von fast 50.000 Gewerkschaftern, die am 10. November 1977 in Dortmund stattfand und die wiederum - auch im Zusammenhang mit einigen negativen Begleiterscheinungen - die helle Empörung der Kernkraftgegner hervorrief. So gingen die Emotionen hoch und hinderten jede Seite daran, die andere aus ihren existentiellen Ängsten heraus zu verstehen, und die Lobby der Atomindustrie auf der einen, die Chaoten auf der anderen Seite versuchten, aus diesem Streit Kapital zu schlagen. Die Verständigung zwischen Gewerkschaftern und Grün-Alternativen war durch diesen Ein-Punkt-Konflikt von vornherein belastet (11). Dabei entging vielen Kritikern, daß die Gewerkschaftsführung in dem Konflikt keine führende, sondern eher eine mäßigende Rolle spielte. Und zu wenig beachtet wurde auch der energiepolitische Teil des neuen DGB-Grundsatzprogramms von 1981, wo dem Energiesparen, der Entwicklung nichtnuklearer und vor allem regenerativer Energiequellen sowie der Kohlenutzung eine klare Priorität vor der Kernenergie eingeräumt wird, von der es heißt, sie sei „nur in unumgänglichem Ausmaß auszubauen." (Öko-Linke, denen an dem „Bündnis" gelegen ist, tun gut daran, diesen Grundsatzbeschluß nicht als Leerformel zu kritisieren, sondern als Fortschritt zu betrachten und aufmerksam zu verfolgen, was sich in den Gewerkschaften tut, um ihn mit konkretem Leben zu erfüllen.)

Qualitatives Wachstum

Programmatisch hat der Kernkraftkonflikt den qualitativ orientierten Reformkurs des DGB allerdings nicht beeinträchtigt:
   Im Juli 1977 veröffentlichte der DGB seine „Vorschläge zur Wiederherstellung der Vollbeschäftigung" (12). Darin fordert er - an die Reformvorstellungen der frühen siebziger Jahre anknüpfend und diese mit beschäftigungspolitischen Zielsetzungen verbindend - eine Beschleunigung des qualitativen Wachstums, „das gleichermaßen

auf die Wiederherstellung der Vollbeschäftigung und die Verbesserung der Lebensqualität ausgerichtet ist". Weiter heißt es: „Im Mittelpunkt einer solchen Wachstumspolitik stehen:
- gesellschaftlich vorrangige Bereiche, wie z.B. sozialer Wohnungsbau und Städtebau, Einrichtungen des Bildungs- und Gesundheitswesens, humane Dienstleistungen und Infrastrukturinvestitionen, öffentlicher Nahverkehr in Ballungsräumen und Umweltschutz,
- zukunftsträchtige Industriezweige mit hohen Qualifikationsanforderungen an die Arbeitnehmer und hochentwickelte Technologien."

Zitieren wir der grundsätzlichen Bedeutung dieser Aussagen entsprechend weiter:
- „Ein angemessen hohes Wirtschaftswachstum ist eine wichtige Voraussetzung für die Wiedererlangung von Vollbeschäftigung bei steigender Lebensqualität. Aus diesem Grunde setzen sich die Gewerkschaften für eine Förderung des Wirtschaftswachstums ein, ohne daß dies zu einer Beeinträchtigung der Lebensqualität, zu inhumanen Arbeitsverhältnissen und zu einer ungerechten Einkommensverteilung führen darf. Ein quantitatives Wirtschaftswachstum muß somit gleichzeitig mit einer Verbesserung der staatlichen Leistungen, des Umweltschutzes, der Arbeitsbedingungen und einer gerechteren Einkommensverteilung verbunden sein."

Auch qualitatives Wachstum soll also quantitativ „angemessen hoch" sein, und es wird auch einige Seiten später gesagt, an welche Größenordnungen man dabei denkt:
- „Eine optimale Erfüllung aller wachstumspolitischen Maßnahmen dürfte eine langfristige Förderung des wirtschaftlichen Wachstums erwarten lassen, das die durchschnittlichen Jahreszuwachsraten von 3,5 % in den Jahren 1970 bis 1975 deutlich übertreffen könnte. Es sind jedoch z.Zt. keine Wachstumsstrategien erkennbar, die längerfristig so hohe Produktionszuwächse im Verhältnis zu der gleichzeitigen Entwicklung der Arbeitsproduktivität erwarten lassen, daß ein weiterer Rückgang der Arbeitsplätze im privaten Wirtschaftssektor (Industrie und private Dienstleistungen zusammen) ausgeschlossen werden kann. Aus diesem Grunde ist eine zusätzliche Beschäftigungsförderung im Bereich der öffentlichen Infrastrukturvorhaben sowie der sozialen Dienstleistungen in dem Umfang wünschenswert, wie auf beiden Gebieten noch ungesättigte Bedürfnisse bestehen. Es ist ferner unbestritten, daß diese Maßnahmen auch eine zusätzliche Förderung des allgemeinen Wirtschaftswachstums bewirken."

Man spürt, daß hier definitorisch nach einer Kompromißformel gesucht wird, um die dem traditionalistischen Selbstverständnis entsprechenden Wachstumsvorstellungen mit den neuen Ideen zu verbinden und dabei auch den technologischen Modernisierungsaspekt einzubinden. Zugleich klingt aber eine realistische Skepsis an, denn das Programm macht deutlich, daß sich die Gewerkschaften heute auch von qualitativem Wachstum allein keine Wiederherstellung der Vollbeschäftigung versprechen, sondern eine Verkürzung der Arbeitszeit und eine soziale Beherrschung der Produktivitätsentwicklung als unverzichtbare weitere Teilstrategien eines Vollbeschäftigungskonzepts betrachten.

Zur Genugtuung der Gewerkschaften entsprach die Regierung Schmidt für einige Jahre den Forderungen nach einer beschäftigungssichernden Finanzpolitik, die für qualitatives Wachstum sorgt: Von 1977 bis in das Jahr 1981 hinein lief ein „Programm für Zukunftsinvestitionen" (ZIP), das zunächst nur mit 8 bis 10 Mrd. DM ausgestattet werden sollte, nicht zuletzt auf Drängen des DGB aber letztlich auf ein Volumen von 20 Mrd. DM aufgestockt wurde. Mit dem Programm - das im übrigen die konservativ regierte Mehrheit der Bundesländer mittrug - wurden in den Schwerpunktbereichen Verbesserungen im Verkehrssystem/Rationelle und umweltfreundliche Energieverwendung/Wasserwirtschaftliche Zukunftsvorsorge/Verbesserung der Wohnumwelt/Berufsbildung zahlreiche Projekte verwirklicht, die demonstrierten, daß durch eine Verbesserung der Lebens- und Umweltqualität Arbeitsplätze geschaffen werden können. (Ein Beispiel war das Teilprogramm zur Gewässersanierung von Rhein und Bodensee mit einem Investitionsvolumen von insgesamt 3,5 Mrd. DM.)

Das ZIP war die Initialzündung eines recht beachtlichen Wirtschaftsaufschwungs: Von 1977 bis 1980 stieg die Zahl der Beschäftigten in der Bundesrepublik um über 900.000. Davon waren nach Berechnungen des Deutschen Instituts für Wirtschaftsforschung in Berlin allein 300.000 zusätzliche Arbeitsplätze auf Maßnahmen beschäftigungssichernder Finanzpolitik zurückzuführen, in deren Mittelpunkt das ZIP stand. Der DGB hielt das Programm für so bedeutsam, daß er eine Umfrage bei den DGB-Landesbezirken und -Kreisen durchführte, um Probleme, Erfahrungen und Vorschläge zusammenzutragen und auszuwerten, die sich aus der praktischen Umsetzung des ZIP ergaben. Die Ergebnisse trugen dazu bei, einige Behauptungen zu widerlegen, die über das Programm umliefen, z.B. daß es an geeigneten Projekten mangele oder daß eine beträchtliche Zahl von Projekten durch Bürgerinitiativen behindert werde (13).

Die mit der zweiten Ölpreiskrise 1980 einsetzende Rezession beendete diese positive Entwicklung: Schon unter der sozialliberalen Koalition ging die Wirtschafts- und Finanzpolitik auf jenen Restriktionskurs, der der Konsolidierung der öffentlichen Haushalte und der inneren und äußeren Währungsstabilisierung Priorität vor Beschäftigungsstabilisierung und qualitativem Wachstum einräumt und der von der regierenden Rechtskoalition auch ideologisch zum Prinzip erhoben und verschärft fortgeführt wurde (und wird).

Für den DGB war der erneute Kriseneinbruch ein Anlaß, auf eine energische Fortsetzung der mit dem ZIP begonnenen Politik zu drängen. Er forderte im März 1981 ein zunächst auf fünf Jahre ausgerichtetes „Investitionsprogramm zur Sicherung der Beschäftigung durch qualitatives Wachstum", das unter finanzieller Beteiligung aller Gebietskörperschaften mit insgesamt 50 Mrd. DM dotiert sein sollte. Der DGB beschränkte sich dabei nicht auf die - bis dahin übliche - Nennung von globalen qualitativen Wachstumsfeldern, sondern konkretisierte das Programm bis in die Details in sechs Schwerpunkten (Energiesparen und rationelle Energieverwendung/Wohnungs- und Städtebau/Verkehr/Umwelt/Bildung und berufliche Bildung/Forschung und Technologie) mit insgesamt 26 Unterpunkten. Auch dieses Programm spiegelt naturgemäß die Meinungs- und Interessenpluralität im DGB bis zu einem gewissen Grad wider. (Die Förderung von Kohleveredlungsverfahren und der „bedarfsgerechte" Ausbau von Wasserstraßen, die als Unterpunkte genannt sind, finden gewiß nicht den Beifall von Öko-Linken. Ansonsten werden sie jedoch durchweg auf Forderungen stoßen, mit denen sie sich identifizieren können.) (14)

Es ist vielleicht vermessen zu behaupten, die Gewerkschaften hätten auch hier wieder, wie schon 1972, den Vorreiter gespielt. Tatsache ist jedoch, daß fast zwei Jahre später, im Januar 1983, auch die Grünen in ihrem wirtschaftspolitischen Sofortprogramm von Sindelfingen ein (Unter)Programm für „ökologische und soziale Investitionen" (Kürzel: ÖSZIP) präsentierten, das in die gleiche Richtung wie das DGB-Programm zielt und trotz aller Unterschiede hinsichtlich stärkerer alternativer und ökologischer Profilierung viele Berührungspunkte mit den DGB-Forderungen aufweist (15). Das Sindelfinger Sofortprogramm zeigt, daß die neuen sozialen Bewegungen ihre punktuelle Orientierung hinter sich gelassen haben und zu umfassenden programmatischen Ansätzen gelangen, die Möglichkeiten eines Dialogs mit den Gewerkschaften eröffnen, wenn es an pragmatischer Kompromißbereitschaft nicht mangelt.

Zum 50-Milliarden-Programm des DGB und dem ÖSZIP der Grünen hat sich mittlerweile ein drittes Beispiel gesellt: das im Mai 1983 von dem hessischen Umweltminister Karl Schneider vorgestellte Investitionsprogramm „Arbeit und Umwelt", mit dem durch Investitionen in zehn thematisch relevanten Schwerpunktbereichen bis 1990 - einschließlich Multiplikatorwirkungen - nach den vorgelegten Berechnungen 760.000 Arbeitsplätze geschaffen werden könnten (16). Auch dieses Programm zeichnet sich durch eine teilweise bis in Einzelprojekte umsetzbare Konkretisierung aus. Stärker ökologisch orientiert als das DGB-Programm, aber frei von alternativen Rigorismen, deutet „Arbeit und Umwelt" tragfähige Kompromißmöglichkeiten an.

Wie der Umweltschutz wurde auch das Ziel qualitativen Wachstums in das neue DGB-Grundsatzprogramm von 1981 aufgenommen.

Anzeichen von Bewußtseinswandel

Es gibt Anzeichen dafür, daß die programmatische Fundierung und die politische Konkretisierung ökologisch orientierter Reformpolitik in den Gewerkschaften auch von einem Bewußtseinswandel begleitet ist, der über die im DGB organisierten „neuen" Arbeitnehmerschichten hinaus weite Teile der traditionalistischen Basis zu erfassen beginnt. Dazu hat die Verschärfung der Wirtschafts- und Umweltkrise seit Beginn der achtziger Jahre beigetragen.

Die erneute schwere Rezession, die die kapitalistischen Industrieländer im Sog der zweiten Ölpreiskrise erfaßte, hat das reale Sozialprodukt in der Bundesrepublik und anderen Ländern im Durchschnitt mehrere Jahre sinken lassen, und die ohnehin noch auf hohem Sockel befindliche Arbeitslosigkeit ist dramatisch gestiegen - in der Bundesrepublik mit über 2 Millionen registrierten Arbeitslosen auf ein doppelt so hohes Niveau im Vergleich zur vorangegangenen Krise 1974/ 1975. Es scheint, daß diese Entwicklung dazu beigetragen hat, daß eine realistische und mithin skeptische Einschätzung der weiteren Wachstumsmöglichkeiten auch in der Gewerkschaftsbasis zunehmend Platz greift.

Die Einsicht, daß Vollbeschäftigung durch Wachstum allein nur mit langfristigen realen Wachstumsraten des Bruttosozialprodukts von rund 5 % zu erreichen ist, dies jedoch nach allen vorliegenden Prognosen völlig illusorisch und im übrigen ökologisch auch nicht wünschenswert erscheint, ist heute unter aktiven Gewerkschaftern nach meinem Eindruck nahezu durchgängig anzutreffen (17). Ebenso begreifen immer mehr von ihnen (und müssen es in der betrieblichen Praxis leidvoll erfahren), daß der Beschäftigungsgrad nicht allein von der Wachstumsrate, sondern von deren Relation zur Produktivitätsentwicklung bestimmt ist, mithin von den Auswirkungen der fortschreitenden technischen und organisatorischen Rationalisierung.

Die Relativierung der Möglichkeiten und damit des beschäftigungspolitischen Stellenwertes von herkömmlichem Wachstum durch die gewerkschaftliche Programmatik wird somit auch bewußtseinsmäßig zunehmend nachvollzogen. Gleichzeitig entdecken Arbeitnehmer in Branchen und Regionen, die von Strukturkrisen geschüttelt werden, die beschäftigungspolitischen Chancen qualitativen Wachstums. In krisenbedrohten Betrieben, insbesondere bei den Werften - und darüber hinaus in der Rüstungsindustrie - entstehen überall Arbeitskreise, die sich den praktischen Möglichkeiten alternativer Fertigung zum Erhalt ihrer Arbeitsplätze zuwenden. Sie werden dabei von ihrer Gewerkschaft, der IG Metall, mit Beratung und Betreuung unterstützt (18). Sicherlich spielen hierbei Arbeitnehmer des Typs „2020" (um noch einmal an von Oertzens Typologie anzuknüpfen) eine führende Rolle, doch beginnt diese Bewegung - nicht zuletzt dank der gewerkschaftlichen Unterstützung - weiter zu greifen und wird sicherlich einen Durchbruch erzielen, wenn sich erste Beispiele beschäftigungspolitisch erfolgreicher Produktionsumstellung einstellen. Daran hapert es freilich noch, und die nicht auszuschließenden und eher wahrscheinlichen Frustrationen bergen die Gefahr von Rückschlägen. Eine Mobilisierungswirkung könnte auch von Aktivitäten des DGB und einzelner Mitgliedsgewerkschaften ausgehen, mit denen versucht wird, die Forderungen des 50-Milliarden-Programms in regionale Pilotprojekte umzusetzen. So hat etwa kürzlich die Bezirksleitung Hamburg in Zusammenarbeit mit dem GEWOS-Institut und auf der Basis einer Befragung von Betrieben und DGB-Kreisen ein durchprojektiertes und quantifiziertes Investitionsprogramm in den Schwerpunktbereichen der DGB-Forderungen vorgelegt, das ein unverkennbar ökologisches Profil hat (19). Die Gefahren von Frustrationen und damit verbundenen Rückschlägen sind allerdings auch hier nicht auszuschließen.

Qualitativ orientierte Beschäftigungspolitik kommt ohne zentrale Koordinierung und insbesondere ohne die bundesgesetzliche Erschließung der notwendigen - und im DGB-Programm als integrierender Bestandteil enthaltenen - zusätzlichen Finanzierungsquellen nicht weit, und der neokonservative wirtschaftspolitische New Look der Bonner Rechtskoalition ist natürlich das Kontrastprogramm hierzu. Von dort ist - zumindest solange die Aufschwungshoffnungen anhalten - keinerlei Unterstützung der genannten Aktivitäten, sondern nur Widerstand zu erwarten. Das ist gefährlich. Verhindern politische und wirtschaftliche Macht die Demonstration von Alternativen und damit der Richtigkeit der These, daß Umweltschutz Arbeitsplätze schafft, so bleiben Arbeitsplatzinteressen an ökologisch schädliche Projekte gebunden. Dann könnte die skeptische Einschätzung zutreffen, daß „auf absehbare Zeit ... die Ökologiebewegung konkreten Arbeitnehmergruppen und Einzelgewerkschaften fast immer im Zusammenhang mit ‚Verhinderungsakten' gegenübertreten (dürfte)" (20). Unter diesem bedrückenden Aspekt darf man gespannt darauf sein, welchen Verlauf das grün-rote Experiment in Hessen nimmt, bei dem qualitativ-ökologisch orientierte beschäftigungspolitische Ansätze ja eine zentrale Rolle spielen. Sein Erfolg oder Mißerfolg dürfte auch für die Zukunft entsprechender, gewerkschaftlich initiierter Aktivitäten bedeutsam sein.

Doch der Problemdruck nimmt zu: Zeitlich parallel zur Verschärfung der Wachstums- und Beschäftigungskrise sind Anfang der achtziger Jahre auch ökologische Krisenerscheinungen immer stärker zutage getreten. Sie sind zunehmend keine schleichenden Gefahren mehr, deren sich nur eine aufgeklärte Minderheit bewußt ist, sondern sorgen für handfesten Problemdruck und dringen damit ins Bewußtsein breiter Bevölkerungsschichten ein. Insbesondere das Waldsterben hat auch in den Gewerkschaften tiefe Betroffenheit ausgelöst. Ein führender Gewerkschafter, bei dem sich eine Verwurzelung in der traditionalistischen Basis mit ökologischem Bewußtsein verbindet, Eugen Loderer, hat diese Betroffenheit beispielsweise artikuliert. In einem Interview nach seinem persönlichen Verhältnis zum Umweltschutz befragt, antwortete er spontan: „Es ist ein Drama, was da mittlerweile an Schäden in den Gewässern entstanden ist, und dieses Waldsterben macht mich arg aufmerksam. Ich bin schockiert, weil ich den Wald liebe, denn ich komme aus einer waldreichen Gegend, aus Baden-Württemberg. Ich bin auch Mitglied der deutschen Naturfreundebewegung, die aus der alten Arbeiterbewegung kam, und habe ein Gespür dafür. Da bin ich besonders sensibilisiert, was den Wald angeht. Wir schneiden uns den Ast ab und graben uns die Grube, wenn da nicht schnellstens eingeschritten wird. So weit kann die Technologie, die Technik und das Wachstum nicht gehen, daß der Mensch ohne Rücksicht drauflos wirtschaftet und am Ende sind wir alle halb tot oder vergiftet oder haben uns mit lauter Wachstum um die Ecke gebracht." (21)

Das Waldsterben ist zugleich eines jener Beispiele dafür, wie Umweltschäden unmittelbar Arbeitsplätze bedrohen und dann auch interessenbedingte Widerstände auslösen können: Die betroffene DGB-Gewerkschaft Gartenbau, Land- und Forstwirtschaft wandte sich in einer bundesweiten Aufklärungs- und Protestaktion an die Öffentlichkeit, um auf den Zustand der Wälder und auf die damit verbundenen Gefahren für die Arbeitsplätze in der Forstwirtschaft und die nachgelagerten Bereiche aufmerksam zu machen (22). Ein anderes, innerhalb des DGB allerdings konfliktträchtiges Beispiel für ein Zusammentreffen von Arbeitsplatzinteressen und ökologischen Interessen ist die Forderung der Gewerkschaft der Eisenbahner (GdED) nach einem Verzicht auf die Fertigstellung des Rhein-Main-Donau-Kanals (23).

Die angeführten Tendenzen und Beispiele zeigen, daß in den Gewerkschaften Ansätze für eine Konvergenz von Programmatik und Basisbewußtsein hinsichtlich ökologisch orientierter Reformpolitik verbunden sind, die zuversichtlich stimmen.

Bewältigt die Einheitsgewerkschaft die Aufgabe, den Konflikt „zwischen Ökonomie und Ökologie" (ein Gegensatzpaar, von dem ich ansonsten gar nichts halte und das ich hier nur seiner Popularität halber einmal verwende) in den eigenen Reihen zu lösen, so hat sie einmal mehr ihre Bedeutung als unentbehrliche gesellschaftliche Kraft in der Bundesrepublik bewiesen.

Anmerkungen

1 P. v. Oertzen in: Frankfurter Rundschau vom 12.10.1983, S. 20.
2 Vgl. H.O. Vetter in Gewerkschaftliche Monatshefte 4/1979, S. 196f.
3 Ich betone das Wort „idealtypisch"; P. v. Oertzen (a.a.O.) macht deutlich, daß das berufliche Spektrum, dem dieser Typus angehört, in Wirklichkeit viel größer ist und z.B. kleine und mittlere Angestellte mit umfaßt.
4 Vgl. die ebenso treffende wie amüsante Charakteristik von J. Steffen in: forum ds Nr. 6 (1978), S. 93ff.
5 Vgl. auch W. Elsner/J. Grumbach in WSI-Mitteilungen 12/1982, S. 768.
6 Vgl. Aufgabe Zukunft (1972), S. 18.
7 Detailfragen der politischen Einflußnahme dieser „Seiteneinsteiger" auf die Gewerkschaften - z.B. hinsichtlich des Gewichts reformistischer und nichtreformistischer Positionen - können hier natürlich nicht berücksichtigt werden.
8 Vgl. DGB-Bundesvorstand 1974.
9 Vgl. die Stellungnahme des DGB zum Thema „Waldsterben und Luftverunreinigungen" vom 8.9.1983 (als Kurzfassung: DGB-Nachrichtendienst ND 250 vom 8.9.1983).
10 Vgl. den Entwurf eines ökonomisch-politischen Orientierungsrahmens für die Jahre 1973-1985 (Materialien zum Parteitag vom 28.11. bis 2.12.1972 in Hannover), hrsg. vom Parteivorstand der SPD, S. 11.
11 Vgl. hierzu im einzelnen auch Elsner/Grumbach, a.a.O., S. 770f.

12 Vgl. zum folgenden DGB-Bundesvorstand 1977; kommentierend W. Höhnen in Meißner/Kosta/Welsch 1981, S. 165 ff.
13 Vgl. DGB-Bundesvorstand 1978.
14 Vgl. DGB-Forderungen zur Bekämpfung der Beschäftigungskrise, DGB-Informations-Dienst ID 2/81 vom 30.3.1981; im einzelnen auch W. Höhnen in WSI-Mitteilungen 10/1982, S. 597 ff.
15 Vgl. Die Grünen 1983.
16 Vgl. Hessischer Minister ... 1983.
17 Vgl. dazu beispielhaft den Beitrag von A. Pfeiffer in: Gesprächskreis Politik und Wissenschaft (Reihe: Wirtschaftspolitik in den 80er Jahren), hrsg. vom Forschungsinstitut der Friedrich-Ebert-Stiftung.
18 Vgl. dazu die Beiträge in: Die Mitbestimmung 12/1982 (Schwerpunktheft „Alternative Fertigung / Mitbestimmung bei den Produkten / Rüstungskonversion") sowie die Beiträge von H. Rose in Die Mitbestimmung 2/1983, S. 79 ff., und J. Huffschmid in WSI-Mitteilungen 6/1983, S. 371 ff.
19 Vgl. IG Metall Bezirksleitung Hamburg 1984.
20 Elsner/Grumbach, a.a.O., S. 773.
21 Kölner Stadtanzeiger vom 28.2.1983.
22 Vgl. Forstliche Mitteilungen (Zeitschrift der Fachgruppe Forstbeamte und -angestellte in der Gewerkschaft Gartenbau, Land- und Forstwirtschaft im DGB) 12/1983 vom 15.6.1983.
23 Vgl. Elsner/Grumbach, a.a.O., S. 774.

4. Selbstveränderung als Wesenselement des Ökosozialismus

Eine der vielleicht wichtigsten, sicher der schwierigsten Fragen einer ökosozialistischen Neuorientierung ist die Wiederherstellung - oder überhaupt erst: Herstellung - einer solidarischen Gesellschaft. Diese aber ist nicht aufzubauen ohne die Wiederaneignung - oder überhaupt erst: Aneignung - einer solidarischen Ethik durch die Wiedergewinnung von Gemeinsinn.

Unser Gemeinwesen verkommt letzten Endes, von wenig engagierten Verwaltungen mehr schlecht als recht verwaltet, weil der Staatsbürger selbst zum sozial versorgten Konsum-Pfahlbürger verkommen ist, weil er mehr und mehr verlernt hat, neben seiner individuellen Selbsterfüllung auch das gemeine Wohl, die Erfüllung von Gemeinschaftsaufgaben im Sinn zu haben. Er sieht tatenlos zu, wie Einrichtungen und Ordnungen seines Gemeinwesens zu Schaden kommen, oder er nimmt gar selbst zynisch an solchen Schädigungen teil. Daß von 123.000 Telefonzellen in der Bundesrepublik jährlich 65.000 zerstört oder schwer beschädigt werden, ist nur ein extremes Beispiel - und nicht nur ein Armutszeugnis für eine zu wirksamen Gegenmaßnahmen unfähige Postverwaltung.

Was wir also lebensnotwendig brauchen, ist eine Kulturrevolution des Gemeinsinns: der Konsens über eine neue solidarische Ethik. Diese darf freilich nicht in Gestalt der alten, lebens- und lustfeindlichen Predigten der Selbstaufopferung hervortreten. Sie muß frei bleiben von dem säuerlichen Geruch eines sich selbst verleugnenden „Altruismus", der die völlig berechtigten Bedürfnisse nach Selbsterfüllung und Lebensgenuß in einen Gegensatz bringt zum solidarischen Sich-Einbringen im sozialen Engagement.

Statt dessen ist ein vernünftiges, ein dialektisches Verhältnis von Selbstentfaltung und solidarischem Handeln in menschlicher Existenz wiederzuentdecken. Eine solche neue Verhaltenslehre des Gemeinsinns wird zwar auch nicht ohne verbindliche Gebote sozialen Handelns auskommen; es wäre weltfremd anzunehmen, man könne durch Bewußtseinsbildung allein die durchaus auch belastenden Pflichten gegenüber der Gesellschaft alle in lustvolle Handlungen umwandeln. Aber im Gegensatz zu dem vorwiegend düsteren, gegen Lust- und Selbstentfaltung repressiven Wesen der überkommenen Gebotsethiken wird eine befreiende solidarische Ethik darauf hinzielen, den Menschen Selbsterfüllung sowohl im Personalen wie im Allgemeinen zu eröffnen.

Die allmähliche Verwirklichung einer solchen Kulturrevolution des Gemeinsinns bedarf einer Doppelstrategie: der konzertierten Aktion aller verantwortlichen Kräfte und Institutionen in unseren Gesellschaften - zugleich aber der Erfolgserlebnisse in Praxisfeldern.

Zunächst zum letzten: Das Umschalten von egozentrischem zu solidarischem Verhalten kann Menschen nur gelingen, wenn man ihnen erfolgreiches Tätigwerden, befriedigenderes soziales Engagement für sich und andere in überschaubaren Bereichen ihrer Lebens- und Arbeitswelt eröffnet. Hier besteht für politisch-pädagogische Arbeit nun insofern eine wesentliche Chance, als wachsende Minderheiten in unserem Land mit solchem Tätigwerden begonnen haben. Wir fassen diese sehr unscheinbare, in der Substanz aber unser Verhältnis zum Gemeinwesen revolutionierende Bewegung unter dem Begriff „Soziale Selbsthilfe" zusammen. Als Soziale Selbsthilfe (vgl. S. 157 ff.) sind alle Aktivitäten zu begreifen, durch die Menschen in ihrem unmittelbaren Lebensbereich nicht nur für sich, sondern auch für andere die Verhältnisse menschlicher gestalten wollen - meist in konstruktiver (jedoch keineswegs unkritischer) Zusammenarbeit mit den „offiziellen" Sozialverwaltungen. Wie Praxisberichte im Detail zeigen, können das Mütter sein, die - oft mit Hilfe gewisser kommunaler oder schulischer Unterstützung - einen Kinderladen oder eine Lerngruppe aufbauen, es können Stadtteilinitiativen sein, die ein Kommunikationszentrum für türkische Mitbürger schaffen, es können Jugendgruppen sein, die mit kommunaler Hilfe ein Jugendzentrum einrichten und selbst verwalten. Anderswo kommen Eltern und Schüler zusammen, um ihre Schule zu renovieren oder mit Hilfe (oder doch Duldung) von Gemeinde und/oder Baugesellschaft einen Abenteuerspielplatz zu schaffen. Management, Arbeitervertreter und Arbeitswissenschaftler tun sich zusammen, um - oft mit staatlicher Unterstützung - eine Umstrukturierung der Arbeitsorganisation zu bewerkstelligen, durch die die Arbeit menschlicher, d.h. weniger monoton und fremdbestimmt wird. Bürger schließen sich zusammen, um anstelle von Kahlschlagsanierung und Verödung ihres Stadtteils in kritischer Kooperation mit der Stadtverwaltung eine Erhaltung und behutsame Modernisierung der Bausubstanz wie eine Intensivierung der kulturellen, sozialen, kommunikativen Angebote in ihrem Stadtteil zu erreichen. Bürger bilden eine Aktion, um die Begrünung in ihrem Dorf, in ihrem Stadtteil zu verbessern; Schulen beschließen, Wandertage ökologisch sinnvoll zu nutzen, indem mit Unterstützung der Kommunalverwaltung Wald- und Seeränder in Ortsnähe von Müllablagerungen befreit werden. (Hochschul-)Lehrer gehen zu Teilzeitarbeit über, um bei geringerem Verdienst arbeitslosen Kollegen Arbeitsplätze zu schaffen und selbst mehr Muße zu gewinnen. Schüler organisieren einen Servicedienst, den ältere Mitbürger kostenlos nutzen können, wenn sie krank sind, wenn Besorgungen oder Hausarbeiten gemacht werden müssen. Bürger schaffen sich mit kommunaler Hilfe ein Kontaktzentrum für Drogensüchtige, andere unterhalten ein Frauenzentrum, wieder andere ein nicht-kommerzielles Stadtcafé, um der Kontaktarmut und Unwirtlichkeit in ihrem Stadtteil entgegenzuwirken.

Auf diese Weise erfahren Menschen endlich Gemeinwohl nicht länger als Obrigkeit, also knechtisch, sondern selbstbewußt: als ihr eigenes kollektives Werk und gleichzeitig als ihr „größeres Ich". Auf solche Weise wird endlich auch das so verarmte Wesen aus seinem Ich-Käfig befreit, das der heutige Privatmensch darstellt: im Ghetto seiner Kleinfamilie, seines kleinen Heims und seiner kleinen individuellen Auto-Blechkiste. Es wird wieder erlebbar, daß die nur private Person eine eingeschränkte, verminderte, „beraubte" Person ist. Wer je das Engagement von Menschen in einem selbstorganisierten Kinderladen, einer Frauengruppe, Bürgerinitiative, in einem politischen Arbeitskreis oder einer betrieblichen Aktion oder in der Entwicklungshilfe miterlebt und daran teilgenommen hat, kann bestätigen, daß die meisten Menschen dabei zugleich tätige Selbstbestätigung, Selbstverwirklichung in einem größeren Ganzen fanden.

Die andere Bedingung, um vom nur selbstbezogenen zum solidarischen Menschen zu kommen, ist die Herstellung eines breiten Konsenses in dieser Richtung. Denn es versteht sich von selbst, daß der Mut zur Umerziehung in dieser Kulturrevolution des Gemeinsinns eine wesentliche Rolle spielt. Aber der einzelne - auch der einzelne Pädagoge - wäre hier zweifellos total überfordert. Ihm selbst kann man zu solch einer Aufgabe nur in dem Maße Mut machen, wie es zu einer konzertierten Aktion vieler gesellschaftlich und staatlich Verantwortlicher kommt, die nur gemeinsam und nur, wenn sie selbst ein Beispiel geben, die Konstitutionsbedingungen einer solidarischen Ethik und Verhaltensveränderung schaffen können, indem sie dafür ein allgemeines Klima und ein Normengerüst der Allgemeinverbindlichkeit schaffen. Heute nämlich bewirken die gesellschaftlichen und staatlichen Instanzen eher das Gegenteil. Ich widerspreche damit jener Common-sense-Anthropologie, wonach „der" Mensch von Natur aus egoistisch und asozial ist. Vielmehr ist primär auf die desolidarisierenden Tendenzen in unserem „Gemeinwesen" zu verweisen - auf jene Mischung von kapitalistischer Konkurrenzgesellschaft und Konsumverführung, liberaler Prinzipienlosigkeit, wohlfahrtsstaatlicher Versorgung und zentralistisch-bürokratisch organisierter Arbeiterbewegung, die gemeinsam erst jenes gesellschaftliche Klima krankhafter Individualisierung, Apathie und Asozialität produzieren, von dem bislang nur Minderheiten sich freigemacht haben.

So ist dieses krankhaft-egozentrische Verhalten der Mehrheit zweifellos auch nur durch einen Klimawechsel im Gesamt der Öffentlichkeit zu verändern. Und nur eine konzertierte Aktion relevanter „grundwerteorientierter" gesellschaftlicher Gruppen in den Parteien, Gewerkschaften, Kirchen, im Bildungswesen und in bestimmten Verantwortungsbereichen des Staates ist in der Lage, einen solchen Klimawechsel hin zu einer entschiedenen öffentlichen Abwertung egoistischen und Aufwertung solidarischen Verhaltens zu bewirken. Und nur durch einen solchen Klimawechsel kann schließlich auf breiterer Basis eine Umorientierung im Denken und Handeln der Bürger stattfinden.

Es ist wichtig, daß es bereits heute eine aktive alternativ-denkende und -lebende Minderheit gibt, die das Pseudoethos des Haben- und Herrschenwollens zu überwinden sucht. Aber sie wird isoliert bleiben, wenn es nicht gelingt, größere gesellschaftliche und staatliche Potentiale mit zu mobilisieren, die in der Lage sind, allmählich Allgemeinverbindlichkeit für befreite Verhaltensnormen herzustellen - und zwar einerseits durchaus für lustvolle, narzißtische Lebensbedürfnisse ohne schlechtes Gewissen, andererseits aber - gleichgewichtig - für solidarisches soziales Engagement. Aktive Minderheiten wiederum, die bereit sind, sich in dieser Richtung zu engagieren, haben ihrerseits ein Recht und sogar eine Pflicht, jene öffentlichen, gesellschaftlich-politischen Instanzen herausfordernd auf ihre wesentliche Mitverantwortung für eine solidarische Verhaltensänderung hinzuweisen.

Wir brauchen eine neue Orientierung, wenn Chaos und Barbarei nicht um sich greifen sollen. Ich schlage vor, daß wir uns auf etwas ganz Altes neu besinnen und uns gegenseitig darin bestärken und helfen: mehr Solidarität wagen. Und ich möchte sehr eindringlich darauf hinweisen, daß das Erlernen solidarischen Verhaltens aufs engste mit dem dritten ökosozialistischen Essential zusammenhängt, der Abschaffung des Patriarchats (vgl. S. 52 f.), der „Feminisierung der Gesellschaft", die Hilde Fauland im 6. Abschnitt so eindrucksvoll vorstellt und die entscheidend dazu beiträgt, die „herr"schende Ellbogengesellschaft abzubauen.

5. Umbau des Sozialstaats durch Soziale Selbsthilfe *

Bei der Herausarbeitung der Essentials einer ökosozialistischen Neuorientierung hat sich die Forderung nach einer „Vergesellschaftung des Staates", insbesondere im Sinne eines Umbaus des Sozialstaats zugunsten optimaler Förderung sozialer Selbsthilfe, als einer der wichtigsten Wesenszüge erwiesen: nicht als Kopfgeburt, sondern als reale Prozeßerfahrung der Neuen Sozialen Bewegungen.

Das Selbsthilfe-Prinzip bei den Grünen und in der SPD

Für die Grünen sind die Prinzipien der Dezentralisierung, des Abbaus sozial- und kulturstaatlicher Totalbetreuung, der optimalen gesellschaftlichen Selbstorganisation im sozialen, kulturellen und ökonomischen Leben Wesensmerkmale einer Neuorientierung im Sinn einer ökologisch sinnvollen, basisdemokratischen Sozialordnung (vgl. dazu Die Grünen Baden-Württemberg 1984). Bei den Sozialdemokraten zeigt sich ein viel mühsamerer Prozeß der Lösung von etatistischen Sozialismusvorstellungen, die lange Zeit von zentral- und sozialstaatlichen Wohlfahrtseinrichtungen viel zu naiv eine „Soziale Demokratie" erwarteten. Einen grundlegenden Wandel forderte zuerst die Grundwerte-Kommission beim Parteivorstand der SPD, in deren Denkschrift „Die Arbeiterbewegung und der Wandel gesellschaftlichen Bewußtseins und Verhaltens" die optimale Förderung sozialer Selbsthilfe (anstelle maximalen Staatsausbaus) mit detaillierten Beispielen gefordert wird (vgl. Eppler 1984, S. 140ff., 150-158).

Begriffsklärung

Es ist notwendig, sehr genau zwei intentional verschiedene Arten von Selbsthilfe zu unterscheiden, nämlich einerseits Aktivitäten von Gruppen, deren Mitglieder weitgehend sich selbst helfen wollen (wie etwa kommerzielle Genossenschaften, Hobbygruppen, also das, was man private Selbsthilfegruppen nennen könnte, die auf gegenseitige Hilfe gegründet sind), und andererseits Aktivitäten von Gruppen, die auch anderen helfen wollen, einem größeren Kreis von Betroffenen, zu dem die Aktiven sehr häufig selbst gehören. Beim zweiten Typ heißt dieses „selbst" etwas im Kern qualitativ anderes als beim ersten Typ: Diese Gruppen wollen nicht auf das Handeln des Staates, der Sozialverwaltung etc. warten, sondern unabhängig von offiziellen Institutionen selbst handeln, selbst Hilfe leisten, Verhältnisse ändern, aber nicht nur für sich selbst, sondern in den meisten Fällen auch für andere. Für diese Gruppen brauchen wir einen möglichst genauen Namen. Um den bisher etwas undifferenzierten Selbsthilfe-Begriff zu präzisieren, möchte ich diese spezifische Art von Selbsthilfe als „Soziale Selbsthilfe" definieren.

Wir haben einige Jahre lang Erfahrungsberichte von solchen Gruppen gesammelt. Aufgrund dieser Erfahrungen haben wir acht Bestimmungselemente Sozialer Selbsthilfe entwickelt:
- Prinzip der **Selbstgestaltung:** Handeln als Mitgestalten, nicht nur Mitbestimmen gesellschaftlicher Tatbestände - sei es in Ergänzung, sei es als Reform von oder als Alternative zu bestehenden Sozialstrukturen
- Prinzip der **Graswurzelrevolution:** Gesellschaftsveränderung durch Selbstveränderung und alternatives Sozialengagement
- Prinzip der **Solidarität:** Handeln nicht nur für sich, sondern auch für andere bzw. für ein größeres Gemeinsames, ein Gemeinwohl, mit dem Ziel einer alternativen Lebensordnung, einer solidarischen statt der bestehenden Herrschaftsgesellschaft
- Prinzip der **Betroffenheit:** Handeln in einem überschaubaren, von den Handelnden kompetent mitgestaltbaren gesellschaftlichen Nahbereich in der Lebens- oder Arbeitswelt
- Prinzip der **Autonomie:** Handeln aufgrund selbstbestimmter Vereinigung von Bürgern, nicht veranlaßt oder geleitet von einer Organisationszentrale
- Prinzip der **Basisdemokratie:** Handeln aufgrund direkt-demokratischer Entscheidungsbildung
- Prinzip der **Kooperationsbereitschaft:** Handeln, das die kritische Zusammenarbeit mit kooperationswilligen Verwaltungen und Verbänden nicht ausschließt (häufig sogar voraussetzt) - vor allem die finanzielle Förderung (Umverteilung von sozialstaatlichen Mitteln) von seiten des Staates
- Prinzip der **Subsidiarität (Dezentralisierung):** Handeln, das sozialstaatliches Handeln nicht zu ersetzen, aber auch nicht nur zu ergänzen, sondern umzugestalten versucht durch Abbau zentralistischer Sozial- und Kulturverwaltungen, Aufbau dezentraler, autonomer gesellschaftlicher Selbstorganisation oder Mitarbeit aktiver Bürger.

Zusammenfassend kann man folgende sechs Arbeitsbereiche von Sozialer Selbsthilfe nennen (wobei es sowohl bei der Systematik als auch bei den Aktivitäten vieler Gruppen Überschneidungen gibt): Einmal die drei großen Bereiche Lebenswelt, Arbeitswelt - ein meist vergessener Bereich - und das, was man im weitesten Sinne Bildungs-, Freizeit-, Kulturbereich nennen könnte; dann die Selbsthilfe vieler Gruppen benachteiligter Menschen (im weitesten Sinne): der große Bereich der Kinder und Jugendlichen, Frauen und älteren Menschen, dann Benachteiligte im spezielleren Sinne (Diskriminierte: Obdachlose, Homosexuelle, Strafgefangene, Flüchtlinge, Ausländer) und schließlich Kranke, geistig und körperlich Behinderte (Bereich Gesundheit).

Die Selbsthilfebewegung besteht inzwischen nicht mehr nur aus vielen verstreuten Gruppen; vielmehr ist sie dabei, sich zu einem Subsystem - wenn man so will: einer Gegengesellschaft, einem Gegeninstitutionengefüge - zu entwickeln. Diese Entwicklung ist notwendig, weil sonst eine Stabilisierung und Interessenvertretung nicht möglich ist. Die Größenordnung der Selbsthilfebewegung insgesamt kann auf etwa 30.000 bis 40.000 Gruppen in der Bundesrepublik und West-Berlin mit etwa 400.000 bis 600.000 Aktiven geschätzt werden.*

Persönliche und gesellschaftliche Bedeutung Sozialer Selbsthilfe

Was bedeutet Soziale Selbsthilfe für unsere persönlichen, gesellschaftlichen, politischen und ökonomischen Perspektiven? Mit der Selbsthilfebewegung bieten sich vier große Chancen für die Gesellschaft und die Menschen in ihr: **1.** Engagement in Selbsthilfegruppen bewirkt, daß Menschen aus ihrer Isolation, aus ihrer beschränkten Privatexistenz, ihrer Hilflosigkeit und Fremdheit inmitten der anonymen Gesellschaft herauskommen und zu Formen aktiver Gemeinschaft gelangen, die sinnvolle Ziele und gute menschliche Kontakte vermitteln können. Jeder weiß, daß das Engagement in bestimmten sozialen Zusammenhängen häufig auch zu persönlichen Beziehungen führt, die dann ebenso wichtig sind wie das, was man unmittelbar erreichen will. **2.** Soziale Selbsthilfe bewirkt Gesellschaftsveränderung von unten. Sie bedeutet, nicht länger nur auf eine Reformmehrheit im Parlament warten zu müssen, um die Humanisierung gesellschaftlicher Verhältnisse durchzusetzen. Das ist mit dem Stichwort „Graswurzelrevolution" bezeichnet worden. Es bedeutet eine neue Art von außerparlamentarischer Arbeit. **3.** Soziale Selbsthilfe in der Arbeitswelt wirkt mit beim Abbau fremdbestimmter Arbeit und Unternehmensorganisation. Sie hilft mit beim Aufbau einer erstmals wirklich freien Wirtschaft: frei von menschenunwürdiger Ausbeutung, Abhängigkeit und Hierarchie. Dies ist zweifellos bisher der schwächste Bereich der Selbsthilfebewegung. Das kann sich aber ändern; in anderen Ländern, etwa in Italien, ist z.B. die genossenschaftliche Selbsthilfe in der Arbeitswelt schon viel stärker ausgeprägt. **4.** Soziale Selbsthilfe wirkt mit beim Abbau und Umbau des Staates. Sie bewirkt die Wiederaneignung vieler seiner angemaßten Funktionen durch gesellschaftliche Selbstorganisation der Bürger. Nicht die Privatisierung, sondern im Gegenteil die Vergesellschaftung des Staates, nicht der Abbau, sondern der Umbau des Sozialstaates ist ihr Ziel.

Die Veränderung der Menschen durch Soziale Selbsthilfe kann von der Idee einer Humanisierung der Gesellschaft, die mittel- oder langfristig durch Soziale Selbsthilfe erreicht werden kann, nicht isoliert werden und ist gewiß ebenso wichtig. In Sozialen Selbsthilfegruppen wird das Leben des einzelnen lebendiger: durch Mitgestaltungsmöglichkeiten im gesellschaftlichen Nahbereich, durch Überschreiten des kleinen Ichs und des Familienzirkels in Richtung auf ein größeres, aber noch unmittelbar überschaubares Ganzes. Zitate aus Gruppen bestätigen immer wieder, daß die Teilnehmer eine ganz bedeutende Ausweitung ihrer eigenen Existenz, ihres Lebensgefühls, ihrer Lebensinhalte erfahren. Entscheidend ist dabei freilich das Prinzip der Autonomie, der Freiwilligkeit. Zu warnen ist vor jeder moralisierenden Aufwertung des Gesellschaftlichen vor dem Individuellen. Wie wir wissen, ist das Prinzip „Gemeinnutz geht vor Eigennutz" allzu leicht der Manipulation derjenigen ausgeliefert, die als Angehörige der ökonomischen und politischen Machteliten dem „kleinen Mann" ihre gesellschaftlichen Ziele und Ordnungen als die seinen, als die allgemein gültigen verkaufen wollen. Es geht allerdings um die Frage: Wie kann man zu einem solchen Engagement ermutigen, wie zu der Einsicht verhelfen, daß es nötig ist, sich in die gesellschaftlichen Zusammenhänge einzumischen? Heute wird das weitgehend gebremst und abgeblockt.

Die zweite große Chance, die die Soziale Selbsthilfe bietet, ihre gesellschaftspolitische Bedeutung, vermag nur derjenige in ihrem vollen Umfang zu verstehen, der sich vorbehaltlos Rechenschaft darüber ablegt, wie quälend langsam - wenn überhaupt - die traditionellen Strategien des humanen und sozialen Fortschritts uns im 20. Jahrhundert vorangebracht haben. Weder die politische noch die gewerkschaftliche Linke vermochte in Europa (noch viel weniger anderswo) die Vorherrschaft des Kapitals substantiell abzubauen, die Herrschaft des Patriarchats über die Frauen zu erschüttern, das Bildungs- und damit soziale Vorherrschafts-Monopol des Bildungsbürgertums zugunsten der Arbeiter und Bauern abzuschaffen, die zunehmende Herrschaft einer bürokratischen Oligarchie in Staat, Parteien und Gewerkschaften zu verhindern zugunsten wirklicher Demokratisierung - von Sicherung des Friedens in einer menschenwürdigen Umwelt ganz zu schweigen. Wir stehen vor einem ungeheuren Defizit in der Bilanz des 20. Jahrhunderts, was Reform, was soziale Demokratie betrifft. Dabei möchte ich nicht in die Fehler der Antireformisten von rechts und links verfallen, die relativen sozialen Verbesserungen - Einkommen, Freizeit, soziale Sicherheit, Bildungschancen, Emanzipationsansätze, Demokratisierungsansätze - gering zu achten. Aber diese Verbesserungen der Lebensbedingungen vermochten nicht oder nur unwesentlich jene oben genannten Herrschaftsstrukturen abzubauen, und sie bieten keinerlei Schutz vor dem Weg in die ökologische oder atomare Katastrophe.

Allerdings haben sie zum gesellschaftlichen Selbstbewußtsein einer aktiven Minderheit beigetragen, die nicht mehr bereit ist, sich auf Parlamente und Gewerkschaften zu verlassen, sondern in zwei außerparlamentarischen Bewegungen Veränderungen der Gesellschaft „von unten" voranzutreiben versucht: Das ist zum einen die Bürgerinitiativbewegung, die wohl heute noch, ganz sicher aber in ihren Hauptphasen - und diese „Bewegungskultur" verläuft eben wellenförmig - bei weitem mehr Menschen integriert hat als das Parteiensystem. Zum anderen ist es seit etwa Mitte der siebziger Jahre die neue Selbsthilfebewegung.

Beide sind in vielen Fällen miteinander verbunden. So manche Bürgerinitiative griff, weil das Nein-Sagen ihr nicht ausreichte, zur Selbsthilfe. Man braucht nur an die Friedensbewegung zu denken mit ihren zeitweilig zwei oder drei Millionen Aktiven, um die ungeheure Bedeutung des Nein-Sagens, der Gegenmachtbildung richtig einzuschätzen. Aber Soziale Selbsthilfe geht einen Schritt weiter - übrigens bis in die Friedensbewegung hinein, die sich vor Ort zum Teil in eine kritische Bildungsbewegung umgeformt hat. Es ist ein qualitativer Sprung, der von der notwendigen, aber in ihrer Wirkungsweise begrenzten Arbeit gegen eine Politik durch Selbsthilfe zur Mitgestaltung oder Selbstgestaltung einer Politik führt. Die Bedeutung dieses Sprungs liegt darin, daß eine Entfaltung Sozialer Selbsthilfe mittel- und langfristig eine unabsehbare Veränderung von Politik bewirkt. Wir haben das heute schon, wenn auch erst in embryonaler Form: Wir sprechen hier von Chancen und nicht von Gegebenheiten. Veränderung, Humanisierung gesellschaftlicher Verhältnisse kann partiell von den großen politischen „Wenden" und „Machtwechseln" unabhängig werden. 40.000 autonome Gruppen in der Bundesrepublik - morgen vielleicht 100.000 oder 150.000 - verändern selbst Lebens- und Arbeitsbedingungen in dieser Gesellschaft. Das ist etwas Neues. Das hat es in den letzten Hunderten von Jahren nicht gegeben. Nach Kropotkin gab es zuletzt in der mittelalterlichen Stadt große Selbsthilfeorganisationen; man kann also sagen: dies ist seit 500 Jahren zum ersten Mal ein neuer Aufbruch von Politik.

Natürlich kommt hier sofort der Einwand, solche Selbsthilfeinitiativen könnten Politik und Gesellschaft nur marginal verändern; wir würden ihre gesellschaftspolitische Bedeutung daher maßlos überschätzen. Dem ist zweierlei entgegenzuhalten: Zum einen ist unsere Aussage eine Prognose unter der Voraussetzung öffentlicher Förderung. Wir sprechen von einer realen Chance, nicht schon von einer Wirklichkeit einer „Politik von unten". Es gibt Ansätze, und die Frage ist, wie man solche Ansätze fördern kann. Zum anderen aber sind die gegenwärtigen Leistungen der Sozialen Selbsthilfegruppen nicht mehr nur marginal. Wer dies annimmt, verkennt die Multiplikatorwirkung aktiver Minderheiten. In den zwanziger Jahren hat die Jugendbewegung, obgleich quantitativ sehr klein, im Guten wie im Schlechten enorme Wirkungen ausgeübt. So muß man, glaube ich, heute gesellschaftspolitisch die Relation von Qualität und Quantität in aktiven Minderheitsbewegungen sehen. Ihre in vielen Fällen humaneren ökonomischen, sozialen und kulturellen Modelle, teilweise als „Alternativprojekte" bezeichnet, werden zunehmend öffentlich beachtet, anerkannt und von Parteien, Verbänden und den politischen Machern aufgenommen. Seit 1983 wächst die Zahl von Fonds der einen oder anderen Art für genossenschaftliche oder Soziale Selbsthilfegruppen. Die Grünen haben in Hessen mit den Sozialdemokraten einen Fonds für alternative eigenständige Projekte geplant, wie es ihn auch in Berlin gibt. Verschiedene Städte haben ihre Fonds vergrößert.

In bestimmten Sektoren des gesellschaftlichen Lebens prägen die alternativen Projekte der Sozialen Selbsthilfe bereits die Strukturen oder gestalten sie mit. Die selbstgestalteten Abenteuerspielplätze, Kinderläden, Stadtteiltreffs und soziokulturellen Zentren, die 1.200 Jugendzentren, die autonomen Altenklubs und Frauen-Zusammenschlüsse, die Gesundheitsläden, die etwa 10.000 Selbsthilfegruppen von Behinderten und Kranken, die 500 bis 1.000 Gruppen der Arbeitslosenselbsthilfe und nicht zuletzt die 6.000 bis 10.000 genossenschaftlichen

Unternehmen sind in den jeweiligen Sozialbereichen anerkannte und teilweise, beispielsweise im Jugend- und Frauenbereich, bereits tonangebende Einrichtungen einer alternativen, nicht länger bürokratisch fremdbestimmten politischen Kultur. Andere gesellschaftsverändernde Formen Sozialer Selbsthilfe wie Landkommunen und Genossenschaften, die Freien Schulen und Hochschulen, die alternativen Finanzierungs-Netzwerke, die selbstorganisierten betrieblichen und überbetrieblichen Initiativen zur freiwilligen Arbeitszeitverkürzung oder die Arbeitslosen-Selbsthilfebewegung haben zwar bislang in ihren Bereichen - Wirtschaft und Bildungssystem - noch marginale Größenordnungen. Aber in der gesellschaftspolitischen Diskussion erlangen sie zunehmende Anerkennung als wichtige problemlösende Alternativen zu den inhumanen und antidemokratischen Strukturen der „freien" Krisen- und Konzernwirtschaft einerseits und zu unserem teilweise überreglementierten, reformfeindlichen Bildungssystem andererseits.

Insgesamt ist dieser Aufbruch zur „Selbsthilfegesellschaft" (Horst Eberhard Richter) in der Tat die erste große Chance für Hunderttausende von aktiven Menschen in der sozialstaatlich „befriedeten" Industriegesellschaft, durch Zusammenschluß in solchen Gruppen unabhängig von dem für sie unzugänglichen Politikbetrieb ihre Lebens- und Arbeitsbedingungen zu verändern und Schritt für Schritt menschliches Zusammenleben und Zusammenarbeiten aus der betreuenden und gleichzeitig beherrschenden Umklammerung von Staat, Profitwirtschaft und Verbänden zu lösen.

Damit komme ich zur dritten gesellschaftspolitischen Chance von Sozialer Selbsthilfe: Es kann - und das ist sicher nicht das Unwichtigste - durch Soziale Selbsthilfe schrittweise zu einer Vergesellschaftung des Staates kommen. Der anarchistische Theoretiker Peter Kropotkin* hat kurz vor der Jahrhundertwende als einer der ersten darauf hingewiesen, daß es in den mittelalterlichen Städten eine hochentwickelte Selbsthilfegesellschaft gab, die in den folgenden Jahrhunderten zunehmend vom absolutistischen Staat und seiner zentralistischen Bürokratie liquidiert worden ist. Viele Zusammenschlüsse wurden im preußischen Landrecht explizit verboten. Dieser Zentralstaat ist dann zwar im Laufe des letzten Jahrhunderts auf parlamentarischem Wege demokratisiert worden, aber sein Anspruch, seine Tendenz der umfassenden zentralen Regelung des gesellschaftlichen Lebens blieb aufrechterhalten. Ja, diese Tendenz verstärkte sich im 20. Jahrhundert noch durch die immensen Aufgaben der sozialen Sicherung und der Ausbildung. Pankoke* hat sehr gut aufgezeigt, wie seit dem 19. Jahrhundert nicht etwa ein Abbau, sondern ein Aufbau von „Etatismus" stattfand. Dies nur zu beklagen, wäre sinnlos. Ohne Frage hat der demokratische Kultur- und Sozialstaat Wesentliches zur Besserung der Situation der abhängigen Massen beigetragen, natürlich auch zur Funktionsfähigkeit einer privatwirtschaftlichen Erwerbsgesellschaft. Solange die Arbeitsplatzsicherheit, das Einkommen und die freie Zeit der großen Mehrheit nicht ein besseres Niveau erreicht haben, werden wir auf die meisten sozialen Leistungen dieses Staates nicht verzichten können.

Insbesondere die monetären Leistungen sind schon aus Gerechtigkeitsgründen zentralistisch anzusammeln und zu verteilen.

Aber ein beachtlicher Rest bleibt, ein Rest von Einrichtungen des Staates oder im Staat, von staatlichen Regelungen, staatlichen Leistungen, die entweder dezentralisiert, vornehmlich kommunalisiert oder gesellschaftlicher Selbstorganisation, Sozialer Selbsthilfe überantwortet werden sollten - selbstverständlich mit den Budgetanteilen, die jetzt der überzentralisierte Versorgungsstaat dafür beansprucht. Steuermittel sollten stärker an jene Sozialen Selbsthilfegruppen weitergegeben werden, die in vielen Bereichen humaner und effizienter als die zentralen Gesundheits-, Bildungs-, Fürsorge-, Jugend, Wohlfahrts- und sozialen Wohnungsbaubürokratien menschliche Bedürfnisse befriedigen.

Allumfassendes Staatshandeln anstelle der Förderung von Mitwirkung und Sozialer Selbsthilfe hat sich als ein politischer Irrweg erwiesen, der nicht zu einer sozialen Demokratie, sondern in einen bürokratischen Versorgungsstaat führt, dessen totale Betreuung gleichzeitig zu totaler Beherrschung des Bürgers tendiert. Er wird erstens trotz immer höherer Steuern und Abgaben, Sozialausgaben und Staatsschulden zunehmend ineffizienter und unbezahlbar; zweitens agiert er zunehmend nurmehr monetär, unpersönlich, kalt und läßt daher viele Menschen auch kalt, vermittelt nichts von der vielbeschworenen Solidargemeinschaft; und er würdigt drittens den Bürger zum ebenso unmündigen wie verantwortungslosen Sozialkonsumenten herab, der keinerlei Herausforderung spürt, selbst in den Gesellschaftsprozeß einzugreifen, selbst vor seiner Tür ein Stück soziale Demokratie mitzugestalten. Daher ist es ein wichtiger Ansatz, daß diese selbstorganisierten Gruppen nicht nur wie heute im kleinen, sondern morgen in mittleren und größeren Bereichen Aufgaben des Sozialstaats übernehmen.

Strategien der Verbreitung Sozialer Selbsthilfe

Ich komme nun zu den Überlegungen, wie Soziale Selbsthilfe zu einer breiteren gesellschaftlichen Bewegung werden kann. Ich sehe vor allem vier unerläßliche Voraussetzungen, die dafür geschaffen werden müssen: Information, öffentliche Meinungsbildung, systematische Organisation und schließlich kooperative Politik, Kooperation der Verwaltung.

1. Eine neue Qualität von politischer Information: Eine conditio sine qua non ist zweifellos, daß in politischer Information und Bildung, von unseren Medien wie in den Institutionen der politischen Bildungsarbeit das von Bürgern selbst organisierte soziale Handeln als genauso wichtige „Nachricht" aufgegriffen und verfolgt wird wie das Handeln der offiziellen Politikmacher. Gezielte (nicht: selektive) journalistische Aufmerksamkeit muß auf solche Inhalte und Formen von Nachrichten konzentriert werden, die dem Bürger durch Aufklärung und recherchierte Beispiele helfen, selbst in politische Prozesse einzugreifen. In unserem Zusammenhang bedeutet das: Wenn es inzwischen

Zehntausende von Gruppen in der Bundesrepublik gibt, die nicht länger apathisch bloß zusehen, wie Kommunal- oder Sozialpolitik, Kultur- oder Ausländerpolitik, Arbeitsmarkt- oder betriebliche Politik oft mehr schlecht als recht gemacht werden, sondern selbst in für sie überschaubaren und existentiell wichtigen Politikfeldern Hilfen, Reformen, Alternativen gestalten, so müßte dies ein Gegenstand permanenter Berichterstattung sein. Hinzukommen müßte eine neue Praxisorientierung von politischer Bildung.

2. Sozialethischer Wandel ist notwendig: Die andere große Barriere ist die Tatsache, daß in unserer Gesellschaft Gemeinschaftstätigkeiten negativ bewertet werden. Wir leben in einer strukturell asozialen Gesellschaft: In unserer kapitalistischen Erwerbsgesellschaft und unserem überbürokratisierten Sozialstaat gilt der private Vorteil als das eigentliche Grundgesetz, Gemeinsinn dagegen als Blödheit. Die Folgen sind: die „Privatperson" und ihre selbst- und gesellschaftszerstörerische politische Apathie. Die auch in den Sozialen Selbsthilfegruppen sich aktualisierende Gegenstrategie, der Einsatz für ein solidarisches Miteinander, kann daher ohne die bewußte, radikale und herausfordernde Entfaltung auch einer Gegengesinnung, einer Sozialethik des Gemeinsinns, nicht erfolgreich sein. Systematische Entwicklung Sozialer Selbsthilfe ihrerseits schafft Handlungsspielräume für solche Ethik, wie diese der Arbeit in Sozialen Selbsthilfegruppen allgemeine Würde und Bedeutung verschafft, wenn sie verbreitete Geltung gewinnt (vgl. dazu im einzelnen S. 153 ff.).

3. Notwendige Organisationsstrukturen zur Ausbreitung von Sozialer Selbsthilfe: Es sollten regionale bzw. kommunale, schließlich aber, wie die Jugendzentrumsbewegung zeigt, auch bundesweit wirkende Zusammenschlüsse für alle Selbsthilfegruppen, zumindest aber für die Sozialen Selbsthilfegruppen mit ähnlicher Zielsetzung geschaffen werden, die die Aktionsbereiche stabilisieren und den internen Erfahrungsaustausch wie auch die öffentliche Präsentation dieser Gruppen erleichtern. Hier gibt es bereits gute Ansätze. Darüber hinaus müssen - möglichst mit gewerkschaftlicher Unterstützung - Beratungsstellen geschaffen werden, die Eigeninitiativen innerhalb der Arbeitswelt erleichtern und fördern: neue Unternehmensformen, neue, menschlichere Formen der Arbeitsorganisation und Arbeitszeitorganisation etc. In Baden-Württemberg gibt es eine „Initiative für Arbeitsumverteilung", die neue Modelle der Arbeitszeitverteilung erarbeitet und bei der konkreten Umsetzung hilft.

4. Neuorientierung der Politik und Verwaltung - vom sozialen Patriarchat zur Kooperation mit mündigen Bürgern: Politik und Verwaltung sind weit davon entfernt, der sozialen Demokratie dieses Potential an Sozialer Selbsthilfe nutzbar zu machen. Staatliche Akteure müssen heute das mehr und mehr falsch werdende Menschenbild korrigieren, das ihr Verhalten geprägt hat - aber leider auch in hohem Maße die Regel- und Verfahrenssysteme ihrer Gesetze, Erlasse, Vorschriften. Ihr Menschenbild ist das Bild des bedürftigen, inkompetenten und zu sozialen oder kulturellen Eigenleistungen existentiell nicht fähigen Lohnempfängers mit Volksschulbildung. Von dem wirklich aktiven Mitbürger ist zwar viel die Rede, aber der Sozialstaat und auch der Bildungs- und Kulturstaat hat ihn eigentlich kaum entdeckt. Abgesehen davon, daß dieses Bild vom Bürger als einem bloßen Leistungsempfänger nie ganz „naturwüchsig" gestimmt hat, sondern wesentlich von Obrigkeitsvorstellungen des autoritären preußisch-deutschen Staatswesens mitgeformt worden ist, die den sozial aktiven Dorf- oder Stadtbewohner früherer Zeiten erst zum apathischen Untertan abgerichtet haben: Dieser Bürgertyp ist für unsere Gesellschaft nicht mehr allein bestimmend. Die bedeutende Zunahme der freien Zeit gibt den Menschen größere Handlungsmöglichkeiten. Die bei wachsenden Minderheiten erheblich verbesserte Informiertheit und materielle Sicherheit geben ihnen größere Kompetenz und größeres Selbstbewußtsein. Politisches Interesse und Engagement haben zugenommen. Es gilt nun, in jeder Gemeinde bzw. in jedem Stadtteil eine allseits bekannte Kontakt- und Informationsstelle für Aktivitäten der Sozialen Selbsthilfe aufzubauen, weil davon auszugehen ist, daß zahllose prinzipiell zu einem sozialen oder kulturellen Engagement bereite Bürger inaktiv bleiben, weil sie keine Möglichkeit sehen, mit Gleichgesinnten zusammenzukommen oder vorhandene Gruppen kennenzulernen. Immerhin ist die demokratische Erziehung nicht ganz an den Menschen vorbeigegangen. Bürger wachsen heran, die für eine soziale Demokratie höchst wichtig sind: Bürger, die nicht mehr nur vom „Vater" Staat Leistungen erwarten, sondern nach einem „Partner" Staat suchen, weil sie selbst gesellschaftlich etwas leisten können und wollen. Darauf aber ist unser „Staat" weithin nicht vorbereitet. Weithin beherrscht noch das patriarchalische Denken und Handeln die Politik wie die von ihr angeleitete Verwaltung: soziale Fürsorge (soweit noch möglich) **für** die Bürger, nicht aber Kooperation **mit** dem mündigen Bürger, der selbst tätig werden will.

Allerdings gibt es wenigstens Ausnahmen, Ansätze, an die anzuknüpfen ist. Aus einer Befragung Sozialer Selbsthilfegruppen durch die Stiftung „Die Mitarbeit" erfahren wir, daß immerhin knapp die Hälfte der Gruppen öffentliche Mittel (Zuschüsse, Aufwandsentschädigungen etc.) erhält; etwa die Hälfte wird außerdem auf andere Weise öffentlich gefördert, nämlich durch Bereitstellung von Räumen, durch Materialkostenübernahme und auf ähnliche Weise. Mehr als die Hälfte wird durch anderweitige, nicht-öffentliche Förderer unterstützt. Nur etwa ein Fünftel wird überhaupt nicht gefördert. Diese Angaben zeigen, daß Soziale Selbsthilfegruppen ohne Hilfen und Unterstützungen nur selten existieren können. Auch aus einer Analyse unserer Sammlung von Praxisbeispielen geht hervor, daß über die Hälfte der dokumentierten Sozialen Selbsthilfegruppen die Kooperation mit einer für die Lösung ihrer freiwillig übernommenen Aufgaben zuständigen Institution gesucht und auch gefunden hat.

Mittlerweile gibt es einige Institutionen, die Soziale Selbsthilfegruppen gezielt fördern und mit ihnen kooperieren: z.B. Sozialstationen (1983: fast 600!) oder die Selbsthilfekontakt- und -informationsstellen in Hamburg und Berlin. Längerfristig kann es aber nicht rational sein - weder finanziell noch im Sinne kooperativer Politik und Verwaltung -, Sozialstationen, Bürgertreffs, Jugendzentren und schließlich auch noch Selbsthilfe-Informationsstellen und -gruppen selbst in kleineren Orten oder Stadtteilen neben-. und durcheinander, vielleicht sogar gegeneinander wirken zu lassen. So könnte die Idee der Sozialstationen in Richtung auf Gemeinschaftszentren ausgeweitet werden, wie es in Hessen schon modellhaft versucht wurde. Damit ist das Stichwort für das letzte und Hauptproblem kooperativer staatlicher und insbesondere kommunaler Politik gefallen: Budgets für autonomes Sozialengagement der Bürger. Der nächst-notwendige (aber noch sehr seltene) Schritt kooperativer Politik und Verwaltung ist nämlich in der Tat die Mittelvergabe an sozial engagierte Selbsthilfegruppen. In Gestalt der Subventionierung der „freien Wohlfahrtspflege" und speziell der Sozialstationen gibt es schon seit langem hohe staatliche Transferzahlungen an „freie" Träger, die sogar auf einer prinzipiellen Rechtspflicht beruhen. Diese sind wesentlich stärker auf die kleineren Träger auszudehnen.

Aus den aufgezeigten organisatorischen Erfordernissen für die Verallgemeinerung von Sozialer Selbsthilfe und den immerhin inzwischen entwickelten Ansätzen kooperativer statt nurmehr patriarchalischer Verwaltungspolitik ist - wenigstens im Grundriß - ein „prozessuales" Gesamtkonzept staatlicher Kooperation mit aktiven Bürgergruppen zu entwickeln, das folgende Schwerpunkte enthalten sollte:
1. das Konzept eines - soweit wie möglich integrierten, nicht in verschiedene Ressorts zersplitterten - von Gruppenvertretern mitverwalteten Budgets zur Förderung von Sozialer Selbsthilfe;
2. das Konzept eines flächendeckenden Netzes von Kontakt- und Beratungsstellen für sozial engagierte Selbsthilfegruppen;
3. das Konzept staatlicher Schwerpunktprojekte, die ausdrücklich für Soziale Selbsthilfegruppen ausgeschrieben werden;
4. langfristig das Konzept von „Nachbarschaften" (Ortsbezirken) als politisch teilautonomen, sich so weit wie möglich durch ein System Sozialer Selbsthilfe selbständig entwickelnden Gebietskörperschaften.

Anmerkung

* Dieser Text ist eine Zusammenfassung einiger gesellschaftspolitischer Ergebnisse unseres demnächst erscheinenden Buches: Fritz Vilmar / Brigitte Runge, Auf dem Weg zur Selbsthilfe-Gesellschaft. Strategie und Dokumentation der Selbsthilfebewegung. Interessierte Leser seien auf die dort aufgeführten detaillierten Belege zu den empirischen Feststellungen dieses Beitrags verwiesen.

6. „Feminisierung" der Gesellschaft: Ökosozialismus und Frauenbewegung

Von Hilde Fauland

Gegenwärtig wird allerorten das Ende der Frauenbewegung konstatiert. Bekannte Feministinnen, vor allem in den USA, rücken ab von den Idealen der starken, unabhängigen, selbstbewußten Frau, die in allen Lebensbereichen den Männern in nichts nachsteht. Dagegen werden Familiensinn, Mutterschaft, Spiritualität wiederentdeckt, Schwäche wird wieder zugegeben und zugelassen. Dies könnte, isoliert betrachtet, zu einem Wiedererstarken des Patriarchats führen, wenn nur die Frauen ihre Schwächen zeigen, die Männer aber ihre Verhaltensweisen nicht verändern. Es gibt jedoch auch Anzeichen dafür, daß Männer, häufig initiiert durch frauenbewegte Frauen, ebenso ihre Wertorientierungen in Frage stellen und verändern - als symptomatisch hierfür mag u.a. die Diskussion um die „midlife crisis" gelten - und daß sich andererseits Frauen mit einem neuen Selbstbewußtsein in fast allen gesellschaftlichen Bereichen bewegen. Sie versuchen allerdings nicht mehr, bessere Männer zu werden und ihr Frausein zu verleugnen, sondern bringen vielmehr ihre Vorstellungen einer menschlicheren Gesellschaft ein und treiben damit eine Feminisierung auf allen Ebenen voran. Frauen verändern sich selbst und damit ihre Umgebung. So findet beständig ein Abbau patriarchaler Strukturen statt, und wir kommen dadurch Schritt für Schritt unserem Ziel eines feministischen Ökosozialismus näher, zwar nicht mehr so spektakulär und öffentlichkeitswirksam wie zu Beginn der Frauenbewegung, doch um so breitenwirksamer. Im folgenden will ich an einigen Bereichen exemplarisch aufzeigen, wie diese Strategien von Frauen wirksam werden.

Reproduktion für alle!

Im Zentrum der von Frauen angestrebten Veränderungen der Industriegesellschaft steht die Erkenntnis, daß die „menschliche Reproduktion Grundlage und Ziel des Wirtschaftens ist" (Lenz 1983, S. 26). In nicht durchindustrialisierten Gesellschaften ist diese Erkenntnis teilweise noch präsent; der Industrialismus versucht allerdings weltweit die Verlagerung des Schwergewichts auf den Produktionsbereich durchzusetzen. Dies führt zu einer Überbewertung aller Tätigkeiten in diesem Bereich und zu einer völligen Minderbewertung aller reproduktiven Fähigkeiten und Tätigkeiten. Ausgedrückt wird dieses Mißverhältnis beispielsweise in den bei uns zum allgemeinen Maßstab avancierten Bezugsgrößen wie dem Bruttosozialprodukt, das nur entlohnte Tätigkeiten erfaßt. Dies führt zu einem pervertierten Wachstumsdenken mit teilweise grotesken Folgen: So erhöht sich nach diesem Denken z.B. durch eine wachsende Zahl von Verkehrsunfällen und Krankheiten der allgemeine Wohlstand!

Die industrialistische Betonung des Produktionsbereichs führte gleichzeitig zu einer neuen Form der geschlechtsspezifischen Arbeitsteilung mit dem Gegensatzpaar des entfremdeten Lohnarbeiters auf der einen und der abhängigen Hausfrau auf der anderen Seite (vgl. Illich 1981, S. 40), wobei die reproduktive Arbeit gesellschaftlich unbewertet und damit unsichtbar bleibt. Abgesehen davon, daß es inzwischen äußerst problematisch erscheint, die Arbeit von Frauen als re-produktiv zu bezeichnen (vgl. Mies 1983, S. 116) - der größte Teil dieser Tätigkeiten ist im Gegenteil hochgradig produktiv -, wird zunehmend deutlich, daß keine Gesellschaft ohne diese Leistungen überleben kann.

Die Technisierung der Gesellschaft und die Auslagerung familiärer Funktionen auf Sozialbürokratien führte unter anderem zu einer Vielzahl von Problemen wie Alkoholismus und Drogensucht sowie zum Anstieg der Zahl psychischer und physischer Krankheitsbilder. Das vereinzelte Individuum kann bei noch so guter physischer Versorgung sozial nicht gesund überleben. Aus dieser Misere werden zwei Auswege propagiert: Die Konservativen beschwören die „sanfte Macht der Familie", die Alternativen entdecken den informellen Sektor. Das CDU-Konzept bedeutet eine klare Festschreibung der geschlechtsspezifischen Arbeitsteilung; beim Alternativkonzept dachten wir erst, es müßte zwangsläufig die reproduktiven Tätigkeiten der Frauen ins Zentrum stellen und diese einer gesellschaftlichen Neubewertung unterziehen. Doch weit gefehlt! Wir wurden wieder einmal eines Besseren belehrt. Männer wollen offenbar weiterhin keine Reproduktionsarbeit leisten. Wir werden dies erzwingen müssen.

Für uns Frauen bedeutet Reproduktion als Grundlage und Ziel allen Wirtschaftens, daß der Schwerpunkt des Lebens in diesem Bereich liegen muß. Bislang leisten allein Frauen hier die wichtigste gesellschaftliche Arbeit. Diese ist ihnen allerdings nicht angeboren; sie wird ihnen nur jeweils neu und immer wieder von allen Männern, den konservativen, alternativen, progressiven und wie sie sich sonst noch verstehen mögen, zugewiesen.

Frauen brauchen für sich genauso nötig die reproduktiven Leistungen. Besonders schmerzlich wird diese Misere von Frauen empfunden, die berufstätig sind und sich in Männerdomänen bewegen. Die Berufs- und Karrieremuster sind dort so aufgebaut, daß sie nahezu nur durch zwei Arbeitskräfte ausgefüllt werden können, nämlich durch den Berufstätigen selbst und die ihn reproduzierende (Ehe-)Frau. Männer werden ständig durch Mütter, Schwestern, Freundinnen und Ehefrauen psychisch, physisch und sexuell aufbereitet, um in diesem System funktionieren zu können. Dazu kommt, daß sie die Kindererziehung und -betreuung gänzlich an die Frauen abgeben. Betty Friedan beschreibt eindringlich, welche negativen Auswirkungen der Mangel an diesen Reproduktionsleistungen für die sogenannten Karrierefrauen in den USA hat (vgl. Friedan 1982).

Es wird aber auch für Männer schwieriger, sich eine Vollhausfrau zu halten. Oft ist es finanziell nicht möglich, weil der Verdienst des

Mannes nicht ausreicht und die Frau dazuverdienen muß. Frauen sind aber auch immer weniger bereit, sich in die Enge des Haushalts pressen zu lassen. Um dieser für sie unerträglichen Situation zu entkommen, nehmen sie häufig jede außerhäusliche Arbeit an. Und die Männer versuchen manchmal die Idylle wiederherzustellen, indem sie sich weniger emanzipierte Frauen aus dem Fernen Osten kaufen.

Die durch die Industrialisierung ansatzweise entstandene Aufhebung der geschlechtsspezifischen Arbeitszuweisung wird von Illich als große Verirrung empfunden. Er beschreibt in „Genus" nostalgisch schwelgend die Zeiten, in denen eine klare Geschlechtertrennung nach Arbeitsbereichen bestand, im Gegensatz zur heutigen Situation, in der der „Sexus" vorherrscht. Hier stellt er fest, daß die Devise zwar Gleichheit heißt, indem Frauen und Männer formal gleiche Rechte haben, die Realität aber eine sexistische Unterdrückung von Frauen ist wie nie zuvor. Nach seiner Meinung werden die Frauen unter dem Postulat der Gleichberechtigung in diesem Kampf ewig Verliererinnen bleiben (vgl. Illich 1983).

Es ist möglich, daß in weniger differenzierten Gesellschaften, in denen beide Geschlechter in ihren traditionellen Bereichen zur Produktion des Lebensnotwendigen beitrugen, die Frauen eine andere und vielleicht sogar stärkere Position innehatten als heute. Inzwischen versuchen zahlreiche Untersuchungen nachzuweisen, daß es vor der patriarchalen Unterwerfung der Frauen matrilineare oder sogar matristische Gesellschaften gegeben habe (vgl. z.B. Göttner-Abendroth 1980). Dennoch bin ich der Meinung, daß in einer industriellen bzw. noch besser in der nachindustriellen Gesellschaft erstmals die Chance besteht, die geschlechtsspezifische Arbeitsteilung aufzuheben und allen Menschen gleiche allseitige Entwicklungs- und Entfaltungsmöglichkeiten zu eröffnen. Frauen müssen sich nicht mehr auf eine einseitige Arbeitsteilung festlegen lassen, sie drängen in alle und auch in die „männlichen" Bereiche, so sehr auch Herrn Illich davor grausen mag. Die Bewegung der Männer in die entgegengesetzte Richtung geht allerdings viel langsamer vor sich. Deshalb werden Frauen aufgrund ihrer reproduktiven Fähigkeiten derzeit im Erwerbs- wie im Eigenarbeitssektor ausgebeutet. Angesichts der Erkenntnis, daß diese Fähigkeiten überlebensnotwendig sind, darf allerdings nicht ihr Abbau, sondern muß ihre Ausweitung - und zwar gleichmäßig verteilt auf Männer wie Frauen! - forciert werden.

Diese Forderung scheint mir am ehesten in dem Modell der Dualwirtschaft (Brun 1985) umsetzbar. In diesem Entwurf ist implizit enthalten, daß Männer sich auf den Eigenarbeitssektor hinbewegen, d.h. Haus- und Kinderarbeit übernehmen müßten und die Frauen umgekehrt verstärkt in den formellen Sektor gehen. Explizit wurde aber von den Verfechtern dieses Modells bisher über einige Lippenbekenntnisse hinaus kein Vorstoß in diese Richtung unternommen. Deshalb stehen Feministinnen, die zunächst die Erwartung hegten, daß bei einem derartigen Ansatz die Aufhebung der geschlechtsspezifischen Arbeitsteilung im Zentrum der Argumentation steht, diesem Modell nach anfänglichen Hoffnungen nun zunehmend kritisch gegenüber (vgl. C. Werlhof in Courage 3/1982).

Es ist anzunehmen, daß Gesellschaften, die den überwiegenden Teil ihrer Kraft auf die Produktion legen und die menschliche Reproduktion vernachlässigen, langfristig ihre Lebensgrundlagen zerstören. Die Umwelt und das ökologische Gleichgewicht werden zunehmend zerstört und die Gesundheit der Menschen weiter angegriffen. Psychologen, Eheberater, Pädagogen, psychiatrische Kliniken und Sozialarbeiter treten auf den Plan, um die Arbeitsfähigkeit wiederherzustellen bzw. zu erhalten. Alle diese bezahlten Kräfte erbringen Reproduktionsleistungen, die anderweitig offenbar nicht mehr erbracht werden. Wenn es um die Reproduktion von Frauen geht, so waren diese ständig gezwungen und haben gelernt, sich aufeinander zu beziehen (vgl. Benard/Schlaffer 1978b, S. 160 f.), weil sie von ihren (Ehe-)Männern in dieser Hinsicht meist nichts zu erwarten hatten. Inzwischen lernen Frauen zunehmend, sich eigene Zusammenhänge zu schaffen, in denen sie einander wechselseitig reproduzieren und gänzlich ohne Männer leben. Diese Strategie ist aber nur dann sinnvoll, wenn sich die Frauen von Männern völlig unabhängig machen wollen und können; sie erweist sich als fatal, wenn diese Zusammenhänge nur dazu dienen, daß Frauen einander aufbauen, damit sie dadurch um so besser ihre Männer wieder aufmöbeln können. Darüber hinaus sehe ich es als Problem an, wenn Frauen sich aus der Männergesellschaft zurückziehen und in ihren eigenen Zusammenhängen wieder allein ihre Kinder aufziehen und damit die Männer weiterhin von diesen Arbeiten befreien. Es ist unabdingbar, daß Männer lernen, Reproduktionsleistungen zu erbringen und Kinder zu betreuen.

Frauen, die nicht nur die traditionell ihnen zugewiesene Hausarbeit machen wollen, setzen ihre Forderungen teilweise schon erfolgreich durch, und es gibt mittlerweile Väter, die sich mit anderen Vätern und deren Kindern in Babygruppen treffen und austauschen, ebenso Wohngemeinschaften, in denen alleinerziehende Väter mit ihren Kindern wohnen. Es soll sogar Männer geben, die von sich aus bereit sind, als Hausmann zu fungieren. Diese erfreulichen Ansätze sind allerdings weitgehend auf die Angehörigen der Mittelschichten beschränkt und werden hier wiederum verstärkt bei (erwerbslosen) Sozialwissenschaftlern beobachtet, so daß die Vermutung naheliegt, daß ökonomische Zwänge diese Haltungen zumindest erleichtern. Aber immerhin wäre dies ein Beispiel dafür, daß in einer Krise auch Möglichkeiten zu prinzipiellem Umdenken eröffnet werden. Es ist häufig so, daß die Konsum- und Lebensmuster der Mittelschichten relativ schnell in die Unterschicht Eingang finden und kopiert werden. Was das Konsumverhalten betrifft, so führt dies zu einem aus ökologischen Überlegungen heraus kritisierten Anspruchsdenken (vgl. Gorz 1983, S. 40); was aber die Lebensmuster betrifft, so seien diese durchaus zur Nachahmung empfohlen.

Frauen und Wohnraum

Die Frage nach den Wohnformen ist eng verknüpft mit der jeweiligen Architektur. Die in den letzten Jahrzehnten gebauten „Wohnhaftanstalten" sind nur auf die Kleinfamilienstruktur zugeschnitten und erlauben kaum Spielräume für andere Formen des Zusammenlebens. Küche, Wohnzimmer, Schlafzimmer und Kinderzimmer bilden das gesellschaftliche Grundmuster.

„Frauen nehmen in ihrer Körperhaltung weniger Raum ein und beanspruchen in Wohnungen meist keinen privaten Raum für sich. Ihr Umkreis ist zumeist der Ort ihrer Dienstleistungen - von Küche bis Schlafzimmer - und sie haben keine Möglichkeit, sich auf einen sicheren privaten Bereich zurückzuziehen ... Sie verfügen weder über Raum noch eigene Zeit, sondern müssen ständig mit Invasionen und Ansprüchen rechnen." (Benard/Schlaffer 1978b, S. 162). Die wichtigste Forderung feministischer Architektinnen hieß und heißt demnach: Ein Raum für jede Frau! Feministische Planerinnen und Architektinnen haben sich regional und überregional zusammengeschlossen und neue Vorstellungen entwickelt. Sie artikulierten zuerst ihre Probleme, die sich aus der Arbeit in einer Männerdomäne ergeben, und setzten dann neue Maßstäbe in der Architektur sowie in der Stadt- und Regionalplanung. Das Spektrum der Vorschläge ist breit; es reicht von versponnenen Bauformen, die sich den Uterus zum Vorbild nehmen (vgl. P. Berndt in Courage 3/1981) bis hin zu konkreten Entwürfen und Planungen unter Einbeziehung der Betroffenen.

Meine eigene Zielvorstellung in puncto Wohnen sieht etwa so aus: Die Häuser sollen nicht höher sein als die sie umgebenden Bäume. Sie werden von jeweils bis zu 50 Leuten bewohnt. In jeder Etage lebt eine Wohngemeinschaft; darüber hinaus kommen alle Bewohner(innen) in Kontakt durch gemeinsame Aktivitäten in Fetenräumen, Bastelwerkstätten, Waschküchen usw. Mehrere Häuser zusammen können aufwendigere Gemeinschaftsanlagen errichten wie z.B. Kitas, Bibliotheken, Spielplätze; sie unterhalten auch Werkstätten, Läden (Einkaufsgemeinschaften), eine Bäckerei usw. für den eigenen Bedarf und evtl. auch darüber hinaus. Nach Möglichkeit sollen die Häuser von Grün umgeben sein und gemeinsame Innenhöfe stehen, in denen Obstbäume stehen und Gemüse angepflanzt werden kann.

Selbst in städtischen Wohnzusammenhängen gibt es noch eine Reihe von Möglichkeiten: Höfe, Fassaden und Dächer können begrünt, ökologische Kreisläufe bei der Abfallbeseitigung hergestellt werden. Als Beispiel hierfür kann das Frauenstadtteilzentrum in Berlin-Kreuzberg gelten, das im Rahmen der Internationalen Bauausstellung gefördert wird. Es befindet sich in einer ehemaligen Schokoladenfabrik, die von Frauen besetzt wurde und nun in Zusammenarbeit mit Planerinnen und Architektinnen nach ökologischen Gesichtspunkten instandgesetzt wird. Diese Initiative zeigt vorbildlich, wie feministische Aktivitäten in das Wohngebiet, in den Stadtteil integriert werden können. Es wird dort ein Café betrieben, Beratung und Räume für Treffen werden angeboten, verschiedene Veranstaltungen finden statt, Künstlerinnen haben ihre Proben- und Übungsräume, und als besonderer Anziehungspunkt in dem stark von Türken bewohnten Viertel ist für türkische und deutsche Frauen ein türkisches Bad vorgesehen.

Veränderungen in der Sozialbürokratie

Ein neues Konzept der Selbstverantwortung erfordert auch ein teilweise anderes Herangehen an soziale Probleme. Nicht Entmündigung durch Übertragung jeglicher Verantwortung an unpersönliche Bürokratien soll gefördert werden, sondern Ansätze zur Selbsthilfe und Selbstorganisation sollen von staatlicher Seite sinnvoll unterstützt werden. Dies bedeutet nicht unbedingt eine Reduzierung des Sozialstaats, obwohl das langfristig möglich erscheint; es heißt aber in jedem Falle und sofort Dezentralisierung sozialer Leistungsapparate.

Ich will die Veränderungspotentiale von Frauen an den beiden Bereichen Gesundheit und Bildung darstellen.

Ein anderes Gesundheitswesen

Ein entscheidender Ansatzpunkt feministischer Kritik durch die neue Frauenbewegung war und ist das bestehende Gesundheitssystem. In diesem stark aufgeblähten, bürokratisierten und hochtechnisierten Medizinsystem wird uns unsere Gesundheit systematisch Stück für Stück enteignet.

Dabei ging es im wesentlichen immer um die ärztliche (= männliche) Verfügung über den weiblichen Körper und seine Funktionen. Es waren ursprünglich Frauen, die das Wissen um natürliche Abläufe, um Heilmittel und -methoden entwickelten und weitergaben. Doch die Männer entrissen in einem über Jahrhunderte dauernden, religiös und magisch aufgeladenen Geschlechterkampf, in dem Frauen zu Abertausenden als „Hexen" denunziert, gefoltert und ermordet wurden, den Frauen dieses Wissen und übernahmen das Medizinmonopol (vgl. Ottmüller 1981, S. 111 f.). Es ging und geht dabei immer wieder um die Kontrolle über die Gebärfähigkeit und Reproduktion.

Heute werden die Frauen als Objekte der Gesundheitsindustrie benutzt. Die Pharmakonzerne bedienen sich der Frauen in der Dritten Welt, um beispielsweise die Pille zu erproben, und ebenso der Frauen in den Metropolen, die als Versuchskaninchen für Prostaglandine herhalten mußten (vgl. Kerstan/Wilde 1981, S. 36 ff.). Schwangerschaft und Geburt werden nicht mehr dem natürlichen Rhythmus der Frauen überlassen, sondern dem Rhythmus der Technik bzw. den Arbeitszeiten des Klinikpersonals angepaßt und manipuliert.

Als weitere wichtige Institution der Frauenunterdrückung hat sich die Psychotherapie entwickelt. Sie hat über weite Teile bereits die Funktion einer neuen Religion übernommen. Männliche Psychiater verstehen sich häufig als Priester oder Gurus neuer Lehren (umgekehrt beginnen neue Religionen häufig mit aus der Psychotherapie entliehenen Methoden wie Encountergruppen, Bioenergetik u.a.m.). Ihre Hauptaufgabe in bezug auf Frauen besteht meist darin, diese für die traditionelle Frauenrolle und die geschlechtsspezifische Aufgabenverteilung zurechtzubiegen.

Mary Daly (1981, S. 247) hat dafür folgende Begründung: „Wir haben allen Grund, die Verstümmelung und Zerstörung von Frauen durch Ärzte, die sich auf unnötige radikale Brustamputationen und Gebärmutterentfernungen, auf krebserregende Hormontherapie, auf Psychochirurgie, seelentötende Psychiatrie und andere Formen der Psychotherapie spezialisiert haben, in direktem Zusammenhang mit dem Aufkommen des radikalen Feminismus im zwanzigsten Jahrhundert zu sehen."

Mit dem Wissen über ihren Körper wurde den Frauen auch weitgehend ihre Sexualität enteignet. Die Verfügung über die weibliche Sexualität ist einer der Grundpfeiler der Unterdrückung des weiblichen Geschlechts (vgl. Fauland in Scherer/Vilmar 1984, S. 266ff.). Doch gerade an diesem Punkt begannen Frauen, sich zu wehren. Unter der Parole „Mein Bauch gehört mir" gingen zu Beginn der neuen Frauenbewegung Tausende von Frauen gegen den § 218 auf die Straße. Es entstanden vielfältige Aktivitäten von unten. Frauen fingen an, die Autonomie über ihren Körper und ihr Leben wiederzugewinnen. Es begann damit, daß sie ihr altes, verschüttetes Wissen wieder ausgruben. Gleichzeitig wurden unzählige Selbsthilfegruppen ins Leben gerufen. Sie tauschten in der Form von Selbsthilfegruppen ihr Wissen über ihren Körper, über Sexualität und Beziehungen untereinander aus. Daraus entstanden Frauengesundheitszentren, die mittlerweile Kurse zur Selbstuntersuchung sowie Hilfe und Anleitung bei verschiedenen Krankheiten anbieten und zu diesen Themen auch Zeitschriften herausgeben. Einzelne Gruppen beschäftigen sich speziell mit Schwangerschaft, Geburt und Stillen, und in Berlin wurde kürzlich ein Geburtshaus e.V. gegründet.

Nicht nur Frauen versuchen der konventionellen Medizin Alternativen entgegenzusetzen; eine ganze Reihe weiterer Projekte arbeitet in ähnlicher Richtung. Im „Heilehaus" oder im „Gesundheitsladen" werden Beratung und Dienstleistungen angeboten; z.B. werden Erfahrungen mit Ärzt(inn)en gesammelt und über eine Kartei allen zugänglich gemacht. Die Umdenkungsprozesse gehen bei der sogenannten Schulmedizin allerdings nur ganz langsam vor sich. Es ist nach wie vor sehr schwierig, Ärzte oder Ärztinnen zu finden, die weniger oder keine Chemie bzw. Apparaturen einsetzen. Homöopathie und Heilpraxis werden von der offiziellen Medizin noch immer nicht anerkannt, und die Ausbildungsgänge an den medizinischen Fakultäten der Universitäten sind von den neuen Ansätzen, die vielfach auf früheres Wissen zurückgreifen, noch nahezu völlig unbelastet. Dabei sollen diese Methoden nicht dazu dienen, die Schulmedizin zu ersetzen; sie könnten diese aber vielerorts entlasten und ergänzen. Der hohe Stand schulmedizinischen Wissens soll erhalten bleiben, weiterentwickelt werden und auch zur Anwendung kommen, allerdings in einem wesentlich eingeschränkteren Umfang.

Die Bürokratisierung und die damit verbundene vollständige Entmündigung und Entpersönlichung durch das Medizinsystem müssen überwunden werden. Nicht das Reparieren kranker Teile von Menschen mit dem Ziel, sie wieder arbeits- und funktionsfähig zu machen, darf im Zentrum stehen, sondern die Fähigkeiten, sich selbst zu kennen und zu helfen, sollen gefördert werden. „Gesundheit ist ein Prozeß der Anpassung. Sie ist nicht das Ergebnis instinktiven Verhaltens, sondern autonomer, wenngleich kulturell geprägter Reaktionen auf eine sozial geschaffene Realität. Sie bezeichnet die Fähigkeit, sich auf ein wechselndes Milieu einzustellen, heranzuwachsen und zu altern, im Falle einer Verletzung zu gesunden, zu leiden und in Frieden den Tod zu erwarten" (Illich 1977, S. 309). Deshalb bieten die Ansätze von unten mit Hebammen, Gesundheitsläden, Naturheilverfahren, Kräutermedizin und Selbsterfahrung weit bessere Ansätze zur Wiederherstellung der allgemeinen Gesundheit als alle blitzenden Apparaturen und bunten Pillen zusammen. Für den Einsatz dieser teuren Geräte, der weiterhin in bestimmten Fällen nötig erscheint, müßte eine Entkopplung von den Kostendeckungs- und Profitprinzipien überlegt werden. Es ist nicht tragbar, wenn Ärzte Operationen nicht deshalb durchführen, weil diese aus gesundheitlichen Gründen notwendig sind, sondern weil damit das Einkommen erhöht werden kann bzw. weil die Maschinen aus Rentabilitätsgründen zum Einsatz gelangen müssen. Ähnlich verhält es sich mit der Pharmaindustrie. Diese strebt aus Profitmaximierungsgründen nach Höchstumsätzen und schwatzt deshalb den Ärzten und der Bevölkerung immer mehr Chemie und Gift auf.

Unser Medizinsystem ist elitär: Es bringt einige bewundernswerte Spitzenleistungen für wenige hervor, während die breite Bevölkerung immer weiter von jeglicher Körperlichkeit entfremdet wird. Das in der Frauenbewegung exemplarisch entwickelte und in anderen alternativen Zusammenhängen ebenso praktizierte, auf den alternativen Gesundheitstagen breit dargestellte von der Basis her organisierte Gesundheitswesen mit einem hohen allgemeinen Aufklärungsstand über körperliche Zusammenhänge, mit mobilen Gesundheitsstationen, -läden und -helfer(inne)n sowie mit einer vernünftigen Anzahl dezentraler, gut ausgestatteter Krankenhäuser würde zu einer menschengemäßeren, besseren und auch billigeren Allgemeinversorgung führen.

Vor allem das Argument der Kosteneinsparung veranlaßt zur Zeit Politiker aller Richtungen, sich mit den Selbsthilfeansätzen anzufreunden. So bietet beispielsweise der CDU-Senat in Berlin einzelnen Projekten finanzielle Unterstützung und richtet exemplarisch Sozialstationen als Selbsthilfeprojekte ein. Konservative Strategien in diesem Bereich tasten allerdings das Profitprinzip der niedergelassenen Ärzte und der Pharmaindustrie nicht an und bergen vor allem für Frauen eine fatale Gefahr in sich. Sie versuchen nämlich immer ganz gezielt, die Tätigkeiten des Hegens und Pflegens wieder in die Familien zurückzuverlagern und dort ganz konkret nur den Frauen zuzuweisen. Damit werden unbezahlte Leistungen wieder allein den Frauen abverlangt. Solange nicht gewährleistet ist, daß Männer sich genauso an der Pflege von Kindern, Kranken, Behinderten und Alten beteiligen, müssen Frauen sich dagegen verwehren, daß diese Tätigkeiten in den häuslichen Zusammenhang zurückverlagert werden.

Es sind aber auch Frauengesundheitsprojekte, die immer die Gefahr der Verstärkung geschlechtsspezifischer Rollenzuweisung in sich bergen. „Die ängstliche Überwachung unseres eigenen Körpers, die Fixierung auf Bauchnabel oder Gebärmuttermund - ist sie nicht auch etwas Frauenspezifisches und Teil unserer Unterdrückung?" (S. zur Nieden in Emma 11/1982, S. 14). Frauen müssen sich zwar das Wissen über ihren Körper wieder aneignen, um dadurch ein neues Selbst- und Körperbewußtsein zu erlangen und Stärke daraus zu beziehen; sie dürfen aber nicht ihren Horizont auf Selbsterfahrung, Körperfeeling und Stillgruppe einengen, sondern müssen darauf aufbauend gesellschaftlich wirksam werden.

Frauen verändern das Bildungswesen

In der Euphorie der Reformen unter sozialliberalen Regierungen war das Bildungssystem als der zentrale Ansatzpunkt betrachtet worden, emanzipatorische Veränderungen durchzusetzen. Die Überwindung der geschlechtsspezifischen Erziehung zwecks Emanzipation der Frauen wurde dabei allerdings weitgehend „vergessen". Mädchen haben zwar formal gleichen Zugang zu Bildung und Ausbildung, aber Schulbücher, Lehrpläne und Ausbildungsgänge suggerieren nach wie vor die traditionelle Aufgabenverteilung.

Die Schulen selbst sind weiterhin hierarchisch und patriarchal gegliedert: Grundschulen basieren auf der bezahlten und unbezahlten Erziehungsarbeit von Frauen. Die Direktorenposten haben allerdings meist Männer inne. Auf höheren Ebenen, in Gymnasien, sind mehrheitlich Männer tätig.

Die Anforderungen, die an die Kinder gestellt werden, nehmen an Komplexität zu; Bürokratie und Lehrpläne überfordern Lehrer(innen), Schüler(innen) und Eltern, hier insbesondere die Mütter. Denn das ganze Schulsystem ist darauf ausgerichtet, daß Mütter unendlich viel zusätzliche Arbeit in die Schulbildung ihrer Kinder investieren, indem sie ihnen durch Hilfe bei den Hausaufgaben den größten Teil des Wissens vermitteln.

Lernen ist kein natürlicher Vorgang mehr, der ins Leben integriert sein und das Sammeln von Erfahrungen bedeuten sollte, sondern vielmehr zu einer mühevollen Arbeit geworden; es zählt überwiegend zu der von Illich unter dem Begriff der Schattenarbeit subsumierten unbezahlten Plackerei, die nur in Industriesystemen erforderlich wird (vgl. Illich 1981, S. 40). Kinder erfahren durch den „geheimen Lehrplan" Konkurrenz, Leistungsdruck, Fehlersuche, Isolierung und - die geschlechtsspezifische Rollenzuweisung mit Zuteilung der unbezahlten Arbeit an die Frauen (vgl. Brehmer in Pusch 1983, S. 370). In der fortschrittlicheren Gesamtschulen ist dies ähnlich, und hier komm noch die Auflösung sozialer Bezugsnetze hinzu (vgl. Hollstein/Pentl

1980, S. 240). „Der technokratisch reformierte Unterricht, mit dem die Schule auf die Ansprüche der Wirtschaft reagiert, erschlägt die Kinder mit minutiös aufgebauten Unterrichtsmodellen, in denen jeder Atemzug verplant ist und deren Zweckmäßigkeit den allmählichen Tod der Phantasie nach sich zieht." (Edschmid 1979, S. 83)

Feministinnen setzen in der Pädagogik neue Maßstäbe. Sie veranstalten in unregelmäßigen Abständen Tagungen zu den Themen Frauen und Schule. Dort werden alle Aspekte der Erziehungs- und Bildungsarbeit aus feministischer Sicht beleuchtet und Strategien zur Veränderung erarbeitet.

Pädagogisches Handeln soll nicht für andere, sondern mit anderen erfolgen. Eine solidarische Allianz von Lehrerinnen, Schülerinnen und Müttern ist nötig, um sexistische Strukturen in Schulen aufzubrechen (vgl. Brehmer in Pusch 1983, S. 372 ff.). Von Müttern wurde auf dem Kongreß „Zukunft der Frauenarbeit" die Forderung nach Verweigerung der Hausaufgabenhilfe aufgestellt. Feministische Lehrerinnen verfolgen an konventionellen Schulen ebenso wie an Alternativschulen ein Hauptziel: die Beziehungen von Frauen untereinander zu verändern.

Erster Ansatzpunkt sind die sexistischen Darstellungen in Schulbüchern. Das dort vermittelte Rollenbild muß verändert werden, und zwar nach zwei Richtungen: Zum einen muß eine neue Einschätzung und Verteilung von Hausarbeit und zum anderen müssen die Leistungen von Frauen in der Geschichte sowie in der Gegenwart vermittelt werden. Der Kampf um die Veränderung der Schulbuchinhalte erweist sich als ungeheuer zäh und langwierig und gestaltet sich in der Auseinandersetzung mit den Bürokraten oft äußerst unerfreulich. Doch auf diesem Gebiet steht zu viel auf dem Spiel; hier darf nicht lockergelassen werden.

Weiterer Widerstand ist nötig gegen die unmenschlichen Organisationsformen, allerdings ohne sich dabei kaputtmachen zu lassen oder sich aufzuopfern. Das bedeutet meist eine schwierige Gratwanderung, in der Frauen versuchen, Spontaneität gegen Hierarchien einzubringen (vgl. Brehmer 1980, S. 201). Es wird versucht, Mädchen zum Aufbau eines positiven Selbstbildes und gleichzeitig einer realistischen Selbsteinschätzung anzuregen, Mechanismen subtiler Einflußnahme der allgemeinen Umgebung (Medien, Kultur, Religion) bewußtzumachen und bei Veränderungen zu helfen. Personelle Interaktion zur Stärkung des weiblichen Selbstvertrauens sowie Veränderungen der Umweltbedingungen (vor allem der Medien) sind nötig (vgl. Schultz 1978, S. 163 ff.).

Neuere Untersuchungen legen nahe, daß Mädchen ein breiteres Spektrum gesellschaftlicher Aktivität erlernen als Jungen. Sie spielen mit Puppen, aber auch mit Legosteinen und Bällen. Knaben spielen nicht mit Puppen und versäumen das Erlernen wesentlicher Aspekte menschlichen Verhaltens wie z.B. die Empathie, d.h. die Fähigkeit, sich in andere einzufühlen. Dies ist unter anderem daran nachweisbar, daß zwar Mädchen Knabenrollen spielen können, aber nicht umgekehrt (vgl. Brehmer in Pusch 1983, S. 371). Feministische Erziehung unterstützt dieses Potential von Mädchen. Sie sollen ermuntert werden, ihre

Fähigkeiten zu entwickeln, auch Berufe zu ergreifen, die vielleicht als „männlich" gelten, längere Ausbildungsgänge anzustreben usw.

Die in letzter Zeit diskutierten Vorschläge, Mädchen in geschlechtshomogenen Gruppen zu unterrichten, um ihnen dort mehr Spielraum zur eigenen Entfaltung zu geben, kann ich nicht unterstützen. Wenn es um den Abbau geschlechtsspezifischer Rollentrennung geht, scheint die Koedukation dazu besser geeignet zu sein, zumal Mädchen in der Schule den Jungen wissensmäßig häufig überlegen sind. Es wäre allerdings zu wünschen und zu initiieren, daß an den Schulen Mädchengruppen ins Leben gerufen werden.

Ein alternatives Bildungskonzept umfaßt weitergehende Veränderungen in Richtung auf lebenslanges Lernen und Arbeiten mit einander abwechselnden und ineinander übergehenden Phasen. In alternativen oder „freien" Schulen werden andere Schwerpunkte gesetzt; Lernen wird mehr als Entdecken verstanden, verbunden mit dem Leben und Arbeiten. Es existieren mittlerweile unzählige solcher Schulen und anderer Bildungsangebote wie Lernbörsen, Ferien- und Bildungshäuser, Lernwerkstätten, Frauenschulen, Bildungswerke und dergleichen mehr, die sich an Jugendliche wie an Erwachsene wenden und daher als Angebote für lebenslanges Lernen gelten können. Alternativschulen bieten ein relativ gutes emanzipatorisches Potential; dennoch ergeben sich bei den Versuchen zur Veränderung der Geschlechtsrollen auch dort häufig Schwierigkeiten. Die Probleme beginnen schon damit, daß die Lehrer(innen) zuerst ihr eigenes Verhalten reflektieren müssen, denn sie stellen ja ein sehr starkes Identifikationsobjekt für ihre Schüler(innen) dar (vgl. Borchert/Derichs-Kunstmann 1979, S. 50).

Zur Entbürokratisierung des Bildungswesens wird häufig ein Modell von Bildungsgutscheinen, die vom Staat an alle verteilt werden, vorgeschlagen. In diesem Konzept werden Schulpflicht und Chancengleichheit gewährleistet, aber dazu bei Selbständigkeit der Schulen ein gewisser Wettbewerb hergestellt (vgl. Huber 1982, S. 180). Die alternativen Bildungsangebote funktionieren bereits auf ähnliche Weise. Hier wählen sich die Schüler(innen) bzw. deren Eltern eine Schule nach ihren Neigungen aus. Dabei lernen sie vermutlich mehr als bei dem staatlich verpaßten allgemein üblichen Zwangsangebot.

Frauenkultur

Ein weiterer Bereich, aus dem Frauen traditionell ausgeschlossen waren, ist die Kunst. Hier ließen sich Männer - ähnlich wie in der Wissenschaft; inzwischen werden Untersuchungen angestellt, wie weit Einsteins Relativitätstheorie von ihm und wie weit von seiner ersten Frau entwickelt wurde - von Frauen unendlich viel Zuarbeit leisten, sich inspirieren (in die Kunst gingen diese Zuarbeiterinnen, oft selbst Künstlerinnen, als „Musen" ein). Die Leistungen von Frauen wurden nicht veröffentlicht oder erschienen unter dem Namen des Mannes, Freundes oder Bruders und brachten diesem Ruhm und Lorbeeren. Einige Frauen veröffentlichten unter männlichen Pseudonymen, damit ihre

Werke nicht - wie die der meisten Frauen - totgeschwiegen würden; Ausnahmen bestätigen hier wie überall die Regel.

Der Ausschluß der Frauen aus der gesamten Kultur manifestiert sich besonders deutlich in der Sprache. Frauen förderten extreme Diskriminierungsmechanismen in unserer Sprache ebenso wie im Sprachverhalten zutage. Wer die einschlägigen Untersuchungen (z.B. Pusch 1983) kennt, der/dem fallen in der alltäglichen Erfahrung in allen möglichen (unmöglichen) Situationen diese Mechanismen ins Auge bzw. Ohr. Die von M. Wex (in Pusch 1983) dokumentierten Bilder zeigen beredt die Unterschiede in der Körpersprache. Die norwegische Feministin Gerd Brantenberg beschreibt in ihrem Roman „Die Töchter Egalias" (1980) einfach die Umkehrung der Geschlechterrollen und macht dabei anhand der Sprache und des Verhaltens vieles bewußt und zeigt die Absurdität dessen auf, was uns bislang als selbstverständlich erschien.

Literatur und Kunst bieten immer Identifikationsmuster und deuten künftige Entwicklungen an. Die Männer hatten stets ihre Dichter und Philosophen, die ihnen den Weg wiesen. Die Frauen fangen langsam an, sich eine solche Kultur zu schaffen; sie müssen vieles ausgraben und noch mehr Neues bilden. Virginia Woolf, Alexandra Kollontai, Simone de Beauvoir und Doris Lessing, um nur einige zu nennen, weisen uns hier den Weg. Inzwischen existiert ein regelrechter Boom an Frauenliteratur. Es entstehen Frauenschreibgruppen; eigene Texte werden teils hektographiert, teils in Selbstverlagen herausgegeben und enthalten übrigens manchmal eher problematische Identifikationsangebote. War es vor zehn Jahren noch ein mühsames Unterfangen, nach Frauenliteratur zu suchen (aus diesem Grund entstanden die ersten Frauenbuchläden), so bringt heute beinahe jeder renommierte Verlag ein eigenes Frauenprogramm, und Buchläden wie Bibliotheken haben eigene Frauenabteilungen eingerichtet.

Filmemacherinnen und Frauen in den Medien haben sich zusammengetan, weil gerade in diesen wichtigen Bereichen der Massenkommunikation neue feministische Identifikationsmaßstäbe dringend geboten sind. Mittlerweile existiert auch schon eine Reihe hervorragender internationaler Filme von und über Frauen; in den Medien jedoch dominiert immer noch das Frauenbild von „Dallas" und ähnlichen Machwerken aus der Traumfabrik. Nirgendwo werden Frauen stärker sexistisch stereotypisiert als in der Film- und Fernsehbranche (vgl. Möhrmann in Pusch 1983, S. 94), und gerade der Film verfügt, verglichen mit anderen Künsten, über die stärkste Realitätsausstrahlung. Diese wird bislang fast nur gegen Frauen eingesetzt, könnte und sollte künftig aber stärker für feministische Zwecke genutzt werden.

Im Bereich des Theaters tut sich unter Frauen leider noch nicht so viel. Beide Bereiche, Film und Theater, beeinflussen die Frauenbewegung und umgekehrt. Diese Prozesse sind enorm wichtig. Eine ähnliche Rolle spielen Frauenkabaretts. Sie spiegeln die jeweilige Situation der Bewegung wider und geben Anlaß zum Lachen, aber auch zur Reflexion. In Frankreich hat sich ein Frauenzirkus gebildet, der internationale Gastspielreisen unternimmt.

In der Musikbranche haben sich kritische und feministische Sängerinnen relativ schnell ihren Platz erobert. Musik und Theater sind diejenigen Künste, in die Frauen schon relativ früh Eingang gefunden haben, nachdem im alten griechischen Theater Männer auch die Frauenrollen spielen mußten. Heute erobern sich feministische Sängerinnen, Frauenmusikgruppen und -rockbands, die anfangs nur in der Subkultur auftraten, zunehmend die konventionellen Märkte. Die Namen einiger Frauenbands zeigen die Orientierungen, z.B. „Knapp daneben", „Außerhalb", „Gegengift"; in Berlin gibt es ein Frauenmusikzentrum „Lärm und Lust".

Feministischen Künstlerinnen geht es um die „Wiederentdeckung des eigenen Körpers, der weiblichen Sinnlichkeit jenseits männlicher Privilegien" (Göttner-Abendroth 1982, S. 117). Heftige Auseinandersetzungen gibt es um die Frage einer weiblichen Ästhetik. Göttner-Abendroth unternimmt den Versuch einer Definition matriarchaler Ästhetik oder Kunst: Sie „ist nicht an ein Geschlecht gebunden, sie besitzt jedoch eine zu allen Ästhetiktheorien und Kunstformen andersartige Perspektive: Gesellschaft und Kunst nicht unter der Herrschaft des Mannes, sondern als Schöpfung der Frau" (1982, S. 43).

Frauen haben eigene Galerien eröffnet, in Bonn wurde ein Frauenmuseum eingerichtet, sie veranstalten Ausstellungen und Festivals mit Musikdarbietungen, Performance, Körperkunst, Environment-Kunst und vieles andere mehr. Zuletzt fand in Linz/Österreich ein großes Frauenfestival unter dem Titel „Andere Avantgarde" statt. Durch die vielfältigen künstlerischen und kulturellen Ausdrucksmöglichkeiten wird eine breite Frauenöffentlichkeit geschaffen und Kommunikation innerhalb der Bewegung hergestellt. Diese Funktion ist lebensnotwendig, wenn weitergehende Veränderungen erzielt werden sollen. Nicht zu vergessen in diesem Zusammenhang sind die Frauenkneipen, -bars, -buchläden und -zentren.

Künstlerische Gestaltung, die alle Lebensbereiche durchdringt, wird erst möglich, wenn die Grundbedürfnisse befriedigt sind; dann erst beginnen Emanzipation und Selbstverwirklichung in den Bereich des Möglichen zu rücken. Dazu ist nötig, daß die Zeit, die mit abhängiger Arbeit verbracht werden muß, radikal verkürzt wird; dazu müßten auch inhaltliche Veränderungen treten. Die Perspektive für Frauen ist zur Zeit ziemlich düster, denn durch die Krise nimmt die unbezahlte abhängige Frauenarbeit wieder zu statt ab, und der härter werdende Existenzkampf entzieht künstlerische Energien. Dies ist bislang noch nicht in der vollen Breite sichtbar geworden, weil die Generation unserer Eltern relativ breit gestreut einiges an Vermögen angesammelt hat, das erst noch zur Verfügung steht, und viele Künstler(innen) oder solche, die es gerne sein möchten, und auch Lebenskünstler(innen) leben - zumindest teilweise - aus diesen Vermögenswerten. Dadurch existiert zur Zeit noch eine relativ breite Kunstszene, die sich allerdings verengen wird, wenn Marginalisierung und Verelendung zunehmen.

Politik und Frau

Die parlamentarische Demokratie und die bürgerlichen Freiheiten werden gegenwärtig Stück für Stück ausgehöhlt. Es ist relativ unwahrscheinlich, daß die neuen Informationsmedien uns den Weg in die dezentrale Gesellschaft auf der Basis von direkter Demokratie ebnen werden, wie A. Gorz (1983) dies voraussieht. Zu erwarten sind bei der derzeitigen Kräfteverteilung eher mehr zentrale Überwachung, Kontrolle und undurchschaubare Macht. Es muß aber nicht zum harten „Archipel Gulag" kommen, und es wird wahrscheinlich auch nicht der sanfte „Etat catalysateur" werden; als dritte Variante jenseits dieser beiden Alternativen sieht Huber eher das „Gummiwand-Szenario" auf uns zukommen: „Es bedeutet, daß alle Eingeschlossene sind, aber die Kontrolle so flexibel ist, daß Verschluß und Verwahrung direkt kaum wahrgenommen werden. Man wird an der langen Leine geführt. Man wird überwacht, aber man weiß und bemerkt es nicht. Man wird ständig in die Schranken gewiesen, aber es scheint kein Widersacher greifbar, der die Verantwortung dafür trägt und mit dem man sich auseinandersetzen könnte." (Huber 1982, S. 182)

Innerhalb der Frauenbewegung wurden nur wenige konkrete Vorstellungen und Perspektiven bezüglich des Staates und des politischen Systems entwickelt. Die meisten Frauen orientieren sich weiterhin an den politischen Ideen, die sie vor ihrem Eintritt in die Frauenbewegung vertreten haben, also von marxistisch bis liberal. Konservative und reaktionäre Frauen sind in der Bewegung eher selten anzutreffen; viele sind aber in Fragen der Politik ratlos oder interessieren sich überhaupt nicht dafür. Hierzu zählen insbesondere die jüngeren Frauen, die die Studentenbewegung selbst nicht mehr miterlebt haben. Diese Frauen neigen eher zu Rückzugsideologien und stehen damit ohne Zweifel eher im Lager der konservativen Politik. Frauen lassen sich nur selten auf das „schmutzige Geschäft" der Politik ein, sie wollen damit lieber nichts zu tun haben. Ebensowenig wollen sie sich mit den Entwicklungen im Bereich der Informatik und deren möglichen Auswirkungen auf das politische Leben beschäftigen; sie beschäftigen sich allenfalls noch mit deren Auswirkungen auf die Arbeitssituation von Frauen (z.B. Böttger 1983). Häufig argumentieren Frauen in diesen Fragen, daß sie es satt hätten, immer den von Männern vorgegebenen Entwicklungen hinterherlaufen zu müssen, immer nur zu re-agieren. Sie wollen lieber selber etwas anderes schaffen - und das ist dann häufig ein Kind oder die Beschäftigung mit Mystik und mit weltfernen Utopien, in denen alle Probleme gelöst sind.

Auf der Frauensommeruniversität 1983 stand ein Tag unter dem Motto „Frau ohne Politik - Politik ohne Frau". In diesem Zusammenhang wurden vor allem Themen zur Friedensbewegung diskutiert. Dann wurde aber ein neuer Vorschlag zur Organisationsfrage unterbreitet. Sybille Plogstedt, eine der alten Polit-Frauen, schlug vor, einen alternativen Frauenrat zu gründen. Alle Frauengruppen sollen sich dezentral organisieren und über eine Art Rätesystem verbinden. Zur

Durchsetzung konkreter Forderungen ist auch wieder eine partielle Zusammenarbeit mit männerdominierten Organisationen ins Auge zu fassen (vgl. S. Plogstedt in Courage 12/1983, S. 59). Dieser Vorschlag erscheint sehr pragmatisch und der Situation angepaßt. Dennoch wird es nicht einfach sein, die Frauenbewegung, deren Stärke zu Anfang gerade ihre Unorganisiertheit, ihre Spontaneität und Unberechenbarkeit war, zu organisieren. Organisation z.B. in Parteien war für die Bewegungsfrauen immer undenkbar; so wird der Plan von Hannelore Mabry, die seit Jahren landauf und landab zieht, um eine Frauenpartei zu gründen, heftigst abgelehnt. Vor drei Jahren unternahmen Frauen aus der SPD zusammen mit einigen autonomen Frauen den Versuch, eine verbindende Plattform zu schaffen. Die „Fraueninitiative 6. Oktober" wurde gegründet. Sie sollte auf der Basis eines Minimalkonsenses politisches Handeln in Fragen der Rentenreform, der Gleichstellungsstellen u.a.m. ermöglichen. Dieser Versuch war nur begrenzt erfolgreich, was die Einbindung autonomer Frauen betraf.

Doch nun kommen die ersten Vorschläge aus der Bewegung selbst. Zur gleichen Zeit wie Sybille Plogstedt entwickelten Bielefelder Sozialwissenschaftlerinnen ein Modell eines Frauenbundes, das sie auf dem Kongreß „Zukunft der Frauenarbeit" vorstellten. Dieser soll, noch vager als der Frauenrat, weniger als konkrete Organisationsform verstanden werden, sondern eher als bewußtseinsmäßige Verbundenheit aller frauenbewegten, „kämpfenden" Frauen. Als Parole wurde wieder „Das Private ist politisch" ausgegeben. Frauen werden aufgerufen, überall dort, wo sie sich in der Gesellschaft gerade befinden, Widerstand gegen das Patriarchat zu leisten: „Es geht um die Revolutionierung des Alltags. Sie entsteht aber gewiß nicht dadurch, daß wir uns an der Männerherrschaft abarbeiten, daß wir versuchen, die Herrschenden zu bekehren, daß wir uns immer wieder mit ihren Themen auseinandersetzen, daß wir glauben, deren Regeln erst lernen zu müssen, bevor wir uns wehren können: Wir kennen sie doch schon, wir kennen nichts anderes! Vielmehr müssen wir den Ungehorsam einüben!" (aus dem Programm des Kongresses „Zukunft der Frauenarbeit" im November 1983 in Bielefeld).

Dies sind also die aktuellen Vorstellungen der Frauen zur Organisierung, um politisch wirksam zu werden. Eigentlich handelt es sich dabei mehr um eine Nicht-Organisation. Vielleicht ist es gar nicht möglich, die Frauen zu organisieren, vielleicht ist die Frauenbewegung ein geglücktes Beispiel anarchistischer Nicht-Organisation, denn trotz oder gerade wegen ihrer fehlenden Organisation ist sie politisch wirksam geworden und hat eine breite Masse von Frauen erfaßt.

Die Frauen, die sich explizit als Anarchistinnen verstehen, die den Staat und jegliche Organisation ablehnen und sich gegen das „dusselige Gejammer" vieler Frauen verwehren, haben sich ebenfalls neu assoziiert, und zwar diesmal international. Seit März 1983 erscheint auch wieder ihre Zeitschrift „Die schwarze Botin" in Berlin, Paris und Wien.

Eng verknüpft mit all diesen Auseinandersetzungen ist die Frage nach der Macht. Wir wollen mehr Macht für Frauen. Heißt das, daß einzelne Frauen an die Macht gelangen sollen? Wie sieht es mit der Macht unter den Frauen aus (vgl. Lenz 1981, S. 83)? Worin kann Frauenmacht bestehen? Ist Mutterschaft powerful?

Frauenbewegte Frauen, die in Machtpositionen gelangen wollen, zählen zu den „Intermediären" (Huber 1980, S. 110). Sie stehen mit einem Bein in patriarchalen Institutionen und sichern sich mit dem anderen Bein in der Bewegung ab, erhalten von dort Anregung, Unterstützung und Kritik. Sie können verändernd wirken, wenn sie von ihrer Bezugsgruppe jeweils unterstützt und korrigiert werden. Dieser Weg ist hart und erscheint vielen als zu gefährlich. Dennoch ist er nötig und wird erfolgreicher, je mehr Frauen ihn gehen. Sie dürfen „weibliches" Verhalten nur dann zeigen, wenn es von anderen auch mit „weiblichem" Verhalten erwidert wird, und müssen von Männern auch „weibliches" Verhalten einfordern, wenn nötig, auf aggressivem Weg (vgl. Schenk 1981, S. 213). Die Frauen, die sich zu berufsständischen feministischen Interessenorganisationen zusammengeschlossen haben, wenden diese Strategie an. Ich bin überzeugt, daß jenen Frauen, die sich stark und machtvoll in die Gesellschaft einmischen, ihre Sozialisation aber durch die Frauenbewegung erfahren haben und dort auch ihren Rückhalt finden, in der heutigen Zeit die größte gesellschaftsverändernde Bedeutung zukommt.

Wie weit sich die dezentralen, basisorientierten, anarchistischen Politikstrukturen, wie sie in der Frauenbewegung vertreten werden, allgemeingesellschaftlich durchsetzen lassen, ist offen. Wünschenswert wäre allerdings eine Ausweitung derartiger Strukturen, basisdemokratischer Initiativen und der Versuche, möglichst viele Menschen einzubeziehen, sie dort „abzuholen", wo sie sich gerade befinden, Selbsthilfe und Eigeninitiative zu stärken.

Frauen in Parteien

Obwohl die Frauenbewegung sich stets als außerparlamentarische Bewegung verstanden hat, organisiert sich doch eine große Anzahl von Frauen in politischen Parteien, um ihre Ziele durchzusetzen. Die grün-alternativen Parteien, die sich ja als Bewegungsparteien verstehen, bieten Frauen verhältnismäßig gute Bedingungen, sich in die aktive Politik einzumischen. Obwohl es für autonome Frauen bereits als eine Art Sündenfall, als Abweichen von der reinen Lehre erscheint, gibt es doch vielfältige Formen von Zusammenarbeit und Austausch mit den sogenannten Parteifrauen. Wenn es um die reale Durchsetzbarkeit von Forderungen geht, sind politische Parteien zwar nicht der einzige, aber doch ein sehr wichtiger Ansatzpunkt. Und mag auch vieles gegen die von den Grünen eingeführte Rotation und Quotenregelung sprechen: für Frauen bedeuten sie erst einmal eine reale Chance und gleichzeitig auch einen gewissen Druck von außen (und der ist oft sehr wichtig!), politische Ämter zu bekleiden. Die meisten Frauen stellen sich nur ungern solchen Aufgaben. Durch diese Verfahren werden sie auch dazu gebracht, sich selbst einmal „am Riemen zu reißen", und dies setzt Lernprozesse in Gang, die nur in der praktischen Arbeit möglich sind.

Es geht bei einer feministisch-ökosozialistischen Politik weniger darum, kurze, einprägsame und für alle geltende Forderungen aufzustellen, als vielmehr darum, vielfältige, dezentrale Initiativen von unten zu unterstützen, Strukturen zu schaffen, in denen sich die Individuen selber all das aufbauen können, was ihr Leben bereichert, verschönert und erleichtert. Solche strukturellen Veränderungen wären beispielsweise kürzere und flexiblere Arbeitszeiten für alle - Männer wie Frauen -, um eine gerechtere Aufteilung der Reproduktionsarbeiten zu begünstigen. Auf dem Wohnungsbausektor sind bisher kaum nennenswerte Versuche unternommen worden, andere Formen menschlichen Zusammenlebens zu ermöglichen. Gerade ein Umdenken im sozialen Wohnungsbau, der überwiegend staatlich finanziert wird, könnte hier bahnbrechend wirken. Ebenso ist es eine politische Entscheidung, ob Gelder in moderne Einrichtungen der Techno-Medizin patriarchaler Ausrichtung fließen oder Gesundheitszentren mit einer ganzheitlichen Sichtweise vom Menschen, wie sie vor allem von Frauen gegründet wurden, gefördert werden. Und in der Bildungspolitik könnten statt bürokratischer Lernfabriken viele kleinere Alternativschulen und Alternativschulversuche, die der menschlichen Vielfalt besser gerecht werden, gefördert werden; gerade dabei ist allerdings immer auf das Frauenbild zu achten, das diese Schulen vermitteln. Kurz: kulturelle Initiativen von Frauen zu fördern, müßte ein vorrangiges Ziel feministischer Politik sein.

Bei der Frage nach der Finanzierung derartiger Forderungen stellt sich häufig heraus, daß dieser Ansatz der Selbsthilfe und Politik von unten gesamtgesellschaftlich meist sogar billiger kommt als die herkömmlichen bürokratischen Lösungen. Gerade deshalb haben in den letzten Jahren verstärkt konservative Politiker diese Ansätze aufgegriffen und sich vordergründig zu Anwälten der Selbsthilfebewegung aufgeschwungen.

Eine der Hauptaufgaben ökosozialistischer Parteipolitik ist es, einen politischen Rahmen zu schaffen, der es den Betroffenen ermöglicht, selbst die Initiative zu ergreifen, selbst Verantwortung zu übernehmen und sich so zu emanzipieren, der ein kollektives, gemeinsames Vorgehen fördert, der soziale Netze spannt, wo einzelne sich nicht mehr selbst helfen können, und der insbesondere Initiativen von Frauen fördert, um ihnen den Aufbruch aus der gesellschaftlichen Randposition zu erleichtern. Dies ist sicher eine Gratwanderung, zu der traditionelle Erfahrungen ebenso nötig sind wie neue Ideen. Wir Frauen haben uns seit geraumer Zeit auf diesen Weg gemacht, und wir sind überzeugt, daß er unserem und dem ökosozialistischen Ziel von menschlicher Emanzipation und Selbstverwirklichung am ehesten gerecht wird.

7. Von der nuklearen Selbstmordstrategie der NATO zur strikt-defensiven Verteidigung
Ein alternatives Sicherheits- und Abrüstungskonzept

Von Brigitte Rücker (1)

Große Teile der Friedensbewegung und der Linken machen es sich mit ihrem Protest gegen die Raketenstationierung und die atomare NATO-Strategie insgesamt allzu leicht. Entweder sind sie einfach dagegen und fordern, Frieden zu schaffen ohne Waffen. Oder sie fordern „Abrüstung in West und Ost", „Atomwaffenfreie Zone", „einseitige Abrüstung". Die Pazifisten in der Friedensbewegung müssen wissen, daß ihre unvermittelt vorgetragene Utopie eines Friedens ohne Waffen reine Selbstbefriedigung (und damit vollkommen unpolitisch) ist, weil sie auf die Überzeugungsarbeit verzichtet angesichts jener 85 % unserer Bevölkerung (auch der Stationierungsgegner!), die sich, wie wir aus Umfragen wissen, für die NATO als Sicherheitsschirm gegenüber der sowjetischen Bedrohung aussprechen. Und die, die jene klassischen Abrüstungsvorschläge wiederholen, verdrängen, daß am Verhandlungstisch in den vergangenen 30 Jahren verzweifelt wenig in Sachen Abrüstung erreicht wurde und daß relevante Konzepte einseitiger Abrüstungsschritte bislang ebenfalls an den realen oder eingebildeten Sicherheitsbedürfnissen scheiterten.

Immerhin waren und sind diese „unilateralen" Gegenkonzepte gegenüber vielen anderen, schrecklich hilflosen Formeln der Friedensbewegung insofern am ehesten „politikfähig", als sie den allmählichen Ausstieg aus der (Atom-)Rüstungsspirale nicht dem hoffnungslosen Poker der bilateralen Abrüstungs- oder arms-control-Verhandlungen überlassen, sondern unabhängiges, aber beispielgebendes und Vertrauen bildendes rüstungspolitisches Handeln herausfordern. Und nur dies kann uns hier und jetzt weiterhelfen: von den USA unabhängige, nationale Schritte heraus aus der tödlichen Falle des NATO-Konzepts des begrenzten Atomkriegs zu realisieren!

Die schwache Stelle aller einseitigen Abrüstungskonzepte aber war immer, wie man die massiven Sicherheitsbedürfnisse dabei realistisch mit in Rechnung stellt. Daher breitet sich in letzter Zeit immer mehr (2) die Erkenntnis aus, daß das Konzept einer konsequenten Umstellung der Bundeswehr auf eine strikt-defensive Verteidigung die bei weitem tiefgreifendste Form einseitiger Abrüstung impliziert – nämlich den schrittweisen Abbau der gesamten strukturell offensiven wie auch der motorisierten Panzer-, See- und Luftstreitkräfte – ohne auf eine glaubwürdige „Abhaltungswirkung" (Mechtersheimer) zu verzichten: Das Defensivkonzept berücksichtigt durchaus glaubhaft reale Sicherheitsbedürfnisse.

Da über dieses Konzept meist nur sehr allgemeine Vorstellungen kursieren, soll im folgenden diese Alternative im Detail wiedergegeben werden. Einleitend wird die Kritik der NATO-Doktrin noch einmal kurz zusammengefaßt.

Die NATO-Strategie des begrenzten Atomkrieges

Die jetzige Sicherheitspolitik der Bundeswehr bzw. der NATO verliert zunehmend an Glaubwürdigkeit, da die Vernichtung des zu verteidigenden Gebietes in Kauf genommen wird. Sie beruht auf dem Prinzip der nuklearen Abschreckung, die in der NATO-Doktrin der „flexible response" auf mehreren Ebenen erfolgen soll: konventionell, taktisch atomar, aber auch nuklear strategisch. Dabei geht die NATO von einer konventionellen Überlegenheit des Ostens aus, insbesondere hinsichtlich der Panzerarmeen.

Im Gegensatz zur ursprünglichen Konzeption der „massive retaliation" (massiven Vergeltung) ist in diesem Konzept von Anfang an auch der Einsatz taktischer Atomwaffen gegen konventionell überlegene Angriffe eingeplant. Sie sind also nicht mehr nur als politische, sondern auch als militärische Waffen gedacht: als Gegengewicht zur angenommenen konventionellen Überlegenheit des Ostens.

Mit der Stationierung kleinerer, dafür aber sehr zielgenauer und treffsicherer atomarer Mittelstreckenraketen (Pershing II und Cruise Missiles) zeigt sich die wachsende Bereitschaft von Politikern und Militärs, Atomwaffen nicht nur als Abschreckungsmittel, sondern als Kriegswaffen anzusehen. Es wird immer offener davon geredet, einen Atomkrieg „begrenzt" zu halten, ihn „führbar" und „gewinnbar" zu machen. Diese Erklärungen werden bereits jetzt in praktische Politik, in Militärtechnik, in Beschaffungsprogramme und Militärstrategien umgesetzt. Alfred Mechtersheimer spricht in diesem Zusammenhang von einer Veränderung in der Abschreckungsform: Die ehemalige Vernichtungs-Abschreckung wird zu einer Kriegsführungs-Abschreckung, d.h. mußten früher alle an einem Atomkrieg Beteiligten die atomare Vernichtung befürchten, so wird nun immer mehr die Gewinnbarkeit des Krieges bzw. die Vernichtung des Gegners angestrebt. Hatte laut Mechtersheimer die Atomrüstung bisher „relativ kriegsverhütende Funktion", (Mechtersheimer 1982, S. 46), so kann sich „nach dem neuen Abschreckungsverständnis keine Seite mehr das Gleichgewichtsprinzip leisten" (ebd.).

Dazu Ronald Reagan in seinem Wahlprogramm vom 15. Juli 1980: „Wir werden auf anhaltende Verteidigungsausgaben hinarbeiten, die ausreichend sind ..., um schließlich die Position militärischer Überlegenheit zu erreichen ..., die totale militärische und technologische Überlegenheit über die Sowjetunion" (nach US News und World Report vom 28.7.1980). Auch Colin S. Gray und Keith Payne, Berater Reagans, bestätigen dies: „Die Vereinigten Staaten sollten planen, die Sowjetunion zu besiegen, und das zu einem Preis, der eine Erholung der USA erlauben würde" (Gray/Payne 1980). Schlüsselelemente dieser Kriegsführungsstrategien sind auf nuklearer Ebene Pershing II und Cruise Missiles.

Nach der atomaren Aufrüstung wird nun eine neue Welle der konventionellen Rüstung vorbereitet (Rogers-Plan), ohne wesentliche Teile der vorhandenen Atomwaffen abbauen zu wollen. Hochmoderne konventionelle Waffen und treffsichere, zielgenaue Atomraketen sowie chemische und elektronische Waffen bilden die Basis des Air-Land-Battle-Konzepts, das die Kriegswahrscheinlichkeit noch weiter erhöht als die bisherige Konzeption der NATO-Strategie der „flexible response". Dieses zur Zeit heftig diskutierte militärstrategische Konzept beschreibt, wie die Kriegsführung von Beginn der achtziger Jahre an aussehen soll: Mit hochmodernen Waffen soll ein blitzartiger Angriff bis tief in den osteuropäischen Raum ermöglicht werden. Im Air-Land-Battle-Konzept sind offensive Gegenaktionen nicht auf die Front, nicht auf den Grenzbereich beschränkt, vielmehr soll mit nuklearen, konventionellen und chemischen Waffen soweit wie möglich im Hinterland des Gegners angegriffen werden, um dort die Kommunikationszentren, Raketenstellungen, Truppennachschubplätze des Gegners sofort zu Beginn des Krieges zu attackieren. Ziel dieses Angriffs bis zu 800 km in die „Tiefe" der Warschauer-Pakt-Staaten ist, die sogenannte „erste Staffel" der Warschauer-Pakt-Streitkräfte von ihrer Verstärkung, der „zweiten Staffel", abzuschneiden und beide vernichtend zu treffen.

Alternative: „Defensive" Verteidigungskonzepte

Aus der hier noch einmal zusammengefaßten Darstellung der immer bedrohlicher und offensiver sich entwickelnden NATO-Strategie wurde deutlich, daß ein Krieg in Westeuropa mit atomaren Mitteln ausgetragen wird. Die Frage, ob ein Atomkrieg auf Europa begrenzt bleibt, ist dabei für uns unwichtig. Denn in jedem Fall besteht die „Verteidigung" in diesem Gebiet nach den geltenden Plänen in seiner Vernichtung. Mit erfreulicher Offenheit sagte daher Robert McNamara in einer Sendung der BBC Anfang Oktober 1983: „Worüber sich die Westdeutschen klar werden müssen, das ist, daß ihr Kulturkreis völlig verwüstet werden wird, wenn sie sich weiterhin an die NATO-Strategie halten" (lt. Frankfurter Rundschau vom 10.10. 1983).

Es muß uns klar sein, daß die Friedensbewegung mit ihrer Forderung „Frieden schaffen ohne Waffen" den heute herrschenden Verteidigungsideologien von Militärs und Politikern nicht Paroli bieten kann, zumal das Konzept der Sozialen Verteidigung für einen Großteil der Bevölkerung angesichts des hochgerüsteten Ostblocks nicht nachvollziehbar ist. Um so bedeutungsvoller wird es, Sicherheitskonzepte ernst zu nehmen und zu diskutieren, die sich ausschließlich auf nicht-atomare und nicht-offensive Verteidigung innerhalb der NATO beschränken und die als einsichtiger Zwischenschritt in einem langfristigen Prozeß der Rüstungsbegrenzung, Abrüstung und Denuklearisierung zunächst die größte Gefahr abwenden helfen: den europäischen Atomkrieg.

Grundzüge einer strikten Defensivverteidigung

Viele, die sich kritisch mit dem bisherigen Verteidigungskonzept bzw. mit dem NATO-Konzept auseinandersetzen, nennen ein defensives Verteidigungskonzept als möglichen Zwischenschritt zu einer Konzeption sozialer Verteidigung. Konkrete Ausarbeitungen gibt es dagegen wenig. Am gründlichsten haben sich Horst Afheldt, Norbert Hannig, Andreas Buro und Jochen Löser mit diesem Thema beschäftigt und präzisere Konzepte vorgelegt. Eingehende Analysen dieser Konzepte zeigen, daß ihre Differenzen zweitrangig sind, ihre Übereinstimmung in den wesentlichen konzeptionellen (strategischen) Vorschlägen dagegen schon heute von einem **Gesamtkonzept** zu sprechen erlaubt. Dieses defensive Konzept beruht auf einer grundlegend neuen Waffen- und Militärstruktur, die vier entscheidende Konsequenzen hat: Erstens wird die andere Seite nicht bedroht, zweitens müssen wir uns vom Wettrüsten abkoppeln, drittens wird der anderen Seite kein Anlaß zu einem Vernichtungsschlag gegeben, und viertens wird dem vorhandenen Sicherheitsbedürfnis Rechnung getragen.

Sowohl in waffentechnischer Hinsicht als auch in ihrer Organisationsform müßte sich die Bundeswehr grundlegend verändern. Sämtliche hochmotorisierten Verbände, wie sie zur Zeit in der Bundeswehr vorherrschen, werden in einer reinen Defensivverteidigung nicht mehr benötigt: keine Panzerverbände, keine gepanzerte Infanterie, keine Luftwaffe und keine Marine. Das wichtigste Ergebnis der Defensivverteidigung aber ist zweifellos der völlige Verzicht auf Massenvernichtungswaffen (atomar, biologisch, chemisch). Als Verteidigungswaffen stehen dagegen treffgenaue, fernlenkbare Panzerabwehrraketen zur Verfügung, außerdem werden kleine Minen in sehr großer Zahl verschossen. Diese neuen hochtechnisierten Waffen werden bedient von kleinen, dezentralen, nicht-mobilen Kommandos, im Gelände gut getarnten Einheiten, die in einem dichten Netz über die ganze BRD verteilt sind, unterstützt von Raketenartillerie. Auf einen entscheidenden Gesichtspunkt sei hier hingewiesen: Defensivkonzepte, die nur defensive Waffen konventioneller Art erfordern, dürfen auf keinen Fall in Zusammenhang gebracht werden mit den jetzigen konventionellen Aufrüstungsanstrengungen der NATO (Rogers-Plan). Man darf nicht dem Fehler verfallen, konventionelle Waffen gleichzusetzen mit defensiven Waffen.

Mit dieser neuen Waffen- und Militärstruktur sollen folgende Ergebnisse gewährleistet werden:
1. Prinzip der Nichtbedrohung: Bedrohungsängste sind ein wesentliches Legitimationselement des Wettrüstens. Deshalb dürfen keine Waffensysteme erhalten bleiben, die die Gegenseite bedrohen, d.h. vollständiger Verzicht auf ABC-Waffen sowie auf alle konventionellen Angriffswaffen. Durch die Nichtbedrohung würden die Voraussetzungen für Entspannungspolitik wesentlich verbessert.
2. Abkoppeln vom Wettrüsten: Der Ausstieg aus dem Wettrüsten mit Offensivwaffen wäre die Folge. Damit könnte ein Einstieg in die

allgemeine Abrüstung ermöglicht werden, denn für die gegnerische Seite fiele damit eine Begründung für weitere (nukleare) Rüstungsanstrengungen weg.
3. Dezentralisierung militärischer Einheiten: Die Verteidigungskräfte sollten über die gesamte BRD verteilt in kleinen Einheiten operieren, so daß sie dem Gegner kein militärisches Ziel für Vernichtungsschläge bieten.
4. Befriedigung des Sicherheitsbedürfnisses: Das Defensivkonzept sollte im militärpolitischen Sinn durchaus in der Lage sein, potentielle Angreifer abzuhalten, weil glaubhaft gemacht wird, daß einem Aggressor ein höchst wirksames Abwehrsystem gegenübersteht.

Außerdem geht es den Befürwortern einer Defensivverteidigung sicher nicht um eine erneute Welle der Militarisierung der Gesamtbevölkerung, sondern um eine Form von Verteidigungsstrategie, die in ihrer Konsequenz eine Abrüstungsspirale auslösen und damit einen Krieg immer unwahrscheinlicher machen soll.

Strikte Defensivkonzepte als Form der einseitigen Abrüstung

Defensivkonzepte können als Form des gradualisierten Unilateralismus eingestuft werden, insofern sie den Einstieg in dieses Sicherheitskonzept mit einseitigen Abrüstungsschritten beginnen. Allerdings zählen Defensivkonzepte zu Formen militärischer Verteidigung, wobei Verteidigung hier heißen soll, „Schäden im eigenen Land, in der eigenen Bevölkerung so gering wie möglich zu halten, gleichzeitig jedoch dem Gegner Widerstand zu leisten und ihn zu demoralisieren" (Verein für Friedenspädagogik 1983, S. 63) (3).

Das Defensivkonzept sieht als wesentliches Element vor, daß es durch den völligen Verzicht auf sämtliche zum Angriff geeigneten Waffenpotentiale zur Abrüstung und Entspannung beiträgt. „Diese Art der rein defensiven Kriegsführung nach Ausrüstung, Taktik und Strategie wirkt insgesamt kriegsverhindernd. Wenn Rüstung überhaupt noch einen Sinn unter zivilisierten Menschen besitzen kann, dann nur den, die Kriegsgefahr zu verringern, die Abrüstung durch den geringeren Aufwand für die Verteidigung gegenüber dem Angriff zwangsläufig herbeizuführen und zur Entspannung beizutragen, ohne dabei vom Wohlwollen des bisherigen Gegners abhängig zu sein." (Hannig 1984, S. 176)

Horst Afheldt, einer der führenden Vertreter der defensiven Verteidigung, hält einen unilateralen Abrüstungsschritt bereits in der ersten Phase der Umstellung der Bundeswehr für möglich durch „eine Verringerung der Friedensstärke der mechanisierten Divisionen, Korpstruppen und auch des Territorialheeres um etwa ein Drittel [!]" (Afheldt 1983, S. 70). In der Tat kann das Konzept der strikten Defensivverteidigung, obwohl es in der bisherigen Diskussion bisher nicht ausdrücklich unter die Konzepte unilateraler Abrüstung eingereiht worden ist, für sich in Anspruch nehmen, eine politisch am ehesten realisierbare und am weitesten gehende Form der einseitigen Abrüstung anzubieten - ein Konzept, das weit mehr bewirkt als das gradualistische Konzept des bloßen „Beispiel-Gebens". Denn das strikte Defensivkonzept bleibt - mitsamt der konsequenten Abrüstung der atomaren und offensiv-konventionellen gegenwärtigen Rüstungsstrukturen - in vollem Umfang realisierbar auch ohne ein entsprechendes Reagieren der Gegenseite, es muß nicht etwa beim Ausbleiben der gegnerischen Reaktion zurückgenommen werden.

Es ist zu begrüßen, daß gerade dieser Aspekt der strikten Defensivverteidigung: ihre Bedeutung als unilaterales Abrüstungskonzept, das unabhängig von entsprechenden Reaktionen der Gegenseite Bestand behält, inzwischen auch in der grün-alternativen Bewegung erkannt wird. Die Friedens-AG der Berliner AL hat dies herausgearbeitet und in der Schrift „Einseitige Abrüstung" zur Diskussion gestellt: „Strikte militärische Defensivverteidigung und soziale Verteidigung [sind] die einzigen umfassenden und in sich relativ geschlossenen Alternativkonzepte", die beanspruchen können, „einseitig durchführbar zu sein, denn sie haben nicht zur Bedingung - im Unterschied zu den ... Ansätzen des militärischen Disengagement und der Blocküberwindung -, daß der Gegner seinerseits durch Ab- oder Umrüstung auf die eigenen Umrüstungspläne reagiert" (Alternative Liste 1985, S. 46 f.).

Die beiden wichtigsten Konzepte: Afheldt und Hannig

Seit mehreren Jahren hat Horst Afheldt - teilweise im Rahmen einer Forschungsgruppe „Alternative Sicherheitspolitik" des Starnberger Max-Planck-Instituts - seine friedenswissenschaftliche Arbeit auf ein Konzept der „defensiven Verteidigung" konzentriert. Es ist entstanden aus der Einsicht in die tödliche Gefährlichkeit des NATO-Konzepts und die Notwendigkeit, ihm eine - auch militärisch - realistische Alternative gegenüberstellen zu können. Das konsequente Defensivkonzept Afheldts erhebt den Anspruch, diese zum Selbstmord Europas führenden Tendenzen der NATO-Strategie: unabsehbares Wettrüsten, Präventivkriegsgefahr, Atomwaffeneinsatz auszuschalten.

Die grundlegende Idee dieses Defensivkonzepts besteht darin, durch ein fest im Gebiet der BRD installiertes (also keine größeren Truppen- und Waffenbewegungen erforderndes) „Netz" von selbständigen Kampfgruppen, die über modernste Panzerabwehrraketen verfügen bzw. durch eine zusätzliche, hochtreffsichere Raketenartillerie unterstützt werden, eine glaubhafte Abwehr und daher Abschreckung für die Panzerarmeen des Warschauer Pakts zu bieten,
- „ohne daß die NATO dabei auf Kernwaffen angewiesen ist, und
- ohne daß der Warschauer Pakt an dieser militärischen Realität" - nämlich: mit Panzerarmeen nicht „durchstoßen" zu können - „etwas ändern kann, weil ihm keine militärisch entscheidenden durch Kernwaffenangriffe zerstörbaren Ziele geboten werden" (Afheldt 1983, S. 63).

Damit wird zugleich die im Wettrüsten selbst liegende Kriegsgefahr gebannt, weil eine strikt und ausschließlich das eigene Land verteidigende Rüstung, die zum Angriff auf Osteuropa - mangels Panzer- und Luftwaffe - strukturell ungeeignet ist, keinerlei Herausforderung, keinen Grund bietet, durch Weiterrüsten sich ihrer zu erwehren - im Gegenteil aber starke Veranlassung zum Abbau von Rüstung und schließlich zur Abrüstung.

Afheldt legt - mit Recht - großen Wert auf eine Präsentation seines Konzepts, die dieses nicht nur prinzipiell logisch und wünschenswert, sondern auch politisch „machbar" erscheinen läßt. Daher sieht er eine Realisierung in zwei Phasen vor:

- In der ersten Phase („Übergangsmodell") bleiben noch Teile der bestehenden Rüstung aufrechterhalten („motorisierte Verbände mit ihrer Abhängigkeit von Luftunterstützung und Logistik, ihrer Zielbildung durch lange Kolonnen und ihrer prinzipiellen Eignung zum Angriff"; S. 64); die ortsgebundenen Kampfgruppen - das „Netz der Jägerkommandos" -, eine neu zu schaffende Truppe, besetzen nur einen Streifen von 70-100 km, können dort aber mit konventionellen Mitteln angreifende Panzerverbände „so abnutzen und kanalisieren, daß die heute aufgestellten mechanisierten Truppen der NATO eine gute Chance haben, den Angreifer zu schlagen, wenn er das Netz passiert hat" (S. 64).
- In der zweiten Phase („Zielmodell") ist die Umrüstung abgeschlossen: Anstelle der immer noch massierte Angriffsziele bietenden und auch für Angriffe geeigneten mechanisierten Panzer- und Luftwaffenverbände wird nicht mehr nur ein Streifen, sondern das gesamte Gebiet der BRD von einem „Netz" nicht mobiler Kampfgruppen verteidigt, die wegen ihrer hochqualifizierten Ausrüstung mit Raketenartillerie (400.000 - 800.000 Raketen!) und Nachrichtensystemen jetzt nicht mehr als „Jägerkommandos", sondern als „Technokommandos" bezeichnet werden und in der Lage sind, „Durchbrüche konzentrierter, mechanisierter Feindverbände zu verhindern, ohne daß dafür noch eigene mechanisierte Verbände zur Verfügung stehen" (S. 65).

Selbst das „Übergangsmodell" einer sehr wirksamen, aber strikt defensiven Verteidigung stellt eine glaubhafte Abschreckung ohne Drohung mit atomarem Erstschlag, d.h. atomarer Eskalation dar. Da aber die atomare Vernichtungsgefahr der heutigen Strategie, vernichtende, wahrscheinlich atomare „Schläge" auf strategische (Nachschub-) Zentren zu lenken, so lange bestehen bleibt, wie immer noch die motorisierten Panzer- und (Luft-) Waffenverbände des Übergangsmodells bestehen bleiben, fordert Horst Afheldt konsequenterweise die Umrüstung der Bundeswehr (bzw. insgesamt der Verteidigung auf dem Boden der Bundesrepublik) zu einem ausschließlich nicht-motorisierten, ohne Luftwaffe, Panzer und bewegliche Artillerie auskommenden defensiven „Netz". Das bedeutet im einzelnen:

1. Das „Netz" ist in der Lage, „die gesamte Bundesrepublik zu verteidigen" (S. 65), wenn es
   - „die gesamte Tiefe des Raumes decken" kann (S. 65)
   - auf „drei Pfeilern" beruht: Infanterie, Artillerie und Informations- und Führungsnetz
   - um die „voraussichtlichen Angriffsachsen ... verdichtet" eine Jägertruppe von ca. 470.000 Mann aufstellen kann.
2. Die Panzerarmeen sind mit rein konventionellen Mitteln nur zu schlagen, wenn die Jäger - jetzt „Technokommandos" genannt - durch eine außerordentlich starke Raketenartillerie unterstützt wird. Dies ist möglich, denn anstelle der Milliarden verschlingenden Panzerverbände kann „defensive Verteidigung ... für dasselbe Geld sehr viel mehr Raketen und damit objektiv viel mehr Abwehrkraft je DM Verteidigungsaufwand bereitstellen" (S. 91): Anstelle der [z.Zt. bestellten oder gekauften; F.V.] 300 MRCA-Flugzeuge hätte man 1,2 Millionen mittlere Artillerieraketen [z.B. MARS = 40 km Reichweite; F.V.], anstelle dieser Panzer [z.Zt. 1.800 „Leopard 2"-Panzer bestellt oder gekauft; F.V.] weitere 200.000 Artillerieraketen kaufen können" (S. 105).

3. „Es ist möglich, mit vertretbarem Aufwand ein dichtes Nachrichtennetz für feste Kommandos einzurichten, das zumindest sehr viel weniger störanfällig ist als die Nachrichtenverbindungen für bewegliche Kampfführung" (S. 125). Dieses Informationssystem erlaubt es den Einheitsführern der Technokommandos, Angriffskonzentrationen rasch zu orten und relativ zielgenau Raketenartilleriefeuer darauf zu lenken.
4. Da die Verteidigungsaufgaben in hohem Maße von den fest in ihre Planquadrate „eingegrabenen" Technokommandos autonom zu bewältigen sind (falls/wo der Gegner angreift), bleibt der Führung, die von unzähligen Transport-Leitungsaufgaben („Bewegungen unter Feuer") entlastet ist, nur die Aufgabe, Feuerkonzentration durch weiterreichende Artillerieraketen auf Angriffskonzentrationen zu lenken. Daher muß „ein Teil der weiterreichenden Artillerieraketen der höheren militärischen Führung vorbehalten bleiben" (S. 127).

Es kann nicht die Aufgabe dieses Aufsatzes sein, die von Afheldt erörterten Detailfragen, vor allem aber die vielen offenen Fragen und Kritikpunkte zur Sprache zu bringen. Afheldt selbst verweist auf noch ungelöste Probleme: Wie kann ein solches wenig mobiles Verteidigungsnetz auf die Konzentration massierter Panzerverbände reagieren, die an einer Stelle der BRD den Durchbruch zu erzwingen versuchen? Wie ist eine eindringende Militärmacht, selbst wenn man ihre Kampfkraft gebrochen hat, aus besetzten Gebieten der BRD wieder zu vertreiben? Wie kann man Infanteriemassen abwehren, falls der Warschauer Pakt sich auf sie umstellt?

Die zentrale Kritik am Afheldtschen Konzept betrifft dessen nur militärische Struktur. In diesem Zusammenhang sei ausdrücklich auf Andreas Buro hingewiesen, der sich in militärischer Hinsicht auf Horst Afheldt beruft, dessen Schwerpunkt jedoch auf politischen Überlegungen liegt. Er sieht das strikte Defensivkonzept als ein Übergangsmodell zur vollständigen Abrüstung an: „Das Defensivkonzept darf nicht als ein nur-militärisches Konzept verstanden werden. Gerade das Ausbrechen aus der militärischen Logik und die Rückkehr zur Politik als bestimmendem Moment ist sein wichtigstes Kriterium" (Buro 1982, S. 87).

Oberstleutnant a.D. Norbert Hannig gehört zu dem Kreis von ehemaligen Bundeswehr-Offizieren, die nach ihrem Ausscheiden aus dem Militärdienst mit neuen Verteidigungskonzepten an die Öffentlichkeit getreten sind. Seine Ausgangsüberlegung beruht darauf, daß durch den wissenschaftlich-technischen Fortschritt ein Krieg mit Massenvernichtungsmitteln nicht mehr die berühmte Fortführung der Politik mit anderen Mitteln ist, sondern „kalkuliertes, geplantes Menschenrechtsverbrechen. Dabei ist völlig gleichgültig, welche politische Macht damit droht, ob man diese Mittel der Totalvernichtung des Gegners, zum Angriff oder zur Verteidigung einsetzen will" (Hannig 1984) (4).

Da Hannig davon ausgeht, daß keine Regierung dieser Welt bereit sein würde, einseitig vollständig auf ihr Militärarsenal zu verzichten, versucht er mit dem geringstmöglichen Aufwand die größtmögliche Wirkung zu erzielen („David-Goliath-Prinzip"). Die einzig sinnvolle und politisch wie militärisch vertretbare Sicherheitspolitik liegt in einer rein defensiv ausgerichteten Verteidigungsstrategie.

Im Gegensatz zu Horst Afheldt, der das gesamte Gebiet der Bundesrepublik mit Technokommandos übersät sehen möchte, konzentriert sich Norbert Hannig auf den „Schutz an der Grenze, die eine Linie bildet zum Gebiet des Nachbarstaates. Verhindert soll dabei das Eindringen auf dem Lande, zu Wasser oder in der Luft werden, ... Kampftruppen eines Angreifers ... sind anzuhalten und an der Grenze zu vernichten" (Hannig 1984, S. 10). Die Verteidigung mit konventionellen, hochtechnisierten Waffen muß in einem schmalen Streifen entlang der Grenze erfolgen. Dieses Gebiet soll mit Panzersperren oder, wie Hannig es nennt, mit „konventionellen Feuersperren" belegt werden. Hannig konkretisiert sein defensives Verteidigungskonzept besonders in bezug auf die Waffensysteme. Er stellt den herkömmlichen Rohrwaffen technisch hochentwickelte Raketenwaffensysteme gegenüber. Sie haben den Vorteil zweckentsprechend begrenzter Reichweite und hoher Trefferwahrscheinlichkeit. Ausgerüstet mit verschiedenen Suchköpfen können sie nach unterschiedlichen Lenk- und Leitverfahren in die Ziele gebracht werden.

Hannig stellt eine breite Palette von Anwendungsmöglichkeiten der Raketen vor, da sie auf verschiedenartigen Abschußgeräten mit unterschiedlicher Anordnung installiert werden können: Die Fernlenkwaffen mit einer Reichweite bis zu 200 km haben den Vorteil, daß ihr Aktionsradius sehr groß ist. Außerdem sind sie weder von Panzerkanonen noch von feindlichem Artilleriefeuer bedroht, so daß sie keine Panzerung zu ihrem Schutz benötigen. Die relativ nah an der Grenze operierenden Minenwerfer können auch aus voller Deckung arbeiten, da die zu verschießenden Minen z.T. ihr Ziel selbst finden.

Hannigs Konzept der konventionellen Feuersperren erscheint deshalb recht plausibel, weil er die neueste Waffentechnik kennt und für das strikte Defensivkonzept nutzbar macht. Die Raketen gewährleisten eine hohe Treffgenauigkeit auch auf große Entfernung und benötigen wenig Zeit für die Feuerwirkung. Verfügbar sind aktive und passive (= Minen-) Munition. Außerdem können die gleichen Waffensysteme mit dem gleichen Personal auch gegen Luftziele eingesetzt werden. Hannig weist daneben auch nach, daß die Raketenwaffensysteme für die defensive Seekriegsführung geeignet sind.

Auch Hannig stellt sich vor, daß Einheiten der Bundeswehr dezentral auf dem gesamten Gebiet der BRD verteilt werden. Er veranschaulicht diese Vorstellung gern grafisch in Form des Wabensystems. Damit soll gewährleistet sein, daß jede Region der BRD von Raketenminenwerfern abgedeckt werden kann.

Eine Abschreckung mit konventionellen defensiven Waffen ist dann gegeben, wenn glaubhaft dargestellt werden kann, daß die Panzerarmeen des Warschauer Paktes an unserer Landesgrenze vernichtet werden können.

Ein sehr kritisch zu beleuchtender Aspekt in Hannigs Konzept ist seine Meinung, daß einige wenige Atomwaffen auf U-Booten beibehalten werden sollten, um einer möglichen Erpressung standzuhalten. Damit bietet er zwar dem Gegner kein Ziel auf dem Boden der BRD, dem Prinzip der Nichtbedrohung kommt er allerdings damit nicht nach.

Das Konzept kritisch weiterentwickeln!

Legen wir die oben vorgestellten Mindestanforderungen zugrunde, so können wir feststellen, daß bei einigen Konzepten sicher mehr oder weniger gravierende Schwachpunkte vorhanden sind:

Sicherlich sind die Waffensysteme, mit denen die Bundeswehr ausgestattet sein soll, in den vorliegenden Defensivkonzepten nicht für grenzüberschreitende Operationen geeignet und können somit den potentiellen Gegner auch nicht bedrohen. Ohne motorisierte Verbände und nur mit Abwehrraketen bewaffnet ist die Armee nicht in der Lage, gegenüber den Streitkräften des Warschauer Paktes einen Angriff zu führen. Auch das in der Bevölkerung vorhandene Sicherheitsbedürfnis wird durch die vorliegenden Defensivkonzepte befriedigt. Die militärische Wirksamkeit von Defensivwaffen ist Expertenmeinungen zufolge mittlerweile sehr hoch und den Angriffswaffen überlegen. Sie sind zudem auch wesentlich billiger. Die Dezentralisierung der Einheiten beseitigt militärische Zentren, die gegnerische (Atom-) Schläge provozieren. Das Defensivkonzept verhindert also soweit wie möglich eine Kriegsführung der „Verbrannten Erde".

Das eigentliche Problem ist mit der atomaren Mindestabschreckung verbunden, wie sie von J. Löser und N. Hannig (Afheldt nimmt in seinem jüngsten Buch dazu keine Stellung) verbunden wird. So sehr auch eine Minderung der atomaren Bedrohung - insbesondere durch den Verzicht auf eine Erstschlagsoption - mit dieser Konzeption einhergeht, so bleibt doch immer noch eine Restbedrohung erhalten. Die Beschränkung auf eine gesicherte Zweitschlagsfähigkeit und deren Herstellung allein durch eine U-Boot-gestützte Mindestabschreckung wird zu einer Verlagerung des Rüstungswettlaufs auf die Bereiche der U-Boot- und der Raketenabwehrforschung führen. Somit wäre die Gefahr eines erneuten Rüstungswettlaufs nicht auszuschließen.

Andreas Buro ist der Vertreter eines Defensivkonzepts, das strikt Atomwaffen ablehnt: Ich lehne „die Mindestabschreckung ab und stütze mich auf den großen vertrauensbildenden Schritt, ganz auf nukleare Drohungen zu verzichten." (Buro 1982, S. 90)

Daraus ergibt sich die wichtige Schlußfolgerung, daß ein Defensivkonzept erst dann als alternatives Sicherheitskonzept betrachtet werden kann, wenn es aus militärischem Denken herausführt. Um der militärischen Logik zu entrinnen, muß sich ein Defensivkonzept auch intensiv der Frage der Konfliktursachen zuwenden. Stichwortartig soll hier genannt werden: Bestätigung des Status quo in Europa, Gewaltverzicht, Abbau von Feindbildern. Konsequent weiterverfolgt werden muß das Konzept der Sozialen Verteidigung.

Bei N. Hannig und J. Löser fehlt die politische Dimension weitestgehend. Mit seinem Hinweis auf die Soziale Verteidigung ist sie ansatzweise bei H. Afheldt vorhanden. Für A. Buro ist die politische Dimension des Defensivkonzepts von zentraler Bedeutung: „Das Defensivkonzept muß in hohem Maße von der Bevölkerung mitgetragen werden, Methoden gewaltfreier Konfliktlösung könnten dem Konzept zugeordnet werden. Hierdurch wie auch durch die friedenspolitische Einbindung des Militärs könnte eine verbesserte Verständigungsbasis zwischen Zivil und Militär gefunden werden." (Buro 1981, S. 178)

Anmerkungen

1 Dieser Beitrag entstand in Zusammenarbeit mit Fritz Vilmar.
2 Seit den fünfziger Jahren von einzelnen wie dem Obersten von Bonin entwickelt, 1973 erstmalig von Fritz Vilmar (Vilmar 1973a, S. 200-211) in Zusammenhang mit dem Konzept der Sozialen Verteidigung (Ebert) als Alternative vorgeschlagen, ist das Modell einer reinen Defensivverteidigung in den siebziger Jahren vor allem von Horst Afheldt konkretisiert, 1981 von der friedenspolitischen AG des „Komitees für Grundrechte und Demokratie" (Andreas Buro) als Teil einer alternativen Sicherheitspolitik vorgeschlagen und 1984 sogar von der Sozialdemokratie ansatzweise auf ihrem Essener Parteitag aufgenommen worden - nämlich in ihrem Beschluß, es müsse eine „strukturell nicht angriffsfähige" Bundeswehr geschaffen werden.
3 Das ausführliche Arbeitsheft des Vereins für Friedenspädagogik, Tübingen (1983) bietet die beste zusammenfassende Darstellung der ganzen Thematik.
4 Dieses Zitat wie auch die folgenden stammt aus einer Zusammenfassung des Bandes „Abschreckung durch konventionelle Waffen" (Hannig, Berlin-Verlag 1984), die Norbert Hannig erarbeitet hat (bisher unveröffentlicht).

Literaturverzeichnis

H. **Afheldt**, Defensive Verteidigung, Reinbek **1983**.
AL - Die Alternative Liste Berlin: Entstehung, Entwicklung, Positionen. Hrsg. von Bünemann/Wendt/Wituschek, Berlin **1984**.
Alternative Liste Berlin, Zum Thema: Einseitige Abrüstung, Berlin, März **1985**.
C. **Amery**, Natur als Politik: Die ökologische Chance des Menschen, Reinbek **1978**.
W. **Amlung** u.a. (Hg.), Für einen programmatischen Impuls. Positionsbestimmung undogmatischer Jungsozialisten, Marburg **1984**.
H. **Arendt**, Vita activa oder vom tätigen Leben, München **1981**.
Aufgabe Zukunft: Qualität des Lebens, Bd. 1, Frankfurt **1972**.
R. **Bahro**, Die Alternative. Zur Kritik des real existierenden Sozialismus, Frankfurt **1977**.
R. **Bahro**, Wahnsinn mit Methode: Über die Logik der Blockkonfrontation, die Friedensbewegung, die Sowjetunion und die DKP, Berlin **1982**.
R. **Bahro**, Pfeiler am anderen Ufer. Beiträge zur Politik der Grünen von Hagen bis Karlsruhe, Berlin **1984**.
A. **Bechmann** (Hg.), Umwelt braucht Frieden. Umweltzerstörung durch Rüstung, Frankfurt **1983**.
D. **Bell**, Die nachindustrielle Gesellschaft, Reinbek **1979**.
Ch. **Benard**/E. **Schlaffer**, Die ganz gewöhnliche Gewalt in der Ehe, Reinbek **1978**(a).
Ch. **Benard**/E. **Schlaffer**, Sexual Bargaining und Interaktionsbeziehungen zwischen den Geschlechtern, in: Frauen als bezahlte und unbezahlte Arbeitskräfte, hrsg. von der Dokumentationsgruppe der Sommeruniversität e.V., Berlin **1978**(b).
F. **Benseler**/R. **Heinze**/A. **Klönne**, Zukunft der Arbeit, Hamburg **1982**.
J. **Berger**, Wege aus der Stagnation, in: Jahrbuch Ökonomie und Gesellschaft III, Frankfurt - New York **1985**.
J. **Berger**/J. **Müller**/R. **Pfriem** (Hg.), Kongreß Zukunft der Arbeit: Wege aus Massenarbeitslosigkeit und Umweltzerstörung, Bielefeld **1982**.
W. **Bickerich** (Hg.), SPD und Grüne: Das neue Bündnis?, Reinbek **1985**.
H.C. **Binswanger**/H. **Frisch**/H.G. **Nutzinger**, Arbeit ohne Umweltzerstörung, Frankfurt **1983**.
B. **Böttger**, Steht die Vertreibung der Frauen aus Büro und Verwaltung bevor?, in: Beiträge zur Feministischen Theorie und Praxis 9/10, Köln **1983**.
A. **Bolaffi**/O. **Kallscheuer**, Die Grünen: Farbenlehre eines politischen Paradoxes. Zwischen neuen Bewegungen und Veränderung der Politik, in: Prokla Nr. 51, Berlin **1983**.
M. **Borchert**/K. **Derichs-Kunstmann**, Schulen, die ganz anders sind, Frankfurt **1979**.
E. **Bornemann**, Das Patriarchat. Ursprung und Zukunft unseres Gesellschaftssystems, Frankfurt **1979**.
H. **Bossel**, Bürgerinitiativen entwerfen die Zukunft, Frankfurt **1978**.
K.-W. **Brand**, Neue soziale Bewegungen: Entstehung, Funktion und Perspektive neuer Protestpotentiale, Opladen **1982**.
K.-W. **Brand**/D. **Büsser**/D. **Rucht**, Aufbruch in eine andere Gesellschaft: Neue soziale Bewegungen in der Bundesrepublik, Frankfurt **1983**.
W. **Brandt** (Hg.), Das Überleben sichern. Bericht der Nord-Süd-Kommission, Frankfurt **1981**.
G. **Brantenberg**, Die Töchter Egalias, Berlin **1980**.

I. **Brehmer** (Hg.), Lehrerinnen, München **1980**.
R. **Brun** (Hg.), Erwerb und Eigenarbeit, Frankfurt **1985**.
R.D. **Brunowsky**/L. **Wicke**, Der Öko-Plan: Durch Umweltschutz zum neuen Wirtschaftswunder, München **1984**.
M. **Buber**, Pfade in Utopia, Heidelberg **1950**.
M. **Buber**, Zwischen Gesellschaft und Staat, Heidelberg **1952**.
A. **Buro**, Frieden mit anderen Waffen, Reinbek **1981**.
A. **Buro**, Zwischen sozial-liberalem Verfall und konservativer Herrschaft, Offenbach **1982**.
F. **Capra**, Wendezeit. Bausteine für ein neues Weltbild, Bern **1983**.
Ph. **Chesler**, Über Männer, Reinbek **1979**.
M. **Daly**, Gyn/Ökologie: Eine Meta-Ethik des radikalen Feminismus, München **1981**.
DGB-Bundesvorstand (Hg.), Umweltprogramm des DGB, Düsseldorf **1974**.
DGB-Bundesvorstand (Hg.), Vorschläge des DGB zur Wiederherstellung der Vollbeschäftigung, Düsseldorf **1977**.
DGB-Bundesvorstand (Hg.), Das Programm für Zukunftsinvestitionen der Bundesregierung vom Frühjahr 1977. Ergebnisse einer Umfrage bei DGB-Landesbezirken und -Kreisen (bearbeitet von H. Tofaute), Köln **1978**.
Th. **Ebermann**/R. **Trampert**, Die Zukunft der Grünen. Ein realistisches Konzept für eine radikale Partei, Hamburg **1984**.
Th. **Ebert**, Gewaltfreier Aufstand. Alternative zum Bürgerkrieg, Frankfurt **1980**.
U. **Edschmid**, Was heißt Feminismus in der Schule?, in: Beiträge 2 zur feministischen Theorie und Praxis, München **1979**.
E. **Eppler**, Ende oder Wende. Von der Machbarkeit des Notwendigen, Stuttgart **1975**.
E. **Eppler**, Wege aus der Gefahr, Reinbek **1981**.
E. **Eppler**, Die tödliche Utopie der Sicherheit, Reinbek **1983**.
E. **Eppler** (Hg.), Grundwerte für ein neues Godesberger Programm. Die Texte der Grundwerte-Kommission der SPD, Reinbek **1984**.
M. **Ferguson**, Die sanfte Verschwörung, Basel **1982**.
R. **Fester** (Hg.), Weib und Macht, Frankfurt **1980**.
U. **Fink** (Hg.), Keine Angst vor Alternativen. Ein Minister wagt sich in die Szene, Freiburg **1983**.
Sh. **Firestone**, Frauenbefreiung und sexuelle Revolution, Frankfurt **1975**.
J. **Fischer**, Von grüner Kraft und Herrlichkeit, Reinbek **1984**.
Fischer Öko-Almanach. Daten, Fakten, Trends der Umweltdiskussion, hrsg. von G. Michelsen u.a., Frankfurt **1980 ff**.
K.H. **Flach** u.a., Freiburger Thesen der Liberalen, Reinbek **1972**.
O.K. **Flechtheim**, Der Ökosozialismus und die Hoffnung auf den neuen Menschen, in: W. Heidt (Hg.), Abschied vom Wachstumswahn, Achberg **1980**.
O.K. **Flechtheim** (Hg.), Marx heute: Pro und contra, Hamburg **1983**.
J. **Freimann**, Überwindung der Geldökonomie? Ansätze einer qualitativen Bewertung betriebswirtschaftlicher Strukturen und Prozesse und deren (mögliche) Weiterentwicklung in Richtung auf eine realökonomisch orientierte Betriebswirtschaftslehre, Kassel **1984**.
B. **Friedan**, Der Weiblichkeitswahn, Reinbek **1966**.
B. **Friedan**, Der zweite Schritt, Reinbek **1982**.
E. **Fromm**, Haben oder Sein. Die seelischen Grundlagen einer neuen Gesellschaft, München **1979**.

G. J. **Glaeßner** / J. **Holz** / Th. **Schlüter** (Hg.), Die Bundesrepublik in den siebziger Jahren – Versuch einer Bilanz, Opladen **1984**.

P. **Glotz**, Die Arbeit der Zuspitzung. Über die Organisation einer regierungsfähigen Linken, Berlin **1984**.

H. **Göttner-Abendroth**, Die Göttin und ihr Heros, München **1980**.

H. **Göttner-Abendroth**, Die tanzende Göttin, München **1982**.

A. **Gorz**, Abschied vom Proletariat, Frankfurt **1980**(a).

A. **Gorz**, Ökologie und Freiheit. Beiträge zur Wachstumsgesellschaft 2, Reinbek **1980**(b).

A. **Gorz**, Wege ins Paradies, Berlin **1983**.

Graswurzelrevolution, Sonderheft Nr. 90/91: Alternative Ökonomie. Anders arbeiten. Selbstverwaltung und Sozialismus, Hamburg **1984**.

C. S. **Gray** / K. **Payne**, Sieg ist möglich, in: Foreign Policy, **1980**, Heft 39.

K. **Gretschmann**, Wirtschaft im Schatten von Markt und Staat: Grenzen und Möglichkeiten einer Alternativ-Ökonomie, Frankfurt **1983**.

Die **Grünen**, Gegen Arbeitslosigkeit und Sozialabbau. Sinnvoll arbeiten – solidarisch leben, Bonn **1983**.

Die **Grünen** Baden-Württemberg (Hg.), Die Zukunft des Sozialstaats, 3. Aufl. Stuttgart **1984**.

grüner basis-dienst, 1985, Heft 1: Perspektiven grüner Politik. Die Anträge, die Reden, die Resolutionen. Das Protokoll der 7. Bundesversammlung der Grünen vom 7.–9.12.1984 in Hamburg.

Grundwerte-Kommission beim SPD-Parteivorstand, Zur politischen Kultur in der Demokratie, Bonn **1980**.

B. **Guggenberger**, Bürgerinitiativen in der Parteiendemokratie. Von der Ökologiebewegung zur Umweltpartei, Stuttgart **1980**.

N. **Hannig**, Abschreckung durch konventionelle Waffen, Berlin **1984**.

W. D. und C. **Hasenclever**, Grüne Zeiten. Politik für eine lebenswerte Zukunft, München **1982**.

H. **Heimann**, Theoriediskussion in der SPD, Köln **1975**.

H. **Heimann**, Theorie ohne Praxis. Sozialwissenschaft zwischen Gegenreform und Antireformismus, Köln **1977**.

E. **Heinen**, Das Zielsystem der Unternehmung. Grundlagen betriebswirtschaftlicher Entscheidungen, Wiesbaden **1965**.

Hessischer Minister für Landesentwicklung, Umwelt, Landwirtschaft und Forsten (Hg.), Arbeit und Umwelt: Grundlinien für ein ökologisch orientiertes Wirtschafts- und Arbeitsplatzprogramm, Wiesbaden **1983**.

F. **Hirsch**, Die sozialen Grenzen des Wachstums. Eine ökonomische Analyse der Wachstumskrise, Reinbek **1980**.

W. **Hollstein** / B. **Penth**, Alternativprojekte: Beispiele gegen die Resignation, Hamburg **1980**.

Horx / **Sellner** / **Stephan** (Hg.), Infrarot. Wider die Utopie des totalen Lebens, Berlin **1983**.

J. **Huber** (Hg.), Anders arbeiten – anders wirtschaften. Dualwirtschaft: Nicht jede Arbeit muß ein Job sein, Frankfurt **1979**.

J. **Huber**, Wer soll das alles ändern. Die Alternativen der Alternativbewegung, Berlin **1980**.

J. **Huber**, Die verlorene Unschuld der Ökologie, Frankfurt **1982**.

J. **Huber**, Die zwei Gesichter der Arbeit: Ungenutzte Möglichkeiten der Dualwirtschaft, Frankfurt **1984**.

J. **Huber**, Die Regenbogen-Gesellschaft. Ökologie und Sozialpolitik, Frankfurt **1985**.

IG Metall, Bezirksleitung Hamburg (Hg.), Arbeit für die Küste. Beschäftigungspolitische Konferenz der IG Metall am 24. Januar **1984**, Vorschläge für ein Beschäftigungsprogramm Küste (Entwurf).

I. **Illich**, Die Nemesis der Medizin, Reinbek **1977**.

I. **Illich**, Selbstbegrenzung. Eine politische Kritik der Technik, Reinbek **1980**.

I. **Illich**, Schattenarbeit, in: FORVM 325/326, Wien **1981**.

I. **Illich**, Genus, Reinbek **1983**.

R. **Inglehart**, The Silent Revolution in Europe, in: The American Political Science Review, Vol. LXV, No. 4, **1971**.

R. **Inglehart** u.a., Wertewandel in Industrienationen, Berlin **1982**.

B. **Jäger**/C. **Pinl**, Zwischen Rotation und Routine: Die Grünen im Bundestag, Köln **1985**.

M. **Jänicke**, Wie das Industriesystem von seinen Mißständen profitiert, Opladen **1981**.

H. **Jonas**, Das Prinzip Verantwortung: Versuch einer Ethik für die technologische Zivilisation, Frankfurt **1979**.

Jugendwerk der Deutschen Shell (Hg.), Jugend 81: Lebensentwürfe, Alltagskulturen, Zukunftsbilder, Hamburg **1981**.

R. **Jungk**, Menschenbeben. Der Aufstand gegen das Unerträgliche, München **1983**.

P.K. **Kelly**, Um Hoffnung kämpfen. Gewaltfrei für eine grüne Zukunft, Bornheim-Merten **1983**.

P.K. **Kelly**/J. **Leinen** (Hg.), Prinzip Leben. Ökopax - die neue Kraft, Berlin **1982**.

H. **Kern**/M. **Schumann**, Das Ende der Arbeitsteilung? Rationalisierung in der industriellen Produktion, München **1984**.

B. **Kerstan**/H. **Wilde**, Selbstbestimmung in der Offensive, Berlin **1981**.

M. **Kidron**/R. **Segal**, Hunger und Waffen. Ein politischer Weltatlas zu den Krisen der 80er Jahre, Reinbek **1981**.

Th. **Kluge** (Hg.), Grüne Politik: Der Stand der Auseinandersetzung, Frankfurt **1984**.

E.R. **Koch**/F. **Vahrenholt**, Die Lage der Nation. Umwelt-Atlas der Bundesrepublik, Hamburg **1983**.

Kommission für Umweltfragen und Ökologie beim SPD-Parteivorstand (Hg.), Frieden mit der Natur. Für eine umweltverträgliche Industriegesellschaft, Bonn **1984**.

V. **Konieczka**/N. **Kunz**/K.-J. **Scherer** (Hg.), Sozialismus zwischen Ökonomie und Ökologie, Berlin **1984**.

D. **Korczak**, Rückkehr in die Gemeinschaft, Frankfurt **1981**.

W. **Kraushaar** (Hg.), Was sollen die Grünen im Parlament?, Frankfurt **1983**.

P. **Kropotkin**, Landwirtschaft, Industrie und Handwerk, Berlin **1976**.

K. **Krusewitz**, „Umweltkrieg": Militär, Ökologie und Gesellschaft, Königstein/Ts. **1985**.

Th. **Kutsch**/F. **Vilmar** (Hg.), Arbeitszeitverkürzung - ein Weg zur Vollbeschäftigung?, Wiesbaden **1982**.

L '80, Heft 33: Rot-grünes Illusionstheater, Berlin **1985**.

O. **Lafontaine**, Der andere Fortschritt. Verantwortung statt Verweigerung, Hamburg **1985**.

G. **Landauer**, Beginnen, Wetzlar **1977**.

G. **Landauer**, Aufruf zum Sozialismus, Wetzlar **1978**.

K. **Lange-Feldhahn**/U. **Jäger**, Alternative Sicherheitskonzepte, Tübingen **1983**.

G. **Langguth**, Der grüne Faktor. Von der Bewegung zur Partei?, Zürich **1984**.

I. **Lenz**, Strukturen und Machtverhältnisse in der Frauenbewegung, in: Autonomie oder Institution, hrsg. von der Dokumentationsgruppe der Sommeruniversität der Frauen, Berlin **1981**.

I. **Lenz**, Was macht die Macht mit den Frauen?, in: Peripherie 13, Berlin **1983**.

Die **Linke** neu denken. Acht Lockungen, Berlin **1984**.

W. **Littek** / W. **Rammert** / G. **Wachtler** (Hg.), Einführung in die Arbeits- und Industriesoziologie, Frankfurt - New York **1982**.

A. B. **Lovins** / L. **Hunter-Lovins**, Atomenergie und Kriegsgefahr, Reinbek **1981**.

B. **Lutz**, Der kurze Traum immerwährender Prosperität, Frankfurt - New York **1984**.

H. **Marcuse**, Marxismus und Feminismus, in: Zeitmessungen, Frankfurt **1975**.

A. **Mechtersheimer**, Rüstung und Frieden, **1982**.

W. **Meißner** / J. **Kosta** / J. **Welsch** (Hg.), Für eine ökonomische Reformpolitik, Frankfurt **1981**.

W. **Meißner** / K. G. **Zinn**, Der neue Wohlstand: Qualitatives Wachstum und Vollbeschäftigung, München **1984**.

J. **Mettke** (Hg.), Die Grünen - Regierungspartner von morgen?, Reinbek **1982**.

K.-M. **Meyer-Abich** / B. **Schefold**, Wie möchten wir in Zukunft leben: Der „harte" und der „sanfte" Weg, München **1981**.

M. **Mies**, Subsistenzproduktion, Hausfrauisierung, Kolonisierung, in: Beiträge zur Feministischen Theorie und Praxis 9/10, Köln **1983**.

A. **Miller**, Das Drama des begabten Kindes, Frankfurt **1979**.

D. **Morris** / K. **Hess**, Nachbarschaftshilfe. Für eine solidarische Gestaltung des Alltags, Frankfurt **1980**.

H. **Müller** (Hg.), Arbeitsplätze contra Umwelt?, Freiburg **1980**.

K. **Müschen**, „Lieber lebendig als normal!". Selbstorganisation, kollektive Lebensformen und alternative Ökonomie, Bensheim **1982**.

J. **Naisbitt**, Megatrends. Zehn Perspektiven, die unser Leben verändern werden, Bayreuth **1984**.

G. **Nenning**, Vorwärts zum Menschen zurück. Ein rot-grünes Plädoyer, Wien **1983**.

Ökologie-Lesebuch. Ausgewählte Texte zur Entwicklung ökologischen Denkens. Vom Beginn der Neuzeit bis zum „Club of Rome" (1971), hrsg. von E. Schramm, Frankfurt **1984**.

P. v. **Oertzen**, Für einen neuen Reformismus, Hamburg **1984**.

M. **Opielka** u.a. (Hg.), Die Zukunft des Sozialstaats, Stuttgart **1983**.

U. **Ottmüller**, Mutterpflichten, in: Gesellschaft, Beiträge zur Marxschen Theorie 14, Frankfurt **1981**.

Der **Palme-Bericht**. Bericht der unabhängigen Kommission für Abrüstung und Sicherheit, Berlin **1982**.

S. **Papcke** / K. Th. **Schuon** (Hg.), 25 Jahre nach Godesberg - Braucht die SPD ein neues Grundsatzprogramm?, Berlin **1984**.

W. **Perdelwitz** / H. **Fischer**, Waffenschmiede Deutschland: Das Bombengeschäft, Hamburg **1984**.

Perspektiven des Demokratischen Sozialismus (pds), **1984**, Heft 3: Verschüttete Traditionen des Sozialismus, Berlin.

R. **Pfriem**, Einstieg in den Ausstieg, Düsseldorf **1983**.

K. **Polanyi**, The Great Transformation, Frankfurt **1978**.

W. **Porth**, Kreisverkehr, Wendepunkt - Über die Wechseljahre der Nation und die Linke im Widerstreit der Gefühle, Berlin **1984**.

U. **Prell**, Ziviler Ungehorsam, Berlin **1983**.

L. **Pusch** (Hg.), Feminismus, Frankfurt **1983**.

H. E. **Richter**, Lernziel Solidarität, Reinbek **1974**.

H.E. **Richter**, Zur Psychologie des Friedens, Reinbek **1982**.

J. **Rifkin**, Entropie, Hamburg **1982**.

L. **Roemheld**, Integraler Föderalismus, Bd. 1 und 2, München **1977/78**.

Rot-grüner Anstoß, hrsg. v. R. Marschalek/P. Pelinka, Wien **1983**.

J. **Rovan**, L'Allemagne du Changement, Paris **1983**.

W. **Schäfer** (Hg.), Neue soziale Bewegungen: Konservativer Aufbruch in buntem Gewand?, Frankfurt **1983**.

G. **Schanz** (Hg.), Betriebswirtschaftslehre und Nationalökonomie, Wiesbaden **1984**.

H. **Scheer**, Mittendrin. Bericht zur Lage von Sozialdemokratie und Republik, Köln **1982**.

J. **Schell**, Das Schicksal der Erde. Gefahr und Folgen eines Atomkriegs, München **1982**.

H. **Schenk**, Die feministische Herausforderung, München **1981**.

K.-J. **Scherer**/F. **Vilmar**, Der Demokratische Sozialismus muß ein Ökosozialismus werden, in: L '80, Heft 26, Berlin **1983**.

K.-J. **Scherer**/F. **Vilmar** (Hg.), Projektgruppe Ökosozialismus, Ein alternatives Sozialismuskonzept: Perspektiven des Ökosozialismus, 3. Aufl. Berlin **1984**.

K. **Schröder**/G. **Verheugen** (Hg.), Halbzeit in Bonn: Die Bundesrepublik zwei Jahre nach der Wende, Köln **1985**.

J. **Schütte**, Revolte und Verweigerung: Zur Politik und Sozialpsychologie der Spontibewegung, Gießen **1980**.

D. **Schultz**, Ein Mädchen ist fast so gut wie ein Junge, Berlin **1978**.

E.F. **Schumacher**, Die Rückkehr zum menschlichen Maß, Reinbek **1980**.

A. **Schwarzer**, Der „kleine Unterschied" und seine großen Folgen, Frankfurt **1977**.

A. **Schwarzer**, So fing es an! Die neue Frauenbewegung, München **1983**.

R.P. **Sieferle**, Fortschrittsfeinde? Opposition gegen Technik und Industrie von der Romantik bis zur Gegenwart, München **1984**.

O. **Šik**, Humane Wirtschaftsdemokratie, Hamburg **1983**.

K. **Sontheimer**, Zeitenwende? Die Bundesrepublik Deutschland zwischen alter und alternativer Politik, Hamburg **1983**.

H. **Spitzley**, Wissenschaftliche Betriebsführung. REFA-Methodenlehre und Neuorientierung der Arbeitswissenschaft, Köln **1980**.

W. **Staehle**/E. **Stoll**, Betriebswirtschaftslehre und Krise, Wiesbaden **1984**.

R. **Steinweg** (Hg.), Die neue Friedensbewegung, Frankfurt **1982**.

A. **Stopczyk** (Hg.), Was Philosophen über Frauen denken, München **1980**.

J. **Strasser**, Grenzen des Sozialstaats?, 2. Aufl. Köln **1983**.

J. **Strasser**, Identitätssuche oder Politik: Läuft dem rot-grünen Bündnis die Zeit davon?, in: L '80, Heft 33, Berlin **1985**.

J. **Strasser**/K. **Traube**, Die Zukunft des Fortschritts. Der Sozialismus und die Krise des Industrialismus, Bonn **1981**.

H. **Strohm**, Friedlich in die Katastrophe. Eine Dokumentation über Atomkraftwerke, Frankfurt **1981**.

H.D. **Thoreau**, Über die Pflicht zum Ungehorsam gegen den Staat und andere Essays, Zürich **1967**.

K. **Traube**, Plutoniumwirtschaft, Reinbek **1984**.

Verein für Friedenspädagogik, Alternative Sicherheitskonzepte, 2. Aufl. Tübingen **1983**.

F. **Vilmar**, Sozialistische Friedenspolitik für Europa, Reinbek **1973**(a).

F. **Vilmar**, Strategien der Demokratisierung, Bd. 1, Darmstadt/Neuwied **1973**(b).

F. **Vilmar**/B. **Runge**, Auf dem Weg zur Selbsthilfe-Gesellschaft: Strategie und Dokumentation der Selbsthilfebewegung (i.E.).

F. **Vilmar** / K.-O. **Sattler,** Wirtschaftsdemokratie und Humanisierung der Arbeit, Köln **1978.**

A. **Vollmer,** ... und wehret euch täglich. Bonn – ein grünes Tagebuch, Gütersloh **1984.**

Das **Waldsterben.** Ursachen – Folgen – Gegenmaßnahmen, hrsg. vom Arbeitskreis Chemische Industrie und der Katalyse Umweltgruppe Köln, 2. Aufl. Köln **1984.**

M.-L. **Weinberger,** Aufbruch zu neuen Ufern: Grün-Alternative zwischen Anspruch und Wirklichkeit, Bonn **1984.**

G. **Zellentin,** Abschied vom Leviathan. Ökologische Aufklärung über politische Alternativen, Hamburg **1979.**

Die Autor(inn)en:

Hilde Fauland, geb. 1953, studierte Wirtschaftspädagogik in Wien und Politische Wissenschaft in Berlin; derzeit als „Neue Selbständige" in der Praxis alternativer Ökonomie. Veröffentl. u.a.: Zeitsouveränität - wer ist die Königin der Zeit? (mit P. Kümmerle), in: Brun (Hg.), Erwerb und Eigenarbeit, 1985.

Joschka (Joseph) Fischer, geb. 1948, Frankfurter Ex-Sponti und alternativer Buchhändler, grünes MdB 1983-85, Fraktionssprecher 1983/84. Veröffentl. u.a.: Von grüner Kraft und Herrlichkeit, 1984.

Prof. Dr. Dr. Ossip K. Flechtheim, geb. 1909, studierte Rechts- und Staatswissenschaften in Freiburg, Paris, Heidelberg, Berlin, Köln und Genf. 1933 Entlassung aus dem juristischen Referendariat aus politischen und „rassischen" Gründen, 1935 Verhaftung wegen Zugehörigkeit zur Gruppe „Neu Beginnen", anschließend Emigration. 1939-51 Dozent und Professor an verschiedenen amerikanischen Hochschulen. 1946/47 Sektionschef beim US-Hauptankläger für Kriegsverbrechen in Nürnberg. 1951/52 Gastprofessor an der University of Kansas City. Seit 1959 Professor für Politische Wissenschaft an der FU Berlin; 1974 emeritiert. Bis 1961 Mitglied der SPD, heute bei der AL und bei den Grünen. Vizepräsident der Internationalen Liga für Menschenrechte. Veröffentl. u.a.: Die KPD in der Weimarer Republik, 1948; Die Parteien der Bundesrepublik Deutschland, 1973; Von Marx bis Kolakowski - Sozialismus oder Untergang in der Barbarei?, 1978; Der Kampf um die Zukunft - Grundlagen der Futurologie, 1980; Marx heute - Pro und Contra, 1983.

Dr. Wilfried Höhnen, geb. 1934, studierte Volkswirtschaft in Köln. 1961-1972 im Wirtschaftswissenschaftlichen Institut der Gewerkschaften (WWI, heute WSI) vor allem für Vermögens- und Finanzpolitik zuständig; seitdem Referatsleiter in der Abteilung Wirtschaftspolitik beim DGB-Bundesvorstand.

Dr. Reinhard Pfriem, geb. 1949, Hochschulassistent für Betriebswirtschaftslehre an der Fachhochschule für Wirtschaft in Berlin. War u.a. an der Erstellung des grünen Wirtschaftsprogramms „Gegen Arbeitslosigkeit und Sozialabbau" (1983) beteiligt. Veröffentl. u.a.: Einstieg in den Ausstieg. Alternativen zur etablierten Wirtschaftspolitik, 1983.

Brigitte Rücker, geb. 1952, Sonderschullehrerin und Diplompädagogin, praktisch-beruflich tätig seit 1974. Seit Jahren aktiv in der Friedensbewegung; u.a. Mitverfasserin der Broschüre „Einseitige Abrüstung" (1985) der Alternativen Liste Berlin.

Klaus-Jürgen Scherer, geb. 1956, Wiss. Mitarbeiter am Fachbereich Politische Wissenschaft der FU Berlin. Veröffentl. u.a.: Die Herausforderungen der neuen sozialen Bewegungen, in: Konieczka/Kunz/Scherer (Hg.), Sozialismus zwischen Ökonomie und Ökologie, 1984; Berlin (West): Hauptstadt der Szenen, in: Gailus (Hg.), Pöbelexzesse und Volkstumulte in Berlin, 1984.

Prof. Dr. Fritz Vilmar, geb. 1929, seit Anfang der sechziger Jahre als Friedensforscher tätig. 1960-70 Bildungsreferent beim Vorstand der IG Metall, seit 1975 Professor für Politische Wissenschaft an der FU Berlin. 1972-84 Mitglied der SPD-Grundwertekommission. Veröffentl. u.a.: Rüstung und Abrüstung im Spätkapitalismus, 6. Aufl. 1973; Sozialistische Friedenspolitik für Europa, 1973; Wirtschaftsdemokratie und Humanisierung der Arbeit (mit K.-O. Sattler), 1978.

Zur anhaltenden Aktualität ökosozialistischer Theorie und Praxis

Nachwort zur 2. Auflage (Juni 1986)

Die Katastrophe von Tschernobyl hat wahrhaft „blitzartig" die unverminderte Aktualität sowohl der theoretischen wie der praktisch-politischen ökosozialen Neuorientierung, zu der unser Buch Beiträge liefert, deutlich werden lassen: Die Grün-Alternativen, in ihrem 85er Tief bereits allzu voreilig und absichtsvoll als „quantité négligeable" abgeschrieben, erreichen in Umfragen vor der Niedersachsen-Wahl als die einzigen wirklich entschiedenen AKW-Gegner wieder 8-10 Prozent, und in Wiesbaden müssen sozialdemokratische Koalitionspragmatiker zum ersten Mal, unter grünem Druck, ernsthaft darüber nachdenken, ob und wie sie die Neuorientierungskonzepte der SPD-Energieexperten und -beschlüsse (s.o. 73 f.!) endlich in Politik umsetzen wollen. Selbst die FDP fühlt sich auf ihrem Parteitag am 24. Mai, vier Wochen „nach Tschernobyl", durch das ökologische Neuorientierungsverlangen vieler Wähler derart unter Druck gesetzt, daß eine Delegiertenmehrheit gegen die Empfehlung des Parteivorstandes eine Entschließung gegen den Schnellen Brüter und - vorbehaltlich einer erneuten Überprüfung - gegen die WAA in Wackersdorf verabschiedete.

Die eher noch wachsende Aktualität der ökosozialistischen Theorie wie der rot-grünen Bündnispraxis steht aber auch ohne diese neue katastrophale Zuspitzung der Problematik außer Frage: Der atemberaubende Lernprozeß Holger Börners und der ihn vorwärtsdrängenden hessischen Sozialdemokratie, die enormen Schwierigkeiten einer (vielleicht verfrühten) regelrechten rot-grünen Koalition statt bloßer Tolerierung (vgl. 79 ff.!), die u.E. verhängnisvolle Glotz-Rausche Festlegung der Bundes-SPD gegen ein Bündnis mit den Grünen, in der offiziellen liberal-konservativen Politik die offenkundige Nichtachtung auch nur minimaler ökologischer Erfordernisse (keine Arbeitszeitverkürzung, kein Tempolimit, Mammut-Straßenbauprogramm, Liquidierung einer verbesserten TA Luft ...), in der Sicherheitspolitik das immer deutlichere Offenbarwerden der Lebensgefährlichkeit der US-amerikanisch dominierten NATO-Politik (Atomraketen, neue Chemiewaffen, Libyen-Bombardement ...) - all diese politischen Ereignisse erheischen immer dringender den Prozeß sozialökologischer Neuorientierung, zu dem dieses Buch konkrete Prinzipien und Vorschläge beisteuert.

Im folgenden wollen wir auf einige der wichtigsten programmatischen und politischen Entwicklungen des letzten Jahres hinweisen. Dies geschieht natürlich auch im Hinblick auf die Bundestagswahl Anfang 1987: Selbst wenn eine ökosoziale politische „Wende" nach der Wahl unwahrscheinlich scheint, so geht es doch darum, durch eine numerische rot-grüne Mehrheit eine Voraussetzung für eine substantielle Richtungsänderung der Politik zu schaffen. Wir hoffen dabei nicht zuletzt auf einen Prozeß des rot-grünen Aufeinanderzubewegens, bei dem sich der sozialökologische Wertewandel in sozialdernokratischen Wählerschichten fortsetzt und die realpolitische Einsicht bei den Grünen verstärkt, so daß auf Dauer - auch angesichts der Alternative einer Verewigung konservativer Herrschaft - nicht sozialdemokratische Wahlkampftaktik und grün-fundamentalistische Politikunfähigkeit obsiegen (sich gegenseitig bestätigend), sondern der Wählerwille „links von der Mitte", der mehrheitlich eindeutig für eine sozialökologische Erneuerung und rot-grüne Bündnispolitik votiert.

Zum Teil I: Bündnispolitik

1. SPD zwischen ökosozialer Neuorientierung und perspektivlosem Machtpoker

Grundsätzlich blieb der Entwicklungsprozeß der Sozialdemokratie aus ökosozialistischer Sicht auch im letzten Jahr widersprüchlich: Einerseits setzten sich die ernsthaften sozialökologischen Lern- und Wandlungsprozesse, deren Beginn R. Meng (Die sozialdemokratische Wende: Außenbild und innerer Prozeß der SPD 1981-1984, Gießen 1985) als „sozialdemokratische Wende nach der Bonner Wende" charakterisiert hat, fort. Andererseits formierte sich im Hinblick auf die anstehenden Wahlen die Gegenposition, die in einer dezidiert antigrünen Haltung eine Taktik zum Machterwerb durch Gewinnung der sogenannten Wähler der Mitte sieht und die den Prozeß der Erneuerung der SPD bereits für abgeschlossen erklärt.

Der sozialökologische Wandel der SPD fand bisher besonders auf der programmatischen Ebene statt. Exemplarisch ist hier etwa ein umweltpolitisches Positionspapier der Bundestagsfraktion zu nennen („Für eine ökologische Modernisierung der Volkswirtschaft", Bonn 1985), das nicht nur durch Umweltreparatur und Umwelttechnologien neue Arbeitsplätze schaffen will, sondern in dem auch grundlegende ökosozialistische Einsichten zu finden sind: etwa die Erkenntnis, daß es darum geht, „die Rahmenbedingungen für Produzenten und Konsumenten so [zu] ändern, daß Umweltschäden gar nicht erst auftreten", sowie weitere konsequent sozialökologische Forderungen wie die „Ersetzung" umweltschädigender Produktionsprozesse und Verhaltensweisen durch umweltverträgliche oder die Einbeziehung der Umweltbelange „von vorneherein" in die „gesamte industrielle Produktion". Weiterhin schlug eine vom SPD-Parteivorstand eingesetzte „Arbeitsgruppe Genossenschaftswesen" in einer umfangreichen Materialsammlung eine Brücke zwischen dem traditionellen Genossenschaftswesen und der Selbstverwaltungswirtschaft neuen Typs (Selbstbestimmt arbeiten: Materialien zum Genossenschaftswesen und zur Selbstverwaltungswirtschaft, Bonn 1985). Innerhalb der Neuorientierung sozialdemokratischer Sicherheitspolitik ist es ein großer Fortschritt, daß die SPD nicht nur auf ihrem Essener Parteitag 1984 das (zunächst noch relativ wenig aussagende) Prinzip der Nichtangriffsfähigkeit für die Bundeswehr deklariert hat, sondern sich (was insbesondere das Verdienst des im September 1985 veröffentlichten Papiers A. v. Bülows ist) mehr und mehr die Grundideen der militärischen „Defensivkonzepte" zu eigen machte. Obwohl die SPD noch auf halbem Wege zwischen alter NATO-Nuklearstrategie und nicht-nuklearer, strikt defensiver Verteidigung stehenbleibt, sind festzuhaltende und weiterzuentwickelnde Elemente eines in sich schlüssigen, glaubwürdigen Defensivkonzepts bei v. Bülow die Forderungen

- einer Entwicklung weg vom Panzer und hin zur Panzerabwehr in einem starken Abwehrnetz entlang der innerdeutschen Grenze, das mit modernsten Abwehr-Waffensystemen ausgestattet wird (These 14, 15, 24);
- einer einseitig vorzunehmenden Umgliederung des deutschen Verteidigungsbeitrags mit Signalwirkung auf den Warschauer Pakt (These 20);
- nach Abzug der nuklearen Gefechtsfeldwaffen, von Lance, Pershing I und Pershing II, Abrüstung der Chemiewaffen (These 33, 35-38). (Vgl. dazu 184 ff. und 217 f.!)

Am wichtigsten im Hinblick auf den Wandel der SPD dürfte aber der Entwurf eines neuen Grundsatzprogramms „Godesberg II" sein, der sich grundlegend mit der ökologischen Frage, dem Problem der zugespitzten Kriegsgefahr und der fortschreitenden Verelendung der Dritten Welt auseinandersetzt und der viele Anstöße der neuen sozialen Bewegungen politisch-programmatisch aufnimmt.

Aber besonders die wirtschaftspolitische Programmdiskussion der SPD 1985, die maßgeblich von W. Roth (Der Weg aus der Krise: Umrisse einer sozialökologischen Marktwirtschaft, München 1985) beeinflußt wurde, ging aus ökosozialistischer Sicht längst nicht weit genug. Dem entsprechenden Programmpapier („Die Wirtschaft ökologisch und sozial erneuern", Entwurf der Kommission Wirtschafts- und Finanzpolitik beim Parteivorstand, 1985) wurde auch innerparteilich widersprochen:

- Zu stark wird das Ökologieproblem darauf reduziert, daß die Natur einen Preis habe, und so lediglich eine fast rein marktwirtschaftliche Lösung der ökologischen Krise gesucht.
- Einigende Zauberformeln wie die „Versöhnung von Arbeit und Umwelt" enthalten zwar richtige Kerngedanken wie den, daß auch der Umweltschutz neue Arbeitsplätze schafft. Sie vertagen und verdrängen aber zentrale Konflikte, etwa daß ökologische Produktionsumstellungen sicher auch gegen manche kurzfristigen Arbeitsplatzinteressen, vor allem in der Rüstungs-, Chemie- und Automobilindustrie, durchgesetzt werden müssen.
- Die dritte industrielle Revolution wird in Anknüpfung an Autoren wie Gorz, Toffler, Kern und Schumann optimistisch überschätzt, indem in ihr die entscheidende Chance für die Lösung aller sozialökologischen Zukunftsfragen gesehen wird (z.B. R. Wagner: Wie fortschrittlich sind die neuen Technologien?, in: Neue Gesellschaft / Frankfurter Hefte 1/1985 und 2/1985). Die ökosozialistische Kritik an der Struktur der Produktivkräfte selber wird so erneut durch das nicht hinterfragte Leitbild vom industriell-technischen „modernen Fortschritt" verdrängt. Ob aber **allein** durch marktorientiertes arbeitsplatzschaffendes Wachstum, durch eine Verteuerung der Naturbenutzung sowie durch die Förderung neuer, auch ökologisch nutzbarer Technologien der notwendige Umbau der Industriegesellschaft erreicht werden kann, ist nach allen bisherigen Versuchen in dieser Richtung mehr als fraglich.

Noch kontraproduktiver als diese programmatischen Halbheiten aber ist der sozialdemokratische Abgrenzungskurs „von oben" gegen die Grünen, der seit der Landtagswahl in NRW im Mai 1985 bundesweit (von der hessischen SPD und bis zum Spätherbst auch von der SPD in Niedersachsen abgesehen) dominiert. Es hatte nachhaltige Folgen, daß im bevölkerungsreichsten Bundesland (12,7 Mio. Wähler!) die SPD eine deutliche absolute Mehrheit (52,7 %) erhielt und die Grünen mit 4,6 % den Einzug in den Landtag verfehlten. Seit diesem Wahlsieg verfolgt die Parteiführung mit ihrem „Sympathieträger" Johannes Rau als Spitzenkandidaten eine Politik, die weniger auf die Integrationsfähigkeit gegenüber den neuen sozialen Bewegungen als vielmehr auf unzufriedene aufstiegsorientierte, bisher eher konservativ-liberale Wählergruppen (wie die vielbeschworenen Techniker und Ingenieure) setzt. Mit einem Minimum an unzweideutigen Aussagen soll ein Maximum an links-grünen und gemäßigt konservativen Wählern angezogen werden. Sicher auch aus Angst vor einer innerparteilich kontroversen Debatte um die Bündnisfrage wird diese mit der - für die deutsche politische Kultur aus strukturellen Gründen völlig illusorischen! - Hoffnung tabuisiert, bundesweit könne die SPD den Alleinsieg erreichen. Auch wenn Meinungsumfragen die SPD seit April 1985 immer einmal wieder **knapp** vor der CDU/CSU sehen: Die grundsätzliche politische Formation bleibt doch ein Kopf-an-Kopf-Rennen der beiden - in sich natürlich heterogenen - Blöcke, wie es charakteristisch das ZDF-Politbarometer im März 1986 feststellte: Damals glaubten 47 %, die bisherige Regierung aus CDU/CSU und FDP, und ebenfalls 47 %, SPD und Grüne würden die nächste Bundestagswahl gewinnen.

Gegen diese Totalverweigerung der SPD in der Bündnisfrage spricht nicht nur, daß es sich hierbei offensichtlich um die bekannte sozialdemokratische Sackgasse hin zur „Mitte" handelt: So kann es noch nicht einmal gelingen, wie bei Helmut Schmidt einem SPD-Kanzler eine Mehrheit zu ermöglichen (dies ohnehin nur um den Preis, daß es niemals zu einer gesellschaftlichen Dynamik kommen kann, in der sich Lernprozesse der Regierenden und der Bevölkerung derart gegenseitig verstärken, daß eine tiefgreifende sozialökologische Reformpolitik in Gang gesetzt wird). Diesmal dürfte diese Taktik nicht einmal zu einer SPD-Kanzlerschaft mit reduziertem (statt, was notwendig wäre: mit sozialökologisch erweitertem) sozialdemokratischem Profil führen. Denn gerade einige neuere Entwicklungen lassen das baldige „Ende des grünen Zeitalters" (so M.-L. Weinberger in: Aus Politik und Zeitgeschichte B 45/1985) als Fehlprognose erscheinen und entlarven den Machtpoker als perspektivlosen Bluff:

- Zwar stimmt es, daß die Zeit des **automatischen** Zuwachses der Grünen seit Frühjahr 1985 vorbei ist. Weiterhin deuten aber alle wahlsoziologischen Daten auf ein festes, zwischen 5 % und 10 % liegendes Wählerpotential hin, das offensichtlich auch durch programmatische Veränderungen der SPD in Ökologie-, Frauen- und Friedensthemen von dieser nicht einfach zurückgewonnen werden kann. Eine sozialökologische Wende wird nicht mehrheitsfähig sein, wenn sie nicht auch diesen aus einer veränderten Sozialstruktur resultierenden, kaum sozialdemokratischen „neuen Arbeitnehmertypus" (vgl. P. v. Oertzen: Zur Sozialstruktur des grünen Wählerpotentials, in: Boguslawski [Hg.], Ohne Utopien kann der Mensch nicht leben, Göttingen 1985) in eine Bündniskonstellation gegen die liberal-konservative Regierung einbezieht.
- Zwar gab es nach der Niederlage der Anti„nach"rüstungsbewegung einen allgemeinen Mobilisierungsrückgang der neuen sozialen Bewegungen, aber die Rede vom Ende des „alternativen Protestzyklus" erwies sich als verfrüht. Obwohl das „Waldsterben" als das im ersten Halbjahr 1985 beherrschende ökopolitische Thema keinen relevanten Bewegungsschub auslöste, änderte sich dies seit dem Herbst: Die Dramatik der ato-

maren Lebensgefahren („Krieg der Sterne", WAA in Wackersdorf, atomare Eskalationsgefahr beim US-Libyenfeldzug, der Super-GAU im AKW Tschernobyl mit atomarer Verseuchung in der BRD) wurde wieder derart bewußt, daß jetzt erneut das Gegenteil des vorher konstatierten „allgemeinen Bewegungsrückganges" (so noch B. Zeuner: Parlamentarisierung der Grünen, in: Prokla 61, 1985) stattfand. Die Krise der Grünen im ersten Halbjahr 1985 war aber **auch** eine Folge der vorübergehenden Stagnation der Bewegungen, auf die sich die Grünen nach wie vor stützen.

- So wie sich die prinzipiellen inhaltlichen Barrieren zwischen der SPD und den Bewegungen von der klaren Ablehnung von SDI über das Tempo 100 auf Autobahnen bis hin zur eindeutigen Absage an den Einstieg in die Plutoniumwirtschaft abbauten, vergrößerte sich im letzten Jahr die tiefe Kluft zur CDU/CSU/FDP auf allen wichtigen Politikfeldern - von der Verteidigung der gewerkschaftlichen Arbeitnehmerrechte über die Abwehr der zunehmenden Einschränkung demokratischer Rechte bis hin zum Kampf gegen den zynisch-gleichgültigen Umgang mit der Arbeitslosigkeit. Einer Mehrheit der Wähler ist so deutlich, daß sich der bisherige Regierungskurs **nur** durch ein wie auch immer geartetes Bündnis mit den Grünen glaubhaft ablösen läßt. Leugnet man dies, verzichtet man auf eine überzeugende Alternative. (Diese muß natürlich nicht unbedingt die Form einer traditionellen Regierungskoalition haben - s.o. 79ff.) Dies ist für die politische Demokratie auch deshalb gefährlich, weil man damit einer verzweifelt-militanten Bewegungsideologie, die behauptet, nur der „Widerstand mit allen Mitteln" könne gegen die Staatsmacht Veränderungen bringen, Vorschub leistet.

Gerade das rot-grüne Bündnis in Hessen, das seit dem Koalitionsvertrag und mit Joschka Fischer als erstem grünen (Umwelt-)Minister seit dem Spätherbst 1985 über etwas mehr Stabilität verfügt, zeigte, daß es immer wieder der grünen Konkurrenz bedarf, damit die SPD mit der praktischen Umsetzung ihrer - im Grunde irgendwann und irgendwo längst verabschiedeten - umorientierten Programmatik beginnt. Dies kann an der sozialökologischen Vorreiterrolle Hessens: von der besonderen Berücksichtigung von Fraueninteressen, der Unterstützung gefährdeter Kleinbauern und alternativer Projekte, über Anfänge einer nicht-großtechnologischen Energiepolitik und einer anderen Ausländer- und Polizeipolitik bis hin zur größeren Gesundheitsvorsorge nach der Tschernobyl-Katastrophe, gezeigt werden. Hessen entwickelte sich - sicher auch auf der Basis, daß die Mehrheit der Kommunen und Landkreise von funktionierenden rot-grünen Bündnissen regiert werden - zu dem Bundesland, das den Gegenpart gegen die Bonner Rechtsregierung am konsequentesten spielt.

Insbesondere das Beispiel der Debatte um die weitere Nutzung der Kernenergie zeigt, wie weit soziale Bewegungen und die Dialektik von Konkurrenz und Kooperation der Grünen Partei die Sozialdemokratie zu Lernprozessen herausfordern kann. Dies funktioniert natürlich nur, sofern die Grünen ihre Forderungen nicht - etwa durch die Forderung der **sofortigen** Abschaltung aller Atomkraftwerke - fundamentalistisch überhöhen. Obwohl der Abschied von der Kernenergie auch von SPD-nahen Fachleuten wie Traube, Meyer-Abich und Schefold als ökonomisch möglich und sinnvoll dargestellt wurde, konnte sich vor 1986 eine konkrete Ausstiegsplanung nicht durchsetzen, was sicher auch darauf zurückzuführen ist, daß ein Teil der Atomlobby vor allem an

Rhein und Ruhr stark gewerkschaftlich-sozialdemokratisch geprägt ist. Ein typischer Formelkompromiß, der die Forderungen der Ökologiebewegung nur symbolisch aufnahm, wurde gefunden: Die Atomkraft sei nur noch als „Übergangstechnologie" vertretbar, wobei im Prinzip keine Konkretisierung der Übergangszeit vorgenommen wurde. Mit einem solchen Beschluß konnte auch die Atomlobby leben, solange er vor allem als Unterstreichung der Kohlevorrangpolitik interpretiert wurde. Die begrenzte Katastrophe, die radioaktive Wolke aus der Sowjetunion, brachte endlich Bewegung in die politische Debatte: Der allgemeine Meinungsumschwung in der Bevölkerung (binnen kurzem wurden im Mai 1986 die Atomkraftbefürworter von einer knappen Mehrheit von 52 % zu einer deutlichen Minderheit von 16 % lt. Der Spiegel 22/1986, S. 46) machte gerade aufgrund der Orientierung der SPD auf den „Normalbürger" deren Positionswechsel notwendig. Dies wurde aber auch gleichermaßen durch die Grünen gefördert, die bei diesem sozialökologischen Thema unangefochten die größte Glaubwürdigkeit besitzen, so daß die SPD möglichen Stimmenverlusten nur dadurch begegnen konnte, daß auch sie **konkrete** Ausstiegsschritte und -fristen (in Hessen auch unter direktem Druck von Joschka Fischer) zu beschließen begann. Eine derartige Kompromißlinie wurde von uns in diesem Band bereits konkret vorgeschlagen (73 f.) - wobei die Frage, was 1987 oder erst 1993 erreichbar ist, sicher nicht zum fundamentalistischen Knackpunkt werden sollte.

2. Die Grünen zwischen ökosozialer Reformpolitik und totalem Ausstieg

Die in unserer Arbeit (81 ff.) diagnostizierte „drohende Handlungsunfähigkeit der Grünen: ihre lähmende innere Gespaltenheit in etwa gleich große fundamental-oppositionelle und realpolitische Fraktionen" (81) ist im vergangenen Jahr leider keineswegs überwunden worden. Auf der einen Seite hat der Arbeitskreis „Haushalt, Wirtschaft, Finanzen" der Grünen im Februar 1986 mit dem Programm „Umbau der Industriegesellschaft" (Bundesvorstand der Grünen [Hg.], Bonn 1986) ein Programm „mittlerer Reichweite" entwickelt, das - auch nach den partiellen Verschärfungen auf dem grünen Parteitag in Hannover (Mai 1986) - in weiten Teilen durchaus wirtschafts- und sozialpolitische Zielsetzungen enthält, die Grundlage einer rot-grünen Bündnispolitik sein können. Auf dem Hagener Parteitag (vgl. Protokoll vom 15./16.2. 1986) wurde ein beachtliches, detailliertes Entgiftungsprogramm vorgelegt. Die Bundestagsfraktion legte vorwärtsweisende Gesetzentwürfe vor (z.B. zur Ersetzung von Altersheimen durch Finanzierung ambulanter Pflege; zur Absicherung der Arbeitszeitverkürzung und Teilzeitarbeit; zur Förderung der Windenergie; zum Verbot der Aussperrung; vgl. „Rechenschaftsbericht der Grünen im Bundestag", Bonn 1985, S. 34).

Andererseits korrespondierte die dogmatisch-bündnisfeindliche Argumentation der grünen Fundamentalisten, angeführt von den Bundesvorständlern J. Ditfurth und R. Trampert (deren agitatorischer Stil gegenüber „Realpolitikern" sogar zu Abwahlanträgen auf der Bundesdelegiertenversammlung in Offenburg im Dezember 1985 führte), mit der Glotz-Rauschen Strategie der Ausgrenzung der Grünen. Ihre eigene Aversion gegenüber rot-grüner Bündnispolitik, ihre Angst vor grünem Profilverlust vermögen sie dabei - nicht ohne gute Belege aus der Feder von Glotz - als Ergebnis der SPD-Politik vorzustellen. So Trampert:

> „Die SPD [wird] bis zur Bundestagswahl systematisch alle Hoffnungen sogenannter Wechselwähler zerstören ..., sie könnten grün wählen und wichtige Veränderungen dann über ein rot-grünes Bündnis verwirklichen. Wechselwähler sollen zu einer Entscheidung erpreßt werden: Mit der SPD gegen die CDU **ohne** gesellschaftliche Veränderung oder für Inhalte der GRÜNEN **ohne** Aussicht auf Durchsetzung in einem Bündnis." (Aus: Rechenschaftsberichts des Bundesvorstands, Bonn 1985, S. 17)

Daß die fundamentalistische Haltung vieler grüner Kader wesentlich an dieser „Erpressung" mitwirkt, indem sie der SPD-Parteiführung die Argumente für deren Ausgrenzungsstrategie liefert, unterschlägt Trampert.

Der Wahlprogramm-Parteitag in Hannover (Mai 1986) verabschiedete denn auch, neben vielen durchaus politik- und bündnisfähigen Forderungen, radikale Zielvorstellungen, die einen guten Teil des inzwischen durch die Reaktorkatastrophe wiedergewonnenen Wählerpotentials von neuem abstoßen und Bündniswilligen in beiden Parteien das politische (Über-)Leben schwer machen müssen: vor allem die Forderung nach **sofortiger** Abschaltung der Atomkraftwerke und nach einer einseitigen Abrüstungspolitik, in der der konflikthafte Austritt aus der NATO absichtsvoll einprogrammiert ist. Daß beide Antragskomplexe bei genauerem Hinsehen auch akzeptable und realisierbare Zwischenschritte vorsehen, wird hoffentlich in den kommenden Monaten noch - gegen die begierige Verteufelungslust der Medien und rechter Sozialdemokraten wie Gewerkschafter! - deutlich gemacht werden können. Andernfalls ist der Sieg der Konservativen aufgrund der Zerstrittenheit der Linken einmal mehr gesichert: Allzu utopische Forderungen der Grünen und die Angst vieler grüner Wähler, im „Kampf gegen Kohl" ihre Stimme zu verschenken, werden die grüne Partei unter 5 % drücken - und die ihnen bleibenden 3-4 % werden Johannes Rau an der Mehrheit fehlen!

Zum Teil II: Ökosozialistische Neuorientierung

1. Zum Thema „Wirtschaftsdemokratie" (104-139)

Vorab bitten wir, zu diesem Teil des Buches eine formale Verbesserung vorzunehmen: Die Formen der Kontrolle wirtschaftlicher Macht, die auf S. 108 aus dem DGB-Programm von 1963 zitiert wurden, stehen unverändert im 7. Artikel des 1981 verabschiedeten DGB-Grundsatzprogramms; die auf S. 110 zitierten Aussagen über die volkswirtschaftliche Rahmenplanung lauten etwas präziser im Artikel 10 desselben überarbeiteten Programms:

„Die Sicherung von Vollbeschäftigung und qualitativem Wirtschaftswachstum setzt eine Koordinierung aller wirtschaftspolitischen Maßnahmen voraus. Die wirtschaftliche Entwicklung darf nicht sich selbst überlassen bleiben.
Unter Berücksichtigung der volkswirtschaftlichen Gesamtrechnung, die zu einem umfassenden System der Wirtschafts- und Sozialberichterstattung ausgebaut werden muß, ist ein Rahmenplan zu entwickeln. Der Rahmenplan ist die Zusammenfassung der Regional- und Branchenprojektionen zu einheitlichen Landesentwicklungsplänen und einem Bundesentwicklungsplan.
Die räumlichen Programme und Planungen auf den verschiedenen Ebenen müssen sich an den Interessen der Arbeitnehmer an humanen Lebens- und Arbeitsbedingungen orientieren ...
An diesen Planungen sind die Gewerkschaften zu beteiligen. Die Planungsrichtlinien sind für die Organe der staatlichen Wirtschaftspolitik verbindlich. Sie geben die notwendigen Orientierungsdaten für die eigenen Entscheidungen in den Wirtschaftsbereichen und Einzelwirtschaften."

Wichtiger als diese Aktualisierung unserer Belege ist ein kritisches Resumée der Entwicklung, die die Wirtschaftsreformdiskussion in der SPD und bei den Grünen genommen hat. Der allen ökologischen Umbaukonzepten zuwiderlaufende Rückfall W. Roths in nur für Rechtskoalitionen geeignete Marktwirtschaftsillusionen wurde oben bereits erwähnt. Prototypisch wird das Zurückbleiben der SPD hinter ihre wirtschaftsdemokratischen Positionen im Godesberger Programm und ihrer Grundwerte-Kommission dokumentiert in dem von Hollederer und Seebaum herausgegebenen Sammelband „Neue Wege der Wirtschaftspolitik (Verlag Münchner Post, 1985), in dem das Konzept „ökosozialistischer Wirtschaftsdemokratie" (Vilmar: 100-127) nur in wenigen Ansätzen (insbesondere bei Nutzinger, S. 128 ff., und Seebauer, S. 214 ff.) und nur sehr partiell sich wiederfindet. Das gilt auch für die sogenannte Sozialdemokratische Linke („Frankfurter Kreis"), die in ihrem Forderungskatalog die „Demokratisierung der Wirtschaft" völlig konzeptionslos nur unter anderem, gleichgesetzt mit Mitbestimmung, quasi beiher mit aufführt (vgl. Anpassung oder Reform?, VSA-Verlag 1985, S. 45 f.). Nur die jungsozialistische Wirtschaftsprogramm-Entwicklung ist hier konzeptionell umfassender (vgl. Wege aus der Krise: Für eine alternative Wirtschaftsentwicklung, Bonn 1984).

Angesichts dieser sozialdemokratischen wirtschaftsprogrammatischen Misere erschreckt um so mehr, daß es in der - doch weit unabhängigeren - grün-alternativen Diskussion kaum besser aussieht. Das Elend der meisten Ansätze zur ökologischen Rekonstruktion von Wirtschaftstheorie und -politik besteht in ihrer Tabuisierung gesamtwirtschaftlicher Planungs-, Lenkungs- und Kontrollkonzepte, im Links-Liegenlassen insbesondere der demokratisch-sozialistischen Theoriearbeit zu Fragen planmäßiger Erfassung und Steuerung von ökonomischen Entwicklungen (einschließlich eines Ausbaus gemeinwirtschaftlicher Eigentums- und Kontrollbereiche als Gegenmachtinstrument zu konzernpolitischer Marktbeherrschung).

Aus lauter Furcht vor zuviel „Staat" und alt-sozialistischem „Etatismus" schlittert die grün-alternative Wirtschaftstheorie, auch wo sie sich verbal gegen ökolibertäre Marktüberschätzung wehrt, gegenwärtig zurück in ordo-liberale Selbstbeschränkung. Als könnte man das zentrale Problem ökologischer Neuorientierung: den Umbau der Wirtschaft von maximalem Wachstum um jeden Preis auf weitestmöglich vermindertes und selektives Wachstum, realisieren oder auch nur theoretisch in den Griff kriegen ohne demokratische Rahmenplanung und sehr gezielte ökologische Investitionslenkung, ohne alternative Energie- und Verkehrsplanung, ohne umfassende Arbeitsvolumen- und Arbeitszeitverkürzungsplanung, transnationale Rohstoffproduktions- und -preisplanung im Interesse der „Dritten Welt" - um nur einige Hauptaufgaben ökologischer Wirtschaftspolitik zu nennen.

Ebensowenig kann man die (zutiefst vernünftige) ökologische Option für kleine, dezentrale ökonomische Einheiten, Genossenschaften, Wiederherstellung des Zusammenhangs von Leben und Arbeiten, Produzieren und Konsumieren über die embryonalen Ansätze in 10.000 „Alternativprojekten" hinaus zu realer Wirtschaftspolitik entwickeln ohne demokratische Kontrolle und Mitbestimmung von Konzernpolitik, die freilich inhaltlich wie strukturell die recht dürftigen Gewerkschaftskonzepte verbessern müßten. In grün-alternativen Ansätzen zur ökonomischen Neuorientierung findet sich so gut wie nichts aufgenommen, aufgearbeitet bzw. konstruktiv weitergeführt von diesen makroökonomischen Politikmodellen. (Vgl. dazu 14 f.!)

Als herausragendes Beispiel dafür kann der Start der „Vereinigung für Ökologische Wirtschaftsforschung" mit einer Tagung (15.-17.11.1985 in Berlin) dienen, die sogar unter dem strategisch in der Tat entscheidenden Leitmotiv stand: „Auswege aus dem industriellen Wachstumsdilemma". Um so bedauerlicher freilich, daß Wesentliches von dem, was auf dieser Tagung dann an „Auswegen" theoretisch geboten wurde, der Tiefe und Bedrohlichkeit des umweltzerstörenden Wachstumsdilemmas in hohem Maße unangemessen blieb, harmlos-systemimmanent, als habe es eine Kritik der Politischen Ökonomie und eine - auch ökologische - Wirtschaftsreformdebatte nie gegeben.

Kein einziges der grundlegenden Referate artikulierte den fatalen, zur zweiten Natur unseres ganzen Sozialsystems gewordenen „Schuldzusammenhang" (W. Benjamin) von Konkurrenz, Mehrwertproduktion, Wachstumszwang, wohlfahrtsstaatlicher Sozialpolitik, gewerkschaftlicher Einkommenspolitik und individuell-kollektivem Konsumismus - ganz zu schweigen von auch nur Umrissen einer Theorieentwicklung politikfähiger ökologischer Wirtschafts-Neuorientierung. Jeder Leser der (als Publikation zur Verfügung stehenden) Tagungspapiere kann dies verifizieren. Wesentliche Statements verblieben nicht nur im naiv akzeptierten Systemrahmen des Wirtschaftsliberalismus; sie gingen bis hin zur orthodox-liberalen Diffamierung eines ökologischen Staatsinterventionismus, der von Jaeger-Weise gleichzeitig als illusionär („Fata Morgana einer politisch gesteuerten Ökonomie") und totalitär (planwirtschaftlicher „Absolutismus") verketzert wurde.

Nicht, als ob Teilstrategien eines solchen umweltpolitischen Staatsinterventionismus nicht zur Sprache gekommen wären: Jänickes Milliarden-Sofortprogramm für eine vernünftige staatliche Umweltinvestitionspolitik, zu finanzieren ausschließlich durch die Aufhebung geradezu krimineller Steuerpräferenzen (z.B. für die Energiewirtschaft, den LKW-Verkehr, vgl. Tagungspapiere S. 32ff.), Wickes - freilich allzu idealistisch über herrschende Kapital-Machtinteressen hinwegsehender - „Öko-Plan" umfassender Prämierung und Förderung von Umweltschutzinvestitionen (S. 19ff.), Eberhard Schmidts Vorschläge zu einer ökologiebewußten Betriebs- und Gewerkschaftspolitik (S. 113ff.) und Hubers Thesen einer „ökologischen Ordnungspolitik" (S. 73f.) zeigten einige konkrete Ansätze zur Überwindung des „Wachstumsdilemmas".

Aber alle diese Ansätze bleiben doch weit zurück hinter der wirtschaftstheoretischen Grunderfordernis, dem Grundproblem einer „ökologischen Wirtschaftsforschung": daß ein neuartiges ökonomisches Ziel- und Planungssystem als notwendiger Rahmen für alle Einzelprogramme und -strategien entworfen werden muß.

Ota Sik hat in seinem großen Werk über eine „Humane Wirtschaftsdemokratie" (Hamburg 1979) sehr zu Recht die mikroökonomischen Reformkonzepte einer kapitalneutralisierten, von den Mitarbeitern zunehmend selbst verwalteten, strukturell humanisierten Arbeits- und Unternehmensordnung nicht nur mit - nach wie vor - notwendigen Marktfunktionen verbunden, sondern auch mit dem makroökonomischen Ordnungskonzept einer sehr differenzierten „Verteilungsplanung" (S. 454-617). Auch in gewerkschaftlichen und reformsozialistischen Wirtschaftsdemokratie-Konzepten Westdeutschlands und Westeuropas tauchen immer wieder **beide** notwendigen Ebenen einer Befreiung der Wirtschaft aus den destruktiven Zwängen kapitalistischer Warenproduktion auf (vgl. den Gesamtüberblick bei Vilmar [Hg.], Industrielle Demokratie in Westeuropa, Reinbek 1978).

Diese Wirtschaftsdemokratie-Debatte wird von den meisten unserer grünen Wirtschaftstheoretiker links liegengelassen.

Prototypisch ist dies zu studieren bei unserem grün-ökonomischen Ko-Autor und (bei der AL) Vordenker Reinhard Pfriem. Gebeten, in unserem Band weiterführend oder kritisch Stellung nehmend zu dem dort entfalteten Konzept einer ökosozialistischen Wirtschaftsdemokratie etwas beizutragen, liefert er statt dessen eine pauschale Absage an „den" Sozialismus: Dieser sei „kein geeignetes Emanzipationsleitbild mehr" (125ff.). Das Konzept der Wirtschaftsdemokratie laufe „auf eine institutionelle Erweiterung der Entscheidungsträgerschaft im Wirtschaftsprozeß hinaus", und man könne nicht „mit solchen erweiterten Machtpositionen der Arbeitnehmerseite einer menschlichen Gesellschaft näher kommen" (130). Gleichzeitig aber empfiehlt er Ota Siks „Dritten Weg", obwohl dieser keineswegs, wie er schreibt (136), ein „Weg jenseits von Kapitalismus und Sozialismus" ist, sondern ein reformsozialistischer Weg zwischen Kapitalismus und Realsozialismus - was wahrlich ein qualitativer Unterschied ist.

Ähnlich sieht es in zwei neuen Sammelbänden über grün-alternative Wirtschaftspolitik aus. Sowohl in dem von Beckenbach u.a. herausgegebenen Band „Grüne Wirtschaftspolitik - machbare Utopien" wie auch in dem Reader des Freiburger Öko-Instituts „Bausteine für eine ökologische Wirtschaft" finden sich viele gute Teilkonzepte und Entwürfe spezieller wirtschaftspolitischer Maßnahmen - was fast völlig fehlt, ist ein Bewußtsein von der Notwendigkeit makroökonomischer Strategien, von deren konkreter Darstellung ganz zu schweigen.

Fairerweise muß allerdings festgestellt werden, daß auch von der anderen Seite des grün-alternativen Spektrums keine Beiträge zu einem Gesamtkonzept der Wirtschaftsumgestaltung kommen (von einigen guten Aufsätzen in der Zeitschrift „Kommune" 1984-1986 abgesehen): Die fälschlich ebenfalls als „Öko-Sozialisten" firmierenden kritischen Marxisten aus der Hamburger GAL, Thomas Ebermann und Rainer Trampert, haben zwar ihr bekanntes Buch mit dem anspruchsvollen Titel versehen: „Die Zukunft der Grünen. Ein realistisches [!] Konzept für eine radikale Partei" (Hamburg 1984). Der Titel ist jedoch ein Etikettenschwindel. Es findet sich in dem Buch nicht ein einziger konzeptioneller Abschnitt, sondern lediglich eine ausführliche Analyse zahlreicher vom Kapitalismus zu verantwortender sozialökologischer Schäden - mit der alten antireformistischen Schlußfolgerung, daß die demgegenüber notwendigen radikalen Reformen im bestehenden parlamentarischen System und mit den bestehenden Parteien nicht realisierbar seien (S. 273-279). Und das war's dann auch.

2. Zum Thema „Gewerkschaften und Ökologie" (140-152)

Die von W. Höhnen zusammengefaßten Ansätze eines gewerkschaftlichen Bewußtseinswandels dürfen leider nicht über den - von M. Kempe folgendermaßen skizzierten - Gesamteindruck hinwegtäuschen:

„Ende 1985 / Anfang 1986 scheinen sich neue soziale Bewegungen und Gewerkschaften so fremd gegenüberzustehen wie eh und je in den letzten Jahren, in denen Ökologie-, Friedens- und Frauenbewegung zu Massenbewegungen anschwollen und die Themen der öffentlichen Auseinandersetzung in der Bundesrepublik mehr bestimmt haben als in allen anderen vergleichbaren Ländern Westeuropas." (Von den Schwierigkeiten des Dialogs - Gewerkschaften und neue soziale Bewegungen, in: Gewerkschaftliche Monatshefte 3/1986)

Der DGB nahm den Umweltschutz, wie in seinem neuen Grundsatzprogramm von 1981, nur am Rande (dort als § 23!) auf. Auch das erste „umweltpolitische Grundsatzpapier" vom März 1985 bleibt im wesentlichen auf der Ebene, staatliche Investitionsprogramme im Umweltbereich zu fordern und so „Umweltschutz und qualitatives Wachstum" miteinander zu versöhnen (Frankfurter Rundschau, Dokumentation, 13.5.1985). Da, wo der Umweltschutz Arbeitsplätze schafft oder auf Dauer sichert, wird er befürwortet. Doch die ganze Dramatik des ökologischen Problems, die eigentlich gewerkschaftliche Initiativen zur mitbestimmten ökologischen Produktkonversion sowie zur Umorientierung und zum Abbau von Produktionsbereichen erfordert (selektives Wachstum!), wird nicht erkannt. (Typisch in dieser Hinsicht: Hans-Joachim Schabedoth, Bittsteller oder Gegenmacht? Perspektiven gewerkschaftlicher Politik nach der Wende, Marburg 1985)

In der Praxis der Einzelgewerkschaften, deren Politik bekanntlich unterschiedlich ist, ließen sich hier zwar eine Reihe positiver Ansätze (z.B. die Auseinandersetzung der IG Metall mit dem Problem „Waldsterben") benennen. Insgesamt jedoch sind es wesentlich die Gewerkschaften, die den Lernprozessen der SPD immer wieder enge Grenzen setzen, die gegen sozialökologische neue Bewegungen, gegen grüne „Aussteiger" und alternative „Träumer" zu Felde ziehen. Die Gewerkschaften sind offenbar nach wie vor mit dem industrialistischen Paradigma derart verbunden, daß sie sich als wesentlicher Träger der Fortschreibung der bisherigen Produktionsstruktur fühlen - und tatsächlich wird unsere umweltgefährdende Energiepolitik (z.B. von RWE) von ihnen maßgeblich gestaltet, tatsächlich kämpfen sie mit ihren jeweiligen Konzernen oft kurzsichtig nur für den Erhalt ökologisch bedenklicher Arbeitsplätze.

Besonders deutlich exponierte sich in diesem Sinne der IG-Chemie-Vorsitzende Hermann Rappe, der wiederholt versuchte, die rot-grüne Hessenkoalition zu verhindern, der die Atomtechnologie zum „wesentlichen Bestandteil einer zukunftsorientierten Industriepolitik" hochstilisierte (Frankfurter Rundschau, Dokumentation, 4.6.1985) und der eine prinzipielle Ausgrenzung der Grünen (wie gegenüber dem WSI-Technologieexperten Ulrich Briefs bereits exekutiert!) mit den folgenden, sonst nur bei den Rechtskonservativen zu findenden Vorurteilen „begründet":

„Die andere grüne Vision ... vermittelt eine kleinbürgerliche romantische Idylle für wenige, die mit schwerwiegenden Nachteilen für den Lebensstandard aller bezahlt werden müßte. – Aus den ökologischen Forderungen der Grünen ergibt sich zwangsläufig eine Abschaffung unserer Industriegesellschaft. Ein Vergleich mit dem vor rund 40 Jahren bekanntgewordenen ‚Morgenthau-Plan' drängt sich geradezu auf. – Die Gewaltkonzeption der Grünen: ... dort kehrt Anarchie ein. – Die Grünen und Alternativen benutzen Verunsicherung und Angst als psychologische Grundlage für ihre politische Arbeit. Sie kalkulieren, daß Angstverbreitung ihnen Wähler in die Arme treibt. – Wir Gewerkschaften brauchen keine neue Heilslehre und keinen neuen Wertehimmel." (Rede auf dem Neujahrsempfang des IG-Chemie-Bezirks Nordmark-Berlin in Hamburg, 18.1.1985)

Solange derartige Positionen eines aggressiven Industrialismus in den Gewerkschaften nicht überwunden werden und Teile der Gewerkschaften sich unbeweglich mit dem kurzfristigen Interesse ihrer jeweiligen Industriebranchen identifizieren, wird eine rot-grüne Kooperation sicher große Durchsetzungsschwierigkeiten haben. Aber da, wo es den Gewerkschaften nur noch darum geht, sozusagen um vom Kuchen ein größeres Stück abzubekommen, alle Politik dem erfolgreichen Bestehen der „technologischen Strukturveränderungen" und der Weltmarktkonkurrenz unterzuordnen, wird sich der bei der Jugend bereits festgestellte Verlust an Vertrauen in die Gewerkschaften sicher beschleunigt fortsetzen (vgl. M. Baethge u.a.: Jugend auf Distanz, in: Gewerkschaftliche Monatshefte 2/1986). Neuerdings besteht allerdings wieder Grund zur Hoffnung: Nach Tschernobyl sprach sich auch der DGB-Bundesvorstand eindeutig für eine Perspektive ohne Kernkraft aus.

3. Zum Thema „Soziale Selbsthilfe" (157-166)

Hier soll nur darauf verwiesen werden, daß inzwischen - im April 1986 - die auf S. 166 angekündigte große, zusammenfassende Theorie und Dokumentation Sozialer Selbsthilfe vorliegt (Vilmar/Runge, Auf dem Wege zur Selbsthilfegesellschaft, Essen 1986).

Im ersten Teil werden die Größenordnungen, die gesellschaftliche und politische Bedeutung sowie die möglichen Strategien einer allgemeineren Verbreitung Sozialer Selbsthilfe dargestellt. Im zweiten Teil wird die Aktivität der etwa 40.000 in der BRD und West-Berlin zur Zeit tätigen Sozialen Selbsthilfegruppen in den sechs Aktionsbereichen Lebenswelt, Arbeitswelt, Kultur, sowie Selbsthilfe für Benachteiligte, Diskriminierte und Kranke in 126 exemplarischen Berichten dokumentiert; es werden zu jedem dieser Aktionsbereiche die uns bekannten Größenordnungen, Zusammenschlüsse und speziellen Problemlagen zur Sprache gebracht.

Den gesellschaftspolitischen Schwerpunkt des Buches bildet ein Strategieentwurf (S. 91-155) über die Konsolidierung und Ausbreitung der Selbsthilfebewegung, nicht zuletzt durch eine prinzipielle Neuorientierung kommunal- und sozialpolitischen Handelns des Staates.

4. Zum Thema „Abbau des Patriarchats" (167-183)

Nachdem die Frauenbewegung jahrelang überwiegend in eigenen außerparlamentarischen Aktionen und durch den Aufbau von feministischen Projekten in Erscheinung getreten war, konnte sie in letzter Zeit ihre Wirkung vor allem in den anderen sozialen Bewegungen, in Parteien und Institutionen sowie in der kritischen Wissenschaft weiter entfalten. Beispielsweise hat sich bei den Grünen tatsächlich in politischen Gremien annähernd eine Geschlechterparität durchgesetzt; durch reine Frauenlisten und Führungs„frau"schaften wurden gar provokativ Zeichen gesetzt. In der SPD hat sich ein programmatischer Wandel vollzogen, was insbesondere die Formulierungen zur Frauenfrage im Entwurf von Godesberg II sowie die von der Arbeitsgemeinschaft sozialdemokratischer Frauen in Gang gebrachte Quotierungsdiskussion zeigt (in der Praxis scheint es hier allerdings noch ein weiter Weg von den „Alibifrauen" hin zur echten Parität zu sein!). Das rot-grüne „Aktionsprogramm für Frauen" in Hessen und seit Ende 1985 die dortige neue Landesfrauenbehörde wirkten beispielhaft, so daß neben dem weiteren Wertewandel im privaten Bereich auch die Politik „links der Mitte" jetzt eher als noch vor einigen Jahren bereit ist, feministische Forderungen aufzugreifen.

5. Zum Thema „Strikt-defensive Verteidigung" (184-194)

Zur Entwicklung der Diskussion über die Defensivverteidigung bleibt noch nachzutragen, daß das Konzept von J. Löser nicht nur wegen der von ihm vorgesehenen gleichrangigen Bedeutung von „Schwert-" und „Schild"kräften, d.h. der weitgehenden Beibehaltung offensiver Waffensysteme, nicht länger zur strikten Defensivverteidigung gezählt werden kann, sondern auch wegen seines de facto offensiven Verhaltens gegenüber der Sowjetunion, indem er „mit den USA und den anderen freien Völkern in einer ‚Überdehnungsstrategie' die sowjetischen Kräfte ... so lange bannen und binden [will], bis sie sich auf den europäischen Kontinent zur defensiven Erhaltung des Status quo zurückgezogen haben" (Gegen den dritten Weltkrieg, Herford 1982, S. 305).

Einen wichtigen Beitrag in der Debatte leistet dagegen die Studiengruppe Alternative Sicherheitskonzepte (SAS), deren realisierbare Vorschläge deshalb beachtet werden, weil sie in ihrem „Konzept für die 90er Jahre" eine hochgradige Reduzierung der beweglichen Potentiale vorschlagen; nur etwa ein Drittel der heutigen Panzer soll als Eingreifreserve erhalten bleiben (SAS [Hg.], Strukturwandel der Verteidigung, Opladen 1984).

Im folgenden soll noch knapp auf einige Einwände der Friedensbewegung gegen das Konzept der Defensivverteidigung eingegangen werden:

1. **Neuer Militarisierungsschub:** Oft ist zu hören, die Friedensbewegung sollte sich auf die Abrüstungsforderungen konzentrieren und keine Energien auf alternative Militärkonzeptionen verschwenden, die schließlich auch zerstörerische Kriegsführungsszenarien beinhalteten. „Militärische Defensivverteidigung macht keinen Sinn, weil sie immer auf die Anwendung von Waffengewalt ausgerichtet ist", beschloß die Mehrzahl der Grünen auf ihrem Wahlprogrammparteitag im Mai 1986.

Wir halten diese Einwände teilweise für durchaus beachtenswert. Sie werden aber zweitrangig, wenn anerkannt werden muß, daß ohne **auch** militärische Alternative zur atomaren Selbstmordstrategie der NATO diese unabwendbar weiterhin gültig bleibt. Keine noch so aktive Entspannungspolitik schafft diese Militärdoktrin und die ihr zugeordnete Rüstungsspirale aus der Welt. Wir sind als Friedensbewegte doch geradezu verpflichtet, unsere Energie auf die Durchsetzung dieses Alternativkonzepts zu konzentrieren, da die erwähnten gefährlichen Strukturschwächen der vorhandenen, oft von militärischen Experten formulierten Vorschläge zeigen, daß die Glaubwürdigkeit des Gesamtkonzepts einer nicht-angriffsfähigen Verteidigung in Frage steht, wenn wir nicht auf den auf S. 187 genannten Kriterien strikter, nicht-atomarer Defensivstruktur bestehen. In diesem Zusammenhang haben die Grünen leider die Chance verstreichen lassen, ein Defensivkonzept in die friedenspolitisch eindeutige Richtung der einseitigen Abrüstung zu lenken. Mit der unrichtigen Behauptung „jedes Waffensystem [kann] immer auch offensiv eingesetzt werden" wird ausschließlich die soziale Verteidigung propagiert. Es werden keine Zwischenschritte benannt, die eine glaubhafte, weil durchführbare Abkehr von der selbstmörderischen NATO-Doktrin aufzeigen.

2. **Defensivkonzepte im Interesse deutscher Rüstungskonzerne:** Völlig neben der Sache scheint uns das Argument zu liegen, es müsse bedenklich stimmen, daß zwischen defensiven Verteidigungskonzepten und deutschen Rüstungsproduktionsinteressen starke Beziehungen bestünden. Umgekehrt wird ein Schuh daraus: Die Struktur der westdeutschen Aufrüstung nach 1945 zeigt neben allen anderen verhängnisvollen Zügen gerade bei ihren teuersten und gefährlichsten Offensivwaffen eine Einmischung US-amerikanischer rüstungswirtschaftlicher Interessen, die uns mitsamt den uns aufoktroyierten Sicherheitsideologien über das Politische hinaus auch wirtschaftspolitisch von der amerikanischen Supermacht abhängig gemacht hat. Es liegt auf der Hand, daß eine defensive Rüstung, die weitestgehend in Westdeutschland produziert werden kann, ihrer Struktur und ihrer politischen Einbindung zufolge bei weitem geringere Abhängigkeiten schaffen würde als die es sind, die die größte und mächtigste Rüstungsindustrie der Welt, im Verbund mit uns fremden politischen Interessen, gegenwärtig ausübt.

3. **Kein Interesse der Sowjetunion an defensiven Verteidigungskonzepten:** Mit Recht hat A. Mechtersheimer darauf hingewiesen, daß die sowjetische Seite nicht zuletzt deshalb an der Verwirklichung glaubwürdiger defensiver Verteidigungssysteme nicht besonders interessiert sein kann, weil ihre massive militärische Präsenz für sie gegenwärtig „auch erhebliche Vorteile hat, z.B. für die Sicherung ihrer Herrschaft in Osteuropa". Außerdem verliere die Sowjetunion damit ihre „historisch gewachsene" Fähigkeit, „im Falle eines Konfliktes von der DDR aus den Kampf nach vorne zu tragen".

Beide Fakten aber wird wohl niemand ernsthaft als Einwände gegen den Aufbau eines nicht mehr selbstmörderischen, die Rüstungsspirale nicht weitertreibenden Verteidigungssystem vortragen wollen. Es steht zu hoffen, daß insbesondere unter der Herrschaft von flexibleren Machthabern wie Gorbatschow die ökonomischen Einwände schwerer ins Gewicht fallen, daß der schrittweise Abbau von überaus teuren Panzerarmeen und Raketensystemen auch der Sowjetunion und ihren Verbündeten mehr Wohlstands- und Sicherheitsvorteile bietet als das gegenwärtige, im doppelten Sinne bedrückende System des atomaren Wettrüstens und einer „offensiven" Verteidigung der Herrschaftssicherung.

Abschließend ist zum Konzept strikter Defensivverteidigung zu sagen, daß angesichts der mutigen Ansätze einer Übernahme in die politische Diskussion der SPD durch A. v. Bülow (s.o. 204 f.) - und angesichts der darauf folgenden Versuche der SPD-Rechten, v. Bülows Konzept möglichst weitgehend wieder in der Versenkung verschwinden zu lassen -, aber auch angesichts der unpolitisch-pazifistischen Distanzierung der grünen Fundamentalisten auf dem Hannoveraner Parteitag (Mai 1986) Ökosozialisten um so mehr Grund haben, dieses Konzept voranzutreiben. Es ist offensichtlich das unerläßliche Zwischenglied zwischen der herrschenden, selbstmörderischen atomaren NATO-Rüstung und -Strategie und dem Frieden **ohne** Waffen, der unser aller Ziel ist.

VERLAG
EUROPÄISCHE PERSPEKTIVEN

NEUERSCHEINUNGEN 1985/86

Zusammenbruch oder Befreiung?

Zur Aktualität des 8. Mai 1945

Eine Berliner Universitätsvorlesung

Herausgeber:
Ulrich Albrecht
Elmar Altvater
Ekkehart Krippendorff

Auf die noch immer offene Frage — Zusammenbruch oder Befreiung — versuchen Wissenschaftler verschiedener Gebiete — Geschichte, Jura, Ökonomie, Germanistik und Schriftsteller — in dieser interdisziplinären Vorlesung an der Freien Universität Berlin eine Antwort zu geben.
War z. B. die Gründung zweier deutscher Staaten, die Wiederbewaffnung und die gegensätzliche Blockintegration eine alternativlose Notwendigkeit? Oder wurden Handlungsspielräume nicht genutzt?

Mit Beiträgen von:
**Werner Abelshauser
Ulrich Albrecht
Elmar Altvater
Dieter Blumenwitz
Wolfgang Eichwede
Theodor Eschenburg
Ossip K. Flechtheim
Hans-Hermann Hartwich
Ekkehart Krippendorff
Dieter Lattmann
Wilfried Loth
Klaus R. Scherpe
Gerhard Schoenberner
Wolfram Wette**

256 S. 29,80 DM

VERLAG
EUROPÄISCHE PERSPEKTIVEN

Franz Walter
Nationale Romantik und revolutionärer Mythos
Politik und Lebensweisen im frühen Weimarer Jungsozialismus

Verlag Europäische Perspektiven

Weimarer Linkssozialismus und Austromarxismus

Historische Vorbilder für einen „Dritten Weg" zum Sozialismus?

Gerd Storm
Franz Walter

Die Jungsozialisten verstanden sich vor allem auch als eine Kulturbewegung zur Veränderung des Alltags, als ein Zusammenschluß zur Schaffung neuer, sozialistischer Menschen. Wie dieser Alltag, wie dieses Bemühen um eine neue Kultur aussah, darüber informiert dieses Buch:
etwa über jungsozialistische Silvesterfeiern und rote Kabaretts und Tanzabende, über Kleiderreform und Geschlechterbeziehungen.

Der Autor versucht diese Gruppenkultur mit ihren generationsspezifischen Erfahrungen im Zusammenhang der gesellschaftlichen Gesamtkonstellation zu sehen, indem sie mit den politisch-ideellen Entwürfen der Jusos in ein Beziehungsgeflecht gebracht werden.

Von besonderem Reiz dürfte dabei eine ausführliche Studie des bisher unerforschten Breslauer Intellektuellen- und Juso-Milieus sein. Hier wie an anderen Stellen geht der Autor – u. a. mit Hilfe biographischer Proträts – auf das komplexe Verhältnis von Intellektuellen und Arbeiterbewegung ein.

256 Seiten, 34,– DM

„Das lesenswerte, sorgfältig gearbeitete Buch von Storm/Walter zeichnet die Beziehungen zwischen dem Austromarxismus und der deutschen Linken detailliert nach – dabei findet sich vieles in der bisherigen Literatur Ausgespartes." (A. Pfabigan im Wiener Tagebuch)

„Storm/Walter halten es für unzulässig, Theorieversatzstücke aus dem linkssozialistischen ... Erbe der Zwischenkriegszeit herauszubrechen und für gegenwärtige Richtungskämpfe zu mißbrauchen." (J. Tornow im Vorwärts)

„Im Unterschied zu den prätentiösen Aburteilungen, die die Austromarxisten und Sozialisten jener mittleren Richtung (...) in der einschlägigen Diskussion gewöhnlich erfahren (...), bemühen sich Storm und Walter um eine sachlich-subtile Interpretation des austromarxistischen Sozialismusverständnisses und um eine ausgewogene Würdigung (...) Otto Bauers." (Freya Eisner in der Süddeutschen Zeitung)

134 Seiten, 12,80 DM

VERLAG
EUROPÄISCHE PERSPEKTIVEN

Nur wenige Begriffe haben in den letzten Jahren eine solche Bedeutung erlangt wie „Gemeinschaft". Das Leiden an der modernen Gesellschaft, die als immer technisierter, seelenloser, verplanter und bürokratischer empfunden wird, und die Krise des Wohlfahrtsstaates führen wieder zur Suche nach kleinen sozialen Einheiten, in denen enges und echtes menschliches Zusammenleben und -arbeiten möglich sein sollen.

Dieses Buch fragt nach den geistes- und sozialgeschichtlichen Ursachen dieser Gemeinschaftssehnsucht, beschreibt deren unterschiedliche politische Instrumentalisierbarkeit und setzt sich mit aktuellen Bemühungen auseinander, neue soziale Probleme gemeinschaftlich zu lösen.

Die „technologische Formation" ist nicht allein der Versuch, das, was gesellschaftlich der Fall ist, zu beschreiben, vielmehr zielt die Arbeit darauf ab, die lebendigen gesellschaftlichen Kräfte, als da z. B. sind die Friedensbewegung, die Öko-Bewegung und die Frauenbewegung, von deren Rahmenbedingungen zu orientieren. Dabei scheint es wichtig, jene Faktoren wie Macht, Geld und Wissen als ein integrierendes Energiefeld zu betrachten, dessen Bewegung, dessen verändernde Kraft einer einheitlichen Struktur folgt. Die Erzeugung des Menschen aus den produktiven und reproduktiven Prozessen geschieht über Intensitäten, die naturwissenschaftlich und daher technologisch sind.

Man spürt, hier wird der Diskurs von Bateson und Prigogine bis hin zu Lyotard und Baudrillard gespannt, von Weizsäcker zu Luhmann und Habermas.

256 Seiten, 24,80 DM

176 Seiten, 19,80 DM

VERLAG EUROPÄISCHE PERSPEKTIVEN

Waldsterben, Luft- und Bodenverpestung – die konservative Koalition ist zur Lösung dieser katastrophalen Bedrohungen unserer Gesellschaft offensichtlich unfähig. Es gilt, ein rot-grünes Bündnis zustande zu bringen, schon wegen der notwendigen Reform-Mehrheiten. Dazu sind Lernprozesse bei beiden nötig, sowohl bei dem schwerfälligen „Tanker" SPD als auch bei dem „Lotsenboot" der Grünen. Sofern bei den Grünen nicht die bloße Verweigerungs- und Aussteigerhaltung wieder überhandnimmt und die Sozialdemokratie die neuen Impulse der Ökologie-, Frauen- und Friedensbewegung wirklich aufgreift, zeichnen sich Chancen für ein dauerhaftes rot-grünes Reformbündnis ab.

Mit Beiträgen von: **Ossip K. Flechtheim, Hilde Fauland, Joschka Fischer, Wilfried Höhnen u. a.**

Für die aktuelle Debatte über eine Fortschreibung des Godesberger Programms liefern die Beiträge dieses Bandes wichtige Anstöße. Dabei wird ein weites Spektrum aufgezeigt: vom Plädoyer für eine behutsame Weiterentwicklung des SPD-Grundsatzprogramms bis hin zur Begründung grundsätzlicher Programmalternativen. Bei allen Kontroversen sind sich die Beiträge in einem jedoch einig: Neue wirtschaftliche, soziale, ökologische und friedenspolitische Herausforderungen bedürfen neuer Antworten.

Mit Beiträgen von: **Richard Löwenthal, Thomas Meyer, Helga Grebing, Detlef Lehnert, Sven Papcke, Hans-Hermann Hartwich, Horst Heimann, Detlev Albers u. a.**

208 Seiten, 19,80 DM

212 Seiten, 19,80 DM

VERLAG
EUROPÄISCHE PERSPEKTIVEN

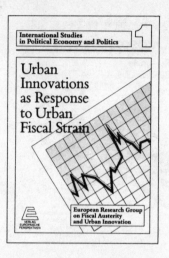

Seit der Auseinandersetzung um die Stationierung der Pershing II und Marschflugkörper in der BRD gibt es zwischen der französischen Linken und der deutschen Friedensbewegung starke Differenzen über die europäische Sicherheitspolitik: Ausbau der atomaren Abschreckung oder atomwaffenfreies Europa? Letzteres läuft in den Augen der französischen Kritiker nur wieder auf einen ,,deutschen Sonderweg'' hinaus. Die französische Politik akzentuiert dagegen die Bedeutung militärischer Stärke, die für sie der einzige Garant für das Überleben Europas im Ost-West-Konflikt darstellt.

Der Band enthält wichtige Beiträge zu dieser Debatte von: **Egon Bahr, Freimut Duve, Andre Gorz, Michel Tatu, Jean Chesneaux, Claus Leggewie, Hans Christoph Buch, Joseph Rovan** u. a.

Can innovations succeed in reducing fiscal strain and fostering structural change in our cities? Government all over the world experienced in the beginning of the eighties impacts of fiscal strain, signalling the advent of the structural and technological change in the modern industrial welfare state. This publication marks the beginning of the so far most extense comparative international study on the patterns of urban fiscal innovation, analyzing basic trends and strategies for decentralization, degovernmentalization on public-private coproduction and skillful usage of new technologies.

With contributions of: **Terry Clark** (USA); **Gerd-Michael Hellstern** (Berlin-West, FRG), **Guido Martinotti** (Italy), **Grzegorz Gorzelak** (Poland), **Vincent Hoffmann-Martinot** (France) et. al.

200 Seiten, 16,90 DM

236 pages, 39,– DM

VERLAG
EUROPÄISCHE PERSPEKTIVEN

Gesamtverzeichnis der lieferbaren Titel

Schriftenreihe des
Arbeitskreis atomwaffen-
freies Europa e.V.

Bd. 1
Ekkehart Krippendorff,
Reimar Stuckenbrock (Hg.)
Zur Kritik des Palme Berichts
Atomwaffenfreie Zonen
in Europa
224 Seiten, 15,– DM
ISBN 3–89025–000–9

Bd. 2
Ulrich Albrecht, Jürgen Graalfs,
Detlef Lehnert,
Rudolf Steinke (Hg.)
**Deutsche Fragen –
Europäische Antworten**
224 Seiten, 15,– DM
ISBN 3–89025–002–5

Bd. 3
Rudolf Steinke (Hg.)
Exterminismus:
Das Ende der Zivilisation?
240 Seiten, 15,– DM
ISBN 3–89025–001–7

Bd. 4
Georg Breuer (Hg.)
**Friedensbewegung und
Menschenrechtsbewegung –
zwei Seiten einer Medaille?**
96 Seiten, 9,– DM
ISBN 3–89025–006–8

Bd. 5
Alva Myrdal
Atomare Abrüstung in Europa
44 Seiten, 3,60 DM
ISBN 3–89025–004–1

Bd. 6
European Nuclear
Disarmament (Hg.)
Neue Wege für Europa.
Die Friedensbewegung
und die Zukunft Europas
58 Seiten, 6,80 DM
ISBN 3–89025–026–2

Bd. 7
Ernst Tugendhat
**Rationalität und Irrationalität
der Friedensbewegung
und ihrer Gegner.**
Versuch eines Dialogs.
38 Seiten, 3,60 DM
ISBN 3–89025–007–6

Bd. 8
Ulrich Albrecht, Johan Galtung,
Michael Gumbert,
Reimar Stuckenbrock (Hg.)
Stationierung – und was dann?
Friedensbewegung
gegen Apokalypse
176 Seiten, 12,80 DM
ISBN 3–89025–008–4

Bd. 9
Jo Leinen (Hg.)
Volksbefragung
Keine Raketen –
mehr Demokratie
112 Seiten, 8,80 DM
ISBN 3–89025–015–7

Bd. 10
Ulrich Albrecht
**Neutralismus und
Disengagement:**
Ist Blockfreiheit eine Alternative
für die Bundesrepublik?
72 Seiten, 5,60 DM
ISBN 3–89025–017–3

Bd. 11
Claude Bourdet,
Alfred Mechtersheimer (Hg.)
Europäisierung Europas:
Zwischen französischem
Nuklear-Nationalismus und
deutschem Nuklear-Pazifismus
200 Seiten, 16,80 DM
ISBN 3–89025–016–5

Bd. 12
Uwe Prell
**Ziviler Ungehorsam
Satyagraha –
Macht der Wahrheit**
Annäherung
an Mahatma Gandhi
42 Seiten, 3,60 DM
ISBN 3–89025–016–5

Geschichte/Theorie

Manfred Gailus (Hg.)
**Pöbelexzesse
und Volkstumulte in Berlin.**
Zur Sozialgeschichte
der Straße (1830–1980)
224 Seiten, 19,80 DM
ISBN 3–89025–021–1

Heinz Hülsmann
Die technologische Formation
oder lasset uns Menschen machen
170 Seiten, 19,80 DM
ISBN 3–89025–024–6

Franz Walter
**Nationale Romantik und
revolutionärer Mythos.**
Politik und Lebensweisen im
frühen Weimarer Jungsozialismus
256 Seiten, 34,– DM
ISBN 3–89025–092–0

Gerd Storm, Franz Walter
**Weimarer Linkssozialismus
und Austromarxismus.**
Historische Vorbilder für einen
„Dritten Weg" zum Sozialismus?
134 Seiten, 12,80 DM
ISBN 3– 89025–022–X

Ulrich Albrecht,
Elmar Altvater,
Ekkehart Krippendorff (Hg.)
**Zusammenbruch oder
Befreiung?**
Zur Aktualität des 8. Mai 1945.
Eine Berliner Universitäts-
vorlesung
256 Seiten, 29,80 DM
ISBN 3–89025–090–4

Schriftenreihe der
Hochschulinitiative Demo-
kratischer Sozialismus

Bd. 15
Irmtraut Leirer, Reimund Seidel-
mann, Heidemarie Wieczorek-
Zeul (Hg.)
**Sozialistische Fraueninter-
nationale und Feminismus**
176 Seiten, 16,80 DM
ISBN 3–89025–009–2

Bd. 16
Sven Papcke,
Karl Theodor Schuon (Hg.)
25 Jahre nach Godesberg.
Braucht die SPD ein
neues Grundsatzprogramm?
212 Seiten, 19,80 DM
ISBN 3–89025–010–6

Bd. 17
Vera Konieczka, Norbert Kunz,
Klaus-Jürgen Scherer (Hg.)
**Sozialismus zwischen
Ökonomie und Ökologie**
212 Seiten, 19,80 DM
ISBN 3–89025–011–4

Bd. 18
Gerhard Himmelmann,
Achim von Loesch (Hg.)
**Sozialdemokratische Wirt-
schaftspolitik im Umbruch.**
Beiträge zur Programm-
diskussion der SPD.
224 Seiten, 19,80 DM
ISBN 3–89025–023–8

Aktuelle Politik

Rudolf Bahro
Pfeiler am anderen Ufer.
Beiträge zur Politik der Grünen
von Hagen bis Karlsruhe.
240 Seiten, 19,80 DM
ISSN 0343–2327

Klaus-Jürgen Scherer,
Fritz Vilmar (Hg.)
Ökosozialismus?
Rot-grüne Bündnispolitik
212 Seiten, 19,80 DM
ISBN 3–89025–025–4

Gert-Joachim Glaeßner,
Klaus-Jürgen Scherer
Auszug aus der Gesellschaft?
Gemeinschaften zwischen
Utopie, Reform und Reaktion
256 Seiten, 24,80 DM
ISBN 3–89025–091–2

Terry Clark,
Gerd-Michael Hellstern,
Guido Martinotti (Ed.)
**Urban Innovation as Response
to Urban Fiscal Strain**
256 Seiten, 39,– DM
ISBN 3–89025–061–0

Lyrik

Elisabeth Hartmann (Hg.)
Frauen für den Frieden
Gedichte, Schilderungen,
Reflexionen
112 Seiten, 8,– DM
ISBN 3–925236–00–7

Elisabeth Hartmann
Wir sind die Kinder einer Welt.
Ein Kinder- und Jugendbuch
mit sechzehn farbigen
Illustrationen
360 Seiten, 26,– DM
ISBN 3–925236–01–5

Hildegard Kayser
**Streiflichter aus dem Leben
einer ungebundenen Frau**
88 Seiten, 14,– DM
ISBN 3–89025–018–1

VERLAG
EUROPÄISCHE
PERSPEKTIVEN
Goltzstraße 13 b · 1000 Berlin 30